고려사의 재발견

박종기 지음

고려사의 재발견

한반도 역사상 가장 개방적이고 역동적인
500년 고려 역사를 만나다.

Humanist

지금 이 순간, 고려사를 다시 읽어야 할 때

저자가 고려왕조의 역사를 연구한 지 벌써 30년이 훌쩍 지났다. 연구를 진행하면서 다원주의(多元主義) 가치가 고려왕조의 여러 측면에서 드러나고 있다는 사실을 확인하게 되었다. 다원주의는 철학·정치·사회·인류학 등 여러 학문 분야에서 광범위하게 사용되고 있는 개념이다. 또한 그런 특성을 고찰하는 일이 고려왕조사, 나아가 한국사의 이해와 영역을 확장하는 일이 될 것이라는 문제의식을 갖게 되었다. 저자는 이러한 입론을 토대로 1990년대 중반 다양한 사상과 문화, 개방적인 정치와 사회를 특징으로 하는 고려 다원사회론을 제기한 바 있다. 저자가 집필한 《5백년 고려사》(1999)는 다원사회론의 입장에서 고려왕조사를 개관한 개설서이다. 이 책을 출간하던 당시만 하더라도 우리 사회가 지식정보사회의 핵심 가치인 다원주의에 기반한 다원사회로 진입하고 있다는 사실을 확신할 수 없었다.

그러나 2000년대 이후 우리 사회는 인권·환경·양성평등을 비롯해 시민의 존재와 민주주의 가치가 고양되면서 다양성·개방성·역동성을 덕목으로 하는 다원사회의 모습이 정치와 사회, 사상과 문화 등 다방면에서 뚜렷하게 나타나고 있다. 그래서 고려 다원사회의 역사적 경험이 우리 사회의 미래를 전망하는 데 좋은 모델이 될 수 있다는 생각을 하게 되었고, 그런 차원에서 고려왕조 역사를 보다 적극적으로 해석할 필요를 느꼈다. 그 결실이 개정판인 《새로 쓴 5백년 고려사》(2008)이다. 이 책은 고려왕조의 지배구조와 사회·경제·문화의 여러 측면에서 다원사회의 모습을 구조적으로 밝히려 한 고려 다원사회론의 총론 격에 해당한다고 할 수 있다. 그렇지만 고려왕조의 역사를 엮어간 인물과 사건 등 다원사회의 구체적인 모습을 담아내지 못한 아쉬움이 있었다.

 현재와 미래의 삶과 무관한 역사는 기억 속에서 쉽게 사라진다. 현재, 미래와 연결되지 않는 과거(역사)는 죽은 역사에 불과하다. 나와 우리, 우리 사회와 국가의 현재, 미래와 연결되는 역사라야 비로소 의미를 지니고 대중의 관심을 받는다. 과거를 읽고 반추하는 것은 현재와 미래를 위해서다. 살아 있는 역사는 과거를 통해 현재와 미래를 전망할 수 있는 역사이다. 모든 역사는 이런 관계 속에서 서술되어야 한다. 그런 점에서 고려왕조의 역사는 우리에게 좋은 교과서이자 역사적 사고와 상상력의 자산이다.

 왜 고려왕조의 역사에 주목해야 할까? 대한민국의 현재와 미래에 대한 해법을 고려왕조의 역사에서 얻을 수 있기 때문이다. 21세기 초반은 지식정보사회라는 새로운 역사 발전 단계로 진입하는 세계사의 거대한 전환기다. 각기 다른 이념과 세계관 사이의 대립과 갈등을 넘어 다양한 인종과 국가, 종교와 문화, 사상이 공존하면서 새로운 통합을 추구해가는 시대다. 약 1,000년 전에 건국해 500년간 지속한 고려왕조의 역사에서 그러한 모습을 읽을 수 있다. 고려왕조는 문화와 사상 면에서 다양성과 통일성이, 정치와 사회에서 개방성과 역동성이 공존한

다원사회였다. 우리 사회가 21세기 새로운 사회에 성공적으로 진입하고 있는 이유 중의 하나는 고려 다원사회의 역사 경험을 공유하고 있기 때문이다. 고려왕조 역사에 주목해야 하는 이유가 여기에 있다.

지난 2013년 《중앙일보》의 자매지 《중앙선데이》에 1년 가까이 '고려사의 재발견'이라는 제목으로 매주 고려의 인물과 사건을 중심으로 고려왕조의 역사를 연재하는 기회를 얻은 것은 고려왕조 역사를 대중에게 알릴 수 있는 좋은 기회였다. 강의와 연구를 병행하면서 매주 25매 내외의 글을 빠짐없이 쓴다는 것이 매우 무모한 일이었음은 연재를 시작한 지 얼마 지나지 않아 절감했다. 그렇지만 뜻하지 않게 많은 독자들이 응원해준 덕분에 40회분의 연재를 무사히 마무리 지을 수 있었다. 이후 출판사의 요청에 따라 각 주제당 원고지 10매 정도의 글을 추가하고, 본문의 이해를 돕기 위한 사료와 글을 박스글 형식으로 덧붙였다. 또한 신문의 제한된 지면으로 인해 다루지 못한 10여 개의 주제는 새로 집필했다. 글을 보완하고 새로 추가하다 보니, 마감 시간에 쫓기며 한정된 지면과 씨름하던 연재 당시의 치열한 글쓰기의 흔적이 희석된 것 같아서 아쉬움이 없지 않다. 그렇지만 내용을 보완·추가함으로써 고려인의 모습과 그들이 연출한 사건을 중심으로 다원사회의 내면과 속살을 정리하려는 애초의 구상을 돋보이게 한 점 또한 없지 않다고 자위한다. 이러한 노력으로 탄생한 책의 제목을 '고려사의 재발견'이라 붙였는데, 이는 연재 당시 저자의 문제의식과 글의 의도를 가장 잘 드러내고 있다는 판단에서다. 《새로 쓴 5백년 고려사》가 고려 다원사회의 전체 모습을 그린 총론 격의 저서라면, 이 책 《고려사의 재발견》은 인물과 사건을 중심으로 고려 다원사회의 모습을 구체적으로 살펴본 각론에 해당한다.

이 책은 크게 7부로 구성되어 있다. 먼저 1부 '천하통일, 새로운 시대를 꿈꾸다'에서는 고려 왕실의 기원을 추적하고, 궁예와 견훤 등 당대 영웅들 간의 각축을 통해 후삼국 통합전쟁의 내면과 성격을 밝히려 했다. 더불어 박스글을 통해 근래 고려왕조를 중국의 세 번째 지방정권으로 왜곡하려 한 동북공정의 허구성을 비판했다. 2부 '개혁과 개방, 고려왕조의 기틀을 마련하다'에서는 외국의 유능한 인재 영입 등 선진 문물을 수용해 왕조의 면모를 일신하려 한 개방과 개혁정책의 초기 모습을 다루었다. 광종과 성종의 정치를 이러한 관점에서 재조명했다. 또한 고려 초 동북아 정세의 파동으로 주변 이민족과 종족들이 대거 한반도에 유입되어 왕조의 주민 구성이 변화하는 모습도 밝혔다. 3부 '다양한 사상과 문화, 다원사회를 이루다'에서는 고려 다원사회의 제도와 이념의 기초인 본관제와 〈훈요십조〉를 새로운 각도에서 조명했다.

4부 '고려의 실리외교, 영토분쟁의 위기를 극복하다'에서는 다양한 외교 전술로 영토와 문화의 실리를 추구한 고려왕조의 대외정책을 다루었다. 거란이 점령한 보주(의주)의 영유권을 되돌려받는 '100년간 영토분쟁'은 고려왕조의 등거리 실리 외교정책의 백미다. 5부 '무신 집권기의 고려를 다시 읽다'에서는 무신정변의 전사(前史)인 이자겸과 묘청의 난은 물론이고, 무신정변과 농민 봉기, 몽골과의 항쟁을 재조명했다. 한편, 무신정권이 다져놓은 단단한 이념과 체제의 벽을 뛰어넘으려 한 이의민과 그것을 고수하려 한 이규보의 생각을 통해 역동적이면서 다양한 고려인의 모습을 그리려 했다.

6부 '원 간섭기, 기회와 희망의 시대를 열다'에서는 원나라의 고려 지배가 고려의 하층민과 지배층에 끼친 영향과 그를 통해 변모하는 다원사회의 모습을 밝혔으며, 7부 '고려왕조, 500년 역사를 뒤로하다'에서는 위화도 회군으로 정권을 장악한 이성계 일파와 사대부 세력이 일련의 집권 프로그램을 통해 조선왕조를 건국하는 과정을 다루었다.

또한 각 부마다 '특집' 형식으로 고려의 명품을 선별해 이들의 가치와 의미를 추적했다. 석관과 묘지명, 대장경, 청자, 불화, 나전칠기, 고려지, 금속활자, 고려선 등은 고려의 수준 높은 기술과 지식 문화를 대표하는 문화재로서, 당시 동아시아 세계에서 최고의 명품이자 문화상품으로 호평을 받았다. 이는 고려 다원사회의 저력에서 배태된 것이고, 한편으로 그런 기술과 지식 수준이 다원사회를 더욱 살찌우고 풍요롭게 했다는 사실을 밝혔다.

이 책은 내용상 시기순으로 구성되어 있지만 각각의 부는 하나의 완결된 독립 주제로 묶여 있다. 따라서 독자들은 순서대로 읽어도 좋고, 관심이 가는 주제를 선택해 읽어도 고려 다원사회의 모습을 이해하는 데 지장이 없다. 마지막으로, 척박한 독서환경 속에서 한 권의 책을 만들기 위해 최선을 다하는 휴머니스트 출판사에 감사한 마음을 전한다.

2015년 4월 중순
진달래가 만발한 북한산 기슭의 연구실에서
청헌(淸軒) 박종기, 마무리 글을 쓰다

차례

4부 고려의 실리외교, 영토분쟁의 위기를 극복하다

1부

천하통일,
새로운 시대를 꿈꾸다

궁예, 현실주의자의
반격에 무너진 이상주의자

●

새로운 시대를 꿈꾼 영웅들

고려 중기 문장가 이규보(李奎報, 1168~1241)는 서사시 〈동명왕편(東明
王篇)〉(1193)에서 고구려를 건국한 주몽을 영웅 군주의 모습으로 그려
내고 있다. 영웅은 지혜와 재능이 뛰어나고 용맹하여 보통 사람이 하
기 어려운 일을 해내는 사람이다. 그런 점에서 후삼국시대에도 주몽에
버금가는 영웅들이 역사의 무대를 빛냈다. 궁예(弓裔, ?~918), 견훤(甄
萱, 867~936), 왕건(王建, 877~943)이 그들이다. 그러나 후세의 역사가
들은 궁예와 견훤을 선악의 도덕적 잣대로 평가해 영웅적인 면모를 지
워버렸다.

신라는 그 운이 다하여 도의가 땅에 떨어지자, 온갖 도적들이 고슴도치
의 털과 같이 일어났다. 그중 심한 자가 궁예와 견훤 두 사람이다. 궁예
는 본래 신라 왕자였으나 신라를 원수로 여겨 반란을 일으켰다. 견훤은
신라 백성으로 신라의 녹을 먹었으면서도 모반의 마음을 품고 수도 경주

를 공격해 임금과 신하 베기를 짐승 죽이듯 풀 베듯 했다. 두 사람은 천하의 극악한 자들이다. 궁예는 신하에게 버림받았고 견훤은 아들에게 화를 입었다. 모두 스스로 자초한 것이니 또 누구를 탓하겠는가? …… 흉악한 두 사람이 어찌 왕건과 겨룰 수 있겠는가? 그들은 왕건을 위해 백성을 몰아다준 자들에 불과했다. ―《삼국사기》권50, 견훤 열전.

김부식(金富軾, 1075~1151)이 《삼국사기(三國史記)》(1145)에서 세 영웅을 평가한 내용이다. 궁예와 견훤이 후삼국 정통왕조 (통일)신라를 배반하자, 민심이 이들을 외면해서 왕건이 천하를 통일하게 되었다. 따라서 궁예와 견훤은 왕건이라는 영웅을 탄생시킨 조역에 불과하다는 것이다. 오늘날까지도 대부분의 역사서에서 이를 베껴 쓸 정도로 김부식의 평가는 모범 답안으로 내려오고 있다. 정통왕조에 대한 의리, 즉 충효를 강조한 유교사관이 아직도 살아 숨 쉬고 있다는 사실이 놀랍다. 아무리 역사가 승자(왕건)의 기록이라지만 지나친 편견이다.

고려 태조의 등극에 대해 역사책에서는 "태봉(泰封)의 여러 장수들이 왕건을 세워 왕으로 삼았다"고 합니다. 저는 이에 대해 의문을 가지고 있습니다. 이때 신라의 정통 임금이 아직 존재하고 있었습니다. 그런데 궁예가 반란을 일으켰고, 왕건도 그 무리가 되었습니다. 그러니 왕건 또한 여러 도적과 같은 무리에 불과합니다.
　　　　―《순암집》권10, 동사문답-성호 선생에게 올린 병자년(1756)의 편지.

조선 후기 역사가 안정복(安鼎福, 1712~1791)이 스승 이익에게 보낸 편지이다. 신라를 당시 정통왕조로 본 점은 김부식과 같지만, 왕건 역시 정통왕조에 반기를 든 궁예의 신하이므로 도적(반란)의 무리라고 평가한 점은 차이가 있다. 같은 유교 역사가이지만 훨씬 더 솔직하다. 때문에 안정복은 《동사강목(東史綱目)》(1760)에서 고려가 건국된 918년에서 935년까지는 신라를 정통왕조로, 태조 왕건이 후삼국을 통합한 936년(태조 19) 이후의 고려를 정통왕조로 각각 서술하고 있다.

안정복은 김부식과 달리 후삼국 통합 직전의 왕건 역시 궁예와 다를 바 없는 존재로 보았다. 그러나 궁예와 왕건은 단순히 신라왕조를 배반한 도적이 아니라 부패하고 무능한 신라의 골품체제를 무너뜨리고 새로운 시대를 준비하고 열어나간 영웅이었다. 후백제 견훤 또한 예외는 아니었다.

《슬픈 궁예》를 쓴 역사학자 이재범은 견훤, 궁예, 왕건 이 세 영웅을 일본 전국시대 영웅 오다 노부나가(織田信長, 1534~1582), 도요토미 히데요시(豊臣秀吉, 1536~1598), 도쿠가와 이에야스(德川家康, 1543~1616)와 비교하고 있는데, 이는 매우 신선한 발상이다. 비록 최후 승자는 도쿠가와지만, 일본인들은 오다나 도요토미를 도덕의 잣대로 일방적으로 폄하하지 않는다. 즉 '오다가 떡쌀을 찧고, 도요토미가 반죽을 한 천하를 힘 안 들이고 먹은 사람이 도쿠가와'라고 평가한다. 이에 비춰보면 견훤은 오다, 궁예는 도요토미, 왕건은 도쿠가와에 각각 비유할 수 있다.'

삼한 통합을 내세워 신라에 맞서다

낡은 도덕의 잣대를 거두고, 왕건의 쿠데타로 비극적 최후를 맞은 패자(敗者) 궁예의 진면목을 새로운 시각에서 조명하고자 한다. 918년 6월 궁예를 제거하고 왕위에 오른 왕건은 곧바로 즉위 조서를 반포한다. 이 즉위 조서 첫머리에 전왕 궁예의 잘못을 밝혀놓았다.

전왕은 사방이 무너질 때 도적을 없애고, 점차 영토를 확대해나갔다. 그
러나 나라를 통합하기도 전에 폭정과 간사함, 협박으로 세금을 무겁게
하여 백성은 줄어들고 국토는 황폐해졌다. 그런데도 도를 넘는 궁궐 공
사로 원망과 비난이 일어났다. 게다가 연호를 훔쳐 왕이라 칭했다. 부인
과 자식을 죽여 천지가 용서하지 않았고, 귀신과 사람의 원망을 함께 받
아 왕조가 무너졌으니, 경계할 일이다. ─《고려사》권1, 태조 1년 6월조.

왕건은 궁예가 삼한 통합의 대의를 저버리고 폭정을 했기 때문에 그
를 몰아내고 새 왕조를 건국한다고 선언했다. 왕건에게 찾아가 쿠데타
를 권유한 그의 심복들, 홍유(洪儒)·배현경(裵玄慶)·신숭겸(申崇謙)·복
지겸(卜智謙)도 왕건과 같은 생각을 가졌다. 도덕의 잣대로 궁예를 비
판한 김부식과는 다른 진단이다.

삼한이 분열된 이후 도둑 떼가 다투어 일어나자 지금 왕(궁예)이 그들을
무찌르고 한반도의 땅을 삼분하여, 그 반을 차지하여 나라를 세웠습니
다. 그런데 2기(二紀, 24년)가 넘었으나 통일을 못한 채, 처자식을 죽이고
신하를 죽이는 잔학한 짓을 저질러 백성들이 도탄에 빠졌습니다.
─《고려사》권92, 홍유 열전.

그런데 이 글에서 궁예는 재위 기간이 18년인데, 2기(24년)가 지나
도록 삼한 통합을 이루지 못했다는 말은 무슨 뜻일까? 쿠데타 당시인
918년을 기준으로 24년 전은 894년이다. 그해에 궁예는 명주(강릉)를

점령한다. 당시 그를 따른 군사가 3,500명에 달했다. 그는 스스로 장군이라 칭하며 마침내 독립 세력이 되었다. 891년 세달사(世達寺, 강원도 영월 소재)의 승려 신분을 벗어던지고 죽주(안성 죽산) 호족 기훤(箕萱)의 휘하로 들어간 지 3년 만에 영웅으로 등장한 것이다. 그러니까 홍유·배현경 등은 궁예가 894년 이래 24년이 지나도록 국토의 절반을 차지하고도 후삼국 통일을 이루지 못했다는 것이다.

901년 나라를 건국하고 즉위한 궁예의 포부이자 첫 약속은 삼한 통합이었다.

> 지난날 신라가 당나라에 군사를 청하여 고구려를 멸하여, 평양 옛 도읍이 무성한 잡초로 덮였다. 내 반드시 그 원수를 갚겠다.
>
> —《삼국사기》권50, 궁예 열전.

궁예는 옛 고구려의 역사와 영광을 회복하고 계승하기 위해 삼한 통합을 천명하며 정통왕조 신라에 도전장을 던졌다. 신라 헌안왕(혹은 경문왕)의 아들이라는 신라 왕족의 핏줄은 그가 새로운 나라를 건국하는 데 아무런 도움이 되지 않았다.

> 왕이 궁중의 사람을 시켜 궁예를 죽이게 했다. 사자(使者)가 포대기에 싸인 어린 궁예를 처마 아래로 던졌는데, 유모가 몰래 받다가 실수하여 손가락으로 눈을 찔러 한쪽 눈이 멀었다. 유모는 궁예를 안고 도망가서 힘들고 고생스럽게 길렀다. 나이가 10여 세가 되어도 놀기만 하자, 유모가 나무랐다. 궁예가 울면서 "그렇다면 어머니를 떠나 걱정을 끼치지 않겠습니다" 하고, 세달사로 가서 중이 되었다. —《삼국사기》권50, 궁예 열전.

오히려 왕족으로 태어난 이유로 궁예는 죽을 고비를 겪고 겨우 왕궁을 탈출하여 유모의 손에서 성장했다. 궁예는 그런 고난을 겪으며 자신의 뿌리인 신라 왕실을 부정하고 새 국가를 건설하는 영웅의 자질을 키워나갔다. 바다 상인의 후예로 풍요로운 환경에서 성장했을 뿐 아니라, 아버지의 손에 이끌려 궁예에게 의탁한 왕건과는 전혀 다른 형그리 정신이 궁예의 원동력이 된 것이다. 그의 국가 경영 의지는 국호에 잘 나타나 있다. 901년 건국 후 918년 왕건에게 쫓겨나기까지 궁예는 국호를 고려(901), 마진(904), 태봉(911)으로 세 번이나 바꾸었다. 18년에 불과한 단명한 나라에서 국호가 이렇게 자주 바뀐 것은 이례적이다. 그러나 이러한 국호 속에 궁예의 꿈과 이상이 담겨 있다.

미륵 세상을 염원한 이상주의자

첫 번째 국호 고려는 고구려와 같은 뜻이다. 6세기 무렵 이미 중국에서는 고구려를 고려라 불렀다. 고구려의 역사와 영토를 계승하겠다는 궁예의 취임 일성이 고려라는 국호로 이어진 것이다. 건국 당시 궁예가 지배한 지역은 지금의 강원도와 송악(개성)·강화·김포·양주(서울)·충주·패강진 등 대부분 옛 고구려의 영토였다. 이 지역을 기반으로 건국했기 때문에 이곳 세력의 호응을 얻기 위해 국호를 그렇게 정했던 것이다.

두 번째 국호 마진(摩震)은 범어 '마하진단(摩訶震旦)'의 약칭이다. 마하는 '크다', 진단은 '동방'이란 뜻으로, 약칭인 마진은 '대동방국'을 뜻한다.[2] 궁예는 904년 국호를 마진으로 바꾸면서, 도읍을 송악에서 철원으로 옮기고 청주의 1,000호를 이주시킨다. 공주의 호족 홍기(弘奇)도

궁예 미륵 미륵의 나라를 세우고자 했던 궁예의 꿈은 깨어졌지만 민간에서는 그를 신앙의 대상으로 삼기도 했다. '궁예 미륵'으로 불리는 경기도 안성 국사암 석조여래입상.

이때 궁예에게 의탁한다. 그 1년 전인 903년, 궁예는 왕건을 통해 후백제의 근거지인 나주를 점령한다. 청주·공주·나주는 옛 백제의 전통이 남아 있는 친백제 성향의 도시였다. 또 상주와 경북 북부 등 신라의 영토를 확보한다. 그러면서 특정 국가를 계승하는 통일정책을 버리고 고구려·신라·백제를 아우르는 '대동방국' 건설이란 새로운 통일정책으로 전환한다. 국호 마진에는 그런 상징성이 담겨 있다.

세 번째 국호 태봉(泰封)의 '태'는 천지가 어울려 만물을 낳고 상하가 어울려 그 뜻을 같이한다는 뜻이다. '봉'은 봉토, 즉 영토다.[3] 즉 '태봉'은 서로 뜻을 같이해 화합하는 세상이라는 뜻이다. 고구려·신라·백제를 아울러 조화를 이룬 통일국가를 건설하려는 궁예의 이상이 담겨 있다.

궁예는 어려서부터 하층민으로서 세파를 겪으며 성장했다. 난세의 하층민은 천지개벽의 혁명적 변화를 갈구한다. 현세를 말세로 인식하고 새 세계의 도래를 갈구하는 의식 속에서 그러한 혁명적 변화를 꿈꾸게 된다.

궁예의 근거지였던 철원에 도피안사라는 사찰이 있다. 이곳에 865년에 제작된 금박을 입힌 철조비로자나불이 있는데, 불상(佛像) 뒷면에 이런 글이 새겨져 있다.

> 석가불이 돌아가신 지 1806년이 되었다. 이를 슬퍼하여 이 금상(金像)을 만들어 서원(誓願)했다. 오직 바라건대 비천한 사람들이 마침내 창과 방망이를 스스로 쳐 긴 어둠에서 깨쳐날 것이며 게으르고 추한 뜻을 바꾸어 진리의 근원에 부합하며……. — 도피안사 철조비로자나불좌상 조상기.

석가불 입적 후 천년이 지나면 말세가 된다는 사실을 슬퍼하며 이를 구제할 미륵불의 도래를 염원하는 내용이 담겨 있다. 궁예가 역사의 무대에 등장하기 약 1세대 전에 새겨진 글이다. 궁예가 이곳 철원을 도읍지로 삼을 수 있었던 것은 새로운 세상을 갈구한 이 지역 하층민의 열렬한 지지가 있었기 때문이다. 이후 궁예가 미륵불로 자처한 것은 우연이 아닐 것이다.

궁예는 미륵불을 자칭하고, 머리에는 금관을 쓰고 몸에는 가사를 걸쳤다. 큰아들을 청광보살, 막내아들을 신광보살로 삼았다. 외출할 때는 항상 흰 말을 탔는데, 말갈기와 꼬리를 고운 비단으로 장식했다. 소년·소녀에게 깃발, 일산, 향, 꽃을 들려 앞에서 인도하게 했다. 승려 200여 명이

범패를 부르며 뒤를 따랐다. ─《삼국사기》 권50, 궁예 열전.

하층민의 염원을 알고 있던 궁예는 미륵불을 자처하면서, 미륵의 이상향 용화세계를 태봉이라는 국호에 담았던 것이다. 하지만 그것은 이상에 불과했다. 고구려 계승의식을 지지한 송악의 왕건을 비롯한 옛 고구려 지역 출신 현실주의자들의 반발은 필연적이었다. 궁예는 그로 인해 비극의 주인공이 되었다. 이상주의 군주였던 궁예의 꿈은 현실의 기득권 연합 세력에 의해 산산조각 났다. '통일을 완성하지 못한 채 폭정을 일삼고 인륜을 저버렸다'는 평가는 현실주의자들의 매서운 반격을 담은 선고였다.

왕건, 변방의 장수에서
전쟁 영웅으로

나주 전투 승리로 견훤을 압도하다

896년 20세의 청년 왕건은 아버지의 손에 이끌려 궁예의 휘하에 들어
갔다. 왕건은 붓을 잡는 관리가 아니라 고향 송악의 성주가 되어 궁예
의 명령대로 전투에 참여하는 장수로서 출발했다. 공식적인 첫 전투는
898년 양주(楊州), 즉 지금의 서울 점령 전투였다. 그러나 육전(陸戰)인
양주 전투에서 그는 뚜렷한 전과를 거두지 못했다.

바다 상인의 후예인 왕건은 요즘으로 말하면 해군 출신으로, 해전(海
戰)에서 두각을 드러낸다. 그는 해군대장군으로 후백제 견훤의 근거지
인 나주 전투에서 승리해 궁예의 신임을 받아 일약 제2인자로 부상한
다. 이런 점에서 나주 전투는 왕건이 천하 통일의 첫 걸음을 내딛게 되
는 매우 상징적인 전투다.

903년부터 935년까지 왕건은 나주를 놓고 견훤과 치열한 공방전을
벌였다. 한 지역을 두고 이렇게 긴 공방전을 벌인 적이 없을 정도로 나
주는 후삼국 전쟁의 전략적 거점이었다. 왕건은 27세 때인 903년(궁

예 재위 3) 수군을 이끌고 금성군(錦城郡)을 정벌하고 주변의 군현 10여 개를 빼앗은 뒤 금성을 지금의 이름인 나주로 바꿨다. 견훤과의 첫 전투였다. 견훤이 다시 나주를 장악하자, 909년 궁예는 왕건을 해군대장군으로 임명하여 견훤에게 대대적인 반격을 가해 승리한다. 고려 건국 이전 왕건의 행적을 기록한 《고려사》 가운데 '태조 총서(總書)'의 대부분은 나주 전투로 장식되어 있다. 하이라이트는 왕건이 고려국을 건국하기 8년 전인 910년의 전투다. '태조 총서'에 기록된 당시 전투 상황이다.

〔왕건의 군사가〕 나주 포구에 이르자 견훤이 직접 군사를 인솔하고 전함을 배치했다. 목포에서 덕진포(德眞浦, 영암 해안)에 이르기까지 육지와 바다에 걸쳐 배치된 군대의 위세가 대단했다. 여러 장수가 두려워하자 왕건은 "근심할 것 없다. 승리는 화합에 달려 있지 수가 많은 데 있는 것이 아니다"라고 했다. 군사를 내어 급히 공격하자 적의 군함이 뒤로 물러났다. 이때 바람을 이용해 불을 지르자(乘風縱火) 불에 타고 물에 빠져 죽은 자가 태반이었다. 500여 명의 머리를 베거나 사로잡자 견훤은 조그마한 배를 타고 도망쳤다. …… 견훤의 정예군을 꺾으니 사람들의 마음이 다 안정되었다. 이리하여 궁예가 삼한의 땅을 태반이나 차지하게 되었다.

910년 견훤은 보병과 기병 3,000명으로 903년에 빼앗긴 나주를 탈환하기 위해 10여 일간 포위한다. 견훤의 반격을 당한 궁예는 왕건에게 정주(貞州, 개성시 개풍군)에서 전함을 수리하게 한 후 군사 2,500명을 내어주어 공격하게 한다. 왕건은 먼저 배후인 진도와 고이도(皐夷島, 신안 고이도高耳島)를 공격해 나주를 고립시킨 후, 견훤의 군사와 전투를 벌였다. 이어 왕건은 견훤의 잔당으로 해전에 능하여 '수달'로 불린 능창(能昌)을 사로잡아, 나주 해전을 승리로 이끈다. 910년에 시작된 전투는 2년 만인 912년에 끝났다.[1]

나주 전투 승리 당시 왕건은 36세였다. 왕건보다 10년 위인 견훤은 26세 때인 892년에 이미 무진주(광주)를 점령한 뒤 후백제의 군주를 자처했다. 나주 전투 때 견훤은 후백제 군주였다. 왕건은 당시까지만 해도 송악의 성주로서, 견훤과 비교할 수 없을 정도로 미미한 일개 변방 장수에 불과했다. 그러나 왕건은 이 전투의 승리로 단숨에 전쟁 영웅으로 떠올랐다.

나주 전투는 이같이 견훤과 궁예의 대리인인 왕건이 자웅을 겨룬 전투로서, 승리를 거둔 궁예의 태봉국이 견훤의 후백제국을 압도하는 국면을 만들었다. 반면에 후백제의 견훤은 근거지 나주를 빼앗겨, 내륙 진출에 앞서 뒷문 단속을 먼저 걱정해야 할 처지로 천하 통일의 기회마저 날려버릴 위기를 맞았다. 후삼국 최대 해전이었던 나주 전투의 실리는 결국 전투의 종결자인 왕건의 몫이 되었다. 견훤에게 나주는 기억하기조차 싫은 곳이 되었지만, 왕건에게는 천하 대권의 꿈을 꾸게 된 무대였다.

도대체 나주는 어떤 가치를 지녔기에 세 영웅이 사활을 건 싸움을 벌였던 것일까? 1976년 전남 신안 앞바다에 원나라 선적의 '신안선'이 발굴되었다. 중국에서 일본으로 보내는 도자기 등 수많은 유물들이 쏟아져 나왔다. 최근 발굴 작업이 시작된 고려 선박 '마도선'까지 중국과 고려 선박 16척이 산둥반도와 한반도 서해안에서 출토·발굴되었다. 특히 2005년 중국 산둥성 펑라이시에서 발굴된 두 척의 선박은 고려의 원양 항해용 선박이다. 서해안 일대에 성행했던 고려시대 해상 교류

활동을 뒷받침해주는 증거다. 고려는 어느 왕조보다 해상 교류가 활발했던 왕조다. 당시 해상 교류는 황해(서해)를 중심으로 중국 대륙-한반도-일본 열도를 축으로 이루어졌는데, 어떤 학자는 황해를 '동아시아의 지중해'라고 부르기도 한다. 나주는 일본과 중국으로 연결되는 황해해상 물류의 거점 지역이자, 동아시아 해상 실크로드의 길목이었다. 따라서 나주 전투는 황해의 제해권을 확보하는 해상의 경제전쟁이었다. 세 영웅이 사활을 건 것은 이 때문이다.

왕건의 숨은 조력자, 해상 네트워크

그렇다면 나주 전투의 승리 요인은 무엇이었을까? 앞의 나주 전투에 관한 《고려사》의 기록에 '바람을 이용해 (견훤의 배에) 불을 질렀다(乘風縱火)'는 대목이 있다. 2000년에 방영된 TV 드라마 〈태조 왕건〉의 작가는 이 대목에 주목해 왕건의 책사 태평(泰評)이란 자가 동남풍을 이용해 승리를 이끌었다고 극화했다. 이는 《삼국지》에서 제갈량(諸葛亮)이 적벽대전에서 7일간 기도 끝에 불어 온 동남풍을 이용해 조조(曹操)의 군사를 대파해 유비(劉備)의 촉나라 건국에 결정적인 공을 세운 사실과 유사한 설정인데, 드라마이기에 가능한 얘기일 뿐이다.

나주 전투의 승리 요인은 '동남풍'의 힘이 아니었다. 대대로 바다 상인으로 활동하며 자본을 축적해온 태조 왕건 집안의 힘이 나주 전투의 또 다른 공신이었다.

[914년 궁예는] 보장(步將) 강선힐(康瑄詰), 흑상(黑湘), 김재원(金材援) 등을 태조(왕건)의 부장으로 삼아 배 100여 척을 더 만들게 했다. 큰 배 10

여 척은 사방이 각각 16보(步)로, 위에 망루를 세웠고 말도 달릴 수 있을 정도였다. 군사 3,000여 명과 군량을 싣고 나주로 갔다.

—《고려사》권1, 태조 총서.

이 기록에서 주목되는 것은 궁예가 왕건에게 지시하여 만든 배의 크기다. 대선의 경우 사방 16보(96자, 1보는 6자), 즉 길이가 약 30미터나 되었다. 물론 배를 제작한 주체는 궁예국이 아니라, 바다 상인인 왕건의 집안이었다. 그의 집안은 직접 배를 제작할 정도의 경제력과 군사력을 갖추었던 것이다.

또한 왕건은 각 지역의 유력한 세력과 혼인을 통해 동맹을 맺고, 그들의 군사·경제적 지원을 받아 전쟁을 치러나갔다. 그러다 보니 부인이 29명이나 되었다. 그는 뒷날의 분란을 염려해 부인의 서열을 매겨, 제1비에서 제6비까지의 소생에게만 왕위 계승권을 부여했다. 비의 서열에는 비는 물론 비의 친가 세력의 지위가 반영되었다. 서열이 가장 높은 제1비와 제2비는 모두 서남해 해상((海商, 바다 상인) 세력의 딸이었다.

제1비 신혜왕후(神惠王后) 유씨는 정주 출신으로, 아버지는 유천궁(柳天弓)이다. 유천궁은 정주를 근거지로 한 해상 세력이었다. 정주는 예성강·임진강·한강의 합류 지점인 강화도를 마주하는 황해 중부 해상 교역로의 중심지로, 왕건의 근거지인 개경과 인접해 있었다. 왕건은 909년과 914년 각각 2,500명과 2,000명의 군사를 거느리고 정주에서 출발해 나주로 향했다. 914년에는 이곳에서 70여 척의 군함을 수리했다. 이처럼 당시 정주는 왕건이 거느린 해군의 발진기지였다. 유천궁은 왕건의 군사에게 식량을 제공할 정도로 왕건의 든든한 후원자였다.

태조가 궁예 휘하의 장군으로 있을 때 군사를 거느리고 정주를 지나다가 버드나무 고목 밑에서 말을 쉬게 했는데, 마침 왕후가 길가 냇가에 있었다. 태조는 그녀가 덕을 갖춘 모습을 보고, 그 집에 유숙했다. 천궁은 자기 집에서 모든 군사를 풍족하게 먹이고, 딸에게 태조를 모시게 했다. 태조는 그녀를 부인으로 삼았다. ─《고려사》권88, 태조 후비 신혜왕후 열전.

918년 홍유·배현경·신숭겸 등이 궁예를 몰아내고 왕건을 왕으로 추대하려 하자 왕건은 이를 완강히 거절했다. 이때 신혜왕후는 머뭇거리는 왕건에게 손수 갑옷을 가져다 입히고 거사에 참여하도록 권한 내조의 여인이다.

한편, 제2비인 장화왕후(莊和王后) 오씨는 서남해의 거점 지역인 나주 해상 세력 다련군(多憐君)의 딸이다.

왕후가 일찍이 〔나주〕 포구의 용이 뱃속으로 들어오는 꿈을 꿨다. 얼마 후 태조가 수군장군으로 나주에 출진하여 배를 대고 머물러 있었는데, 시냇가 위에 오색구름의 기운이 서려 있었다. 그곳으로 가보았더니 왕후가 빨래를 하고 있었다. 태조가 그녀를 불러 잠자리를 함께했다. 뒤에 임신하여 아들을 낳았는데, 혜종(惠宗)이다.

─《고려사》권88, 태조 후비 장화왕후 열전.

장화왕후 오씨가 용이 자기 뱃속으로 들어오는 꿈을 꾼 뒤 왕건을 만났다는 기록은 나주를 대표하는 해상 세력 다련군과 왕건이 연맹을 맺었음을 상징한다. 또한 제1비 사이에 자식이 없어, 제2비의 아들인 혜종(재위 943~945)이 왕건의 뒤를 이어 왕위에 오른다.

왕건과 장화왕후 나주에 출정한 왕건이 샘터에서 빨래하던 장화왕후에게 물을 얻어 마시는 장면을 형상화한 나주시 송월동의 조형물.

    이같이 왕건의 조상들이 일찍부터 바다 상인으로서 축적한 자본과 인맥이 나주 전투의 승리, 나아가 삼한 통합의 밑받침이 되었다. 왕건의 집안과 해상 교역을 통해 오랫동안 유대를 맺어온 서해안 일대 해상 세력은 왕건이 나주로 출정할 때 적지 않은 도움을 주었다. 왕건은 그들의 협조를 얻어 황해의 제해권을 장악할 수 있었다. 또한 혼인을 통해 동맹을 맺은 서남해 해상 세력의 협조가 없었다면 승리는 불가능했다. 결과적으로 해상 세력의 딸들이 가장 높은 서열의 제1비와 제2비가 되었다. 왕건의 해상 네트워크는 나주 전투의 숨은 공로자였다.

    이외에도 박술희(朴述熙)와 복지겸 등도 혜성군(慧城郡, 당진) 출신으로 해상 세력이었다. 복지겸은 궁예가 횡포하여 민심을 잃자, 배현경·신숭겸·홍유 등과 함께 궁예를 몰아내고 왕건을 추대해 고려를 세운 공신이다. 박술희는 936년 후백제왕 신검(神劍) 군대와의 마지막 전투에 참여하여 큰 공을 세웠다. 943년 임종을 앞둔 왕건은 그에게 군국대사(軍國大事)를 맡기고 〈훈요십조(訓要十條)〉를 전했다. 그는 왕건의 최측근이자 뒤이어 즉위한 왕건의 맏이 혜종의 후견인이었다.

고려는 농경국가였지만, 대외무역을 장려하고 적극적으로 선진문물을 수용하는 등 해양국가의 면모도 지니고 있었다. 대외무역을 통해 부를 축적하거나 외국에 대해 개방적인 정책을 추구하는 국가가 해양국가이다. 이는 상업과 해상 무역을 통해 길러진 바다 상인 특유의 개방성을 지닌 왕건 집안의 내력에다, 나주 전투를 비롯한 왕건의 정벌사업에 협조했던 해상 세력의 존재와 관련이 있다. 상업과 무역의 장려, 적극적인 선진문물의 수용 등 고려 개방정책의 전통이 남아 있던 개성에서 뒷날 조선 최고의 상인집단인 송상(松商)이 등장한 것은 우연이 아닐 것이다. 왕건은 나주 전투를 통해 천하 평정의 꿈을 잉태할 수 있었고, 해상 세력의 협조를 얻으면서 개방정책이라는 천하 경영의 싹을 틔울 수 있었다.

■ 바다와 인연 깊은 고려 왕실의 조상들

1157~1160년 무렵 김관의(金寬毅)가 편찬한 《편년통록(編年通錄)》은 현재 전하지 않는 역사책이다. 그러나 《고려사》 첫머리에 실린 '고려세계(高麗世系)'에 그 내용이 인용되어 있다. 고려를 건국한 태조 왕건의 조상 호경(虎景, 태조 왕건 6대조) - 강충(康忠, 5대조) - 보육(寶育, 4대조) - 작제건(作帝建, 3대조) - 용건(龍建, 2대조)에 관한 서술은 모두 《편년통록》에 근거한 것이다.

고려 왕실 조상의 설화에 나타나는 두드러진 특징은 태조 왕건의 조상들이 개경을 기반으로 한 해상(海商) 세력이라는 사실이다. 왕건의 할아버지 작제건은 왕조의 국조(國祖)로 기록되어 있는데, 그 아버지는 당나라 숙종(肅宗)이라 한다. 왕실의 조상을 미화(美化)한 것이지만, 그 이면에는 역사적 사실도 숨어 있다. 당나라 숙종이 배를 타고 개경의 길목인 예성강으로 들어오다 썰물로 배가 늪에 빠지자, 배에 실은 동전을 뿌려서 밟고 상륙했다고 한다. 그 후로 그곳은 돈으로 덮인 포구라는 뜻의 '전포(錢浦)'라 불렸다.《동국여지승람(東國輿地勝覽)》등에도 그렇게 기록되어 있다. '전포'라는 지명은 예성강을 중심으로 수많은 재화가 오가며 무역이 활발하던 당시의 정황을 상징적으로 표현한 것이라 생각된다. 예성강 포구의 중심에 '돈 냄새'가 물씬 풍기는 바다 상인 출신의 왕건, 즉 고려 왕실의 조상이 자리 잡고 있다.

또한, 작제건은 성장하여 아버지를 만나러 상선(商船)을 타고 중국으로 가다 풍랑을 만난다. 바다 속으로 들어가게 된 작제건은 서해 용왕(龍王)의 딸인 용녀(龍女)와 결혼해 태조 왕건의 아버지 용건(龍建, 혹은 융隆)을 낳는다. '고려세계'에 담긴 이런 내용의 설화는 고려 왕실의 조상들이 바다와 불가분의 관계를 맺고 있던 바다 상인 출신임을 알려주는 설화이다.

견훤과 왕건의 운명을 뒤바꾼
팔공산 전투

●

다음 글은 후삼국 통합전쟁이 막바지에 이른 934년(태조 17) 5월 태조 왕건이 지금의 충청도 예산에서 민심을 회유하기 위해 반포한 조서 가운데 일부다.

지난날 신라가 쇠하게 되자 도적들이 다투어 일어났다. 백성들은 난리 통에 시체조차 묻지 못해 해골이 산야를 뒤덮었다. 궁예는 그런 무리들을 복속해 나라를 세웠다. 그러나 말년에 백성들에게 해독을 끼치고 사직을 무너뜨렸다. 내가 그 위태로운 뒤를 이어받아 새 나라를 세웠다. 내가 어찌 백성들을 곤경에 빠뜨리려 했겠는가? 건국 초기라 형편상 어쩔 수 없는 일이었다. 나는 '바람결에 머리를 다듬고 빗물에 몸을 씻으며(櫛風沐雨)' 지방을 순시하고 성곽을 보수하여 백성들이 도적의 피해를 입지 않도록 힘을 다했다. ─《고려사》권2, 태조 17년 5월조.

왕건은 전쟁으로 불가피하게 민생이 피폐해진 사정을 안타깝게 여기며 국왕인 자신도 편안한 삶을 누리지 못했음을 토로하고 있다. 조서에서 왕건은 자신의 삶을 '즐풍목우(櫛風沐雨)'라는 말로 압축하고 있다.《장자(莊子)》에서 유래한 이 말은 글자 그대로 비바람을 맞으며 온갖 고생을 다했다는 뜻이다. 왕조 건국과 전투로 편안한 날이 없었던 자신의 처지를 이같이 우회적으로 표현했다.

고려 건국의 아버지 태조 왕건은 실로 '천하의 싸움꾼'이었다. 이런 사실을 알아야 왕건의 진면목과 왕조 건국의 역사를 제대로 읽을 수 있다. 896년 20세가 되던 해에 왕건은 아버지와 함께 궁예에게 귀부한 뒤 궁예의 휘하로서 고향 송악의 성주가 된다. 성주이자 장군으로서 후삼국 전쟁에 첫발을 내디딘 왕건은 이후 20여 년간 싸움판을 전전하다 918년에 궁예를 몰아내고 고려왕조를 건국한다. 이것으로 싸움은 끝나지 않았다. 이후 무려 18년 동안 견훤의 후백제와 치열하게 겨루다 936년 60세에 마침내 천하를 통일한다. 67세에 세상을 떠날 때까지 꼬박 40년간 싸움판을 전전했다. 그는 전장에서 더욱 단단해졌고, 끝내 천하를 움켜쥐었다. 자신의 삶을 '즐풍목우'라고 한 표현은 결코 겸손의 말이 아니었다.

치욕스런 패배의 현장, 팔공산

왕건이 궁예의 부하로서 치른 나주 전투가 태봉국의 제2인자로 등극해 새 왕조를 건국할 꿈을 품게 된 전투라면, 927년(태조 10) 11월에 치른 대구 인근의 팔공산 전투는 후삼국 통합전쟁에서 최후의 승자로 발돋움하게 된 전투였다. 그렇지만 이 전투는 백전노장 왕건의 40년 싸움꾼 인생에서 가장 커다란 패배를 안겨준 치욕스러운 사건이었다.

그보다 2년 전인 925년 10월 고울부(高鬱府, 경북 영천) 성주 능문(能文)이라는 자가 왕건에게 귀부한다. 영천은 경주의 코앞에 있는, 신라의 마지막 보루와 같은 곳이었다. 그곳 성주가 귀부한 것은 신라의 자존심에 큰 생채기를 내는 일이었다. 920년에 이미 고려와 신라는 동맹을 맺은 터라, 왕건은 신라의 동요를 염려해 귀부를 거부한다. 수일 후 왕건과 견훤은 지금의 선산 부근인 조물군(曹物郡)에서 전투를 했으나 승부를 가리지 못한 채 화의를 맺고 인질을 교환한다. 그런데 이듬해 4월 견훤이 보낸 인질이 병으로 죽자, 견훤은 고려 인질로 온 왕건의 사촌동생을 죽인다. 이 때문에 양국 간의 화의는 반년 만에 깨졌다.

고려와 신라의 동맹 사실을 안 견훤에게 화의는 아무런 의미가 없었던 것이다. 두 나라의 동맹은 후백제의 고립을 뜻했다. 견훤은 이를 깨기 위해 먼저 약자인 신라를 공격한다. 927년 9월 견훤은 왕건에게 귀부하려 했던 고울부를 공격한다. 일종의 무력시위로서, 왕건에게 귀부하려는 호족들에 대한 경고의 뜻이 담겼다.

견훤의 공격을 예상한 신라는 왕건에게 도움을 요청한다. 그러나 왕건의 군사가 도착하기 전인 그해 11월 견훤은 신라 수도 경주를 점령해 왕을 죽이고 왕비를 겁탈하는 등 잔악한 행동을 저질렀다. 그러고는 경순왕을 즉위시킨다. 왕건은 군사 5,000명을 이끌고 신라를 구원하러 내려가다 대구 팔공산인 공산동수(公山桐藪)에서 경주에서 북상 중이던 견훤을 맞아 전투를 벌인다. 이 전투에서 자신의 오른팔 격인 신숭겸과 김락(金樂)이 전사하고, 5,000명의 군사가 전멸한다. 왕건 혼자 겨우 살아남았을 정도로 치욕스러운 전투였다.《고려사》신숭겸 열전에 당시 전투에 대한 언급이 있다.

신숭겸의 처음 이름은 능산(能山)이며, 광해주(光海州, 강원도 춘천) 사람이다. 몸이 장대하고 무용이 있었다. 10년(927) 태조가 견훤과 공산동수에서 싸웠는데, 견훤의 군사가 태조를 포위하여 매우 위급했다. 당시 대장이던 신숭겸은 김락과 함께 힘껏 싸우다가 전사했다. 태조는 애통하게 여겨 장절(壯節)이라는 시호(謚號)를 내렸다. 그 동생 신능길, 아들 신보, 김락의 동생 김철에게 모두 원윤(元尹)이라는 벼슬을 내렸으며, 지묘사(智妙寺)를 지어 명복을 빌게 했다. —《고려사》권92, 신숭겸 열전.

전투의 중요성에 비해 내용은 밋밋하다. 오히려 수년 전 방영된 TV 드라마 〈태조 왕건〉의 내용이 더 흥미진진한데, 드라마에서는 신숭겸이 태조를 탈출시킨 후 태조의 옷을 입고 장렬하게 전사하는 것으로 그려졌다. 허구이지만 천년 후 재생된 신판 〈도이장가(悼二將歌)〉라 할 만하다. 그렇다면 원판 〈도이장가〉를 보자. 〈도이장가〉는 1120년(예종 15) 10월 서경(평양)에서 열린 팔관회 행사 때 예종이 행사에 등장한 신숭겸과 김락의 우상을 보고 그들의 공을 추도하여 지은 노래이다.

님(태조 왕건)을 온전하게 하시기 위한 / 그 정성은 하늘 끝까지 미치심이여 / 그대의 넋은 이미 가셨지만 / 일찍이 지니셨던 벼슬은 여전히 하고 싶으심이여 / 오오! 돌아보건대 두 공신의 곧고 곧은 업적은 / 오래오래 빛나리로소이다.
— 양주동 박사 번역,《평산 신씨 고려 태사 장절공 유사》수록.

두 장수의 죽음을 안타까워하는 연민의 갈채일까? 아니면 최후의 승자인 왕건을 극적으로 미화하는 노래일까? 두 장수의 충절은 고려 500

신숭겸의 장절도　927년 팔공산 전투에서 왕건을 대신해 목숨을 바친 신숭겸의 일화가 《동국신속삼강행실도》(1617)에 남아 전한다.

년 내내 칭송되었다. 신숭겸의 죽음은 조선 중기에 편찬된 《동국신속삼강행실도(東國新續三綱行實圖)》에도 '장절도(壯節圖)'라는 그림으로 전한다.

그러나 이 노래에 담긴 팔공산 전투의 의미를 다르게 읽어야 한다. 왕건은 비록 패했지만, 이 전투를 계기로 오히려 승리의 실마리를 얻게 된다는 역설이다.

전쟁의 최종 승패는 민심에 달려 있다

927년 12월, 승리에 한껏 고무된 견훤이 왕건에게 편지를 보낸다.

지난날 신라 국상(國相) 김웅렴(金雄廉) 등이 당신을 신라 서울로 불러들이려 한 것은 마치 작은 자라가 큰 자라의 소리에 호응하는 것과 같았다. 이는 종달새가 매의 날개를 찢으려는 짓으로, 백성들을 도탄에 빠뜨리고 국토를 폐허로 만드는 일이었다. 그래서 내가 선수를 써서 단독으로 정벌에 나섰다. ─《고려사》권1, 태조 10년 12월조.

신라 국상 김웅렴이 왕건을 경주로 불렀다는 표현은 두 나라의 동맹을 뜻하며, 견훤은 동맹을 깨기 위해 전략적으로 신라를 침입했다는 사실을 알려준다. 그는 작은 자라와 종달새에 불과한 고려가 큰 자라와 매와 같은 신라를 넘보려 한다며 왕건을 조롱한다.

그러나 팔공산 전투를 계기로 견훤이 도리어 패망의 길로 들어서게 되었음을 깨닫는 데는 오랜 시간이 걸리지 않았다. 견훤은 내심 경주 침공과 팔공산 전투 승리를 계기로 아직 향배를 결정하지 못한 지방 성주와 장군들이 무력이 강한 자신에게 귀부할 것으로 생각했다. 그런데 여론은 경주를 침공해 신라 국왕을 살해하는 등 정통왕조 신라에 잔악한 행동을 한 견훤에게 등을 돌렸다. 견훤이 왕건에게 편지를 보낸 것은 자신의 신라 침공은 신라와 동맹한 왕건의 잘못이라며 왕건에게 책임을 전가하기 위해서였다.

역사가들은 흔히 견훤의 경주 침입 3년 후인 930년에 벌어진 고창(古昌, 안동) 전투를 후삼국 전쟁의 분수령이라 한다. 고창 전투에서 왕건이 승리하자 고창군 주변 30여 성은 물론 강릉에서 울산에 이르는 동해안의 110여 성의 여러 성주와 장군들이 왕건에게 귀부한다. 그러나 실제로는 견훤의 신라 침략과 팔공산 전투가 후삼국 전쟁의 분수령이었다. 통일신라의 수많은 성주와 장군들은 두 사건을 보면서 존왕주의(尊王主義)를 내세워 끝까지 신라를 정통왕조로 존중한 왕건에게 지지를 보냈기 때문이다. 3년 후 고창 전투는 이런 신뢰를 확인하는 의식에 지나지 않았다. 견훤은 작은 승리에 도취되어 천하 대권을 놓치는 자충수를 두었다.

■ 편지 속에 드러난 패도정치와 왕도정치

견훤과 왕건이 주고받은 편지에서 후삼국 통합전쟁에서 두 사람이 추구한 정치 이념을 읽을 수 있다. 다음은 견훤이 왕건에게 보낸 편지이다.

> 당신의 군대는 내 말의 머리를 보거나 소의 털을 뽑기도 전에 성산진(星山陣) 아래서 속수무책으로 패배했다. 좌상 김락은 미리사(美利寺) 앞에서 해골을 드러냈다. 우리가 죽이고 노획한 것도 많았으며 추격하여 사로잡은 자도 적지 않았다. 강약의 역량이 이와 같으니 승패는 알 만한 일이다.
>
> ─《고려사》권1, 태조 10년 12월조.

견훤은 편지에서 자신의 지략과 무력이 왕건을 압도한다며 자신감을 피력하고 있다. 전쟁의 승패는 무력의 강약에서 결정된다는 생각이다. 이는 패도(覇道)를 중시하는 입장이다.

다음은 왕건이 견훤에게 보낸 답신이다.

> 나의 마음은 미운 것을 참고 용서하여 두지 않으며 뜻이 존왕의 대의에 간절하기 때문에 장차 조정(신라)을 구원하고 국가의 위기를 붙들려고 했다. 그런데 당신은 털끝만 한 작은 이해에 눈이 어두워 천지와 같은 두터운 은혜를 잊어버렸다. 군왕을 죽이고 궁궐을 불태웠으며 재상(宰相)과 관리들을 모조리 살육하고 백성들을 무찔러 없앴다. 궁녀들을 약취하여 수레에 태워 갔으며 진귀한 보물들은 약탈하여 짐짝으로 실어 갔다. 당신의 죄악은 걸(桀)과 주(紂)보다 더하며

잔인하기란 맹수보다 심하다.

—《고려사》권1, 태조 11년 1월조.

왕건은 군왕을 살해하는 등 정통왕조 신라국을 유린한 견훤에게 중국 은나라와 주나라를 각각 망하게 한 걸과 주 임금보다 더 나쁘다고 했다. 견훤에게 보낸 편지이지만, 오히려 당시까지 향배를 결정하지 못한 성주와 장군 등에게 견훤의 포악함을 드러내어 민심을 얻으려는 의도가 엿보인다.

왕건은 민심의 향배가 전쟁의 승패를 좌우할 것으로 생각했던 것이다. 왕건은 통일신라를 정통왕조로 인정하는 존왕주의, 즉 왕도정치(王道政治)를 중시하고 있다. 견훤도 편지에서, "나는 의리를 충실히 지켜 신라 왕실을 존중하고, 큰 나라를 섬기는 마음이 깊다"라고 했다. 군사력에 의존한 패도정치를 중시한 견훤이지만 현실의 통일신라를 정통으로 여기는 민심을 의식하고 있었던 것이다. 국왕을 폐위했으나 끝내 신라국을 전복하지 않은 것은 민심의 역풍을 두려워했기 때문이다.

신라를 정통왕조로 여기는 존왕주의 이념을 실천하여 신라의 군민(君民)과 성주, 장군 들의 지지를 얻는 일에 두 사람 다 고심하고 있었던 것이다. 즉 군사력이 아니라 민심을 얻는 자가 전쟁의 승자가 된다는 사실을 두 사람 사이에 오간 편지에서 읽을 수 있다.

외침보다 무서운 내분,
후백제를 무너뜨리다

●

늙은 제가 전하에게 몸을 의탁한 것은 전하의 위엄을 빌려 반역한 자식의 목을 베기 위해서였습니다. 전하께서 신령한 군사를 빌려주어 난신적자(亂臣賊子)를 없애주신다면 저는 죽어도 유감이 없을 것입니다.

—《삼국사기》 권50, 견훤 열전.

견훤은 고려에 귀순한 지 1년이 지난 936년(태조 19) 6월 마침내 왕건에게 왕위를 찬탈한 아들이자 후백제왕인 신검을 토벌해달라고 요청한다. 수십 년간 자웅을 겨루어온 라이벌 왕건의 무릎 앞에 머리를 조아리고 아들을 죽여달라고 청할 때 견훤의 심정은 어떠했을까?

9년 전인 927년 팔공산 전투에서 왕건에게 치욕의 패배를 안긴 후 견훤은 "당신의 군대는 내 말의 머리를 보거나 소의 털을 뽑기도 전에 성산진 아래서 속수무책으로 패배했다. …… 강약의 역량이 이와 같으니 승패는 알 만한 일이다"라고 왕건을 조롱했다. 이렇게 기세등등하던 견훤이 10년도 지나지 않아 처지가 뒤바뀔 줄 누가 알았겠는가?

견훤은 900년에 후백제를 건국하면서 삼한의 정통인 마한을 계승한 옛 백제의 영광을 부활하려 했다. 즉위 직후 발표한 교서에서 그 의지를 읽을 수 있다.

삼국은 처음 마한이 먼저 일어나고 뒤에 혁거세가 발흥했다. 그러므로 진한과 변한이 그 뒤를 따라 일어난 것이다. 이에 백제가 금마산에서 개국하여 600여 년이 되었다. 그러나 660년 당 고종(高宗)이 신라의 요청으로 장군 소정방에게 군사 13만 명을 배에 싣고 바다를 건너게 했다. 신라 김유신은 잃은 영토를 찾기 위해 황산을 거쳐 사비성에 이르러, 당 군사와 합세해 백제를 멸망시켰다. 나는 지금 완산(전주)에 도읍하여 (백제) 의자왕의 오랜 억울함을 설욕하고자 한다. ─《삼국사기》권50, 견훤 열전.

견훤은 이같이 후백제는 마한-백제를 계승한 정통왕조라는 분명한 역사의식을 지니고 있었다. 그러나 당당한 견훤의 발목을 잡은 것은 내분이었다. 935년(태조 18) 3월 첫째 아들 신검은 동생인 넷째 금강(金剛)에게 왕위를 물려주려는 견훤에게 반발해서 동생 양검(良劍), 용검(龍劍)과 함께 난을 일으킨다. 신검은 금강을 죽이고 아버지 견훤을 금산사(金山寺, 전북 김제 소재)에 유폐한 뒤 왕위를 찬탈한다. 권력은 부자 사이도 갈라서게 한다는 옛말은 이를 두고 한 말일 것이다. 한마디로 후백제의 자중지란(自中之亂)이었다.

아들에 쫓겨 왕건에게 귀순한 견훤
견훤은 왕건에게 귀부하기 직전, "내가 후백제를 세운 지 여러 해가 되었다. 나의 군사는 북군(北軍)인 고려군보다 갑절이나 많은데도 이기지 못하니, 아마 하늘이 고려를 돕는 것 같다"라고 했다. 후백제가 자중지란에 빠지면서 결국 고려군보다 두 배나 강한 군사력도 무용지물이 돼버린 것이다. 역사의 경고는 이렇게도 무섭다.

졸지에 왕위를 빼앗기고 유폐된 견훤은 석 달 뒤인 935년 6월 처자식을 데리고 금산사를 탈출, 나주로 도망해 고려에 망명을 요청한다. 나주는 견훤이 오랫동안 왕건과 치열하게 싸웠던 전략 요충지였는데 그곳이 자신의 피난처가 될 줄이야. 왕건은 10년 연상의 견훤을 '상부(尙父)'라 존대하면서, 최고의 관직과 남쪽 궁궐을 거처로 제공했다. 또 양주를 식읍으로 제공해 그곳에서 나오는 수입으로 생활하게 했다.[3] 이처럼 왕건은 지난날 자신에게 엄청난 수모와 치욕을 안긴 적장을 영웅으로 극진하게 예우했다. 영웅만이 영웅을 제대로 알고 대접하는 것일까?

견훤이 귀순한 지 5개월 뒤인 그해 11월, 신라 경순왕이 직접 개경에 와 신라의 항복을 받아달라고 청한다. 왕건이 머뭇거리자, 신하들은 "하늘에 두 태양이 없고, 땅에 두 임금이 없다"면서 신라의 항복을 받아들일 것을 건의한다.[4] 왕건은 마침내 그해 12월 신라의 항복을 받아들인다. 이로써 반란왕조였던 고려는 비로소 한반도의 정통왕조가 된다. 이듬해(936) 2월, 신검의 매형이자 견훤의 사위인 장군 박영규(朴英規)도 고려에 귀순한다. 박영규는 지금의 순천에 근거지를 두었던 서남해 해상 세력의 대표 주자이자, 후백제 해군 주력부대의 사령관 격이었다. 귀순의 도미노 현상이라 할까?

아비를 내쫓고 동생을 죽여 권력을 잡은 후백제왕 신검은 견훤과 경순왕의 귀순으로 권력을 잡은 지 1년도 되지 않아 고립무원의 처지에 빠졌다. 이는 군사강국 후백제의 종말을 재촉하는 신호탄이 되었다. 반세기 동안 끌어온 후삼국 전쟁의 승부추가 고려로 기울어지는 결정적 계기가 된 것이다.

사위 박영규의 귀순에 고무된 것일까? 견훤은 사위가 귀순한 지 4개월 뒤인 936년 6월, 아들을 처단해달라고 왕건에게 간청한다. 같은 달, 왕건은 마침내 출정 명령을 내린다. 태자 무(武, 혜종)와 장군 박술희가 이끄는 군사 1만 명을 먼저 천안에 보내 전쟁을 준비하게 했다. 영남과 호남의 갈림길에 위치한 천안은 공주를 거쳐 후백제 수도 전주를 바로 공격할 수 있는 길목이었다. 하지만 석 달 뒤인 9월 견훤과 함께 개경을 떠나 천안에 도착한 왕건은 예상과 달리 추풍령을 넘어 일리천(一利川)으로 우회해 후백제군을 공격하는, 성동격서(聲東擊西)식 기만전술을 택했다.

고려와 후백제의 마지막 전투, 일리천 전투

고려와 후백제의 최후 결전지가 된 일리천은 경북 구미시 해평면 낙산리 원촌 마을 앞을 흐르는 낙동강 지류이다. 왕건은 왜 이곳을 택했을까? 왕건은 일리천으로 내려와 이미 항복한 신라군을 고려군으로 편성해 병력을 보강하고, 낙동강 물길로 병력과 물자를 신속히 이동시켜 후백제의 측면과 후방을 치려고 했다. 동시에 신검의 군대가 전세를 역전시키기 위해 낙동강을 통해 기습적으로 신라 지역을 점령하는 걸 막으려는 목적도 있었다. 당시 해로와 수로는 오늘날의 철도나 고속도로에 해당하는 사람과 물류 이동의 중심 루트였다. 왕건이 8만 7,500명이란 대규모 군대를 동원할 수 있었던 것도 낙동강을 차지했기 때문에 가능했다. 수전(水戰)에 일가견이 있는 왕건이 보기에 낙동강은 대규모 병력의 신속한 이동을 통해 신라로 진격하려는 후백제군을 견제하고, 동시에 후백제의 후방을 기습할 수 있는 전술적 가치를 지닌 곳이었다. 이런 기습전이 성공하면서 전세는 일찌감치 왕건 쪽으로 기울었다.

> 〔고려군이〕 북을 울리며 앞으로 나아가자, 문득 칼과 창 모양의 흰 구름이 고려군의 상공에서 일어나더니 적진을 향해 날아갔다. 〔후〕백제 장군들은 병세가 크게 성함을 보고, 갑옷을 벗고 창을 놓고서는 견훤이 탄 말 앞에 와서 항복했다. ─《고려사》 권2, 태조 19년 9월조.

하늘을 찌를 듯한 고려군의 사기와 그 기세에 눌려 크게 위축된 후백제군의 모습을《고려사》에서는 이렇게 기록하고 있다. 왕위 계승을 둘러싼 내분과 견훤의 귀순 등으로 사기가 크게 꺾인 신검의 후백제군은 마치 팔다리가 묶인 채 싸움판에 끌려나온 형국이었다. 이 전투에서 고려군은 후백제군 3,200여 명을 사로잡고, 5,700여 명의 목을 베었다. 당황한 신검의 군사들은 창을 거꾸로 돌려 자신들끼리 서로 찔렀다고 한다. 싸움의 승패는 일리천 전투에서 이미 결판이 난 셈이었다.

왕건은 대장군 공훤(公萱)에게 명해 신검이 지휘하던 후백제 중군을 공격하게 하고, 남은 고려군 3개 집단은 도주하는 후백제군을 추격하도록 했다. 고려군은 후백제군을 쫓아 황산군(黃山郡, 논산)에 이르렀고, 다시 탄령(炭嶺, 완주군 고산면)을 넘어 마성(馬城, 완주군 운주면 금당리)까지 진격했다. 이곳에서 신검은 두 동생과 문무백관과 함께 고려군에 항복했다. 왕건은 신검의 동생인 양검과 용검은 귀양을 보냈다가 죽이지만, 신검에게는 관작을 내리고 살려준다. 고려에는 결코 용서할 수

개태사 삼존석불 마지막 후삼국 전쟁에서 승리한 왕건은 940년 '태평성대를 열겠다'는 의지를 담아 개태사를 창건하고, 삼존석불을 조성해 전쟁에 희생된 사람들을 기렸다.

없는 원악(元惡, 악의 우두머리)이었지만, 적국의 국왕에 대한 예우였을까? 이 때문에 견훤은 근심과 번민으로 등창이 나 신검이 관작을 받은 며칠 뒤에 황산군에서 죽었다.

왕건은 견훤의 무덤 가까운 곳에 개태사(開泰寺, 충남 논산시 연산면 소재)를 창건한다. 전쟁이 끝난 지 4년 만인 940년(태조 23) 12월 개태사가 완성되자, 왕건은 낙성화엄법회(落成華嚴法會)를 열고 직접 소문(疏文)을 지었다.

병신년(936) 가을 9월에 숭선성(崇善城, 일리천 부근) 가에서 백제 군사와 대진(對陣)할 때, 한 번 부르짖으니 흉악하고 미친 무리가 와해되었다. 두 번째 북을 울리니 반역의 무리들이 얼음 녹듯 사라져 개선과 환희의 노래가 하늘과 땅을 울렸다. …… 들판의 도적과 산골의 흉도 들이 죄과를 뉘우쳐 새 사람이 되겠다고 귀순해 왔다. 나는 간사하고 악한 자를 제거 하여 기울어진 것을 일으키고자 했으므로 털끝만큼도 침범하지 않고 풀 한 포기도 다치지 않게 했다. 이에 부처님과 산신령님의 도움에 보답하 기 위해 관리들에게 사원을 창건하게 했다. 절의 이름을 개태사라 한다.

—《신증동국여지승람》 권18, 충청도 연산현 불우(佛宇)조.

마침내 새로운 시대가 열리다

개태사는 반세기간 지속된 전쟁의 상처를 달래고 다시는 비극적인 전쟁 을 하지 않겠다는, 글자 그대로 평화를 염원하는 뜻에서 세워진 사찰이 다. 또한 아비를 내쫓고 왕위를 찬탈한 아들의 패륜을 끝내 용서하지 않 은 채 죽은 견훤의 영혼을 달래려는 뜻도 개태사 건립에 담겨 있었을 것 이다. 왕건은 개태사를 지어 견훤을 최후까지 영웅으로 배려하려 했다.

《삼국사기》 편찬자는 견훤이 서남해안(전라·충청)에서 전공을 세워 역사의 무대에 등장하게 된 것은 늘 창을 베개 삼아 적과 싸운 '침과대 적(枕戈待敵)'의 자질 때문이었다고 평가했다. 견훤은 한평생 바람에 빗 질하고 빗물에 몸을 씻으며 거친 야전을 누빈 왕건과 다를 바 없는 훌 륭한 자질을 지닌 영웅이었다. 궁예가 판세를 키워 삼한 통합의 꿈을 갖게 한 영웅 군주였다면, 왕건은 일리천 전투의 승리로 마침내 삼한 통합의 꿈을 실현한 영웅 군주였다. 그렇다면 견훤은 어떤 군주였을 까? 견훤은 당시 아무도 꿈꾸지 못했던 삼한 통합이라는 희망의 깃발 을 맨 먼저 세운 영웅 군주였다. 그로 인해 궁예와 왕건은 영웅 군주의 꿈을 가질 수 있었다.

그러나 견훤은 고려군보다 두 배나 강한 군사력과 전술만 믿었지, 나라 안에서 흙벽이 무너지듯 아들이 아비를 내쫓는 자중지란의 무서움을 깨닫지 못했다. 맹자는 "천시(天時)는 지리(地利)만 못하고, 지리는 인화(人和)만 못하다"면서 그 까닭을 이렇게 말했다. "3리 둘레의 성과 7리 둘레의 바깥 성을 포위하여, 가장 적절한 때인 천시를 택해 공격해도 이기지 못하는 것은 천시가 지리만 못하다는 증거다. 성이 높고, 성을 에워싼 못이 깊고, 무기가 강하고, 곡식이 많은데도 성을 버리고 도망치는 일이 있다. 이것은 지리가 인화만 못한 증거다."[5] 즉, 전쟁에서 승패의 요처는 인화라는 것이다. 인화는 지리와 천시보다 더 중요하다는 사실을 견훤은 깨닫지 못했던 것이다.

■ 《삼국유사》와 《삼국사기》의 견훤 출생 설화

견훤에 대해 가장 구체적인 기록이 담겨 있는 사료는 《삼국사기》(1145, 김부식 편찬)와 《삼국유사》(1281, 일연 편찬)이다. 일연은 《삼국유사》에 견훤에 관한 《삼국사기》의 기록을 그대로 옮겨 적으면서, 민간에서 수집한 기록도 덧붙였다.

일연은 견훤이 신라 진흥왕의 5대손이라는 사실을 기록한 〈이제가기(李磾家記)〉를 찾아내어 소개하는 한편, 견훤이 경북 상주 가은현(加恩縣) 출신이라는 《삼국사기》 기록을 인용한다. 또한 《고기(古記)》 자료를 인용해 광주(光州) 북촌에 살던 어느 부잣집 딸과 지렁이로 변신한 남자 사이에서 출생했다는 설화를 소개하고 있다. 상주 출신이라는 《삼국사기》 기록을 인정하면서, 이같이 또 다른 출생 설화를 덧붙인 것은 사실 여부를 떠나 기록에 충실하려는 역사가 일연의 면모를 엿볼 수 있는 대목이다. 《삼국유사》와 《삼국사기》에서 각각 다르게 기록된 견훤의 출생 설화를 소개하면 다음과 같다.

1. 《삼국유사》 권2, 기이(紀異)편 후백제 견훤

《고기》에서는 이렇게 말한다. 옛날에 광주 북촌에 한 부자가 살았는데, 그에게 용모가 단정한 딸이 있었다. 딸이 아버지께, "매번 자주색 옷을 입은 남자가 저의 침실에 와서 자고 갑니다"라고 말했다. 아버지는 "긴 실을 바늘에 꿰어 그 남자의 옷에 찔러두어라"고 했다. 딸이 그렇게 한 후 날이 밝자 실을 따라 갔더니 바늘이 북쪽 담장 아래 있는 커다란 지렁이 허리에 꽂혀 있었다. 그 후 임신을 해 남자 아이를 낳았다. 남자 아이는 15세가 되자 스스로 견훤이라 했다.

경복(景福) 원년 임자(892)에 견훤은 왕이라 칭하고, 완산군(完山郡, 전주)에 도읍을 정했다. 청태(淸泰) 원년 갑오(934년을 가리키는데, 이는 청태 2년의 오기로 견훤 아들의 반란은 935년에 일어났다)에 세 아들이 반역을 일으키자, 견훤은 고려 태조에게 가서 항복했다. 그의 아들 신검이 후백제 왕위에 올랐다. 천복(天福) 원년 병신(936)에 신검은 고려 군사와 일선군(一善郡, 경북 구미 선산읍 일대)에서 싸워 패했고, 후백제는 멸망했다.

2. 《삼국사기》 권50, 견훤 열전

견훤은 상주 가은현 사람이다. 원래 성은 이(李)씨였으나 뒤에 견(甄)으로 바꾸었다. 아버지 아자개(阿慈介)는 농사를 지으며 살다, 뒤에 가문을 일으켜 장군이 되었다. 견훤이 아기일 때 아버지가 들에서 일하면 어머니가 식사를 날라다 주었다. 아이를 나무 수풀 밑에 놓아두면 호랑이가 와서 젖을 먹였다. 이 말을 들은 마을 사람들이 신기하게 여겼다.

장성한 견훤은 체격과 용모가 크고 빼어났으며, 뜻과 기개가 커서 평범하지 않았다. 군대를 따라 서울에 들어갔다. 〔후에〕 서남 해안에 가서 국경을 지켰는데, 창을 베고 자면서 적을 기다렸다. 용기는 항상 군사들 중 첫째였다. 그러한 공으로 비장(裨將)이 되었다.

고려 왕실의 기원을 찾아서

●

우리 역사에서 성군으로 추앙받는 조선 세종은 1438년(세종 20) 신하들의 반대를 무릅쓰고 아무도 볼 수 없는 할아버지 이성계(李成桂)의 즉위 이전 역사를 담은 《태조실록》 '총서'를 읽고, 부실한 내용에 불만을 제기했다. 예컨대 1380년(고려 우왕 6) 이성계가 왜구를 크게 물리친 황산대첩 전투 기록이 너무 부실하다는 것이었다. 그러고는 아직 당시 전투의 생존자와 목격자가 있을 것이니, 사실을 더 보충할 수 있을 것이라고 했다. 그러나 이미 완성된 총서는 더 이상 손댈 수 없었다. 세종은 그 대신 아버지 태종 이방원(李芳遠)을 비롯해 태조 이성계와 목조(穆祖, 이성계의 고조 이안사李安社), 익조(翼祖, 증조부 이행리李行里), 도조(度祖, 조부 이춘李椿), 환조(桓祖, 부친 이자춘李子春) 등 여섯 명의 행적을 다시 보완한 역사서를 편찬케 한다. 그리하여 "해동의 여섯 용이 나시어(海東六龍飛), 하시는 일마다 하늘의 복이시니라(莫非天所扶)"로 시작되는 유명한 《용비어천가(龍飛御天歌)》(1447)가 탄생했다. 조선왕조 건국 후 반세기가 지난 후의 일이다.

제왕(帝王)이 천하를 통일하면 이같이 조상의 지위와 위상을 제왕에 준하여 높이는 의례를 먼저 행하게 된다. 시호를 올리는 것이 그에 해당한다. 가족, 가계, 조상 등 가문의 뿌리를 중시하는 전근대 동아시아 특유의 조상 숭배의식에서 기원한 것으로, 어느 왕조에서나 매우 중시한 의례다. 또한 시호에 걸맞게 조상의 행적을 정리하는 '뿌리 찾기'도 함께 이루어진다.

고려 왕실의 뿌리 찾기

고려왕조 역시 그러했다. 왕건은 고려를 건국한 이듬해인 919년(태조 2) 3월에 3대 조상의 시호를 올렸다. 즉 증조부모는 시조원덕대왕(始祖元德大王)과 정화왕후(貞和王后), 조부모는 의조경강대왕(懿祖景康大王)과 원창왕후(元昌王后), 부모는 세조위무대왕(世祖威武大王)과 위숙왕후(威肅王后)로 각각 추존했다.[1] 이로써 고려 왕실의 조상이 처음 역사 기록에 등장한다. 그러나 3대 조상의 자세한 행적은 물론 그 윗대 조상에 관한 사실은 생략되어 있다. 왕건의 가계가 미천했기 때문일까? 고려 왕실 조상에 관한 기록은 더 이상 추적할 수가 없다.

송나라 사신단의 일원으로 고려를 방문했던 서긍(徐兢)은 1123년에 편찬한 《선화봉사고려도경(宣和奉使高麗圖經)》(이하 고려도경)에

태조 왕건상 1993년 고려 태조의 무덤인 개성 현릉(顯陵)에서 발굴된 태조 왕건상. 951년경 조성되어 봉은사 태조진전(太祖眞殿)에 모셔져 있던 왕건상은 고려가 망하자 경기도 마전현의 작은 사찰로 옮겨진 뒤, 세종 11년에 현릉에 묻혔다. 왕건상이 쓰고 있는 관은 중국 황제가 쓰던 통천관(通天冠)으로, 고려왕조가 황제국을 표방했음을 확인할 수 있다.

서 고려 왕실에 관해 이런 기록을 남겼다.

〔고려〕왕씨의 선조는 대개 고구려의 대족(大族)이다. 고씨(高氏)의 정치
가 쇠퇴하자, 나라 사람들이 왕건을 어질게 여겨 드디어 왕으로 세웠다.
〔왕건은〕후당 장흥(長興) 3년(932)에 스스로 권지국사(權知國事)라 칭하
고 〔후당〕명종(明宗)에게 봉작을 청하자, 〔명종은 왕건을〕고려의 왕으로
봉했다. ─《고려도경》 권2, 세차(世次) 왕씨(王氏)조.

당시 송나라 황제에게 올린 보고서인 《고려도경》에서 서긍은 왕건의
조상을 '고구려 대족의 후예'라 했다. 즉 왕건의 조상은 고구려의 지배
계급이었으며, 그 후손인 왕건이 고려왕조를 건국해 고구려를 계승했
다는 것이다.

서긍은 《고려도경》의 다른 부분에서 고구려 멸망 후 걸중상(乞仲象)
의 아들 대조영(大祚榮)이 발해를 건국했고, 고장(高藏, 고구려 보장왕)이
사로잡혔을 때 추장 검모잠(劍牟岑)이 고장의 외손자 순(舜, 안승安勝)을
왕으로 추대해 고구려 부흥운동을 일으켰으며, 부흥운동이 진압된 당
나라 말기에 고씨가 왕이 되었고, 장흥 2년(931)에 왕건이 고려 국왕으
로 책봉되었다고 했다.[2] 즉 고려왕조는 고구려와 발해에서 기원한 왕조
로서, 그들의 역사를 계승했다고 밝히고 있다. 서긍이 사신으로서 단기
간 고려에 체류한 점을 고려할 때 고려의 역사에 대한 이러한 서술은 대
부분 당시 고려인으로부터 얻은 역사 지식에 근거했을 것이다.

고려 초기 고려인들은 고려가 고구려를 계승한 왕조라고 인식하고
있었다. 대표적인 예로 993년(성종 12) 고려와 거란의 전쟁 당시 고려
의 서희(徐熙)와 거란 장수 소손녕(蕭遜寧)의 대화에서 그런 인식을 엿

볼 수 있다. 거란 장수 소손녕은, "고려는 신라 땅에서 일어났고, 고구
려 땅은 우리 소유인데 고려가 침략하여 차지했다. 그리고 우리와 국
경을 접하고 있는데도, 바다를 넘어 송나라와 관계를 유지하고 있다.
그 때문에 오늘의 출병이 있게 된 것이다"라고 했다. 즉, 고려는 고구려
가 아니라 신라를 계승한 국가라 했다. 고구려 땅을 차지한 거란으로
서는 그렇게 주장할 수밖에 없었을 것이다. 이에 대해 고려의 서희는
"아니다. 우리나라가 곧 고구려의 옛 땅이다. 그 때문에 국호를 고려라
하고 평양에 도읍한 것이다. 땅의 경계를 따지자면, 거란의 동경도 모
두 우리 영토(고구려) 안에 있다"고 반박했다.[3]

서희의 발언을 통해 당시 고려인들은 고려가 고구려를 계승했다는
인식을 공유하고 있었음을 알 수 있다. 서긍 또한 이러한 고려인의 역
사 인식을 파악하여 《고려도경》에 고구려와 발해의 역사를 고려 역사
의 전사(前史)로 서술한 것이다.

고려 건국 후 250여 년이 지난 의종(毅宗, 재위 1146~1170) 때 왕실의
역사가 새롭게 정리된다. 의종은 술과 연희에 빠져 지내다 끝내 보현
원(普賢院)이라는 별궁에서 추위와 배고픔에 시달린 무신들에 의해 왕
위를 빼앗긴 유약하고 무능한 군주로 알려져 있지만, 이는 사실과 다
르다. 의종을 폐위하고 권력을 잡은 무신들이 그렇게 기록했을 뿐이다.
의종은 원래 문벌귀족의 추대로 왕위에 올랐지만, 그들 대신 환관(宦
官)과 측근 무신을 정치 파트너로 삼아 새 정치를 꾀했다. 그런데 그것
이 화근이 되어 믿었던 환관과 측근 무신의 손에 쫓겨난 불행한 군주
였다. 의종은 재위 기간 내내 문벌귀족을 누르고 왕실의 중흥과 왕권
의 강화를 도모한 신성(神聖) 군주의 면모를 보였다.

유교를 통치이념으로 삼았던 대부분의 군주와는 달리 의종은 불교

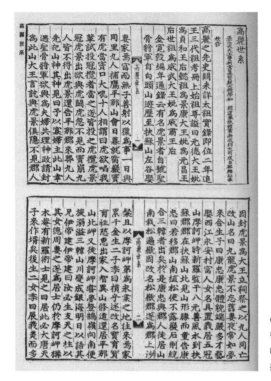

《고려사》 고려세계 김관의가 편찬한 《편년통록》은 현재 전하지 않으나, 《고려사》의 '고려세계'에 그 내용의 일부가 인용되어 있다.

와 풍수지리·도참사상 등 전통사상을 통치이념으로 내세웠다. 그는 왕실의 중흥을 위해 풍수지리에 따라 황해도 백주(白州) 토산(兎山)에 '중흥궐(重興闕)'을 세웠으며, 태조 왕건이 중시한 서경에서 새로운 정책을 발표하고, 그곳에 왕실 중흥의 염원을 담은 '중흥사(重興寺)'를 창건했다. 또한 김관의에게 고려 왕실과 왕조의 역사를 새롭게 편찬케 했다. 《편년통록》이 바로 그것이다. 지금은 전하지 않으나 주요 내용이 《고려사》의 첫머리에 실린 '고려세계'에 인용되어 있다. 그 덕분에 고려 왕실의 뿌리와 왕조의 기원을 자세하게 이해할 수 있게 되었다.

신화와 전설에 담긴 고려 왕실의 역사

'고려세계'에는 919년(태조 2) 태조 왕건이 시호를 내린 3대조뿐 아니라, 6대조 호경과 5대조 강충까지 기록되어 있다. 시호를 내릴 당시 3대조인 시조원덕대왕은 4대조가 되고, 대신 당나라 숙종이 3대조로 추가되어 있다('고려 왕실 세계도' 참조). 당나라 황실의 혈통을 가져다 고려 왕실을 미화하려 한 것이다. 또한 6대조 호경이 본처를 둔 채 호랑이인 산신과 혼인했는데 본처를 잊지 못하고 몰래 찾아가 강충을 낳았다든가, 왕건의 할아버지 작제건이 아버지(당 숙종)를 찾아 중국으로 가다가 풍랑을 만나 바다 속에서 용녀를 만나 고려로 돌아왔다는 설화도 그런 목적에서 기록된 것이다.

한편, 5대조 강충이 부소산(扶蘇山)의 형세는 좋으나 초목이 없으니 이곳에 소나무를 심어 바위를 드러내지 않으면 삼한을 통합할 자가 태어난다는 술사(術士, 풍수지리에 밝은 사람)의 얘기를 듣고 소나무를 심고 산의 이름을 송악산(松嶽山)으로 고친 설화는 왕건의 등장을 예고한다. 비록 신화와 전설로 윤색된 것이지만, 그 속에 당시 사람들의 생각과 가치관이 담겨 있다. 그런 생각과 가치관은 곧 역사적 사실과 자료가 된다.

'고려세계'에 담긴 역사적 사실은 무엇일까? 6대조 호경은 "스스로 성골장군(聖骨將軍)이라 칭하고, 백두산에서 내려와 두루 유람하다 부소산에 왔다"고 한다. '성골'은 신라에서 왕이 될 수 있는 고위 신분인데, 거기에다 장군이란 호칭을 덧붙였다. 이는 잘못된 호칭이지만 그가 당시 지배 계급이었음을 알려주는 표현이다. 주목되는 사실은 호경이 백두산에서 내려와 송악산, 즉 개경에 정착했다는 것이다. 백두산은 옛 고구려 영토이다. 발해 또한 백두산의 동북 지역에서 건국되었다. 30

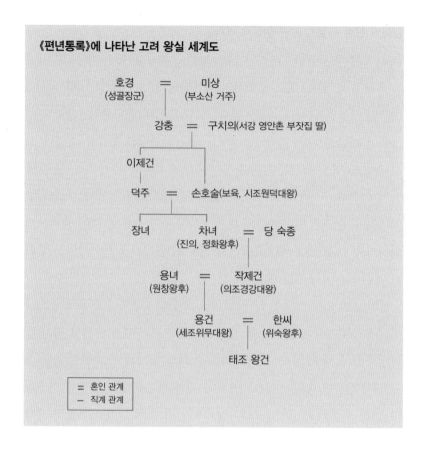

《편년통록》에 나타난 고려 왕실 세계도

호경 ═ 미상
(성골장군)　(부소산 거주)

강충 ═ 구치의(서강 영안촌 부잣집 딸)

이제건

덕주 ═ 손호술(보육, 시조원덕대왕)

장녀　　차녀 ═ 당 숙종
　　　(진의, 정화왕후)

용녀 ═ 작제건
(원창왕후)　(의조경강대왕)

용건 ═ 한씨
(세조위무대왕)　(위숙왕후)

태조 왕건

═ 혼인 관계
─ 직계 관계

년을 한 세대로 할 경우 왕건의 6대조 호경이 살던 때는 700년 무렵이다. 고구려가 망하고, 발해(699~926)가 건국되던 시기다. 발해 건국 이전이라면 호경은 고구려 출신이며, 발해가 건국되었더라도 그는 고구려 출신의 발해인일 것이다. 후자일 가능성이 더 크다.

934년(태조 17) 7월 발해의 세자 대광현(大光顯)이 발해인 수만 명을 데리고 고려에 귀부하자 왕건은 그에게 왕씨 성을 주고 계(繼)라는 이름을 주었다. 또한 고려 왕실의 족보에 올려 왕족으로 대우하며, 황해도 배천 땅을 주어 거기서 나오는 식읍으로 조상의 제사를 받들게 했다. 왜 왕건은 대광현을 이렇게 극진하게 예우했을까? 발해 세자라는 신분 때문이었을까?

다른 기록을 보자. 왕건은 후진(後晉, 936~946)에서 온 승려 말라(襪囉)를 통해 후진 고조에게 거란을 함께 공격할 것을 제의한다. 왕건은 발해는 '고려와 친척의 나라(吾親戚之國)'라 하고, 또 '우리와 혼인한 나라(渤海我婚姻也)'라고 했다. 따라서 거란을 공격하려는 것은 고려와 깊은 관계에 있던 발해를 멸망시키고 그 국왕을 사로잡은 원수를 갚기 위해서라고 했다.[4] 이같이 발해에 대해 '혼인' 혹은 '친척' 관계라 한 것은 이전부터 두 나라가 밀접한 관계였음을 알려준다. 또한 발해 세자를 극진하게 대접한 것도 단순한 의례 행위가 아니었음을 보여준다.

태조 왕건이 발해를 친척의 나라라 하고, 그 세자를 극진하게 대접한 까닭은 '고려세계'에서 그 해답을 얻을 수 있다. 즉 고려가 고구려와 발해국에서 기원했음을 알려주는 기록이다. 신화와 전설은 문자 기록이 변변치 않던 시기에 구전(口傳)으로 오랜 기간 전해 내려온 역사의 일부다. 고려 건국 이후 그런 사실이 전해지다가《편년통록》편찬 때 채록되어 결국 '고려세계'에 남게 된 것이다. 고려 왕실과 고려국의 기원을 알려주는 '고려세계'의 기록은 의종 때 창작된 게 아니라, 고려 건국 이전부터 오랫동안 전승되어온 사실들을 모은 것이다.

■ 동북공정, 고려 왕실을 탐하다

933년(태조 16) 3월 중국 후당(後唐, 923~936)은 사신을 보내, 왕건을 고려 국왕
으로 책봉한다. 《고려사》에는 왕건과 후비 유씨(柳氏)의 책봉 조서 등 네 통의 조
서가 실려 있다. 후비 유씨를 책봉한 조서에, "그대(왕건)는 장회(長淮)의 무족(茂
族, 번성한 명문의 족속)이며 창해(漲海)의 웅번(雄蕃)이다. 문무를 겸비한 재주로 영
토를 보유하고 충효의 절개로 중국의 교화와 풍속을 받았다(又詔曰 卿 長淮茂族 漲
海雄蕃 以文武之才 控妓土宇 以忠孝之節 來稟化風)"는 구절이 있다.[5]

　최근 중국 학자들은 '장회'의 '회'는 중국의 회하(淮河)와 그 유역이며, '창해의
웅번'은 바다 건너 커다란 번국(藩國)의 제후라 해석하며, 이 구절을 근거로 왕건
(고려 왕실)의 선조는 중국 회하 유역의 명문거족이고, 왕건은 회하 유역 한족(漢
族)의 후예로, 중국의 바다 건너편에 제후국 고려를 건국했다고 주장하고 있다.
따라서 고려는 한족의 후예인 왕건이 세운 왕조이며, 기자조선과 고구려에 이어
중국이 한반도에 세운 세 번째 정권이라는 것이다.[6] 동북공정(東北工程)의 마수
(魔手)가 고려왕조에까지 미친 것이다.

　국내 학자들은 문제가 된 '장회무족(長淮茂族)'을 동북공정이 추진되기 이전에
이미 다르게 해석해왔다. 즉 "회수(淮水)는 회이(淮夷)들이 많이 살아서 붙여진
이름이다. 회이는 동이족 가운데 가장 저명한 족속이다. '장회무족'은 고려 왕실
이 동이족 가운데 명문거족이라는 뜻이다."[7]

　중국 황하 상류 지역에서 일어난 동이족은 기원전 12세기 무렵 주나라와 항
쟁하면서 점차 하류 지역으로 내려왔다. 동남 만주와 한반도로 이동한 동이족은
한(韓)·예(濊)·맥(貊)족으로 갈린다. 산둥반도 쪽으로 이동한 동이족은 거주지
에 따라 우이(嵎夷, 칭저우 지역), 내이(萊夷, 덩저우 지방), 회이(淮夷, 장쑤성 양저우 일
대, 회수 유역에서 산둥성 동남부 지역), 서융(西戎, 서주를 중심으로 한 노의 동남 지역)으
로 각각 달리 불렸다. 특히 회이와 서융은 서주와 춘추시대 한족과 대립하면서
그 세력이 약화되어 전국시대에 겨우 명맥을 유지한다. 서융은 기원전 515년에
오나라에 망한다. 이후 진시황이 천하를 통일하면서 동이족은 한족 사이에 분산
배치되면서, 중국 대륙에서 점차 사라지게 된다.[8]

고려 왕실이 동이족 가운데 명문거족의 후예라는 사실은 당시 고려가 사신을 보내 국왕 왕건의 책봉을 요청하면서 전해준 기록에 담겨 있었을 것으로 판단된다. 후당은 이 기록을 책봉 조서에 반영한 것이 분명하다. 후당은 고려와의 친근함을 강조하기 위해 왕건의 본관을 동이족이 번성했던 회수 지역과 연결해 작성했던 것이다. 대개 이런 유의 책봉 조서는 상대국을 존중하여 그들이 보낸 자료에 근거하여 작성하는 것이 일반적이다.

　중국의 동북공정으로 인해 오히려 한민족의 조상인 동이족이 기원전 12세기부터 기원 전후까지 중국에서 번성했던 모습을 새삼스럽게 확인한 셈이다. 우리 역사 연구와 서술에서 이런 사실들이 강조되지 않았던 탓에 중국이 동북공정을 내세워 우리 역사를 난도질하게 된 것은 아닐까 반성해본다.

석관, 고려 장례문화의 상징

청자나 대장경에 비해 잘 알려져 있지 않지만 고려 문화를 상징하는 또 하나의 문화재가 석관(石棺)이다. 석관은 1916년 개성시 개풍군에 위치한 고려 문신 송자청(宋子淸, ?~1198)의 분묘에서 처음 출토되었다. 크기는 길이 90cm, 너비 46cm, 높이 45cm, 두께 3cm 정도다. 석관의 크기로 보건대 망자(亡者)의 시신을 담기 위해 사람 키보다 크게 만든 오늘날의 석관과는 그 용도가 다름을 알 수 있다. 송자청의 석관에서는 묘지명(墓誌銘)과 부장품도 발굴되었다.[1]

현재 국립중앙박물관에 소장된 약 60점의 고려 석관도 모두 송자청의 석관과 크기가 비슷하다. 전부 개성 일대에서 출토된 고려시대 문화재다. 석관의 양식도 한결같다. 천판(天板, 덮개)과 지판(地板, 밑부분)으로 구성된 두 장의 판석(板石)에다 지판과 천판을 전후좌우에서 지탱하는 네 장의 판석 등 모두 여섯 장의 판석으로 조립되어 있다. 이 때문에 고려 석관은 조립식 석관으로 불린다.

오랜 기간의 제례, 망자에 대한 예의

석관은 고려 장례문화와 관련된 유물이다. 석관과 함께 출토된 송자청의 묘지명에 이런 기록이 있다.

> 명종(明宗) 4년(1174) 서경의 반역자 조위총(趙位寵)이 공격하자, 공(송자청)은 100여 명의 군사를 이끌고 화살과 돌을 무릅쓰고 먼저 나가 화살을 맞으면서 싸워 격파했다. …… 공은 명종 25년(1195) 3품의 벼슬로 은퇴했고, 신종(神宗) 1년(1198) 12월 20일 병이 들어 집에서 돌아갔다. 영×산(靈×山) 서쪽에 장례를 지냈다가 얼마 뒤 다시 무덤자리를 점쳐 유골을 안장했다. ― 송자청의 묘지명.

망자가 숨진 뒤 사흘간을 전후해 빈소에서 조문을 받은 뒤 화장(火葬) 혹은 매장(埋葬)하는 요즘의 장례 형식을 '단장(單葬)'이라 한다. 반면 앞의 기록에서는 장례를 치르고 얼마 뒤 다시 무덤자리를 정해 유골을 안장했다고 한다. 요즘의 장례와는 차이가 있다. 고려 중기의 문신 허재(許載, 1062~1144)의 묘지명을 보면 당시의 장례 형식을 좀 더 구체적으로 알 수 있다.

> 공은 향년 83세다. 올해(1144) 봄 2월 을미일(14일)에 집에서 돌아가셨으며, 3월 10일 신유일에 정주 땅 동쪽 기슭에 화장했다. 임금이 듣고 몹시 슬퍼하며 특별히 부의를 더하게 하고 조서를 내려 대부(大傅, 정1품) 벼슬을 내렸다. 가을 8월 18일 정유일에 이곳에 유골을 묻고 묘지명을 짓는다. ― 허재 묘지명.

허재의 장례는 숨진 뒤 26일 만에 화장하고, 그 뒤 5개월 만에 유골을 다시 매장하는 과정을 거쳤다. 사망→화장→유골 수습과 안치→매장까지 약 6개월이 걸린 셈이다. 이런 고려의 장례 형식을 '복장(複葬)'이라 한다. 여러 차례 장례를 치렀다는 뜻이다.

복장은 제1·2·3차에 걸친 장(葬) 의식을 치른다. 사망 후 빈소를 차려 손님을 맞는 빈례(殯禮)에 이어 화장이나 매장을 통해 탈육(脫肉)하는 과정을 거쳐 유골을 수습하는 단계가 제1차 장이다. 묘지명에 따르면, 사망 후 대체로 5일에서 29일 사이에 화장을 한다. 화장 외에 시신을 땅에 매장해 탈육하는 경우 약 8~20개월이 걸린다. 12세기 중반부터 불교의 영향으로 매장보다는 화장이 보편화되었다. 이어 유골을 수습한 뒤 사찰 등에 임시로 안치해 제사를 지내는 단계를 제2차 장이라 한다. 기록에 따르면 이 기간은 4개월에서 6년 4개월까지 차이가 크다. 《고려사》에 따르면 "옛날에 조상의 장례를 치르면서 날을 오래 잡은 것은 예로써 장사를 지내기 위해서였다. 지금 사대부들이 관례적으로 삼일장을 치르는 것은 전혀 예법에 맞지 않다"[2]고 한다. 이처럼 고려의 장례풍습은 오랜 기간 제례를 올리는 것을 망자에 대한 예의로 생각했다. 이 기간에 망자의 안식처이자 후손의 발복지(發福地)인 길지(吉地)를 택하고, 분묘를 조성하며 석관과 묘지명 및 부장품을 준비한다. 하지만 유골을 사찰에 방치하는 경우도 있었다.

> 요즈음 세상의 도가 쇠퇴해 풍속이 경박하다. …… 부모의 유골을 사찰에 임시로 모셔두고 수년 동안 매장하지 않은 자도 있다. 관리들은 이를 조사해 죄를 줄 것이며, 만일 가난해 매장하지 못한 경우에는 관에서 그 비용을 지급하도록 하라. ―《고려사》 권16, 인종 11년 6월조.

고려시대에 제작된 사신문 석관 전면에 보이는 판석에 청룡·백호·주작·현무 등 사신(四神) 문양을 양각으로 새겼다.

복장을 치르는 데 과다한 비용이 든 탓에 유골을 방치한 경우가 적지 않았고, 국가가 경비를 지원해 장례를 마무리하는 관행도 있었음을 알 수 있다. 사찰에 안치한 유골을 석관에 담아 매장함으로써 장례 절차가 최종적으로 마무리된다. 이를 제3차 장이라 한다. 석관은 이러한 복장식 장례에 필요한 물품이었다.

송자청의 석관 크기(90×46×45cm)가 당시 표준이었던 것으로 보아, 석관은 화장으로 수습된 망자의 유골과 부장품을 담는 용기였던 것으로 보인다. 따라서 석관은 화장식 장례법과 밀접한 관련이 있다.

화장식 장례법은 통일신라 문무왕(재위 661~680)이 자신의 장례를 화장으로 하라는 유언을 남긴 이후 널리 보급되기 시작했다. 원래 화장은 불교와 관계없이 유럽 일대에서 신석기시대부터 시작되어 청동기·철기시대에 이르기까지 성행했다. 그러나 국내에서 행해진 화장은 불교의 영향을 받은 것이다. 특히 삼국·통일신라시대를 거쳐 불교가 번성한 고려 때 성행했다. 고려 때 화장은 승려뿐 아니라 왕족·귀족과 민간의 일부 계층에게까지 확산되었다. 석관은 이런 과정에서 부각된 문화재다.

석관은 관료·지배층의 장례문화

고려 때 왜 석관 문화가 성행했느냐는 물음은 당시 왜 화장을 했느냐는 물음과 통한다. 화장에 대한 고려인의 생각은 다음 글에 잘 나타나 있다.

> 장례의 '장(葬)'은 감춘다(藏)는 뜻이다. 〔망자의〕 해골을 감추어 드러나지 않게 하는 것이다. 근래 불교의 다비법(茶毗法, 화장)이 성행해 사람이 죽으면 모발과 피부를 태워 해골만을 남긴다. 심한 경우는 뼈를 태우고 재를 날려 물고기와 새에게 베푼다. 이렇게 해야 망자가 하늘에 가서 다시 태어나 서방세계(서방정토의 극락)에 이를 수 있다고 한다.
>
> ─《고려사》 권85, 형법 금령-공양왕 원년조.

모발과 피부는 물론 뼈까지 태우는 화장을 해야만 망자가 극락으로 갈 수 있다는 인식이 깔려 있다. 석관은 망자를 서방정토로 이끌어주는 도구였던 것이다. 그래서 화장하여 유골을 수습한 뒤 일정 기간 안치해 제례를 올리고, 다시 석관을 만들어 유골을 정성스럽게 담아 매장했다. 그렇지만 화장이 고려의 일반적인 장례풍습은 아니었다.

가난한 사람의 경우 장례 도구를 갖추지 못하면 들판 가운데 버려두고, 봉분도 만들지 않고 비석도 세우지 않는다. 개미, 까마귀, 솔개가 파먹는 대로 놓아두어도 사람들이 잘못되었다고 하지 않는다.

—《고려도경》권22, 잡속(雜俗)1 잡속조.

이 글에서 드러나듯 고려의 일반 주민은 시신을 바로 땅에 매장했고, 가난한 사람들은 그것조차 어려워 들판에 시신을 놓아두는 풍장(風葬) 같은 단장을 할 수밖에 없었다. 석관은 관료·지배층의 장례문화였다.

여기서 잠시 석관의 미술사적 가치를 살펴보자. 석관의 네 벽은 관의 좌우에 해당하는 길이가 긴 장벽(長壁)과, 석관의 앞뒤에 해당하는 길이가 짧은 단벽(短壁)으로 되어 있다. 석관의 네 벽 외면에는 주로 사신도(四神圖)가 그려져 있는데, 두 장의 장벽 좌우에 각각 청룡(靑龍, 좌청룡)과 백호(白虎, 우백호)를, 나머지 두 장의 단벽 전후에 각각 주작(朱雀, 남주작)과 현무(玄武, 북현무)를 선으로 깊이 새기거나 돋을새김을 했다. 이는 석관을 매장할 때 위치를 표시하는 기능도 했다. 동서남북을 상징한 청백주현(靑白朱玄)의 네 색깔은 중국 황제가 관리를 지방에 파견할 때 사방의 방향에 따라 각각 해당 색깔의 흙을 내려준 데서 연유했다. 사신도는 석관 내부를 망자의 소우주로 간주하고, 망자의 안식을 위해 석관의 외면에 사신을 배치한 그림이다. 그 밖에 연화문(蓮花文), 당초문(唐草文), 비천상(飛天像), 봉황문(鳳凰文), 운문(雲文), 십이지신상, 모란무늬 등이 그려진 경우도 있다. 석관의 뚜껑과 밑판의 판석에도 테두리를 선으로 새긴 뒤 그림을 새겨 넣었다.

석관의 장식은 남북조 이후 중국 역대 왕조와 거란에서 사용된 석관의 영향을 받았다. 하지만 석관의 사신도는 고구려 고분벽화와 신라

돌함과 골호 불교가 전래된 이후 화장법이 유행하면서 골호가 사용되었다. 통일신라기에 제작된 것으로, 뚜껑이 있는 골호에 화장 유골을 담아 돌함에 넣어 매장했다.

왕릉의 십이지신상을 계승한 것이다. 또 석관에 새겨진 장식 기법은 고려의 도자기와 금속용품, 부도 등의 장식 기법을 계승했다. 한마디로 석관은 고려 예술의 정수라 할 수 있다. 또 석관의 양식은 거슬러 올라가 보면 화장 유골을 담은 삼국시대의 '골호(骨壺, 뼈단지)'를 계승하고 있다. 삼국시대에는 뚜껑이 있는 단지에 화장 유골을 담고, 돌덩어리를 깎아 만든 돌함에 단지를 넣어 매장했다. 석관은 내부에 골호처럼 망자의 화장 유골을 담은 그릇(주로 나무 상자)을 넣고, 청자, 동전, 숟가락 등의 부장품도 함께 넣었다. 그리고 석관 바깥 면에는 사신도를 새겨 골호보다 양식적으로 더 발달된 형식을 보여주고 있다.

2부

개혁과 개방,
고려왕조의 기틀을 마련하다

고려판 '왕자의 난',
정치질서를 흔들다

●

권력투쟁의 어두운 그림자

치세(治世, 훌륭한 통치) 뒤에 난세(亂世)가 온다는 '일치일란(一治一亂)'
은 왕조나 국왕의 교체 때 흔히 나타나는 거의 법칙에 가까운 역사 현
상이다. 태조 왕건의 사후 장남 혜종이 즉위했지만 곧이어 왕위를 둘
러싸고 권력투쟁이 일어났다. 반세기의 통일전쟁을 마무리하고 모처
럼 누렸던 치세는 태조 사후에 난세로 돌변했다. 실제로는 왕자들 간
의 권력투쟁이었지만 표면적으로는 왕자들의 외가 세력, 즉 호족 세력
간의 대리전이었다. 천하를 통일한 태조의 카리스마 앞에 숨죽이고 있
던 호족 세력이 정치 전면에 나선 것이다.

태조는 921년(태조 4) 장남인 무(武)를 태자로 삼음으로써 후계 문제
를 일찌감치 마무리 지었다. 당시 무의 나이는 10세에 불과했다. 눈앞
에 닥친 통합전쟁에 전념하기 위해 필요한 조치였다. 하지만 태조에게
떠나지 않는 근심이 있었다. 다음 글에서 그런 사실을 읽을 수 있다.

태조는 혜종을 태자로 삼으려 했으나 그의 어머니 오씨(吳氏, 나주 출신 제 2비)의 친정 세력이 약해 태자로 세우지 못할까 두려워했다. 태조가 낡은 상자에 자줏빛이 나는 황포(황제를 상징)를 담아 오씨에게 주자, 오씨는 그것을 박술희에게 보였다. 태조의 뜻을 헤아린 박술희가 혜종을 태자로 삼을 것을 요청하자, 태조가 혜종을 태자로 삼았다. 태조가 임종 때 박술 희에게 군국(軍國)의 일을 부탁하면서 태자를 잘 보좌하라고 하자, 박술 희는 그대로 따랐다. ─《고려사》 권92, 박술희 열전.

태조의 제2비 오씨는 나주 출신 다련군의 딸인데, 다련군은 다른 호 족에 비해 세력이 약했다. 그런 까닭에 태조는 혜종을 태자로 삼는 데 주저할 수밖에 없었다. 태조는 자기 사후에 29명의 부인에게서 태어난 34명의 자식(왕자 25명, 공주 9명) 사이에 벌어질 권력투쟁의 어두운 그 림자를 일찍부터 예감하고 있었던 것이다.

태조는 제2비 오씨의 친정 세력이 약해 그녀의 임신을 원하지 않았 지만, 오씨가 억지로 임신해 혜종을 낳았다'는 사실도 이를 뒷받침한 다. 태조는 결국 외가 세력은 약하지만 장남을 태자로 삼아야 한다는 명분을 내세워 혜종을 태자로 결정한다. 그 대신 앞의 기록대로 당진 (면천) 출신 호족 박술희를 태자의 후견인으로 삼아 그에게 태자의 뒷 날을 부탁했다.

박술희와 더불어 지금의 경기도 광주(廣州) 출신 호족 왕규(王規)도 후견인이 되었다. 왕규는 943년 5월 재상 염상(廉相), 박수문(朴守文)과 함께 태조 왕건의 임종을 지켰다. 그때 태조는 "아직 결정하지 못한 중 요한 일은 태자 무(혜종)와 함께 결정하라"는 유언을 왕규에게 남겼다.[2]

왕규는 궁예 휘하의 왕건이 899년 광주를 정벌할 때 그에게 협조하

경기도 광주 하사창리 출토 철불 광주 하사창리 폐사지에서 출토된 철불로 높이가 2.81미터, 무게는 6.2톤에 이르는 현존하는 가장 큰 철불이다. 가람의 규모와 철불의 크기, 함께 발견된 유물의 수준으로 미루어볼 때, 고려 초기의 호족인 왕규와 관련된 사찰로 추정된다.

면서 정계에 등장했다. 그의 두 딸은 태조 왕건의 15·16번째 부인이며, 또 다른 딸은 혜종의 부인이 되었다. 혜종의 후견인으로는 더 없이 적합한 인물이었다. 뒷날 왕규가 처단될 때 함께 처단된 무리가 300명에 이르렀는데, 이는 그가 광주를 근거지로 사병(私兵)을 거느린 강력한 호족 출신임을 알려준다. 그는 한강의 수운(水運)을 장악해 상당한 경제력과 군사력을 축적한 것으로 여겨진다. 태조의 장인이자 그 아들 혜종의 장인이기도 한 왕규는 태조 말년과 혜종 즉위 당시 정계의 최고 실력자 가운데 한 사람이었다.

이처럼 태조는 박술희와 왕규를 후견인으로 삼아 외가 세력이 약한 혜종의 통치를 돕게 했다. 그러나 이 조치는 혜종의 왕권을 안정시키고 고려 왕실과 왕조의 안정을 기대한 태조의 바람과는 다르게, 호족 세력이 정치 전면에 등장하여 정국을 좌지우지하는 결과를 초래했다.

정치 전면에 나선 호족 세력

혜종은 즉위 후 곧바로 병이 들어, 즉위 3년 만에 세상을 떠났다. 혜종이 병석에 눕자, 태조의 차남 요(堯, 뒤에 고려 제3대 왕 정종)와 3남 소(昭, 뒤에 고려 제4대 왕 광종) 형제는 왕위를 노리고 거사를 준비했다. "혜종이 병을 앓자 왕규가 딴 뜻을 품었다. 정종(定宗)이 왕식렴(王式廉)과 함께 은밀히 변란에 대응할 계책을 모색했다"[3]는 《고려사》의 기록이 이를 뒷받침한다.

한편, 왕규는 두 형제가 형인 혜종을 제거하고 왕위를 노리고 있다는 사실을 알고 있었다. 그는 혜종에게 "왕의 아우인 요와 소가 반역하려는 의도가 있다"고 알렸다. 그러나 혜종은 이를 믿지 않고 배다른 동생인 요와 소를 잘 대우해주면서 자신의 딸을 소에게 시집보내 그들의 세력 확장을 도왔다. 이에 불만을 품은 왕규가 혜종을 두 차례나 제거하려다 실패했다.[4]

왕이 된 혜종은 자신을 제거하려 한 왕규는 물론 국왕으로서 당연히 대처해야 할 배다른 형제의 반역 조짐에 대해 아무 조치를 취하지 않았다. 혜종은 태자로 책봉된 후 아버지 왕건을 따라 수많은 전투에 참여해 명성을 쌓을 정도로 군왕으로서의 자질도 출중했다. 그러나 즉위 이듬해부터 병을 앓아 소심해진 탓일까? 실제로 혜종은 이들을 통제할 아무런 힘이 없었다.

동생 요와 소 뒤에는 강력한 호족 세력이 버티고 있었다. 국왕으로서도 어찌할 수 없는 강력한 세력이었다. 혜종의 동생 요와 소는 제3비인 충주 유씨(劉氏)의 자식으로 혜종과는 배다른 형제다. 이들의 음모를 알고도 혜종이 딸을 소에게 출가시킨 건 강력한 외가 세력을 업고 있던 이들 형제와 관계를 터 왕위를 유지하려 했던 게 아니었을까? 요와 소의 외가가 있던 충주는 중부 내륙의 요충지로 남부의 영남 지역, 북부의 강원도 지역과 연결되는 전략 거점이었다. 고려 건국 후에도 독자적인 세력을 이루고 있던 강릉 군벌 왕순식(王順式) 군대가 충주 출신 호족 유권열(劉權說)의 권유로 고려에 귀부할 정도로 충주 유씨의 영향력은 대단했다. 뒷날 후백제의 신검군을 격파한 주력이 왕순식과 충주 지역의 부대였다.

중부 지역을 기반으로 강력한 무력 기반을 가진 요와 소 형제에게 혜종의 후견인 박술희와 왕규의 존재는 커다란 걸림돌이었다. 그런데 박술희와 왕규는 힘을 합치지 못하고 혜종의 총애와 권력을 차지하기 위해 서로 대립하는 관계였다. 혜종의 뒤를 이어 정종(재위 945~949)으로 즉위하는 요는 이러한 갈등을 이용해 이들을 제거한다.

혜종이 병석에 눕자 왕규를 미워해 다투던 박술희는 군사 100여 명으로 자신을 호위하게 했다. 정종은 박술희가 딴 뜻이 있음을 의심하여 갑곶(강화도)에 귀양을 보냈다. 이것을 빌미로 왕규가 왕명이라 속이고 그를 죽였다. ─《고려사》 권88, 박술희 열전.

정종이 박술희를 귀양 보내자, 왕규가 거짓으로 왕명을 만들어 그를 살해했다는 《고려사》의 기록이다. 하지만 사실은 그렇지 않다. 왕규와 박술희가 갈등을 빚자 정종이 그 틈을 이용해 박술희가 딴 뜻이 있다는 이유로 귀양을 보낸 뒤 그를 죽인 것이다. 박술희가 제거되자 다음 차례는 왕규였다.

혜종이 병을 앓자 왕규가 딴 뜻을 품었다. 정종이 왕식렴과 함께 은밀히

변란에 대응할 계책을 모색했다. 왕규가 난을 일으키자, 왕식렴이 평양
의 군사를 이끌고 들어와서 호위하니 왕규가 함부로 움직이지 못했다.
〔왕식렴은〕 왕규와 그 일당 300여 명을 죽였다.

—《고려사》권92, 왕식렴 열전.

왕규는 혜종에게 요와 소 형제의 음모를 알렸으나, 혜종은 도리어 자
신의 딸을 소(광종)에게 혼인시켜 사태를 무마하려는 유화책을 펼쳤다.
이에 반발한 왕규가 혜종을 제거하려 했다. 하지만 이런 왕규의 반발
은 정종 세력에게 정변의 명분을 만들어주었다. 왕규가 딴 뜻, 즉 반역
을 하려 했다는 것이다.

'왕규의 난'으로 위장된 고려판 '왕자의 난'

왕규가 품은 '딴 뜻'은 태조의 16번째 부인이 낳은 광주원군(廣州院君)
을 혜종의 뒤를 이어 왕위에 앉히기 위해 난을 일으켰다는 것이다. 고
려 후기 역사가 이제현(李齊賢, 1287~1367)은 왕규를 '중국 노나라의
은공(隱公)에게 환공(桓公)을 죽이라고 건의했다가, 여의치 않게 되자
도리어 은공을 죽인 우부(羽父)와 같은 인물'로 평가했다. 요와 소 형제
를 제거할 것을 건의했으나, 혜종이 듣지 않자 왕규는 도리어 혜종을 해
치려 반역을 꾀했다는 것이다. 이제현의 이런 견해 때문인지,《고려사》
에는 혜종 재위 중에 일어난 사건을 '왕규의 난'으로 기록하고 있다.

이 사건을 어떻게 읽어야 할까? 약 100년 뒤 일어난 '이자겸(李資謙)
의 난'이 참고가 된다. 이자겸은 자신의 딸들을 각각 예종(睿宗, 재위
1105~1122)과 그의 아들 인종(仁宗, 재위 1122~1146)의 비로 들인 왕

실의 외척이었다. 그의 권세로 왕권이 위협을 받자 인종은 1126년 2월 장인이자 외조부인 이자겸을 제거하려다 실패한다. 인종은 이자겸의 반격으로 궁궐이 모두 불타고 스스로 왕위를 이자겸에게 물려줄 지경이 될 정도로 수모를 겪는다. 이자겸은 그 뒤 석 달 만인 그해 5월 인종의 사주를 받은 측근 척준경(拓俊京)에 의해 제거된다. 이에 대해 역사가들은 이자겸에게 모든 잘못을 씌워 '이자겸의 난'이라 기록했다.

역사는 승자의 기록이라 했던가? '왕규의 난'을 다시 봐야 할 근거는 여기에 있다. 혜종 때 일어난 정변의 진실은 무엇일까? 박술희와 왕규의 이탈로 세력을 잃은 혜종은 재위 2년 만에 힘 한번 써보지 못한 채 배다른 동생에게 허무하게 왕위를 빼앗기게 된다. 물론 기록은 혜종이 병사한 것으로 되어 있다. 하지만 혜종 때 일어난 왕실의 정변은 외척 '왕규의 난'이 아니었다. 뒷날 각각 왕으로 즉위하는 정종과 광종(光宗, 재위 949~975) 형제가 병약한 형 혜종과 후견인 박술희와 왕규를 제거하고 왕위를 노린 고려판 '왕자의 난'이었다.

나아가 이 정변은 단순한 궁중 내부의 권력투쟁이 아니었다. 고려 건국 이후 통일전쟁을 위해 왕권과 호족 세력이 타협과 공존, 조화와 균형을 바탕으로 유지해온 정치질서가 이 정변을 계기로 크게 요동치게 되었다. 세력이 약한 혜종을 태자로 책봉하면서 왕건이 염려했던 바가 그의 사후에 현실화된 것이다.

혜종과 그 후견인 역할을 한 서해 남부 나주의 혜종 외가와 한강의 수운을 관장했던 광주의 왕규, 당진 출신 박술희의 몰락으로 해상 세력은 정계의 주도권을 상실하게 된다. 왕건의 사촌동생으로 서경 지역의 군사력을 관장한 왕식렴은 정종과 광종 형제를 도와, 정종이 왕위에 오르는 데 큰 역할을 했다. 그는 서경 지역을 대표한 호족 세력이었다.

서경은 황해도와 평안도의 패서(浿西) 지역을 관할하던 중심지이며, 과거 통일신라 때 최강의 부대인 패강진 부대가 주둔한 곳이다. 서경 지역의 호족은 이러한 군사적 전통을 지닌 강력한 세력이었다. 정종의 즉위는 서경과 충주 세력의 결합으로, 이후 그들이 정국을 주도하게 된다.

통일전쟁 이후 잠재되어 있던 호족 세력이 정치의 전면에 나서면서 고려 정치를 크게 후퇴시키는 양상이 나타났다. 강한 군사와 경제력을 가진 세력이 현실 권력의 주인이 되어야 한다는 약육강식의 논리가 정치와 역사의 전면에 노출되면서, 힘을 가진 다수가 소수를 누르고 승자가 되는 야만의 정치가 펼쳐졌다. 정종의 뒤를 이어 즉위한 광종의 개혁정치는 이러한 정치질서를 청산하는 계기가 되었다.

■ 《고려사》에 기록된 왕규의 난

《고려사》에는 태조와 혜종의 후비가 된 왕규의 딸들과 외손 및 '왕규의 난'에 관한 기록이 여러 군데 실려 있는데, '왕규의 난'에 대해서는 기록마다 차이가 있다. '왕규 열전'에는 왕규가 혜종을 제거하려 했지만, 혜종이 이를 처벌하지 않았다고 기록되어 있다. 그러나 '최지몽(崔知夢) 열전'에 따르면 왕규는 정종이 즉위하기 전 그를 제거하려 했으며, 재위 중인 혜종을 제거하려 했다. 그런데 왕규가 처벌받은 것은 정종이 즉위한 이후였다. 짧은 기록이지만, '왕규의 난'에 관한 기록이 정확하지 않음을 알 수 있다.

• 태조의 후비

제15비는 광주원부인(廣州院夫人) 왕씨(王氏)이다. 광주 사람이며 대광(大匡) 왕규의 딸이다.

제16비는 소광주원부인(小廣州院夫人) 왕씨이다. 역시 왕규의 딸이다. 아들 광

주원군(廣州院君)을 낳았다.[5]

• 혜종의 후비

후광주원부인(後廣州院夫人) 왕씨는 광주 사람이다. 대광 왕규의 딸이다.[6]

• 왕규의 외손

광주원군은 역사책에 이름이 기록되어 있지 않다. 혜종 2년(945) 외조부 왕규가 광주원군을 왕으로 삼기 위해 반역을 모의하다 참수당했다. 광주원군의 최후도 알 수 없다.[7]

왕규가 광주원군을 왕으로 세우고자 했다. 한번은 밤에 혜종이 깊이 잠든 틈을 타 자기 무리를 시켜 몰래 침실에 들어가 살해하려는 역모를 꾀했다. 혜종이 이를 알고 한 주먹으로 쳐 죽였다. 주변 사람들을 시켜 그들을 끌어내게 한 뒤, 그 일에 대한 왕규의 죄를 더 묻지 않았다.[8]

• 왕규의 모반을 예견한 최지몽

혜종 2년(945) 왕규가 왕제(王弟, 요)를 해치려 했다. 그때 사천관(司天官)인 최지몽이, "유성(流星)이 자미(紫微)를 침범하니 나라에 반드시 역적이 나타날 것입니다"라고 상소했다. 뒤에 혜종이 병으로 신덕전(神德殿)에 누워 있을 때 왕규가 반란을 꾀하려 했다. 최지몽이 점을 치고 아뢰기를, "가까운 시일에 장차 변란이 있을 것입니다. 때때로 거처를 옮기셔야 합니다"라고 했다. 정종이 즉위하여 왕규를 죽이고, 최지몽에게는 사건의 조짐을 미리 아뢴 공로를 포상하여 노비와 말안장, 은그릇을 내려주었다.[9]

광종,
개방정책의 물길을 열다

●

최승로(崔承老, 927~989)는 광종 때 관료생활을 하면서 광종의 정치를 직접 체험한 인물이다. 그는 광종에 대해 대단히 비판적이었다.

연회와 놀이에 빠져 사치가 끝이 없었습니다. 눈앞에 사고가 없는 것을 불교의 힘이라 생각하여 잘못된 행위를 뉘우치지 않았습니다. 대궐은 규정된 제도를 위반하여 지었고, 의복과 음식은 모름지기 곱고 얇은 비단을 사용하고 맛있는 음식을 차려 사치스러웠습니다. …… 평상시 1년 경비가 태조가 10년 동안 쓴 비용과 같았습니다. 말년에는 죄 없는 사람을 많이 죽였습니다. 광종이 항상 삼가고 검소한 뜻을 마음에 새겨 비용을 절감하며 처음과 같이 정사에 힘썼다면, 어찌 그의 수명이 겨우 50세에 그쳤겠습니까? ―《고려사》 권93, 최승로 열전.

최승로는 특히 광종이 호족을 대대적으로 숙청한 전제정치에 대해 매우 비판적이었다. 우리 학계 역시 광종에 대해 호의적이지 않다. 광종의 호족 숙청이 당시 정계에 워낙 큰 광풍을 불러일으켰기 때문일 것이다.

외국인에게 관직을 개방하다

최승로보다 약 400년 뒤의 고려 후기 역사가 이제현은 광종에 대해 다른 평가를 내렸다. 《고려사》에 기록된 이제현과 충선왕(忠宣王, 재위 1298년, 복위 1308~1313)이 나눈 대화 가운데 중국과 고려의 문물 수준에 대해 이제현이 광종을 언급하면서 대답한 대목이 있다.

> 광종 이후 문교(文敎)를 닦아 서울에 국학(國學, 국자감), 지방에 향교와 학당을 세워 학교에서 글 읽는 소리가 끊임없이 들렸습니다. 문물이 중국과 다를 바 없다는 말은 지나친 말이 아닙니다.
>
> —《고려사》권110, 이제현 열전.

이제현은 광종을 교육기관을 확충하고 중국의 선진문물과 제도를 익히게 해 고려의 문물을 중국에 버금가는 수준으로 높인 군주로 꼽았다. 나아가 이제현은 문치(文治)와 교화(敎化)를 중시한 광종의 통치를 새롭게 평가했다.

> 광종이 쌍기(雙冀)를 등용한 것은 '현명한 사람을 쓰는 데 차이를 두지 않았다(立賢無方)'고 말할 수 있으리라. 쌍기가 현명한 사람이라면 어찌 임금을 착한 길로 이끌지 못하고 [임금이] 참소를 믿어 형벌을 함부로 쓰는 것을 막지 못했을까? 과거를 실시하여 선비(文士)를 뽑은 일을 본다면

광종이 높은 뜻을 가지고 문치로 풍속을 교화하려 했음을 알 수 있다. 쌍기 또한 그 뜻에 따라 훌륭한 일을 이루려 했으니 보탬이 없었다고 말할 수는 없다. ─《고려사》권2, 이제현의 광종에 대한 사평(史評).

이제현은 주변의 아첨을 믿어 숙청을 단행한 광종의 전제정치와 이를 막지 못한 광종의 측근이자 중국 귀화인 쌍기에 대해 아쉬움을 갖고 있었다. 그러나 쌍기를 등용하고 과거제도를 실시해 훌륭한 선비를 발굴함으로써 고려의 학술과 문화 수준을 높인 점에서 광종에게 후한 점수를 주었다. 친소(親疏)와 귀천(貴賤)을 가리지 않은 광종의 '입현무방(立賢無方)'의 인재 등용책을 주목한 점은 눈여겨볼 대목이다.

이와 함께 '광종의 숙청을 막을 사람은 쌍기밖에 없었다'는 이제현의 언급을 통해 쌍기와 같은 외국인 귀화 관료가 새로운 정치집단이 되어 광종 정치의 또 다른 중심축이 된 것도 확인하게 된다. 쌍기로 상징되는 외국인 관료의 채용은 광종 정치, 나아가 고려왕조의 개방성을 이해하는 데 매우 중요한 사실이다.

쌍기는 〔중국〕후주(後周) 사람이다. 광종 7년(956) 광종을 책봉하는 사신 설문우(薛文遇)를 따라 고려에 왔다가 병 때문에 고려에 머물렀다. 쌍기의 병이 낫자, 〔광종은〕그를 만나고 매우 흡족히 여겼다. 광종은 그의 재주를 아껴, 후주 황제에게 관료로 삼겠다는 글을 올렸다. 광종은 쌍기를 고려의 관리로 발탁했다. 1년도 되지 않아 문병(文柄, 각종 대내외 문서 작성 책임자)을 맡겼다. 당시에 너무 과중한 대접을 했다는 여론이 일었다. 광종 9년(958) 쌍기는 과거제도를 시행할 것을 건의했으며, 그는 여러 번 지공거(知貢擧, 과거 고시관)가 되어 시(詩)·부(賦)·송(頌)·책(策)을 시험

과목으로 삼아 인재를 선발하고, 후학들의 학문을 권장했다. 이로써 고려에서 학문을 숭상하는 기운이 처음으로 일어났다. 광종 10년(959) 후주에서 시어(侍御)로서 청주(淸州) 수령으로 있던 쌍철(雙哲)이 아들 쌍기가 광종의 총애를 받고 있다는 소문을 듣고, 〔후주〕 사신 왕긍(王兢)을 따라 고려에 왔다. 광종은 그를 좌승(佐丞, 3품)으로 임명했다. 그 뒤의 일은 기록이 남아 있지 않다.—《고려사》 권93, 쌍기 열전.

쌍기의 건의로 과거제도가 실시되고, 그로 인해 학문이 권장되면서 비로소 학술 기운이 일어나게 되었다는 《고려사》 쌍기 열전의 기록이다. 고려의 문물이 중국에 버금갔다는 이제현의 지적과 같은 내용이다. 즉, 광종 때 고려의 문물 수준을 높이는 데 귀화인의 역할이 컸음을 보여준다. 광종은 외국인 쌍기만을 예외적으로 등용한 것일까? 그렇지 않다.

고려시대의 독특한 장례문화로 죽은 자의 일대기를 적은 묘지명(墓誌銘)이 있다. 묘지명은 지상에 세우지 않고 관과 함께 지하에 매장했기 때문에 많이 전하지는 않는다. 현재 확인된 것은 약 320점이다. 이 가운데 가장 오래된 묘지명은 1024년(현종 15)에 제작된 채인범(蔡仁範, 934~998)의 것이다. 그는 중국인으로 고려에 귀화한 관리다. 채인범의 묘지명은 그에 관한 유일한 기록이다.

송나라 강남 천주(泉州) 사람이다. …… 광종 21년(970) 고려에 와서 국왕을 뵈었다. 〔광종은 채인범을〕 예빈성낭중(禮賓省郎中, 5품)에 임명하고, 주택 한 채와 노비, 토지를 하사했다. 그리고 그에게 필요한 물품을 모두 국가에서 공급하라고 명령했다. 공은 경전과 역사에 널리 통달하고 문장을 잘 지어 임금을 보좌한, 큰 재주를 품은 대학자였다. — 채인범 묘지명.

중국계 고려인 채인범의 묘지명 중국인 채인범이 고려에 귀화해 관리가 되기까지, 외국인을 등용해 고려를 선진화하려 했던 광종의 노력이 채인범의 묘지명에 상징적으로 기록되어 있다. 국내에서 발견된 최초의 고려시대 묘지명으로, 규모가 가장 크다.

　광종이 외국인을 등용하여 고려를 선진화하려는 노력이 채인범의 묘지명에 상징적으로 기록되어 있다. 채인범과 같이 공식적인 역사 기록은 없지만 고려 전기에 중국(오대 및 송나라)과 거란·발해·여진 등에서 많은 인물이 고려에 귀화하여 정착했다.

　그 가운데 관료가 된 사람은 주로 중국계 귀화인이다. 《고려사》에 기록된 인물만 40명 정도 된다. 반 이상이 학자나 문인 계통의 인물이다. 대부분 관리가 되었고, 나머지는 상인·음악인·승려·역관(譯官)·의술·무예·점성술 등 특수 분야에서 활동했다. 이들도 능력에 따라 관직을 얻은 경우가 있다. 이 가운데 쌍기처럼 재상이 되는 등 행적이 뚜렷하여 《고려사》 열전에 수록된 인물은 거란 출신 위초(尉貂, 효행)와 발해 출신 유충정(劉忠正, 국왕의 총신)을 포함해 중국인 주저(周佇), 유재(劉載), 신수(愼脩), 신안지(愼安之), 쌍철, 호종단(胡宗旦), 임완(林完) 등 모두 10명이다.[1]

능력 앞세운 인재 등용, 개방정책의 핵심

우리 역사에서 외국인 출신이 고위 관료가 되어 중요한 정책을 입안하고 실행한 적이 있었던가? 박근혜 정부 출범 직후 재미 한국인조차 입각에 실패했다. 능력을 구비한 인재라면 국적을 가리지 않고 등용하는 것이 말처럼 쉽지 않다는 사실을 실감하게 된다. 그런 점에서 앞뒤 가리지 않고 능력 위주로 인재를 등용한 광종의 '입현무방'은 놀라운 일이 아닐 수 없다. 고려 개방정책의 핵심은 이러한 인재 등용에서 찾을 수 있다. 요즘 식으로 표현하면 고려는 국제화·세계화를 성공적으로 이룩한 왕조, 즉 '글로벌 코리아'의 원조(元祖)가 되는 셈이다.

고려 중앙정부는 당시 세계의 중심인 중국의 선진제도와 문물을 수용해 호족에 의해 좌지우지되는 낡은 관료 시스템을 바꾸려 했다. 많은 외국인이 관리가 된 것도 결코 우연이 아니었다. 이 정책은 광종 이후에도 계속되었다. 11세기 초 고려는 관료 엘리트뿐 아니라 외국인 기술자도 정책적으로 받아들였다. 송나라 사신 서긍은 이렇게 기록했다.

고려에 항복한 거란 포로 수만 명 가운데 10명 중 한 명은 기술자인데, 그 가운데 기술이 정교한 자를 뽑아 고려에 머물게 했다. 이들로 인해 고려의 그릇과 옷 제조 기술이 더욱 정교하게 되었다.

—《고려도경》권19, 민서(民庶) 공기(工技)조.

항복한 포로는 대부분 노비로 만들어 공을 세운 사람에게 분배하는데, 고려왕조는 그들 가운데 기술자를 가려 정착시켜 그들의 기술을 활용했다. 11세기 중엽 문종(文宗, 재위 1046~1083)은 송나라 진사 출신인 장정(張廷)이 귀화하자 그에게 벼슬을 내렸다. 이어 훌륭한 선비를 얻은 기쁨을 말하며 "타산(他山)의 돌이라도 나에게는 쓸모가 있는 것이다"²라고 했다. 나라에 도움이 된다면 국적을 가리지 않고 등용한다는 문종의 생각은 고려왕조의 전성기를 이끈 국왕의 리더십을 잘 보여주는 대목이다.

> 고려 수도에는 중국인 수백 명이 있다. 민(閩, 중국 푸젠성) 지역 사람이 많은데, 상선을 타고 왔다. 고려는 몰래 그들의 재능을 시험·회유하여 관리로 삼거나 강제로 평생 머물게 했다. 중국 사신이 오면 이들 중 일부는 진정을 하여 귀국하기도 했다. ―《송사》, 고려전.

이러한《송사(宋史)》의 기록과 같이 고려의 수도 개경에는 많은 중국인이 들어와 있었다. 고려왕조는 이들 가운데 재능 있는 자를 가려 관리로 삼아 고려에 머물게 했다. 12세기 무렵 고려의 적극적인 개방정책을 엿볼 수 있는 기록이다.

광종은 귀화 관료들의 건의를 받아들여 과거제도를 실시하여 군사와 경제력에 의존하던 호족의 권력 정치를 청산하고, 유교와 선진문물에 눈뜬 문신 중심의 문치주의 정치를 열었다. 또한 광종은 능력 있는 인재를 발탁해 개방과 개혁정책의 물꼬를 튼 군주였다. 광종 정치를 재평가하는 이유 가운데 하나는 바로 여기에 있다.

■ 고려에서 고위직을 역임한 외국인

고려 전기에 중국(오대 및 송나라)과 거란·발해·여진 등에서 많은 인물이 고려에 귀화하여 정착한다. 그들 중 관리가 되어 활동하다《고려사》열전에 수록된 인물은 10여 명이나 된다. 그 가운데 고려 전기에 관료를 지낸 인물 세 사람의 열전을 소개하고자 한다.

• 유재

유재는 송나라 천주 사람이다. 〔고려〕 선종(宣宗) 때 상선(商船)을 따라 고려에 왔다. 고려 조정은 시와 부로 그를 시험한 뒤 천우위(千牛衛) 녹사참군(錄事參軍) 벼슬을 주었다. 예종 때 좌산기상시(左散騎常侍)·이부상서(吏部尙書)·예부상서(禮部尙書)를 각각 역임했다. 예종 13년(1118) 〔재상인〕 수사공(守司空)·상서우복야(尙書右僕射, 정2품)로 죽었다. 유재는 글을 짓는 데 능했다. 성품이 소박하여 재산을 늘리는 일을 하지 않았다. 비록 상인들과 함께 왔으나, 관리가 된 후에는 그들과 친하게 지내지 않았다. 당시 사람들은 그를 좋게 보았다.[3]

• 신수

신안지는 자가 원로(元老)이며, 송나라 개봉부(開封府) 사람이다. 그의 아버지 신수는 문종 때 배를 타고 바다를 건너 고려에 왔다. 학식이 있는 데다 의술에 밝았다. 과거에 급제하여 〔재상인〕 수사도(守司徒)·좌복야(左僕射)·참지정사(參知政事)까지 지내고 관직에서 물러났다. 시호는 공헌(恭獻)이다.[4]

• 신안지

〔신수의 아들인〕 신안지는 예종과 인종 두 임금을 섬겼다. 수주(水州, 수원)의 수령으로 있을 때 엄격하고 깨끗하게 일을 처리했다는 평가를 받았다. 때문에 향리들은 두려워하고 백성들은 그를 사모했다. 병부상서(兵部尙書)·삼사사(三司使)·판합문사(判閤門事, 이상 3품)를 역임하고 죽었다. 용모가 빼어나고 아름다웠으며, 성품과 도량이 관대하고 컸다. 일을 처리하는 데 청렴하며 공평

했다. 의술이 뛰어나고 중국말에 능통하여, 송나라·거란·금나라 등에 보내는 많은 외교 문서가 그의 손을 거쳤다.[5]

호족을 향한 개혁의 칼날

고려 중기 문장가 이규보는 어느 지방 관원에게 보낸 편지에서 이렇게
말했다.

> 고을을 다스리는 방법은 관대함과 엄격함이 어느 한쪽으로 치우치지 않
> 고, 중용을 얻는 데 있다. …… 〔지방관이〕 엄하기만 하면 힘이 들어 백성
> 이 떠나가게 되고, 관대하기만 하면 백성이 윗사람을 얕보고 방자해진
> 다. 두 가지를 함께해야 백성들이 〔지방관을〕 하늘같이 두려워하고 부모
> 같이 사랑하게 되어 잘 다스려진다.
>
> —《동국이상국집》권27, '어느 서기(書記)에게 보낸 편지'.

관대함과 엄격함은 당근과 채찍 같은 양면성이 있다. 이는 고을을 다
스리는 지방관만이 아니라 나라를 다스리는 제왕에게도 필요한 덕목
이다. 이를 겸비한 제왕은 흔치 않지만 광종은 그러한 군주였다. 외국
인 관료를 우대하고 선진문물을 수용한 한 광종의 개방정책은 통치의

관대함을, 호족 숙청과 과거제 실시로 정치판과 관료 시스템을 물갈이
한 광종의 개혁정책은 통치의 엄격함을 보여준다.

당시 지배층의 여론은 광종의 외국인 우대 등 개방정책에 호의적이지
않았다. 서필(徐弼)은 광종에게 이렇게 말할 정도였다.

> 요즘 투화인(投化人, 귀화인)들이 벼슬과 집을 골라 차지하여 세신(世臣, 기
> 존 관료)들은 거처할 곳을 잃을 정도입니다. 재상인 저의 집도 원래 제 소
> 유가 아니니 가져가시고, 저는 녹봉을 아껴 작은 집을 지어 살겠습니다.
>
> ─《고려사》권93, 서필 열전.

당시 서필은 재상으로 고려 정계의 원로였다. 뒷날 거란과의 전쟁 때
거란 장수 소손녕과 담판해 압록강 동쪽 280리 땅을 고려 영토로 편입
한 서희가 그의 아들이다. 서희는 광종 때 처음 실시된 과거에 합격해
관료가 되었다. 서필 집안도 그런 점에서 광종 정책의 수혜자였지만,
서필은 정계 원로로서 광종 정치에 불만을 가진 세력을 대변했다.

> 〔광종은〕 쌍기를 등용한 뒤부터 문사(文士)를 지나치게 존중하고 우대했
> 습니다. 이로 인해 재주 없는 자가 마구 승진해 1년도 되지 않아 재상이
> 되기도 했습니다. …… 〔광종은〕 화풍(華風, 중국의 문물과 제도)을 중하게
> 여겼으나, 중국의 좋은 제도와 법은 받아들이지 않았습니다. 화사(華士,
> 중국의 선비)를 예우한다고 했으나, 중국의 현명한 인재는 쓰지 않았습니
> 다. ─《고려사》권93, 최승로 열전.

서필에 이어 유학자의 대표 격인 최승로도 광종을 이같이 비판했다.

두 사람의 발언을 보건대 쌍기 등 중국인 귀화 관료를 중용한 광종의 인재 등용책에 대해 당시 불만을 가진 세력이 상당했음을 알 수 있다. 그럼에도 불구하고 광종은 왜 이런 정책을 강행했을까?

노비안검법, 개혁의 출발점

광종의 형이자 선왕(先王)인 정종은 서경 군벌 왕식렴의 도움으로 즉위했다. 그 때문에 정종은 서경으로 천도해 왕식렴에 의지해 정치를 하려 했지만 실패했다. 광종은 호족 세력에 의지한 정종의 정치에 한계가 있음을 통감(痛感)했다. 왕식렴은 숨졌지만 신라 패강진 부대의 전통을 이은 서경 세력은 광종 시대에도 여전히 최대 군벌로서 왕권을 위협하는 존재였다. 광종은 왕권을 강화하기 위해 쌍기 등 중국계 귀화인 관료를 등용해 정치판을 물갈이하려 했다.

광종은 여기서 그치지 않았다. 호족 세력을 약화시킬 더욱 충격적인 조치를 취했다. 956년(광종 7) 호족을 대상으로 노비 소유의 불법 여부를 가리는 노비안검법(奴婢按檢法)을 시행한 것이다. 뒷날 최승로는 성종에게 올린 시무상소에서 광종의 노비안검법에 관해 이렇게 언급했다.

왕조 건국 당시 여러 신하들 가운데 원래 노비를 소유한 자는 제외하고, 그 밖에 본래 소유하지 않았던 자는 종군하여 포로를 얻거나 돈을 주고 사서 노비를 삼았습니다. 태조는 일찍이 포로 노비를 해방하여 양인으로 삼고자 했으나 공신들이 동요할까 염려하여 그들의 편의에 맡겼습니다. 60여 년이 지났지만 소를 제기한 자가 없었습니다. 광종 때에 처음으로 공신들의 노비를 조사하여 불법으로 소유한 노비를 가려내려 하자, 공신

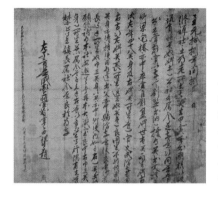

송광사 노비 문서 1281년(충렬왕 7)에 수선사(修禪社, 지금의 송광사) 사주(社主) 원오국사가 생부(生父) 양택춘에게 받은 노비들과 그 소생을 수선사에 예속시킨 것을 나라에서 허락한 노비 문서이다. 고려시대에는 사원이나 승려가 노비를 소유하기도 했으며, 노비는 매매의 대상이나 상속이 되기도 했다.

들은 모두 불만으로 가득 찼으나 간언하는 자가 없었습니다. 대목왕후(大穆王后, 광종 비)가 그만둘 것을 간절히 말해도 광종은 듣지 않았습니다.

—《고려사》권93, 최승로 열전.

노비는 토지와 함께 당시 호족들의 중요한 재산이었다. 그런데 광종은 호족들이 불법으로 취득한 노비는 해방하거나 원래 주인에게 되돌려주겠다는 것이었다. 요즘의 금융실명제에 버금가는 획기적인 조치로서, 호족의 군사·경제 기반을 약화시키는 조치였다. 서경 출신인 대목왕후가 남편 광종에게 노비안검법 시행을 중단할 것을 요청한 건 서경 출신 호족 세력의 입장이 반영된 것이다. 숙청의 화살이 당시 최대 세력인 서경의 호족 세력을 겨냥하고 있었다는 간접적인 증거다. 그만큼 이 조치는 충격적이었다.

〔964년〕 가을 8월에 사도(司徒) 박수경(朴守卿)이 죽었다. …… 정종이 즉위한 초기에 내란을 평정한 것은 대부분 박수경의 공이다. 그런데 이때 아들 승위(承位)·승경(承景)·승례(承禮)가 참소를 입어 옥에 갇히자, 수경

이 근심하고 분노하여 죽었다.

—《고려사절요》권2, 광종 15년, 박수경 졸기(卒記).

박수경은 황해도 평산의 호족으로 서경의 왕식렴과 함께 정종의 즉위에 큰 공을 세운 인물이다. 왕식렴이 숨진 뒤에 그는 지금의 황해도와 평안도 지역을 대표하는 군벌로 떠올랐다. 그의 딸은 태조의 제28비 몽량원부인(夢良院夫人)이다. 박수경이 분노와 근심으로 스스로 죽었다지만, 광종이 그의 아들들을 숙청한 건 바로 당시 최대 군벌이었던 박수경을 겨냥한 것이었다. 박수경의 죽음은 가장 큰 호족 세력이 제거되어 광종의 숙청 작업이 성공했음을 간접적으로 알려준다.

과감한 숙청과 과거제 도입으로 정치판을 물갈이하다

《고려사》최승로 열전은 당시 호족 숙청의 실상을 잘 보여준다.

일찍이 혜종·정종·광종이 서로 왕위를 이은 〔고려왕조의〕 초기에는 모든 일이 안정되지 않은 시기여서 개경과 서경의 문무관료가 절반이나 살상되었습니다. 광종 말년에는 세상이 어지럽고 참언(讒言)이 일어나 무릇 형장에 끌려간 사람은 대부분 죄가 없었고, 오래된 공신과 장군들이 거의 죽임을 당했습니다. 경종(景宗)이 즉위할 당시 옛 신하 가운데 살아남은 사람은 40여 명에 불과했습니다. —《고려사》권93, 최승로 열전.

이렇듯 광종 대에 정치권의 대대적인 물갈이가 이루어졌던 것이다. 광종은 호족뿐 아니라 왕실까지 숙청했다.

용두사터 철당간 충북 청주의 용두사터 철당간(왼쪽). 철당간 표면에 "준풍 3년(962, 광종 13)에 건립되었다"는 기록이 새겨져 있어 광종이 독자적인 연호를 사용했음을 알 수 있다.

경신년(광종 11)부터 을해년(광종 26)까지 16년간 간사하고 흉악한 무리가 상대방을 참소하는 풍조가 크게 일어나 군자는 들어설 수 없고 소인이 뜻을 얻었습니다. …… 하물며 혜종과 정종의 외아들도 목숨을 유지하지 못했습니다. (광종은) 말년에는 자신의 외아들(경종)까지 의심해, 경종이 불안해하다 겨우 왕위에 올랐습니다. 통탄할 일입니다.

—《고려사》 권93, 최승로 열전.

광종의 조카인 두 형의 아들까지 목숨을 잃었고, 심지어 자기 아들까지 한때 위태로운 지경에 처했던 것이다. 광종이 처가인 서경 세력을 의심했기 때문이다.

숙청의 주된 표적은 당시 최대 군벌인 서경의 호족 세력이었다. 광종이 960년(광종 11) 개경을 황도(皇都)로, 서경을 서도(西都)라고 이름을 고쳐 정종의 서경 우대정책을 버리고 개경 중심의 정치를 천명한 것도 그 때문이다. 광종은 같은 해 '준풍(峻豊)'이란 독자적인 연호를 제정했다. 현재 청주의 용두사(龍頭寺)터에 쇠로 만든 당간(幢竿)이 있다. "준풍 3년(962, 광종 13)에 건립되었다"는 기록이 남아 있어 광종의 치세를 독자적인 연호로 표기했음을 알 수 있다.

광종은 958년(광종 9) 처음으로 과거제도를 실시했다. 중국 귀화인 쌍기와 왕융(王融)이 고시관이 되어 재위 동안 여덟 차례 과거시험을 시행했다. 합격한 인물 가운데 공신과 호족 출신의 자제는 거의 찾을 수 없다. 옛 신라와 후백제 출신이나 서희와 같은 중부 지역 출신 등 새로운 인물들이 합격했다. 이런 인물들이 호족 세력을 대신해 새로운 관료집단으로 등장했다. 숙청이 인위적인 쇄신이라면, 과거제도는 호족 중심의 정치질서를 청산하고 능력과 실력을 갖춘 유교 관료가 지배 엘리트로 충원된 자연스러운 물갈이였다.

> 이로 인해 남북의 용인(庸人, 어리석은 사람)이 다투듯이 몰려왔습니다. 지혜와 재능을 따지지 않고 특별한 대우를 했습니다. 그런 까닭에 후생(後生)은 앞을 다투며 관리가 되었으나, 구덕(舊德)은 점차 쇠락했습니다.
>
> ─《고려사》권93, 최승로 열전.

최승로는 새로운 관료집단의 등장에 대해 매우 비판적이었다. 그가 언급한 '남북 용인', '후생'은 과거를 통해 등장한 새로운 관료집단이며, '구덕'은 태조 이래 중용된 공신과 관료집단이다. 하지만 최승로의 비판에도 불구하고 광종의 과거제 실시로 문신이 정치·문화를 주도하는 문치주의가 자연스럽게 뿌리내렸다.

성종,
조화와 균형을 추구하다

●

고려 후기 유학자 이제현은 고려의 제6대 국왕 성종(成宗, 재위 981~
997)을 이렇게 평했다.

> 성종은 종묘를 세우고 사직을 정했다. 학교 재정을 확충해 선비를 양성
> 하고, 직접 시험을 치러 어진 사람을 등용했다. 수령을 독려하여 어려운
> 백성을 돕게 하고, 효성과 절의를 권장하여 풍속을 아름답게 했다. ……
> 뜻이 있는 사람이라면 함께 일할 수 있다는 말이 있는데, 성종이야말로
> 바로 그런 어진 군주다.
>
> ─《고려사》 권3, 성종 16년, 이제현의 성종에 대한 사평.

이제현은 종묘와 사직의 완성, 인재의 양성과 발탁, 민생의 교화와
안정을 이룩한 성종을 현군(賢君)으로 평가했다. 묘호(廟號, 국왕 제사 때
호칭)인 '성종(成宗)'은 한 왕조의 기틀이 되는 이른바 '법과 제도'를 완
성한 군주에게 붙이는 호칭이다. 조선의 법과 제도를 담은《경국대전

(經國大典)》(1485)을 완성한 국왕을 성종(재위 1469~1494)이라 했듯이 고려의 성종 역시 그 호칭에 걸맞은 군주였다.

광종을 이어서 아들 경종이 즉위했으나 재위 6년 만에 숨졌다. 왕위 계승의 적자는 전왕(경종)의 아들 '송(誦, 성종 사후 목종으로 즉위)'이었다. 성종은 경종의 사촌으로 왕위 계승의 적자는 아니었다. 그러나 경종이 숨질 때 아들 송은 두 살에 불과해, 당시 22세인 성종이 대신 즉위한 것이다. 성종은 이런 사정 때문에 왕실 안팎의 전폭적인 지지를 받지는 못했다. 성종은 전왕 경종과 후왕 목종 모후의 출신지인 서경 세력보다는 광종의 외가인 태조의 제3비 충주 유씨 세력의 지원으로 즉위했다. 혼인 경험이 있던 광종의 딸 문덕왕후(文德王后) 유씨와 혼인한 것도 그 때문이다. 왕실의 전폭적인 지지를 받지 못한 증거다.

언로 개방과 제도 개혁에 힘써

성종 즉위 당시에도 광종의 무자비한 숙청에 피해를 본 세력이 여전히 조야에 포진해 있었다. 그들 때문에 광종의 개혁정치는 실종될 위기에 처해 있었다. 그럼에도 불구하고 성종은 광종의 정치를 계승하여 고려 왕조의 면모를 일신하는 정책을 펼쳐나갔다. 17년 재위 기간 중 거란과 전쟁까지 치렀지만, 성종은 역대 국왕 가운데 '어진 군주(賢主)'로 평가받고 있다. 그의 치세술(治世術)은 무엇일까?

우선 성종은 즉위 직후 언로(言路)를 개방했다. 5품 이상 모든 관료에게 현안에 대한 의견을 올리게 했다. 그 가운데 성종의 귀에 거슬릴 정도로 전왕인 광종과 성종 자신을 비판한 최승로의 〈시무 28조〉가 전해지고 있다. 경주 출신의 신라계 유학자인 최승로는 시무상소에서 광종이 쌍기를 비롯한 귀화인과 과거를 통해 발탁한 신진 세력에 의존해 개혁을 하려다 실패했다고 주장했다. 개혁을 주도할 만한 제대로 된 인재가 부족해 개혁에 실패했다는 것이다. 광종의 개혁정책으로 숙청을 당한 호족들이야 그렇다 치더라도 옛 신라와 후백제 출신의 유교 정치가들도 광종의 개혁에 대단히 비판적이었다. 이들은 일찍이 당나라에 유학하여 중국의 선진문물을 보고 익힌 뒤 귀국해 태조 때 중용되어 크게 활동했다. 그런데 광종은 이들을 배제하고 쌍기와 같은 중국계 귀화 관료를 중용하여 왕조의 면모를 일신하려 했다. 최승로는 그러한 광종의 정치를 비판한 유학자의 대표 격이었다.

성종 역시 즉위 이후 광종의 정책을 계승해 중국의 선진문물을 수용하는 등 왕조의 면모를 일신하려 했다. 그런 점에서 광종을 비판한 최승로는 성종에게 마뜩잖은 인물이었을 것이다. 그러나 성종은 이같이 비판적인 인물을 재상으로 기용했다. 광종이 추구한 화풍정책의 한계를 보완하여 왕조의 면모를 일신하려 한 것이다. 군주들이 언로를 열었다가도 따가운 비판에 마음을 닫는 경우가 다반사였지만, 성종은 끝까지 마음을 열어 신하들의 비판을 듣고 정책에 반영했다.

인적 청산에 치중한 광종과 달리 성종은 제도 개혁을 단행하여 고려의 법과 제도를 완성했다. 즉 최승로 계통의 '화풍파(중국 문물 도입을 주장하는 유학자 집단)' 관료들을 통해 중국의 선진문물을 수용하고, 3성 6부의 정치제도와 2군 6위의 군사제도를 완비했다. 또한 호족 세력을 약화시키고 중앙정부가 직접 지방을 지배하도록 행정제도도 개혁했다.

서희 장군 부부의 묘   경기도 여주군 산북면에 있는 서희(942~998) 장군 부부의 묘로, 998년(목종 1)에 조성되었다. 국풍파의 대표 격이었던 서희는 성종의 중용 아래 거란의 침입에 맞서 고려왕조를 위기에서 구하는 데 앞장섰다.

반대파를 우군으로, 조화의 리더십 발휘

성종 재위 중 최대 위기는 993년(성종 12) 거란의 고려 침입이다. 조정에서는 서경 이북의 땅을 거란에 떼어주고 화해하자는 이른바 '할지론(割地論)'이 제기되었다. 학자 출신 관료들이 성종에게 그렇게 건의했다. 그러나 서희는 "적과 만나 그들의 의도를 살핀 뒤 결정해도 늦지 않다"고 성종을 설득했다. 이어 서희는 직접 거란 진영을 찾아가 사령관 소손녕과 담판했다. 그는 거란의 고려 침입이 고려와 송의 관계를 단절하려는 데 있음을 파악하고 관계 단절의 대가로 압록강 이동 지역을 확보했다.

서희는 화풍을 강조한 유학자 출신의 관료집단과 달리 고려의 전통문화를 강조한 인물이다. 고려 고유의 전통문화를 당시에는 '토풍(土風)' 혹은 '국풍(國風)'이라 했다. 서희는 국풍파의 대표 격이었다.

성종은 즉위 직후 서희와 같은 고려의 전통을 중시하는 관료집단을 개혁정치의 또 다른 우군으로 끌어안았다. 그는 서희에게 오늘의 국방장관에 해당하는 병관어사(兵官御事)의 벼슬을 내렸다. 성종은 화풍을 중시했지만 서희처럼 자신과 성향이 다른 정치인도 받아들였다. 가치와 생각이 다르더라도 훌륭한 재목이라면 발탁하여 미래 정치의 자산으로 삼았다. 이 때문에 거란의 침입 앞에서 혼신의 힘을 다해 왕조를 위기에서 구하기 위해 앞장선 서희 같은 인물이 나오게 되었던 것이다.

역시 국풍파 관료였던 이지백(李知白)은 거란의 침입 앞에서 마치 적전 분열처럼 비칠 정도로 과감하게 할지론과 성종의 화풍정책을 비판했다.

경솔히 토지를 떼어 적국에 주기보다 선왕(태조)이 강조한 연등(燃燈)·팔관(八關)·선랑(仙郎) 등의 행사를 다시 시행하고, 다른 나라의 법을 본받지 않는 것이 나라의 보전과 태평을 이루는 일입니다. 그렇다고 여기신다면 먼저 하늘에 고한 뒤 싸울 것인가 화해할 것인가를 임금께서 결단해야 합니다. ─《고려사》 권94, 서희 열전.

성종은 이지백의 말을 따랐다. 성종이 화풍을 좋아하고 사모하자 나라 사람들이 기뻐하지 않았기 때문에 이지백이 이같이 말했던 것이다. 이지백은 팔관회·연등회의 전통의례를 통해 민심을 결집하는 것이 거란의 침입을 막는 지름길로 인식했다. 화풍을 추구한 성종의 정책을 좋아하지 않는 민심을 등에 업고 나온 발언이었다.

또 다른 국풍파 관료 한언공(韓彦恭)도 성종이 중국의 화폐제도를 도입하려 하자 제동을 걸었다. '고려의 현실에 맞지 않다'고 성종을 설득해 중단시킨 것이다. 서희·이지백·한언공은 화풍 중심의 일방적 제도 개혁의 속도를 조절할 것을 성종에게 건의하고, 고려의 전통문화인 국풍의 중요성을 강조한 인물들이다. 성종은 이들의 건의를 귀담아듣고 정책에 반영하는 노력을 게을리하지 않았다.

성종은 이념 성향이 다른 인물들을 기용해 자신의 정치적 자산으로 만든, 독특한 인재 등용책을 구사한 군주였다. 그렇다고 다양한 세력의 틈바구니에 휘둘려 아무것도 하지 못한 무능한 군주도 아니었다. 그는 호족 중심의 낡은 정치와 관료 시스템을 물갈이하려 했던 광종의 개혁을 완성하는 것을 통치의 목표로 삼았다. 화풍정책을 계승해 중국의 선진문물을 수용함으로써 고려의 정치·경제·군사 제도를 개혁해 왕조체제를 새롭게 하려 했다. 이런 점이 인적 청산에 집중했던 광종과 다른 점이다.

위기의 시대에 소외된 정치 세력은 외부의 적보다 더 무서운 적이 될 수 있다. 옛날이나 지금이나 변하지 않는 진리다. 성종은 이런 평범한 진리를 받아들여 실천했다. 화풍 성향의 관료집단과 국풍 성향의 관료집단을 함께 끌어안는 조화와 균형의 리더십으로 정국을 운영했다. 또한 나라 안팎에 현안이 발생하면 다양한 스펙트럼을 가진 인재를 적재적소에 배치해 나라를 위기에서 구해내고자 했다. 실로 '성종'이란 칭호에 걸맞은 군주였다.

■ 화풍과 국풍을 둘러싼 고려 지식인의 논쟁

《고려사》에는 초기부터 정치·군사·경제 제도 등에서 중국의 선진문물과 제도를 수용하려는 흐름과 함께 고려의 고유한 풍습과 제도를 고수하려는 흐름이 공존했다. 이러한 두 가지 흐름을 압축해서 표현한 것이 바로 '화풍(華風)'과 '국풍(國風)'이라는 용어다.

화풍은 중화(中華)의 풍속과 제도, 즉 선진의 중국 유교 문물과 제도 등을 뜻한다. 당풍(唐風)이라 하기도 한다. 그에 반해 고려의 고유한 풍속과 제도를 국풍 혹은 토풍(土風)이라 한다. 고려의 경우 두 계통의 문물제도를 어떻게 조화롭게 공존시키느냐 하는 문제가 문화와 사상계의 커다란 이슈였다. 이러한 논의는 광종과 성종 때 본격적으로 제기되었다.

태조 왕건은 〈훈요십조〉에서 "우리나라는 예로부터 당풍을 사모하여, 문물과 예악을 모두 그에 따랐다"(제4조)라고 했다. 화풍을 수용하려는 노력이 고려 초기부터 있었던 것이다. 이러한 노력은 고려 중기까지 이어졌다. 예종은 1115년 송나라 황제에게 보낸 글에서, "우리나라는 일찍부터 화풍을 사모했습니다. 광종에서 문종 때까지 매번 사신을 보낼 때 학생들을 보내 중국의 문물제도를 두루 살펴 유교 교화가 고려에 뿌리내릴 것을 기대했습니다. 그러나 이후 중단되어 선비들 사이에는 정론이 없고, 학문은 여러 갈래로 나뉘어 쇠퇴한 지 오래되었습니다"[1]라고 했다. 이러한 예는 화풍을 수용하여 고려의 면모를 새롭게 하려는 노력을 보여준다.

한편, 화풍에 반대하는 흐름도 만만치 않았다. 거란이 침입하자 이지백은 "경솔히 토지를 떼어 적국에 주기보다 선왕이 강조한 연등·팔관·선랑 등의 행사를 다시 시행하고, 다른 나라의 법을 본받지 않는 것이 나라의 보전과 태평을 이루는 일입니다. 그렇다고 여기신다면 먼저 하늘에 고한 뒤 싸울 것인가 화해할 것인가를 임금께서 결단해야 합니다"[2]라고 했다. 당시 사람들이 성종의 화풍정책을 좋아하지 않은 것을 알고 이지백이 이를 대변해 이같이 말했다고 기록되어 있다. 화풍보다 국풍을 중시하고 이를 강조하는 흐름도 있었음을 잘 보여주는 기록이다. 화풍과 국풍에 관한 논의는 이같이 상호 비판과 견제를 통해 고려 문화와 사상의 내용을 풍부하게 하는 역할을 했다.

귀화인,
단일민족론을 넘어서다

●

　고려의 학문을 융성케 한 유학자 최충(崔沖, 984~1068)은 제8대 국왕 현종(顯宗, 재위 1009~1031)을 '간난비운(艱難非運, 죽도록 고생하고 억세게 운이 없음)'의 군주이자 한편으로는 '중흥(中興)의 군주'로 평가했다. 치세 중 수많은 역경을 딛고 왕조의 기틀을 다시 확립한 군주라는 뜻이다. 실제로 그러했다.

　현종의 아버지는 신라계 출신 태조 후비의 소생인 안종(安宗)이며, 어머니는 경종(景宗, 재위 975~981)의 비인 헌정왕후(獻貞王后)이다. 현종은 두 사람 사이의 불륜으로 태어났다. 불륜을 범한 죄로 안종이 경남 사천에 유배되자, 현종도 안종을 따라 유배지에서 생활했다. 그러던 중 현종은 안종이 숨지자 다시 개경으로 돌아왔다. 한편, 헌정왕후와 자매 사이인 헌애왕후(獻哀王后) 역시 경종의 비였으며, 후에 여걸로 명성을 떨친 천추태후(千秋太后)다. 아들 목종(穆宗, 재위 997~1009)이 즉위하자 모후(母后)가 된 천추태후는 외척인 김치양(金致陽)과 불륜으로 낳은 아들을 병약한 목종의 뒤를 이어 왕위에 앉히려 했다. 그런데 현종이 걸림돌이었다. 현종은 왕위 계승 서열상 가장 적임자였다. 천추태후는 아들을 왕위에 앉히기 위해 현종을 강제로 출가시켜 지금의 북한산 신혈사로 내친다. 그것도 모자라 여러 번 현종을 살해하려 하나 번번이 실패한다. 결국 천추태후는 강조(康兆)의 정변으로 실각하고 현종이 왕위에 오른다. 어렵사리 왕위에 올랐지만 곧이어 현종은 거란이 고려를 침략하는 사태를 맞게 된다. 거란의 침입으로 개경이 점령되자, 현종은 공주·전주·나주로 피난을 한다. 현종은 피난 도중 국왕의 체통에 손상을 입을 정도로 온갖 수모를 당한다. 거란과의 전쟁은 현종의 치세 말기까지 계속되었다. 재위 중 한때 무신 김훈(金訓)과 최질(崔質)이 쿠데타로 권력을 장악한 일도 있었다.

이같이 현종은 즉위 이전부터 재위 말년까지 끊임없이 내우외환에 시달렸다. '간난비운'은 이를 두고 한 평가일 것이다. 한편 현종은 이러한 난국 속에서 거란의 침입을 성공적으로 격퇴하고, 지방제도를 완성하고 관료제를 정비했다. 또한 초조대장경을 조판하고, 전란 중 소실된 고려실록의 편찬과 각종 예제의 정비 등 고려왕조의 기틀을 다졌다. '중흥의 군주'는 이를 두고 한 평가다.

한편, 현종 재위 중 또 하나 주목해야 할 것은 한족과 거란족, 발해와 여진족 등 외국인이 고려에 본격적으로 귀화하기 시작한 사실이다. 물론 외국인들의 귀화는 고려시대 전 시기에 걸쳐 이루어지지만, 본격적인 귀화는 현종 때부터다. 《고려사》의 다음 기록이 대표적인 예이다.

거란의 수군(水軍) 지휘사로 호기위(虎騎尉)의 벼슬을 가진 대도(大道)와 이경(李卿) 등 여섯 명이 내투(來投, 귀화)했다. 이때부터 거란과 발해인이 귀화하는 일이 매우 많았다. ─《고려사》권5, 현종 21년 5월조.

왜 현종 때부터 거란과 발해인들이 대거 고려로 귀화했을까?

> 거란의 동경장군(東京將軍) 대연림(大延琳)이 고길덕(高吉德)을 고려에 보
> 내 건국을 알리고 도움을 청했다. 대연림은 발해 시조 대조영의 7대손이
> 다. 그는 거란에 배반하여 나라를 세우고, 나라 이름을 흥요(興遼)라 하고
> 연호를 천흥(天興)이라 했다. —《고려사》권5, 현종 20년 9월조.

《고려사》의 이러한 기록과 같이 발해 건국자 대조영의 후손 대연림
이 발해 부흥운동의 일환으로 흥요국(1029~1030)을 세운다. 고려 침략
을 주도한 거란 성종(聖宗)이 병약해(1031년 사망) 거란 조정에 내분이
일어나자, 대연림이 거란의 정세가 혼란한 틈을 타 건국한 것이다.

물론 발해와 거란인 들의 고려 이주는 발해가 멸망(926)한 10세기
초에 이미 시작되었지만, 현종 때 거란의 불안한 정세와 발해 부흥운
동으로 이들의 고려 귀화가 크게 촉진되었던 것이다. 이러한 귀화 추
세는 금나라가 건국(1115)되는 12세기 초까지 지속되어, 수많은 이민
족 주민들이 고려에 귀화한다. 1030년(현종 21) 이민족의 대거 귀순은
고려의 주민 구성은 물론 고려 사회에 커다란 변화를 가져온 상징적인
사건이다.

고려 귀화인, 단일민족론 재검토의 근거

고려 건국 후 12세기 초까지 약 200년 동안 고려에 귀화한 주민과 종
족은 크게 한인(漢人)과 여진·거란·발해 등 네 계통으로 나뉜다. 가장
많이 귀화한 주민은 발해계로서, 38회에 걸쳐 12만 686명이 귀화했다.

전체 귀화인 가운데 73%를 차지한다. 발해국이 멸망한 결과다. 그 다음으로 많은 귀화인은 여진계 주민으로 4만 4,226명에 달했다. 이들은 거란의 피정복민으로 억압을 받아오다 고려와 거란의 전쟁 중 혹은 거란의 내분을 틈타 고려에 귀화했다. 거란계 주민은 1,432명이 귀화했다. 한인 귀화인은 송나라는 물론, 송나라 건국 이전의 오월·후주 등 오대 국가의 주민들이 포함되어 있다. 모두 42회에 걸쳐 155명이 귀화했다. 고려에 귀화한 이민족 주민의 총수는 약 17만 명으로, 12세기 고려 인구를 200만 명으로 추산한《송사》의 기록에 근거할 때 결코 적지 않은 비율(8.5%)을 차지한다.[1] 우리 역사에서 이처럼 많은 이민족이 유입된 경우는 기록상 고려 외에 달리 찾을 수 없다. 이민족이 고려에 대거 귀부하면서부터 고려의 주민 구성이 크게 변화했다. 특히 이러한 추세가 현종 대부터 본격화되었다. 고려가 다양한 종족으로 구성되었음을 알 수 있는 사례를 몇 가지 더 살펴보자.

936년(태조 19년) 9월 지금의 경북 선산의 일리천에서 벌어진 후백제왕 신검과의 마지막 후삼국 통일전쟁에 동원된 고려군은 모두 8만 7,500명이었다. 그 가운데 유금필(庾黔弼) 등이 거느린 흑수(黑水)·달고(達姑)·철륵(鐵勒) 등 제번(諸蕃)의 경기병(勁騎兵) 9,500명이 포함되어 있었다.[2] '제번'의 군사는 고려에 귀화하여 고려군에 편입된 여진 계통의 이민족 병사들이다. 이들이 당시 전체 군사의 10%를 넘었다.

귀화인의 비중 문제를 떠나 고려왕조가 다양한 종족과 타국 주민의 귀화를 받아들인 사실은, 우리 역사의 특징 중 하나로 전가의 보도처럼 거론되어온 단일민족론을 재검토할 근거가 된다. 이민족의 고려 귀화에 최초로 주목한 학자는 손진태(孫晉泰, 1900~? 납북)다. 그러나 그는 고려시대 이민족 귀화 현상에 대해 "한민족의 혈액 중에 만주족·몽골족·한족 등의 혈액이 흘렀으나, 오랜 역사를 지남에 따라 우리 민족의 피는 완전히 한국적 피로 변화했다"[3]고 했다. 손진태는 '단일민족론'을 주장한 최초의 학자로, 이민족의 고려 귀화를 예외적인 현상으로 규정하고 큰 의미를 부여하지 않았다.

단일민족론은 무엇인가? 손진태의 주장이다.

> 조선사는 조선 민족사로서, 유사 이래 동일 혈족(血族), 동일 지역, 동일 문화를 지닌 공동 운명 속에서 공동의 민족투쟁을 무수히 감행하면서 공동의 역사생활을 했다. 이민족의 혼혈은 극소수이다. 따라서 조선에서 국민은 민족이며, 민족사가 곧 국사이다. 이 엄연한 역사 사실을 무시하고 조선 역사를 과학적으로 이해할 수 없다.
>
> — 손진태, 《조선민족사개론》, 을유문화사, 1948.

단일민족은 동일한 혈족(피붙이)·지역·문화를 가진 역사 공동체로서, 그는 혈족이 단일민족을 결정짓는 가장 중요한 기준이라고 봤다. 앞의 글에서 이민족의 혼혈이 극소수에 지나지 않았다는 단서를 단 것도 그 때문이다. 이병도(李丙燾, 1896~1989) 박사도 단일민족론을 제기했다.

> 민족은 동일한 지역에서 오랜 역사를 통하여 언어, 습속, 기타의 전통을 같이해온 공동체라 하겠다. 더 간단히 말하면 민족은 역사 공동체라 할 수 있으나, 이것이 국적 공동체인 국민의 개념과 다르다. …… 우리 민족에도 외래의 요소 — 예를 들면 만주, 몽골, 한인, 왜인(倭人), 기타의 피가 다소 섞여 있으나 그렇게 잡다한 복합체는 아니다. 대대로 우리 민족의

근본 요소는 언제나 뚜렷하고 자약(自若)하고 우세적이어서 거기에 약간 다른 요소가 들어와도 곧 흡수하고 융화하여 혼연한 일체를 이루어 있다. 그러므로 우리나라의 어느 곳을 가든지 대체로 언어가 같고 풍속이 같지 아니함이 없다. 이런 의미에서 흔히 우리 민족을 단일민족이라 하는 것이다. ― 이병도, 〈국사의 의의〉, 《국사와 지도이념》, 삼중당, 1953.

이병도는 언어와 풍속, 여러 전통을 함께한 민족이 단일민족이라 했다. 단일민족이 유지된 것은 외래문화를 흡수하고 융화하여 혼연한 일체를 이루는 문화적 동화의 힘 때문이라 했다.

고려는 다양한 종족을 아우른 통일국가

단일민족론의 원류는 이승휴(李承休, 1224~1300)의 《제왕운기(帝王韻紀)》(1287)다.

저마다 나라를 세워 서로를 침략하니(各自稱國相侵凌)

〔삼한의〕 70여 나라 이름 증명할 것 있으랴(數餘七十何足徵)

그중에서 어느 것이 큰 나라던고(於中何者是大國)

맨 먼저 부여와 비류국을 일컫고(先以扶餘沸流稱)

다음으로 신라와 고구려가 있으며(次有尸羅與高禮)

남북의 옥저와 예맥이 그 다음이네(南北沃沮穢與貊)

이들의 임금은 누구의 후손인고(此諸君長問誰後)

대대로 이은 계통 단군에서 전승되었네(世系亦自檀君承)

이 글에서 보듯이 이승휴는 부여·비류국·신라·고구려·옥저·예맥의 임금은 모두 단군의 후예라고 했다. 몽골의 침략을 체험한 그는 단군의 후손이라는 역사의식으로 우리 역사의 정체성을 찾으려 했다. 일제 식민 지배를 목전에 둔 한말 지식인들도 우리 역사에서 단군을 시조로 한 혈연 공동체를 강조했다. 단일민족론은 여기에서 기원했으며, 손진태와 이병도는 이를 학문적으로 체계화했다.

단일민족의 중요한 기준을 피의 순수성으로 본 것은 지금의 입장에서 볼 때 너무 주관적이다. 또 다른 기준인 지역과 문화의 동질성도 고정불변한 것은 아니다. 고유문화도 외래문화를 수용·융합해 새로운 문화로 창조된다. 변화하지 않는 문화는 존재하지 않는다. 수많은 종족이 고려왕조에 귀화한 사실은 오히려 다양한 문화와 풍습이 고려에 유입되어 새로운 문화, 사회체제로 변화하는 계기가 되었다. 단일민족론에 대한 반성과 성찰이 필요한 시점이다. 태조 왕건의 아버지 용건은 896년 궁예에게 귀순하면서 이렇게 말했다.

> 대왕께서 만약 조선·숙신(肅愼)·변한 땅의 왕이 되고자 한다면 먼저 송악에 성을 쌓고 저의 장남을 성주로 삼는 것이 좋을 것입니다.
>
> —《고려사》권1, 태조 총서.

신라 쇠망기에 새로운 시대를 갈망한 영웅들이 조선(고조선과 한사군)·숙신(말갈과 발해)·변한(한반도 남부) 지역을 아우르는 통일왕조의 건설을 구상한 증거다. 이들 지역에는 다양한 종족이 살고 있어 특정 종족만이 아닌 여러 종족을 아우르는 통일국가를 건설하려 한 것이다. 그런 꿈이 한반도에서 최초로 실질적인 통일국가를 수립한 고려왕조 건국의 동력이 되었다. 때문에 고려왕조는 건국 초부터 대륙 정세의 변동으로 발생한 수많은 이민족의 귀화를 적극적으로 받아들이는 개방정책을 추구했던 것이다.

고려왕조는 이민족 귀화인들을 다양한 층위로 편제해 고려의 신민(臣民)으로 삼고, 그들의 거주지를 고려의 번병(蕃屛), 즉 울타리로 삼았다. 이러한 정책을 시행한 건 고려와 주변 종족을 중심과 주변, 즉 천자와 제후 관계로 삼으려는 종번의식(宗蕃意識)에 기초한 고려적인 천하관의 또 다른 표현이다. 이는 고려왕조가 천자국(황제국) 체제를 갖추는 동력이 되었다. 이런 국가체제에서 '단일민족론'이 수용될 수 있었을까?

단일민족론은 고려왕조의 국가 성격에 대한 연구가 부족했거나, 한말에 근대 민족의식을 고취하기 위해 강조한 선험적이고 관념적인 역사 인식의 산물이 아닐까 하는 반성을 하게 된다. 단일민족론의 기준인 동일한 핏줄·문화·지역은 고정불변의 것이 아니라 변화·발전하는 것이다. 그런 사실이 고려 역사에서 이미 나타나고 있었다.

■ 제왕을 위한 역사책, 이승휴의 《제왕운기》

1287년(충렬왕 13)에 편찬된 《제왕운기》와 1281년에 편찬된 일연의 《삼국유사》는 몽골이 고려를 지배하던 시기에 편찬되었다는 점과 처음으로 단군의 고조선을 우리나라 역사의 기원과 뿌리로 본 역사서라는 공통점을 지니고 있다.

한편으로 《제왕운기》는 다음과 같은 특징을 갖는다. 이승휴는 이 책을 편찬한 후 충렬왕(忠烈王, 재위 1274~1308)에게 올린 글에서 이렇게 말했다.

중국의 반고(盤古)에서 금나라까지, 우리나라의 단군에서 고려까지 황제의 역사를 여러 책에서 두루 찾아 시로 읊어 문장을 만들었습니다. 황제들의 계승과 흥망이 손바닥을 보듯 분명하며, 선대가 이루어놓은 것을 취하고 버리는 것이 마음에 환하게 드러납니다. 바라건대 황제께서 읽고, 좋은 일은 권면하고 나쁜 일은 경계하시기 바랍니다. ―《제왕운기》진정인표(進程引表).

즉,《제왕운기》는 중국과 우리나라 역대 제왕의 역사를 간략하게 정리하여 시로 읊은 역사, 즉 영사시(詠史詩)다. 또한 일반인을 위한 역사서이기보다는 충렬왕을 비롯한 국왕들이 중국과 우리나라의 역사를 손쉽게 열람하여 나라를 통치하는 데 도움을 얻을 수 있도록 편찬된 제왕을 위한 역사서이다. 이러한 편찬 취지는《제왕운기》서문에도 밝혀져 있다.

세상을 다스리는 군자는 옛 제왕의 계승과 흥망을 밝혀야 한다. 그런데 책들이 너무 많고 앞뒤가 뒤섞여 있어 어지럽다. 그 가운데 요점을 뽑아 읽기에 편하도록 시로 역사를 읊었다. 공자가 지은《춘추》와 같이 선한 것은 모범을 삼고 악한 것은 경계하려 한다. 이것을《제왕운기》라 한다. 모두 2,370자이다. 충신, 효자가 임금과 아버지를 받드는 뜻을 싣고 있다. ―《제왕운기》상(上), 서문.

고려지, 종주국 중국을 뛰어넘은 고려 명품

고려에서 생산된 종이를 당시 중국의 문인과 학자들은 '고려지(高麗紙, 고려 종이)'라고 불렀다. 오늘날 한국의 대중가요·영화·드라마를 선호하는 해외 트렌드를 '한류(韓流)'라 하듯이 고려지는 고려판 '한류'의 원조이자 또 하나의 고려 명품이다.

고려지가 중국에 널리 유통된 사실은 각종 문헌 기록에 많이 나타난다. 1074년과 1080년 7월에 고려는 송나라에 대지(大紙) 20부(副, 2000폭)씩을 바쳤다. 원나라(몽골)도 고려와 1219년 초 공식 관계를 맺은 지 3년 만인 1221년 고려에서 종이 10만 장을 공물로 받아갔다. 또 1263년 9월과 이듬해 4월에도 원나라는 다량의 고려 종이를 공물로 수취했다. 이렇게 고려지는 송나라뿐 아니라 원나라에서도 호평을 받았다.

조선 후기 역사학자 한치윤(韓致奫, 1765~1814)이 저술한《해동역사(海東繹史)》에는 당시 중국인들의 고려지에 대한 평가가 잘 정리되어 있다.

중국에서 나지 않는 것은 외국의 오랑캐로부터 많이 가져다가 쓴다. 당나라 사람들의 시 속에 '만전(蠻牋, 오랑캐 종이)'이란 글귀가 많이 인용되어 있는데, 여기에는 다 까닭이 있다. 고려에서는 해마다 종이를 조공했다. (중국에서) 책을 만들 때 이것을 많이 사용했다.

―《해동역사》 권27, 문방류(文房流) 종이편.

이 밖에도 중국인들은 '아름다운 흰빛에 결이 매끄러운 종이', '두껍고 흰 종이', '희고 질긴 종이' 등의 표현으로 고려지의 우수성을 묘사했다. 종이는 인쇄술·나침반·화약과 함께 중국이 자랑하는 4대 발명품 가운데 하나로, 한나라 채륜(蔡倫)이 2세기 무렵 발명했다. 그런데 그로부터 천년이 지나지 않아 중국은 고려지를 수입해 사용한 것이다. 그만큼 고려지는 당시 중국 문인들에게 인기를 끌었다. 이로 인해 송나라뿐 아니라 양쯔강 유역의 만족(蠻族)에게까지 널리 유통되었다.

고려지의 특징, 닥나무와 도침법

최근 몽골에서 고려지를 생산했던 공방의 유적이 발굴되었다. 몽골은 품질이 좋은 고려지를 공납받았지만 다른 한편으로 현지에서 직접 생산하기 위해 고려지 기술자를 징발해 갔다. 고려지의 품질과 기술을 그만큼 신뢰했기 때문이다. 그렇다면 고려지의 기술 수준, 즉 제지 기술의 특성은 무엇일까? 서긍의《고려도경》에 따르면 다음과 같다.

(고려의) 종이는 온전히 닥나무만을 써서 만들지 않고 등(藤)나무를 간간이 섞어서 만든다. 다듬이질을 하여 모두 매끈하며, 좋고 낮은 것의 몇 등급이 있다. ―《고려도경》 권23, 잡속2 토산(土産)조.

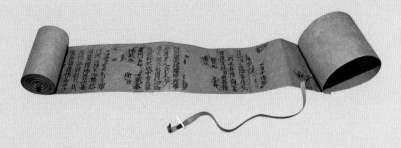

무구정광대다라니경 현재 세계에서 가장 오래된 목판 인쇄물로, 1966년 경주 불국사 3층 석탑(석가탑)을 해체·복원하던 중 탑신부에서 발견했다. 신라 경덕왕 10년(751) 불국사를 중창하면서 석가탑을 세울 때 봉안된 것으로 추정하는데, 지질 분석 결과 재료가 닥나무임이 밝혀졌다.

서긍은 고려지의 강점을 재료와 제작 방법에서 찾았다. 《고려도경》에서는 등나무가 일부 사용되었다고 하나, 실제 고려지의 주재료는 닥나무(저楮)다. 마(麻)를 주재료로 한 중국과 다른 점이다. 한나라부터 당이전까지 중국 종이의 80% 이상은 마지(麻紙)였고, 민간에 전래된 서예나 회화에 쓰인 종이도 대부분 마지였다. 국내에 현존하는 가장 오래된 종이인 《무구정광대다라니경(無垢淨光大陀羅尼經)》의 지질을 분석한 결과 재료가 닥나무임이 밝혀졌다. 당나라 시인의 시에 '만전'이란 용어가 등장하는 걸로 보아 고려지의 연원은 통일신라시대로 거슬러 올라가며, 이때부터 닥나무를 재료로 종이를 제작해왔던 것이다.

종이 표면을 두드려 가공함으로써 먹의 번짐을 막는 도침법(搗砧法)은 고려지 제작 기술의 핵심이었다. 다라니경을 분석한 결과 통일신라의 종이도 같은 방법으로 제작된 것으로 밝혀졌다. 이 기술은 면을 고르게 하여 섬유 사이의 구멍을 메우고 광택을 더하는 종이 가공 기술이다. 또한 긴 섬유를 자르지 않고 그대로 사용하여 수분을 과도하게 흡수하거나 보푸라기가 이는 문제점을 해결했다. 수분을 적당히 고르게 먹인 다음, 큰 망치로 두들기는데 그 강도를 가늠하는 데서 장인(匠人)의 솜씨가 발휘된다. 이러한 공정을 거치면 종이 지질이 치밀해지고 광택이 나며 잔털이 일어나지 않아 글씨가 깨끗하게 잘 써진다. 중국에서 고려지를 '백추지(白硾紙, 표면이 희고 단단한 종이)'나 '경면지(鏡面紙, 표면이 거울과 같이 맑고 깨끗한 종이)' 또는 '견지(繭紙, 표면이 솜처럼 부드러운 종이)'라고 표현한 것은 바로 이런 제작 기술 덕택이다. 고려지는 종이 위에 먹을 떨어뜨리면 먹이 스며드는 속도가 느릴 뿐 아니라 먹이 옆으로 번지지도 않는다. 이러한 종이 제작 기술은 신라부터 조선시대까지 꾸준하게 이어졌다. 반면, 중국의 제지술은 종이 표면에 백색 광물질 가루를 바르고, 작은 돌로 비벼 광을 내는 방식이다.

고려지의 품질을 크게 향상시킨 도침법은 닥나무처럼 비교적 단단한 종이 재료 때문에 창안된 기술이다. 중국에서 많이 사용된 마와 비단 따위의 종이 재료는 닥나무에 비해 부드럽기 때문에 이 기술을 적용할 수 없다. 그렇다면 왜 고려지는 닥나무를 재료로 했을까? 닥나무는 함경도와 제주도를 제외한 한반도의 자연풍토에서 가장 잘 자라며, 손쉽게 구할 수 있는 재료다. 한반도의 자연환경을 가장 잘 이용하여 생산된 것이 고려지인 셈이다. 통일신라시대인 8세기 무렵에 확립된 도침법 기술 덕에 고려지는 종이 종주국인 중국에서 호평받을 정도로 경쟁력 있는 수출품이 되었다.

사회적 분업체제로 수공업 제품 생산

고려지가 당시 동아시아 세계에서 인기를 끈 것은 단순히 종이 제작 기술의 우수성만으로 설명할 수는 없다. 오늘날 우리나라의 선박과 자

전통 한지를 제작하는 모습 경기도 가평 장지방(張紙房)에서는 지금도 닥나무를 재료로 예전 고려지 제작 방식으로 한지를 만들고 있다. 장지방은 경기도 무형문화재로 지정된 지장(紙匠)이 운영하는 공방이다.

동차, 핸드폰, TV 같은 제품이 세계 일류 제품이 된 것은 끊임없는 기술 축적과 함께 그를 뒷받침하는 사회적 생산 시스템이 갖추어져 있기 때문이다. 그런 시스템은 국가적·사회적 관심과 지원이 바탕이 되어야만 가능한 것이다. 고려 사회 또한 이러한 사회적 생산 시스템을 갖추고 있었다. 바로 '소(所)' 생산체제이다.

고려 때 또한 소(所)라고 불리는 곳이 있었다. 금(金)소, 은(銀)소, 동(銅)소, 철(鐵)소, 사(絲)소, 주(紬)소, 지(紙)소, 와(瓦)소, 탄(炭)소, 염(鹽)소, 먹(墨)소, 곽(藿)소, 자기(瓷器)소, 어량(魚梁)소, 강(薑)소로 구분되었으며, 해당 생산물을 공납했다.

— 《신증동국여지승람》 권7, 여주목(驪州牧) 고적(古跡) 등신장(登神莊)조.

고려 때 제도화된 '소'는 금·은·동·철 등의 광산물, 소금(염鹽)·미역(곽藿)·생선(어량漁梁)·생강(강薑)·직물(사絲·주紬)·땔감(탄炭) 등의 농수산물, 자기·칠기(나전칠기)·종이(지紙)·기와(와瓦)·먹(묵墨) 등의 수공업 제품을 전문적으로 생산한 곳이다. 고려는 '소'라는 특수행정단위를 두고 그곳에서 해당 제품의 전문 기술자인 장인과 잡역을 담당하는 소민(所民)이 수공업 제품을 생산하도록 했다. 이를 소 생산체제라 한다. 일종의 사회적 분업체제를 이루었던 소에서 고려지를 비롯해 명품으로 해외에서 호평받은 고려청자와 나전칠기, 먹, 칼 등이 생산된 것이다. 소와 함께 향(鄕)·부곡(部曲)·장(莊)·처(處) 등의 특수행정단위를 묶어 부곡제(部曲制)라 한다. 부곡제는 군현제(郡縣制)와 함께 고려의 지방행정 구조를 떠받치는 중요한 두 축이었다.

　고려청자와 고려지는 사치와 화려함을 추구한 고려 문벌귀족층의 기호와 맞물려 대량으로 생산되었다. 소는 명품을 향유한 문벌귀족층과 명품을 만드는 장인층 사이를 이어주는 매개 고리 역할을 했다. 대개 문화의 향유자와 생산자가 분리되면 고도의 예술성을 갖춘 질 높은 문화제품이 생산된다고 한다. 그렇게 볼 때 고려지 역시 이러한 사회적 생산 시스템의 결과물인 셈이다.

3부

다양한 사상과 문화,
다원사회를 이루다

고려판 사회 통합정책, 본관제

●

고려 후기 유학자 이색(李穡, 1328~1396)은 《목은문고(牧隱文藁)》에서 지금의 안동 권씨의 유래를 이렇게 설명했다.

> 권씨는 김행(金幸)에서부터 시작되는데, 김씨는 신라의 대성(大姓)이었다. 김행이 복주(福州, 안동)를 지키고 있던 중에 태조가 신라를 치려고 복주에 이르니, 김행은 천명이 그에게 돌아가는 것을 알고 고을을 바치고 항복했다. 태조가 기뻐하며 '권'이라는 성을 내렸다.
>
> —《목은문고》권16, 중대광 현복군 권공 묘지명.

태조 왕건이 후삼국 전쟁의 향배가 걸린 고창 전투에 승리한 후, 승리에 협조한 김행에게 권씨라는 성을 내려주었다는 기록이다. 또한 왕건은 고창의 이름을 '동쪽 지역이 평안하게 되었다'는 뜻의 '안동(安東)'으로 바꾸었다. 김행에게 '권'이라는 성과 함께 안동을 본관으로 내렸던 것이다. 김행과 함께 왕건을 도운 김선평(金宣平)과 장정필(張貞

태사묘 고려 개국 공신인 안동 권씨의 시조 권행, 안동 김씨의 시조 김선평, 안동 장씨의 시조 장정필의 사당이다. 태조 왕건은 후삼국 통합전쟁 때 협력한 이들에게 성씨와 본관을 내리고 지역에 대한 지배를 인정해주었다.

弼, 혹은 장길張吉)도 이때 모두 안동이라는 본관과 함께 각각 김씨와 장씨라는 성씨를 받아, 해당 가문의 시조가 되었다. 안동을 본관으로 하는 권·김·장씨는 여기서 출발한 것이다.

고려 초기 기록에 왕건이 특별히 유력 세력에게 성씨를 주거나 군현의 명칭을 바꾸는 사실을 많이 찾아볼 수 있다. 예를 들면 왕건이 남쪽 지역을 정벌하기 위해 지금의 경기 이천 부근 남한강에 이르렀을 때, 이곳 출신 서목(徐穆)이란 사람이 '이섭(利涉, 강을 건너는 데 도움을 주다)'했다고 해서 그곳을 이천군(利川郡)으로 명칭을 바꾸었다.¹ 이천을 본관으로 한 서씨 또한 이로부터 유래한 것이다. 왕건이 지방의 유력자에게 성씨와 본관을 준 또 하나의 사례다.

지방 세력 통합을 위해 실시된 본관제

대한민국 국민은 반드시 본관과 성을 갖게 되어 있다. 본관은 시조의 거주지나 근거지 지명을 따서 만든 것이다. 성은 시조의 혈통을 표시하거나 같은 혈통을 다른 혈통과 구별하기 위해 붙인 호칭이다. 대를 내려가 수십 촌으로 촌수가 멀어져도 본관과 성이 같은 사람은 여전히 동족(同族)으로서의 유대의식을 갖는다. 본관과 성을 갖는 전통은 언제부터 시작된 것일까? 김행의 경우와 같이 삼국의 왕족과 지배층은 일찍이 중국과 교류하면서 성씨를 갖기 시작했다. 하지만 본관과 성이 일반인 차원에서 보편화된 건 고려왕조 때부터다.

17세기 중반 조종운(趙從耘, 1607∼1683)이 편찬한 《씨족원류(氏族原流)》에 약 540개 가문의 계보가 실려 있는데, 이씨(李氏)의 경우 본관이 60개가량 된다. 그 가운데 지금의 경북 성주 지역을 본관으로 한 이씨는 경산(京山)·벽진(碧珍)·광평(廣平)·성산(星山)·성주(星州) 등 5개다. 성주는 신라 경덕왕 때 성산으로 불렸다가 후에 벽진으로 바뀌었고, 고려 태조 23년(940) 경산, 경종 6년(981) 광평, 충렬왕 34년(1308) 성주로 각각 불렸다. 성주 지역을 상징하는 이씨 5개 본관은 모두 고려 때 정해진 군현 명칭을 따르고 있다. 이 가운데 신라 경덕왕 때나 고려 초기에 정해진 명칭을 본관으로 사용한 경우가 가장 이른 시기의 본관이다.

한편, 전체 약 60개의 이씨 본관 명칭 가운데 철성(鐵城, 철원)·재령(載寧)·전의(全義, 연기군 전의면)·우계(羽溪, 강릉 옥계면)·조종(朝宗, 가평) 등 절반가량이 지금은 없어진 지명으로, 모두 고려 때 정해진 군현 명칭이다. 그리고 지금도 사용되고 있는 지명인 경주·전주·광주 등의 본관 명칭도 고려 때 처음 정해진 군현 명칭이다. 《씨족원류》에 나온 다른 성들의 본관 명칭도 대체로 이런 경향을 띠고 있다.

> 신라가 말기에 중국과 교류하면서 처음 성씨를 만들었으나, 벼슬을 한
> 사족(士族) 정도만 성씨를 가졌고 일반 백성은 갖지 않았다. 고려 때 비
> 로소 중국의 씨족제도를 모방하여 성씨를 반포하면서 일반 사람들도 성
> 을 갖게 되었다. ―《택리지》, 총론.

이같이 《택리지(擇里志)》의 저자 이중환(李重煥, 1690~1752)도 본관
과 성씨는 고려 때부터 사용되었다고 한다. 실제로 태조 왕건은 고려
건국과 후삼국 통합전쟁 때 협력한 지방 유력 계층에게 성씨를 주는
한편으로 그들의 거주지를 본관으로 삼았다. 통합전쟁이 끝난 940년
(태조 23)에는 이를 제도화하여 전국으로 확대·실시했다. 군현 명칭의
개정과 함께 해당 지역의 토성(土姓)을 정한 것이다. 이를 '토성분정(土
姓分定)'이라 한다. '토'는 지역·지연을 뜻하는 본관을 이르며, '성'은 혈
연을 뜻하는 성씨를 이른다. 이같이 고려 때 본관과 성씨를 합쳐 토성이
라 했다. 토성은 원래 중국에서 유래했다. 《서경(書經)》에 따르면 "토성
을 (나누어)주는 것은 일정한 토지를 주어 나라를 세우게 하고, 성을 주
어 종족을 세우게 하는 것"[2]이다. 토성은 천자가 제후에게 행하는 의례
인데, 이때 성은 제후의 출생지나 나라 이름을 따라 정해진다.[3] 예컨대
춘추시대 정(鄭)·송(宋)·오(吳)는 나라 이름이면서 제후의 성이었다.
　태조는 토성분정을 시행한 940년에 전국의 군현 명칭을 개정한다.
이 조치는 본관과 성을 정한 토성분정 정책을 보완하려는 목적이 있었
다. 당시 경주에 대한 군현 개편이 그러한 목적에서 이루어졌다.

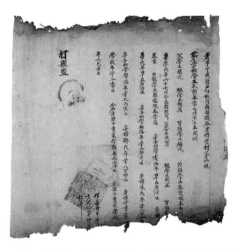

준호구 관청에서 개인의 호적 사항을 증명해 준 문서로, 오늘날의 주민등록증 역할을 했다. 준호구(準戶口)에는 본인과 배우자의 4대조까지 본관과 성이 기록되어 있다.

> 태조 18년 [신라] 경순왕 김부(金傅)가 와서 항복하자, 나라를 없애고 그 곳을 경주(慶州)라 했다. [태조] 23년 경주의 관격(官格)을 대도독부로 삼 았다. 또한 경주 6부의 이름을 고쳤다.
>
> —《고려사》 권57, 지리2 동경유수관 경주조.

935년(태조 18) 신라 경순왕의 항복에 고무된 왕건은 신라 수도 계 림을 '경사스러운 고을'이라는 뜻의 경주(慶州)로 명칭을 바꾼다.《삼국 유사》에 따르면 경주를 대도독부로 격상시킨 뒤, 6부의 명칭을 고치고 각 부에 토성을 분정했다. 중흥부(이李)·남산부(정鄭)·장복부(손孫)·통 선부(최崔)·가덕부(배裵)·임천부(설薛)가 그것이다.[4]

경주의 예와 같이 940년에 실시된 군현 명칭 개정은 해당 지역 유력 층의 비중과 전략적 중요성, 교통·생산의 중요성 등을 고려해 경(京)· 목(牧)·도호부(都護府)·군(郡)·현(縣)·향(鄕)·부곡(部曲)으로 편제하고 군현의 격(본관)을 정했다. 따라서 본관이 어느 지역인가에 따라 그 사람의 사회적 위상이 결정되었다. 왕건이 발해 세자 대광현에게 고려 왕족의 성인 왕씨를 준 것은 그만큼 대광현의 위상을 높여주기 위해서였다.

《세종실록지리지(世宗實錄地理志)》에는 각 군현마다 토성이 기록되어 있는데, 대부분 940년에 확정된 본관과 성씨에 관한 기록이다. 안동의 경우 앞에서 언급한 권·김·장 외에 강(姜)·조(曹)·고(高)·이(李) 등 모두 7개 성씨가 안동을 본관으로 한 토성이다. 토성이 기록된 곳은 대체로 대동강에서 원산만을 잇는 선의 이남 지역, 즉 통일신라와 고려 초기의 영역 내 군현이다. 고려 때 토성이 제정된 것임을 뒷받침한다.

성씨와 본관의 확산을 도운 과거제

왜 왕건은 토성분정 정책을 시행했을까? 이는 왕건의 독창적인 정책이 아니다. 중국 당나라 제도를 참고해 만든 것이다. 당나라 이전 위진 남북조 때에는 구품중정법(九品中正法)이 시행되었다. 중앙에서 파견된 중정(中正)이란 관리가 지방 인물의 재능과 덕행을 보고 1품에서 9품의 향품(鄕品)을 정해 추천하면, 그에 해당하는 중앙 관직이 지방 인물에게 주어졌다. 대체로 영향력 있는 유력자의 자제가 높은 향품을 받았다. 그들은 향품을 바탕으로 지역, 즉 군(郡) 내 유망한 족속이라는 뜻의 '군망(郡望)'으로 행세하면서 문벌을 형성했다.

그 후 천하를 통일한 당나라는 기득권층이 된 문벌의 군망을 줄이고, 통일에 협조한 신흥 세력에게 성씨를 주어 권위를 높여주었다. 또한 전국의 유력 세력과 그들의 성씨를 기록한 《씨족지(氏族志)》와 《군망표

(郡望表)》를 편찬했다. 문벌을 억제하고, 천하 통일에 협조한 신흥 세력의 도움을 얻어 황제체제를 강화하려는 정책이었다.

토성분정 정책은 이 같은 당나라 제도를 모델로 했다. 왕건은 박씨와 김씨가 성골과 진골이 되어 정치·경제를 독점한 통일신라의 폐쇄적인 골품제를 무너뜨리고, 소외된 지방 유력층에 토성을 줌으로써 새 지배층에 편입해 신왕조 질서를 수립하는 데 도움을 얻고자 했다.

이 정책은 단순히 지방 세력에게 본관과 성씨를 부여하는 친족제도가 아니라, 반세기에 가까운 내란으로 분열된 지역과 민심을 통합하려는 고려판 사회 통합정책이었다. 학계에서는 이 정책을 '본관제(本貫制)'라고 부른다. 초기에 토성을 받은 계층은 지방 유력층으로 백성층(百姓層)이라 한다. '백성'은 보통 사람들이란 지금의 뜻과 다르게 성씨를 받아 지배질서에 참여할 수 있는 계층이라는 뜻이다. 이들은 스스로를 당시 '유망한 족속'이라는 뜻의 '망족(望族)' 혹은 '관족(冠族, 최고의 명문 가문인 명족名族)'이라 칭했다. 중국의 '군망'과 같은 뜻이다. 당나라 제도를 수용한 증거가 이러한 용어에도 반영되어 있다.

958년(광종 9) 과거제 시행은 본관과 성씨 사용이 일반인 계층에게까지 확산되는 계기가 되었다. 1055년(문종 9)에는 '씨족록(氏族錄)'에 본관과 성씨가 실려 있지 않은 사람은 과거에 응시하지 못하게 하는 조치[5]가 내려졌다. 초기에는 과거 응시 자격이 지방 유력층인 향리층 이상에게만 주어졌지만, 과거가 시행된 지 100년이 지나면서 씨족록에 성씨와 본관이 등록된 일반인에게도 응시가 허용되었다. 그러면서 성씨와 본관이 확산되기 시작했다. 대체로 11세기와 12세기를 거치면서 노비를 제외한 일반 양인들이 지금과 같이 성씨와 본관을 갖는 게 보편화되었다.

■ 본관제가 가져온 순기능

고려 초기 지배층은 왕조 건국과 통합전쟁에 협조한 대가로 중앙정부로부터 성씨와 본관을 받은 계층으로 구성되었다. 성씨와 본관의 소유는 곧 중앙과 지방에서 지배 계층임을 과시하는 징표이기도 했다.

중앙정부는 특히 왕조 건국에 협조한 지방 세력에게 성씨와 본관을 주어 영역 내에서 그들의 지배권과 권위를 높여주었다(권리의 측면). 대신 그들의 협조를 얻어 영역 내 농민의 유망을 막고 조세와 역역을 징수해 중앙에 보내는 의무를 부여했다(의무의 측면). 고려 초기 사회는 이같이 중앙과 지방 사이에 상호 타협과 공존을 통해 유지되었다. 즉 본관제는 중앙과 지방이 성씨와 본관의 수수(授受)를 통해 맺어진 권리와 의무, 즉 타협과 공존을 통해 반세기간의 통합전쟁으로 분열된 지역과 민심을 통합해 고려 초기 사회를 안정적으로 유지해나가려한 사회 통합장치라는 정치·사회적인 의미를 지녔다.

또한 본관제는 지역 간 발전 격차를 줄이는 역할과 기능을 수행했다. 고려 초기 사회는 농업 기술이 열악하여 매년 농사를 짓는 상경(常耕) 농법이 보편화되지 못한 탓에 지역 간 발전 격차가 매우 컸다. 지방관이 상주하는 관아가 있는 지역, 즉 주현(主縣)은 상대적으로 인구가 많고 토지가 비옥하여 생산력이 높았다. 주현에 비해 인구가 적고 토지 비옥도도 낮은 지역이 많았는데, 이러한 지역은 속현(屬縣)이나 향·부곡·소·처·장 등 특수행정구역으로 편성되었다. 이같이 고려 정부는 지역 간 발전 격차를 고려하여 주현과 속현의 군현 영역과 향·부곡·소 등의 부곡 영역으로 전국을 행정구역화했다.

조선시대에는 약 360개 군현이 있었으나, 군현 규모에서 큰 차이가 없었다. 군현 단위도 대체로 군과 현이 중심이었다. 그러나 고려의 경우 지방관이 상주한 주현은 경(京)·목(牧)·도호부(都護府)·지사부(知事府)·방어군(防禦郡)·지사군(知事郡)으로, 지방관이 상주하지 않은 속현은 다시 속군과 속현으로 각각 나뉘었다. 군현만 약 520개, 부곡집단은 약 900개나 되었다. 지역 간 발전 격차로 인해 이처럼 다양하고 차별적인 군현 구조가 탄생한 것이다.

이러한 다양한 군현 단위가 본관으로 설정되었다. 940년(태조 23) 전국 군현의 명칭 개정은 지역 간 발전 격차를 해소하기 위해 군현 영역과 부곡 영역으로 본관의 단위를 설정하고, 본관의 성격에 따라 주민이 부담하는 역을 차별화하고 거주 지역의 이동을 제한했다. 특히 국가가 필요로 하는 각종 수공업 제품을 생산하기 적합한 지역이나 국가 기관 및 왕실과 사원의 토지를 경작하는 지역을 부곡 지역으로 편제해 해당 지역의 개발을 촉진했으며, 이를 통해 지역 간 발전 격차를 줄이려 했다. 이와 같이 고려 초기 본관제는 전국을 군현과 부곡 영역 등 다양한 군현 단위로 편성해 지역 간 발전 격차를 해소하기 위한 사회·경제적 목적도 있었다.

고려 왕실의 특징, 근친혼

고려 제5대 국왕 경종은 6세가 되던 960년부터 975년 즉위 직전까지 약 15년간 지속된, 부왕 광종이 일으킨 숙청의 광풍을 뚫고 어렵사리 즉위했다.

경종은 깊은 궁중에서 태어나 부녀자(광종 비 대목왕후)의 손에서 자라난 관계로 궁궐 문 밖의 일은 일찍이 본 적이 없고 알지도 못했습니다. 다만 천성이 총명하여 아버지 광종의 말년에 겨우 죽음을 면해 왕위를 계승할 수 있었습니다. ─《고려사》 권93, 최승로 열전.

숙청의 회오리바람은 경종의 사촌인, 혜종과 정종 아들의 목숨까지 앗아갔다. 막강한 친정, 서경 세력을 등에 업은 어머니의 보호로 경종은 겨우 목숨을 보전할 수 있었다. 이런 환경에서 성장한 경종에게 영특한 군왕의 자질을 기대하기는 어려웠을 것이다.

옳고 그름을 분간하지 못하고, 상을 주고 벌을 주는 것이 고르지 않은 것이 통치에도 영향을 끼쳤습니다. 정사를 게을리하고, 여색과 향락, 바둑과 장기에 빠져 지냈습니다. 그의 주위에는 내시들뿐이었습니다. 군자의 말은 외면하고 소인의 말만 들었습니다. 처음은 있으나 끝이 없다는 말은 그를 두고 한 말이니, 충신의사들이 통분할 일이 아니겠습니까?

—《고려사》권93, 최승로 열전.

최승로가 성종에게 올린 시무상소 가운데 경종에 대한 평인데, 한마디로 드러내놓을 만한 치적이 없다는 얘기다. 개성이 강한 부모 밑에서 자란 자식에게 나타나는 유약성이 경종에게는 이런 모습으로 나타났다. 부모의 영향력은 그의 혼인 관계까지 좌우했다.

경종의 제1비 헌숙왕후(獻肅王后) 김씨는 광종의 친누이 낙랑공주와 신라 경순왕 김부 사이에 태어난 딸이다. 경종과는 고종사촌 간이다. 제2비 헌의왕후(獻懿王后) 유씨(劉氏)는 광종의 동생(경종의 삼촌)인 문원대왕(文元大王)의 딸로서 경종과 사촌 간이다. 제3비 헌애왕후 황보씨와 제4비 헌정왕후 황보씨는 자매 사이로, 어머니 대목왕후의 동생인 대종(戴宗, 경종 외삼촌)의 딸들이다. 경종과는 외사촌 간이다. 경종의 비는 이같이 모두 경종과 사촌 간이다. 근친혼(近親婚)으로 왕비를 맞아들인 것이다.

왕권 유지를 위한 불가피한 선택

부전자전이랄까? 경종의 아버지 광종은 고려 왕실에서 근친혼을 한 첫 국왕이다. 제1비 대목왕후는 태조와 제4비 신정왕후(神靜王后皇) 황보

고려 왕실의 근친혼 관계도

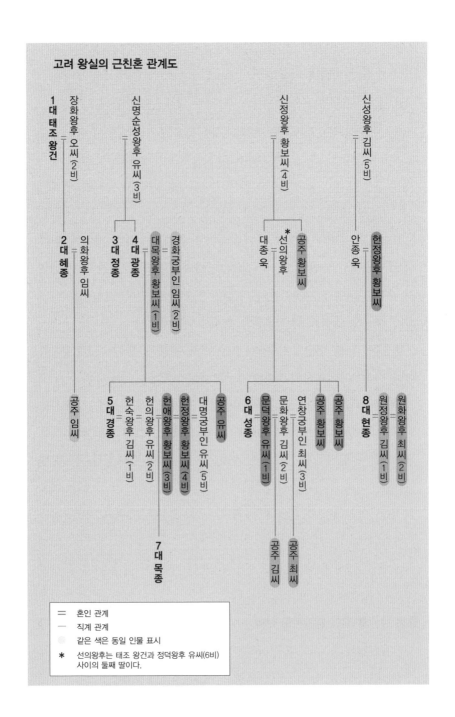

1대 태조 왕건
=장화왕후 오씨(2비)
  └2대 혜종
    =의화왕후 임씨
      └공주 임씨
=신명순성왕후 유씨(3비)
  ├3대 정종
  └4대 광종
    =대목왕후 황보씨(1비)
    =경화궁부인 임씨(2비)
      ├5대 경종
      │ =헌숙왕후 김씨(1비)
      │ =헌의왕후 유씨(2비)
      │ =헌애왕후 황보씨(3비)
      │ =헌정왕후 황보씨(4비)
      │ =대명궁부인 유씨(5비)
      │ └공주 유씨
      └7대 목종
=신정왕후 황보씨(4비)
  └대종 욱
    *선의왕후
    └공주 황보씨
      ├6대 성종
      │ =문덕왕후 유씨(1비)
      │ =문화왕후 김씨(2비)
      │ =연창궁부인 최씨(3비)
      │ =공주 황보씨
      │ =공주 황보씨
      │   └공주 김씨
      │   └공주 최씨
=신성왕후 김씨(5비)
  └안종 욱
    └헌정왕후 황보씨
      └8대 현종
        =원정왕후 김씨(1비)
        =원화왕후 최씨(2비)

= 혼인 관계
— 직계 관계
⬤ 같은 색은 동일 인물 표시
* 선의왕후는 태조 왕건과 정덕왕후 유씨(6비)
  사이의 둘째 딸이다.

씨 사이에 태어난 딸로서, 광종과 배다른 남매 사이다. 제2비 경화궁부인(慶和宮夫人) 임씨는 형 혜종의 딸로서, 광종의 조카다. 이같이 고려 왕실의 근친혼은 태조 소생의 왕자와 공주로부터 시작되었다. 태조가 낳은 아홉 명의 공주들은 신라 경순왕과 혼인한 두 명을 제외하면 모두 근친혼을 했다(1명 미상). 경종 다음 국왕인 성종과 목종도 각각 사촌, 육촌과 근친혼을 했다.

이후 근친혼은 고려 왕실의 혼인 형태 가운데 하나로 굳어지는데, 다음과 같은 유형이 반복된다. 먼저, 국왕은 왕실이 아닌 이성(異姓)과 혼인하더라도 왕비 한 명은 반드시 근친혼을 한다. 태어난 공주는 어머니 쪽 성씨인 모성(母姓)을 사용한다. 경종의 어머니 대목왕후는 태조의 딸이나 그 어머니 신정왕후 황보씨(태조 제4비)의 성을 따라 황보씨라 한 것이 그 예다. 근친혼의 전통은 고려에서 시작된 것이 아니라, 이미 신라 왕실에서 나타났다.

> 같은 성씨를 아내로 맞아들이지 않는 것은 분별을 분명하게 하기 위해서다. …… 신라의 경우 같은 성씨는 물론 형제의 자식과 고종 및 이종 자매까지 아내를 삼았다. 이는 도리에 크게 어긋나는 일이다.
>
> —《삼국사기》권3, 신라본기3 내물이사금조.

김부식은 《삼국사기》에서 신라 내물왕이 삼촌인 미추왕의 딸을 왕비로 삼은 사실을 이같이 비난했다. 유교는 '동성불혼(同姓不婚)'의 원칙을 강조한다. 유교사가인 그에게 근친혼은 용납할 수 없는 일이었을 것이다. 《고려사》를 편찬한 조선 초기 역사가들 역시 고려의 근친혼을 심하게 비난했다.

태조는 옛것을 본받아 풍속을 교화하려는 뜻을 가졌으나 토착적인 풍습에 젖어 아들을 딸에게 장가보내고, 딸은 외가의 성을 따르게 했다. 그 자손들도 (근친혼을) 가법(家法)으로 삼아 이상하게 여기지 않았으니, 참으로 애석하다. 부부는 인륜의 근본이다. 나라가 잘 다스려지거나 어지러운 것은 여기에서 출발한다. 신중할 필요가 있다.

— 《고려사》 권88, 후비전 서문.

근친혼은 인륜의 근본을 무너뜨리며 국가의 운명에도 영향을 미친다는 논리로 근친혼을 비난했다. 윤리적 차원에서 용납할 수 없다는 생각이 김부식과 같다. 한편, 《동국통감(東國通鑑)》(1485)을 편찬한 역사가들은 현실적인 이유에서 근친혼을 비난했다.

《좌전(左傳)》에 '남녀가 성이 같으면 태어나는 자손이 번성하지 못하다'고 했다. 같은 성씨 사이에도 그러한데, 더구나 아주 가까운 친족 간에는 어떻겠는가? 이제 그 고모나 자매에게 장가든 사람을 보면, 대개 후손이 없는 사람이 많다. 〔고려가〕 500년의 오랜 세월을 지났어도 종손과 지손(支孫)이 결국 수십 인에 지나지 않았다. 이것을 본다면 선왕이 〔동성불혼의〕 예를 제정한 뜻이 깊다는 것을 알 수 있다. 경계할 일이다.

— 《동국통감》, 고려기(高麗紀) 혜종 2년조.

고려 500년간 왕실의 자손이 번창하지 못한 원인을 근친혼에서 찾았다. 윤리 문제가 아니라 유전적인 결함의 위험성을 거론하며, 근친혼의 문제점을 비판한 것이다. 주목할 만한 대목이다. 왕실의 내밀한 사실을 역사의 붓자루를 쥔 그들이 기록으로 남길 리야 없겠지만, 간접

고려의 근친혼 풍습을 비난한 《동국통감》 1485년 조선 성종 때 편찬된 《동국통감》에서 편찬자들은 유전적인 결함의 위험성을 거론하며 고려 왕실의 근친혼 문제를 비판했다.

적이나마 그 실례를 찾을 수 있다.

건국 100년 동안 유지된 근친혼

고려 역대 국왕 34명의 비는 모두 135명이다. 국왕 1명당 평균 3.97명, 대략 4명의 왕비를 두었다. 혼인하지 않은 국왕 4명을 제외하면 평균 4.5명, 즉 4명 내지 5명의 비를 둔 셈이다. 출생한 전체 자녀는 164명이다. 비가 없는 국왕을 제외하면 평균 5.5명으로 약 5~6명의 자녀를 두었다. 1명의 비가 평균 1명 정도의 자녀를 출산한 셈이다. 가족 관계가 기록된 묘지명 약 220점을 분석하면, 고려 관료의 평균 자녀 숫자는 4

명 정도다. 당시 일부일처제인 점을 감안하면, 관료의 경우 1명의 부인이 4명의 자녀를 출산한 셈이다. 결국 국왕의 자녀 출산은 관료의 4분의 1에 불과할 정도로 출산율이 매우 낮은 편이다.

한편, 묘지명 분석 결과에 따르면 관료의 평균 사망 연령은 65.5세다. 《고려사》 열전에 사망 연령이 기록된 관료 176명의 평균 사망 연령은 60.7세다. 그에 비해 국왕의 평균 사망 연령은 42.3세에 불과하여, 일반 관료의 사망 연령과 현격한 차이를 보인다. 즉 근친혼을 한 고려 왕실의 경우 그렇지 않은 일반 관료집단에 비해 출산율이 낮고 일찍 사망하는 등 근친혼의 폐해가 적지 않음을 잘 보여주고 있다.

근친혼의 폐해를 막기 위해 고려 왕실은 건국 후 100년이 지난 현종(재위 1009~1031) 대에 이르러서야 왕실 외부 가문과 혼인을 하게 된다. 즉, 이성(異姓) 후비가 등장한다. 현종은 김은부(金殷傅)의 딸을 왕비로 맞아들였다. 물론 근친혼의 관례는 여전히 고수하면서 이성 후비를 맞이하는 형식이었다. 나아가 근친혼으로 태어난 왕자 대신 이성 후비에게서 태어난 왕자가 예외 없이 국왕으로 즉위했다. 이성 후비의 수도 증가하기 시작했다. 현종 이후 인종(재위 1122~1146) 때까지 고려 전기 왕비 가운데 근친혼 출신 왕비는 6명, 이성 왕비는 24명으로, 이성 출신 왕비의 수가 훨씬 많다. 이성 후비와의 혼인은 유전적인 결함의 폐해를 막기 위한 고육책의 하나가 아니었을까 생각된다.

유교 이념이 근친혼을 몰아내다

왜 고려 왕실은 근친혼을 했을까? 건국 당시 고려 왕실은 송악 출신의 일개 호족 세력에 불과할 정도로 세력이 미약했다. 태조는 통합전쟁에서 다른 호족 세력의 협조를 얻기 위해 그들의 딸과 혼인하면서 많은 부인을 두었다. 29명의 부인에게서 태어난 자녀들이 왕실 외부 세력과 혼인 관계를 맺을 경우, 태조가 죽은 뒤 왕규가 발호한 것처럼 수많은 외척 세력으로 인해 왕실이 위태롭게 될 가능성이 있었다. 근친혼은 왕실 및 왕권의 안정과 강화를 위해 고려 왕실이 택한 불가피한 혼인 형태였다.

또한 동성불혼의 원칙을 강조한 유교 정치이념이 보편화되지 못한 당시 사상풍토도 근친혼이 성행한 원인 가운데 하나였다. 유교 정치이념은 국왕을 '천명지(天命之)', 즉 하늘이 명한 것이라는 이른바 천명사상(天命思想)에 의해 초월적인 존재로 상징화하고, 신하는 능력과 실력에 의해 충원된다는 엄격한 군신 관계를 강조한다. 고려왕조 성립기에는 이러한 유교 이념 기반이 취약하여 근친혼을 통해 국왕과 왕실의 세력 기반을 강화하려 했다.

현종 이후 유교 정치이념이 뿌리를 내리고 왕권과 왕실이 안정되기 시작하는데, 이성 후비와의 혼인은 이런 사정과도 관련이 있다. 왕권과 왕실이 점차 안정되자 도리어 유력 가문의 딸을 맞아들여 외척 가문을 왕실의 울타리로 삼으려 했던 것이다. 근친혼이든 이성과의 혼인이든 왕권 강화와 왕실 세력 기반을 유지하려 한 점에서 혼인의 법칙이 달라진 것은 아니다. 현대 사회에서 유력한 정치·경제 실력자들 간의 혼인도 그 점에서 예외는 아니다. 역사로부터 얻을 수 있는 교훈은 이렇게 넓고도 깊다.

■ 왕실과 혼인 가능한 재상지종 가문의 탄생

왕실의 근친혼은 원 간섭기 때 원나라 황제의 명령으로 변화를 겪게 된다. 충선왕은 1308년(충선 복위년) 11월 복위 교서에서 왕실의 근친혼을 금지하라는 원나라 황제의 명령을 전달한다.

지원(至元) 12년(1275, 충렬왕 1) 세조 황제께서 보낸 전지(傳旨)를 받았고, 지원 28년(1291, 충렬왕 17) 내가 정가신(鄭可臣), 유청신(柳淸臣) 등과 함께 직접 황제로부터 궁궐에서 들은 명령이다. 황제는 "동성(同姓)이 혼인할 수 없음은 천하의 당연한 이치이다. 고려는 문자를 알고 공자의 도를 행하는 나라이니 마땅히 동성과 혼인하지 말아야 한다"라고 했다. 이 말을 배석한 유청신과 정가신을 통해 고려에 전했다. 그러나 고려는 아직도 이를 개혁하지 않고 있다. 이제부터 만약 고려 왕실의 종친으로서 동성에게 장가드는 자는 황제의 명령을 위반한 자로 간주할 것이다. 여러 세대 재상을 지낸 집안의 딸과 혼인하여 배필을 삼아야 할 것이며, 재상의 아들은 왕족의 딸과 혼인하는 것을 허락한다. 가세가 보잘것없다면 반드시 그렇게 할 필요는 없다. ─《고려사》권33, 충선왕 복위년(1308) 11월조.

충선왕은 왕실의 근친혼을 금지하는 대신 왕실과 혼인할 수 있는 재상지종(宰相之宗) 15가문을 지정했다. 그 명단은 다음과 같다.

경주(慶州) 金, 언양(彦陽) 金, 정안(定安) 任, 경원(慶源) 李, 안산(安山) 金
철원(鐵原) 崔, 해주(海州) 崔, 공암(孔岩) 許, 평강(平康) 蔡, 청주(淸州) 李
당성(唐城) 洪, 황려(黃驪) 閔, 횡천(橫川) 趙, 파평(坡平) 尹, 평양(平壤) 趙

〈훈요십조〉를 둘러싼
진실 혹은 거짓

●

〈훈요십조〉는 태조 왕건이 숨지기 한 달 전인 943년(태조 26) 4월에 직접 작성한 문서이다. 글자 그대로 '교훈이 되는 10가지 조항의 중요한 정책'이라는 뜻으로 고려왕조가 존속한 500년 내내 중대한 정책을 결정할 때마다 기준과 근거로 활용되었다. 오늘날 헌법에 준할 정도의 중요한 자료다.

그럼에도 불구하고 〈훈요십조〉가 태조 사망 후 가짜로 만들어졌다는 위작설(僞作說)과 함께 지역 차별론이 〈훈요십조〉에서 비롯되었다는 주장이 여전히 기승을 부리고 있다. 〈훈요십조〉의 지역 차별론과 위작설은 같은 뿌리에서 출발하고 있다. 이를 소개하면서 비판을 하고자 한다.

〈훈요십조〉 제8조에 따르면 태조 왕건은 '차현 이남과 공주강 밖' 지역 출신의 인물을 관리로 등용하지 말라고 했다. 그렇다면 이 지역은 어디일까? 구체적인 지역을 처음 밝힌 사람은 조선 후기 실학자 이익(李瀷, 1681~1763)이다. 그는 《성호사설》에서 등용이 금지된 지역은 전라도 지역이라고 했다.

> 고려 태조(왕건)가 남긴 〈훈요십조〉의 잘잘못을 따지지 않겠으나, 지금
> 우리 성조(聖朝, 조선왕조)의 기반은 전주인데, 도선(道詵)의 말이 과연 헛
> 된 것은 아닐 것이다. 그러나 태조는 한갓 사람을 등용하여 권력을 행사
> 하지 못하게 할 줄만 알았지, 하늘의 뜻과 사람의 마음이 남모르는 사이
> 에 옮겨질 줄은 몰랐던 것이다.
>
> ─《성호사설》권12, 인사문(人事門) 여조훈요(麗祖訓要).

이익은 전주 출신인 이성계의 조상들이 고려 때 함경도의 여진 지역
으로 이주한 것은 등용을 금지한 〈훈요십조〉 때문이라 했다. 또한 이
지역 인물의 등용을 금지한 것은 풍수지리설을 유포한 도선의 생각이
반영된 것이라 했다. 그는 다른 글에서 금강의 물길은 개경과 한양을
감싸주지 않고 굽은 활처럼 등지고 흘러 술사들이 흔히 말하는 '반궁
수(反弓水)' 형상이라서, 이 지역 출신 인물들의 등용이 금지된 것이라
고 덧붙이기까지 했다.[1]
《택리지》를 저술한 이중환도 같은 생각이었다.

> 신라 말 후백제 견훤이 이 지역(전라도)을 차지하고 고려 태조와 여러 번
> 싸워서, 태조는 자주 위태한 경우를 당했다. 태조는 견훤을 평정한 뒤에
> "백제 사람을 미워하여 차령 이남의 물길(금강)은 모두 거꾸로 흐르니,
> 차령 이남 사람을 등용하지 말라"는 명을 남겼다.
>
> ─《택리지》, 팔도총론 전라도조.

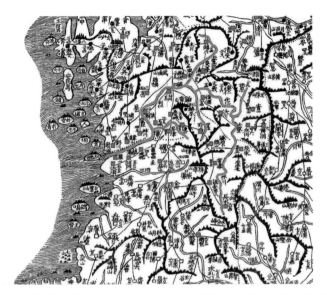

대동여지도에 표시된 금강 이익은 "금강 물길은 개경과 한양을 감싸지 않고 굽은 활처럼 등지고 흘러 술사들이 말하는 '반궁수' 형상이라 고려가 이 지역 인물의 등용을 금지한 것"이라고 주장했다.

    이중환은 이익의 반궁수론을 이어받아 금강의 물길이 거꾸로 흐르는 '배류수(背流水)'라고 덧붙이고 있다. 참고로 《고려사》에서는 섬진강·영산강·낙동강을 우리나라 3대 배류수로 꼽고 있다.[2] 그런데 왜 이중환은 이들 강을 제외하고 오직 금강만 배류수로 본 것일까? 등용 금지 지역을 전라도로 믿었기 때문이다. 하지만 이익과 이중환처럼 볼 경우 이 지역(금강)에는 전라도뿐 아니라 충청도 지역도 포함된다. 전라도로 국한한 사실 자체가 사리에 맞지 않는 것이다.

지역 차별론에서 위작설로 발전
유감스럽게도 이익의 주장은 근대 역사가에게로 이어졌다. 1918년 일본 식민사학자 이마니시 류(今西龍)도 이익의 견해를 그대로 따랐다. 그는 전라도 출신 인물의 등용 금지에서 더 나아가 〈훈요십조〉는 태조 왕건이 지은 것이 아니라, 그의 사후 누군가가 가짜로 만든 것이라는 〈훈요십조〉 위작설을 제기했다.

즉, 이마니시는 '차현 이남과 공주강 밖' 지역이 지금의 전라도 지방이라는 점을 전제로 할 때, 태조 왕건의 제2비 장화왕후 오씨가 서남해의 거점 지역인 나주 출신 해상 세력 다련군의 딸인 점, 제2비 소생이 태조를 이어 혜종으로 즉위한 사실에 주목했다. 또한 지금의 전남 장흥 출신인 정안 임씨(任氏) 가문이 인종과 의종의 외척인 사실과 최지몽·유방헌(柳邦憲)·김심언(金審言)·전공지(田拱之) 등 전라도 출신 인물이 고려 전기 정계에서 중요한 역할을 한 점에도 주목했다. 이런 사실로 미루어보아 태조 왕건이 제8조와 같은 내용을 작성할 리 없다고 했다. 제8조의 '차현 이남과 공주강 밖' 지역을 전라도가 아닌 다른 지역으로 재해석할 수도 있었을 텐데, 그는 그렇게 하지 않았다. 그는 결론적으로 "태조의 〈훈요십조〉는 병란으로 소실되었는데, 최제안(崔齊顏)이 최항(崔沆)의 집에서 그것을 얻어 임금에게 바쳐 세상에 전해졌다"[3]는 《고려사》의 기록을 근거로, 최항의 집에서 발견된 〈훈요십조〉는 태조가 아니라 현종 때 최항이 작성한 것이라고 결론짓고 있다.

반통합 인물을 경계하라

이마니시 류의 위작설을 더 소개하기로 한다. 그의 주장에 따르면 가짜로 〈훈요십조〉를 만든 최항은 최언위(崔彦撝)의 손자이다. 최언위는 경주 출신으로 당나라에 유학해 과거에 급제한 뒤 귀국했다. 고려 건국 초기에 중요 기록은 모두 최언위의 손을 거쳤다는 말이 나올 정도로 그는 왕건의 핵심 참모였다. 그 손자인 최항 또한 태조에서 목종까지 일곱 국왕의 실록인 《7대 실록》 편찬 책임자였다. 그런데 《7대 실록》은 1011년(현종 2) 거란의 침입으로 불에 타 없어졌다. 이마니시는 이러한 정황을 들어 경주 출신 신라계 인물인 최항이 후백제에 대한 나쁜 감정 때문에 〈훈요십조〉를 조작했는데, 당시 실록 편찬자가 최항의 가짜 〈훈요십조〉를 태조의 것으로 잘못 알고 역사책에 기록했다는 주장을 펼쳤다. 물론 그 이상의 구체적인 근거를 제시한 것은 아니었다.

위작설의 단초는 조선 후기 이익과 이중환이 제8조에서 등용이 금지된 지역을 전라도로 해석한 데 있다. 이마니시는 아무런 검토 없이 이들의 주장을 그대로 수용해 위작설을 발전시켰지만, 그의 주장은 전제 자체가 잘못된 것이다. 제8조를 다시 해석할 필요가 있다. 제8조의 내용은 다음과 같다.

여덟째, 차현(차령산맥) 이남과 공주강(금강) 밖의 산과 땅은 모두 배역(背逆)의 형세이며, 인심 또한 그러하다. 저 아래 주군의 사람들이 조정에 들어와 왕후 국척과 혼인하여 국정을 잡으면 국가에 변란이 일어나거나, 혹은 〔고려에〕 통합된 원한을 품고 국왕이 가는 길을 가로막아 난을 일으킬 것이다(其八日 車峴以南 公州江外 山形地勢 並趨背逆 人心亦然 彼下州郡人 參與朝廷 與王侯國戚婚姻 得秉國政 則或變亂國家 或啣統合之怨 犯蹕生亂).

제8조에서 등용이 금지된 대상은 특정 지역이 아니라, '고려에 통합된 원한을 품은' 사람이다. 이들을 등용할 경우 뒷날 화를 불러일으킬 것이라 했다. 그리고 이러한 사람들의 지리적 범주를 '차령 이남, 공주

훈요십조 943년(태조 26) 4월, 태조 왕건이 고려왕조 정책의 기본 방향을 10개 조항으로 직접 작성한 문서이다. 〈훈요십조〉는 고려 말까지 중대한 정책을 결정할 때마다 기준과 근거로 활용되었다.

밖'으로 에둘러 표현한 것뿐이다. 현재 학계는 군이 지역을 따지자면, 통합전쟁에서 고려에 가장 저항이 심했던 후백제 수도인 전주를 포함해 공주 홍성(당시 운주) 지역 정도로 보고 있다. 왕건은 이곳 사람 가운데 통합에 반감을 가진 사람의 등용을 금지하려 했던 것이다.

　1011년 거란의 침입으로 태조에서 목종까지 일곱 국왕의 실록과 함께 많은 기록들이 불탔다. 그 가운데 〈훈요십조〉도 포함되었을 것이다. 고려는 1013년 9월 소실된 일곱 국왕의 실록을 다시 편찬하기 시작해, 1034년(덕종 3) 《7대 실록》 36권을 완성한다. 최제안이 최항의 집에서 얻은 〈훈요십조〉도 실록 편찬을 위한 자료 수집 과정에서 발견되어 새로 편찬된 《태조실록》에 수록된 것이다.

〈훈요십조〉에 담긴 고려왕조의 통치 지침

고려 후기 역사가 이제현은 〈훈요십조〉를 '신서십조(信書十條)'라 했다.[4] '신서(信書)'는 글자 그대로 가장 믿을 만한 사람에게 내리는 글로, 친서이자 속마음이 그대로 드러나 있어 공개할 수 없는 사신(私信)을 말한다. 〈훈요십조〉의 특성을 잘 드러낸 표현이다. 즉, 〈훈요십조〉는 공식 문서가 아니라 국왕이나 측근 관료들 사이에 비전(秘傳)된 통치 지침을 담은 내부용 문서다. 그런데 그 내부 문서가 약 100년이 지나 다시 실록을 편찬하는 과정에서 하나의 역사 자료로 공개된 것이다.

최항은 천추태후의 살해 위협에서 벗어나 왕위에 오른 현종을 옹립한 인물일 뿐 아니라, 현종이 즉위한 뒤에도 현종의 스승과 재상을 역임한 측근이다. 그는 국왕들에게 전해 내려온 〈훈요십조〉에 대해 누구보다도 잘 알 수 있는 위치에 있었다. 목종은 죽기 직전 최항에게 신왕 현종을 보좌할 것을 부탁했다. 이때 왕실에 전래된 〈훈요십조〉를 현종에게 전하라는 부탁도 했을 것으로 추정된다.[5] 《7대 실록》 편찬 책임자인 최항의 집에서 〈훈요십조〉가 나올 가능성은 충분하다. 〈훈요십조〉를 조작할 이유는 없다.

한편, 〈훈요십조〉는 뒷날 중요한 정치적 국면에서 정책 판단의 주요 지침으로 이용되었다. 〈훈요십조〉가 태조 왕건의 사후에 가짜로 작성되지 않았다는 결정적인 근거는 바로 이 점이다. 한 가지 예를 들어보기로 한다.

흥왕사(興王寺)는 덕수현(德水縣)이라는 현 하나를 다른 곳으로 옮기고, 그 자리에 짓기 시작해 12년 만인 1067년(문종 21)에 완공된 고려시대 최대 사찰 가운데 하나다. 관료집단은 흥왕사 건립을 주도한 문종에 대해 크게 반발했다. 재상 최유선(崔惟善)은 이렇게 주장했다.

우리 태조 신성왕(神聖王)의 〈훈요십조〉에, "국사 도선이 국내 산천의 순역(順逆)을 관찰하여 사원을 세울 만한 곳에 짓되, 후세의 국왕 및 공후(公侯)·귀척(貴戚)·후비(后妃)·신료들이 다투어 사원을 지어 지덕(地德)을 훼손하지 말라"고 했습니다. 이제 폐하의 고려는 선조의 업을 이어받아 오랫동안 태평한 상태입니다. 비용을 절약하고 백성을 사랑하며 성대한 국운을 지켜 후세에 전해야 합니다. 그런데 어찌하여 백성의 재산과 힘을 고갈시키며 불필요한 일에 허비하여 나라의 근본을 위태롭게 하십니까? —《고려사》권95, 최유선 열전.

최유선은 신라가 함부로 사원을 지어 지덕을 훼손해 망했다는 〈훈요십조〉 제2조를 언급하며 문종의 흥왕사 건립에 반대했다. 〈훈요십조〉는 이같이 국왕의 정치를 비판하거나, 주요 정치 현안에 대한 판단의 근거로 인용되었다. 이런 사례는 많이 찾을 수 있다. 고려 당대인들도 〈훈요십조〉를 사실로 믿었다는 증거다. 〈훈요십조〉는 이같이 일종의 헌법과도 같은 취급을 받았다. 이를 위작으로 몰아간 일제 식민사학자들의 주장은 고려 역사의 출발 자체를 부정하려는 의도와 무관하지 않다.

그럼에도 불구하고 대중들은 위작설에서 제기된 지역 차별에 관심을 갖고, 그런 차별의 역사적 근거를 〈훈요십조〉 제8조에서 찾는 경우가 없지 않다. 〈훈요십조〉를 지역 차별이라는 우리 현대사의 어두운 측면과 연결해 이해하고 있다는 증거인데, 학계에서 연구 성과의 축적으로 제8조는 지역 차별과 전혀 관계없는 내용임이 판명되었다.

다음 글은 〈훈요십조〉를 각 조항별로 알기 쉽게 풀어서 정리한 것이다.

제1조 고려왕조는 여러 부처가 보호해주는 힘을 입어 건국되었다. 선종과 교종 사원을 창건하여 주지를 뽑아 보내어 수행하면서 각각 불업(佛業)을 다스리게 했다. 뒷날 간신들이 권력을 잡아 승려들의 청탁을 들어, 사원을 다투어 서로 빼앗는 것을 금하게 하라.

제2조 모든 사원은 도선이 터 잡아 개창된 것이다. 이외에 함부로 짓는다면 지덕이 손상되어 왕조의 운명이 길지 못할 것이다. 뒷날에 왕공(王公), 후비(后妃), 조신(朝臣) 들이 각각 원당(願堂)이라 하여 더 짓는다면 큰 걱정거리가 될 것이다. 신라는 말기에 다투어 절을 지어 지덕이 손상되어 망하게 되었다. 경계해야 할 일이다.

제3조 나라를 맏아들에게 전하는 것은 상식이다. 그러나 요 임금의 아들 단주(丹朱)가 불초하여, 요가 순에게 왕위를 준 것은 참으로 공명정대한 마음이다. 만약 맏이가 불초하면 다음 아들에게 전해주고, 그 역시 불초하면 형제 중에서 여러 사람이 추대하는 자에게 왕위를 계승하게 하라.

제4조 우리나라는 옛날부터 중국 풍속을 흠모하여 문물과 예악 모두 그 제도를 따랐다. 그러나 〔중국과는〕 위치와 지역이 다르고, 사람의 품성도 각각 다르다. 반드시 그들과 같이할 필요는 없다. 거란은 금수(禽獸)와 같은 나라이며, 풍속도 같지 않고 언어도 다르다. 의관제도를 함부로 본받지 말라.

제5조 짐은 삼한 산천의 숨은 도움에 힘입어 대업(大業, 왕조의 창업)을 이루었다. 서경은 수덕(水德)이 순조로워 우리나라 지맥의 근본이며, 대업을 만대에 전할 땅이다. 마땅히 사계절의 중간 달에 〔국왕은〕 그곳에 행차해 100일 이상을 머물러 〔나라의〕 안녕을 이루도록 하라.

제6조 연등회는 부처를 섬기고, 팔관회는 천령(天靈, 하늘의 신령)·오악(五嶽)·명산(名山)·대천(大川)·용신(龍神)을 섬기는 것이다. 뒷날에 간신들이 두 행사를 더하거나 줄이자고 건의하면, 금지하게 하라. 두 행사의 날짜가 국기(國忌, 국왕

등의 제사)와 겹치게 하지 말고, 군신이 함께 즐기고 경건하게 행사를 치르도록 하라.

제7조 임금은 신하와 백성의 마음을 얻기 위해 아래 사람의 충고를 따르고 남을 헐뜯는 말을 멀리해야 한다. 이를 따르면 훌륭한 군주가 된다. 때에 맞춰 백성을 부리고, 요역과 조세를 가볍게 하고, 농사짓는 어려움을 알면 스스로 민심을 얻어 나라가 부유하고 백성은 편안하게 된다. 상벌이 균형을 이루면 음양(陰陽)이 순조롭게 된다.

제8조 차현 이남과 공주강 밖의 산과 땅은 모두 배역의 형세이며, 인심 또한 그러하다. 저 아래 주군의 사람들이 조정에 들어와 왕후 국척과 혼인하여 국정을 잡으면 국가에 변란이 일어나거나, 혹은 〔고려에〕 통합된 원망을 품고 국왕이 가는 길을 가로막아 난을 일으킬 것이다. 관청에 속한 노비와 진과 역의 잡척(雜尺)들은 양인이라도 관료가 되어 권력을 행사하는 것은 마땅하지 않다.

제9조 문무백관의 녹봉은 나라의 크기를 보고 제도를 정한 것이니 증감하지 말라. 공이 없는 사람이나 친척, 혹은 사사로이 가까운 사람들에게 녹을 주지 말라. 병졸들은 잘 보살피고 역을 면제해줄 것이며, 빼어난 병졸은 형편에 따라 벼슬을 더해주라.

제10조 나라를 다스리는 자는 근심이 없을 때에도 경계를 늦추지 말고, 경전과 역사책을 널리 읽어 과거를 거울로 삼아 지금을 경계해야 한다.

고려의 불교 국교론을 해부하다

불교가 고려의 '국교(國敎)'라는 주장(이하 불교 국교설)은 정설(定說)처럼 회자되고 있다. 하지만 정작 언제, 누가, 어떤 근거로 이런 주장을 했는지에 대해서 본격적으로 다룬 글은 아직 찾지 못했다. 그럼에도 불구하고 불교 국교설은 마치 신비주의자의 주술처럼 구전되어 사학자들조차 그런 주술에 휘둘리고 있다. 역사학이 가장 경계해야 할 것은 사실에 근거하지 않은 주장이다.

국어사전에 국교는 '국가에서 법으로 정하여 온 국민이 믿도록 하는 종교'라고 나와 있다. 특정 종교를 전 국민이 믿어야 하고, 그 종교의 일(敎務)을 나라의 일(國務)로 취급할 경우 그 종교를 국교라 한다. 특정 종교의 이념과 정신이 법과 제도에 반영되어 국가의 통치이념과 원리가 되어야 국교란 지위가 부여된다는 말이다. 고려 불교 국교설을 당연시한 글들이 많이 인용하는 내용은 태조 왕건이 작성한 〈훈요십조〉다.

제1조에 "고려왕조는 여러 부처가 보호해주는 힘을 입어 건국되었

미륵하생경변상도(부분) 고려 사회는 불교, 유교, 도교 그리고 다양한 민간신앙이 공존한 다종교 사회였다. 그중 불교는 왕조 내내 다른 어느 종교와 사상보다 주도적인 위치에 있었다. 〈미륵하생경변상도〉 가운데 왕과 관리들이 미륵불을 향해 예배드리는 모습이 보인다.

다"는 구절이 있다(앞 장 〈훈요십조〉 자료 참고. 이하 같음). 불교 국교설의 유력한 근거로 많이 인용되어온 구절이다. 그런데 제1조를 작성한 취지는 이보다는 뒷날 간신과 승려들이 서로 결탁해 정치에 간여하거나 사원의 소유권을 빼앗는 것을 금지하는 등 불교의 폐단을 경계하는 데 있다. 제2조 역시 불교를 언급하고 있지만, 사원을 함부로 지어 지덕을 훼손하여 패망한 신라의 전철을 밟지 말 것을 경계한 내용이다.

〈훈요십조〉의 10개 조항 가운데 첫째와 둘째 조항에서 불교를 언급한 것은 고려왕조 건국에 불교가 커다란 역할을 했음을 알려주는 좋은 예이다. 그러나 그 두 조항을 작성한 취지는 장차 불교가 일으킬 폐단을 경계하는 데 있다. 실제로 불교는 고려왕조 내내 다른 어느 종교와 사상보다도 주도적인 위치에 있었고 정치·경제 등 여러 측면에서 커다란 역할을 한 것은 사실이지만, 이를 근거로 불교가 고려의 국교라 할 수는 없다.

풍수지리와 낭가사상도 중시

왕조 건국에 도움을 준 사상은 불교만이 아니었다. 제5조에서 "짐은 삼한 산천의 숨은 도움에 힘입어 대업을 이루었다"고 했다. '삼한 산천의 숨은 도움'은 구체적으로 풍수지리사상을 뜻한다. 제1조에서 "고려왕조는 여러 부처가 보호해주는 힘을 입어 건국되었다"는 표현과 같다. 태조 왕건은 풍수지리사상도 불교와 같이 왕조 건국에 커다란 역할을 한 것으로 여겼다. 따라서 제1조에 근거한 불교 국교설은 설득력이 부족하다.

불교 국교설의 또 다른 근거는 〈훈요십조〉의 제6조다. 즉 "연등회는 부처를 섬기고, 팔관회는 천령·오악·명산·대천·용신을 섬기는 것이다. 뒷날에 간신들이 두 행사를 더하거나 줄이자고 건의하면, 금지하게 하라"고 했다. 제6조는 연등회와 팔관회를 중시하고, 반드시 시행할 것을 주문했다. 국왕과 백관이 사원에서 행사를 치른 연등회는 고려의 대표적인 불교행사였다.

연등회 말고도 고려가 불교를 중시한 예는 많다. 선왕의 영정은 주로 사원에 모시고서 그곳에서 제사를 치렀다. 또한 과거시험에 승려를 위한 승과(僧科)를 두는 등 불교와 승려를 위한 여러 제도를 만들었다. 승려들은 승과를 통과해야 사원의 주지 등에 임명되었다. 또한 왕사(王師, 왕의 스승)나 국사(國師, 나라의 스승) 제도를 만들어 덕이 많은 고승(高僧)을 왕사와 국사에 임명했다. 국왕은 새로 임명된 왕사와 국사에게 아홉 번 절하며 제자의 예를 취했다. 이와 같이 고려시대에는 불교가 다른 어느 종교보다 중시되었고, 고려 사상계에서 주도적인 위치에 있었다. 그럼에도 불구하고 이것만으로 불교가 고려의 국교라고 하기에는 미흡하다.

〈훈요십조〉 제6조에서는 연등회와 함께 팔관회도 강조되었다. 고려의 팔관회는 불교 외에 신라 이래 전통사상인 낭가사상(郎家思想)과 제천의식(祭天儀式) 등도 포함되어 있다. 송나라 사신 서긍이 팔관회를 고구려 제천행사인 동맹(東盟)에 비유한 것도 이 때문이다. 태조가 강조한 팔관회는 불교는 물론 민간신앙을 포함한 전통사상과 조상 숭배 및 제천의식을 담은 의례였다. 당시 다양한 사상과 종교가 용인되었다는 사실을 팔관회를 통해서 확인할 수 있다. 불교의례만 강조되지 않았던 것이다.

후삼국 전쟁 때 태조 왕건은 음양(풍수지리)과 부도(浮屠, 불교)에 관심을 기울였다. 최응이 "왕이 된 자는 전쟁 때 반드시 문덕(文德, 유교 이념)을 닦아야 하며, 불교나 풍수지리사상으로 천하를 얻을 수 없습니다"[1]라고 충고하자, 태조 왕건은 "지금 전쟁이 그치지 않아 편안함과 위태로움을 알 수 없다. 백성들은 두려워 어찌할 바를 몰라, 오직 부처와 귀신과 산수의 신령한 도움을 청하려 한다. 어찌 이런 사상으로 나라를 다스릴 수 있겠는가? 난리가 진정되어 편안하게 되면 유교 정치이념으로 풍속을 고치고 교화할 것이다"[2]라고 했다. 태조 왕건이 불교와 음양사상을 강조한 것은 전쟁에 시달린 민심을 달래주려는 것일 뿐, 이를 통치이념으로 삼으려 하지는 않았음을 알 수 있다.

태조 왕건은 나라를 통치하는 데 유교 정치이념이 필요하다고 여겼으며, 그 생각은 〈훈요십조〉의 다른 조항에도 담겨 있다. 임금이 신하와 백성의 마음, 즉 민심을 얻기 위해서는 신하의 비판과 충고를 듣고, 백성을 때에 맞춰 부리고 부세와 요역을 가볍게 하고 농사짓는 어려움을 알아야 한다(제7조). 또한 군주와 관료는 유교 경전과 역사서를 읽어 통치의 거울로 삼아야 한다(제10조)라고 했다. 이 두 조항은 모두 유교 이념에 입각한 정치, 즉 군주의 어진 정치[仁政]를 강조한 것이다.

수신은 불교, 통치는 유교

982년(성종 1) 최승로는 성종에게 올린 시무상소에서 불교와 유교의 역할과 기능을 이렇게 정리했다.

> 불교는 수신(修身)의 근본이며, 유교는 나라를 다스리는 근본입니다. 수신(불교)은 내생(來生, 죽은 뒤의 생애)을 위한 밑천이며, 나라를 다스리는 일(유교)은 지금 힘써야 할 일입니다. 지금은 가까운 것이며, 내생은 먼 것입니다. 가까운 것을 버리고, 먼 것을 찾는 일은 잘못이 아니겠습니까?
>
> —《고려사》 권93, 최승로 열전.

최승로는 수신의 역할은 불교, 통치의 역할은 유교가 각각 맡아야 한다고 했다. 즉, 불교와 유교의 공존을 주장했다. 그는 태조 왕건에게 발탁되어 관료생활을 시작한 태조의 측근 문신이었다. 태조 사후(943) 40년이 지나 그가 제기한 불교와 유교의 역할론은 태조가 〈훈요십조〉에서 제시한 내용과 크게 다르지 않다. 다만 다양한 사상과 종교가 서로 충돌하지 않고 공존하기 위해서는 각각의 역할과 기능을 정리할 필요가 있다고 여긴 듯하다. 사상과 종교의 다원성을 중시한 태조의 생각은 성종 때 최고 유학자인 최승로에게까지 계승되고 있었다.

고려 사회는 하나의 이념과 사상이 강조된 사회가 아니라, 다양성이 존중된 다원사회였다. 고려왕조는 옛 삼국 출신의 수많은 독자적인 지방 세력을 통합해 세운 나라였다. 건국 후에도 그들의 협조는 불가결

한 상황이었다. 태조는 옛 삼국의 근거지에서 독자적 영역을 구축한 지방 세력의 고유한 사상과 문화를 인정하고 그것과 공존하면서 민심의 수습과 사회 통합을 이루어나가려 했다. 태조의 그러한 통치철학이 〈훈요십조〉에 담겨 있다.

팔관회,
다원사회 고려를 담다

1010년(현종 1) 10월 1일 고려는 거란의 침입 조짐을 알아차리고 강조를 최고사령관으로 내세워 30만 군사를 강동(江東) 6주 가운데 하나인 통주(通州, 평북 선천)에 집결시킨다. 10월 8일 거란에서 침략을 통보하자 고려는 사신을 보내 화의를 요청한다. 그러나 거란은 사신을 억류한다. 11월 1일 고려는 다시 사신을 보내 화의를 모색한다. 하지만 거란은 '황제 성종(聖宗)이 직접 고려를 공격할 것'이라고 통보한다. 고려가 두 차례 보낸 사신들은 결국 거란의 고려 침략 통보를 받으러 간 꼴이 되었다. 11월 16일 거란 성종이 40만 대군을 거느리고 압록강을 건너 고려를 공격한다. 11월 24일 고려의 30만 대군은 거란군에 참패를 당하고 최고사령관 강조는 포로가 된다. 12월 거란군이 개경에 접근하자 그달 28일 현종은 남쪽으로 피란을 떠난다. 사흘 뒤인 1011년 1월 1일 수도 개경이 점령된다. 거란의 제2차 고려 침입 당시 긴박한 상황이 《고려사》에 이같이 기록되어 있다.

눈에 띄는 사실은 거란의 40만 대군이 압록강을 건너기 하루 전인

11월 15일 고려 현종이 개경에서 팔관회를 개최한 것이다. 981년(성종 즉위년) 11월에 성종은 팔관회에서 연희되는 잡기들이 황탄하고 번잡하다는 이유로 모두 없앴을 뿐 아니라, 987년에는 아예 팔관회를 중지시켰다. 그런 팔관회를 30년 만에 부활한 셈이다. 전쟁 전야의 긴박한 상황에서 현종은 왜 팔관회를 치렀을까?

이미 고려는 팔관회 행사가 폐지된 지 10여 년이 지난 993년(성종 12) 10월에 한 차례 거란의 침입을 받았다(제1차 침입). 당시 조정에서는 '거란에게 고려의 땅을 떼어주고 항복하자'는 할지론이 무성했다. 그러나 문신 이지백은 할지론을 반대하면서 이렇게 주장했다.

> 경솔히 토지를 떼어 적국에 주기보다 선왕(태조)이 강조한 연등·팔관·선랑 등의 행사를 다시 시행하고, 다른 나라의 법을 본받지 않는 것이 나라의 보전과 태평을 이루는 일입니다. 그렇다고 여기신다면 먼저 하늘에 고한 뒤 싸울 것인가 화해할 것인가를 임금께서 결단해야 합니다.
>
> —《고려사》 권94, 서희 열전.

연등회와 팔관회 같은 전통행사를 행하여 민심을 결집할 것을 요구한 것이다. 현종의 팔관회 부활도 그때의 학습효과 때문일까? 현종은 팔관회를 열어 민심을 결집하고, 국가와 사회를 통합하려 했다.

제천의식의 전통 계승

팔관회는 원래 불교에서 재가신도(在家信徒, 출가하지 않은 불교 신자)가 지켜야 할 8계(戒), 즉 살생하지 않고(不殺生), 자기 물건이 아니면 갖지 않고(不與取), 음행하지 않고(不淫), 헛된 말을 하지 않고(不妄語), 음주하지 않는(不飮酒) 등 여덟 가지 계율을 지키기 위한 법회였다. 신라 진흥왕 12년(551) 고구려에서 귀화한 승려 혜량법사(惠亮法師)가 전사한 군인들의 영혼을 위로하기 위해 법회를 연 것이 팔관회의 첫 기록이다. 궁예도 900년 양주(서울)와 견주(양주)를 정벌한 뒤 팔관회를 열었다. 당시에는 불교행사였다. 고려도 918년 6월 건국 후 그해 11월에 첫 팔관회를 연 이래 성종과 원 간섭기 때 중단한 적은 있지만, 고려가 망할 때까지 이어나갔다.

태조 왕건은 〈훈요십조〉(943)에서 "연등회는 부처를 섬기고, 팔관회는 천령·오악·명산·대천·용신을 섬기는" 행사라고 했다. 즉 팔관회는 불교행사인 연등회와 달리 하늘과 산천에 제사를 지내는 행사이다. 또 왕건은 "선왕들의 제삿날을 피해 군신이 함께 즐기는 행사가 되어야 한다"고 했다.

송나라 사신으로 고려를 방문한 서긍은 당시 고려의 여러 제도와 풍습을 견문한 내용을 담은 《고려도경》(1123)에서 "팔관회는 고구려 제천행사인 동맹을 계승한 것"이라 했다. 부여의 영고(迎鼓), 동예의 무천(舞天)도 동맹과 같은 제천행사다. 팔관회는 이같이 고대의 전통을 계승하면서 민심과 사회를 결집해 온 국민이 하나가 되는 통합 기능을 수행한 축제행사였다. 1168년(의종 22) 의종은 서경에 행차하면서 왕조 중흥을 위한 교서를 내려 이렇게 지시했다.

선풍(仙風)을 따르고 행하라. 옛날 신라에는 선풍이 크게 성행했다. 이로써 하느님과 용신이 함께 기뻐하고 백성과 만물이 편안하게 되었다. …… 근래 개경과 서경의 팔관회는 예전의 격식을 날로 잃어가 그 전통

팔관회 고려시대 팔관회는 장엄한 의례이자 축제의 장으로서 민심을 통합하고 정치적 권위를 강화하는 역할을 했다. 지금도 부산광역시불교연합회에서 매년 팔관회를 재연하는 행사를 열고 있다.

이 점점 쇠퇴하고 있다. 지금부터 팔관회를 열 때는 양반(兩班) 가운데 가산(家産)이 넉넉한 자를 선가(仙家)로 미리 정한 후, 모든 절차를 옛 풍습에 따라 행하여 사람과 하늘이 함께 기뻐할 수 있도록 하라.

—《고려사》 권18, 의종 22년 3월조.

선풍은 신라의 낭가사상이 깃든 풍습이다. 삼국 통일의 주역인 신라 화랑도는 이런 낭가사상의 풍토 아래 조직되었다. 의종은 '팔관회 행사는 이런 신라의 선풍을 계승하는 것이며, 선풍의 쇠퇴는 곧 팔관회의 쇠퇴로 이어진다'고 했다. 고려 중기 문장가 이인로(李仁老, 1152~1220) 역시 《파한집(破閑集)》에서 같은 생각을 밝혔다.

계림(신라의 경주)의 옛 습속에 남자들 가운데 아름다운 풍모를 가진 자를 골라서 아름다운 장식으로 꾸며, 화랑으로 삼아 나라 사람들이 받들었다. 받드는 무리가 많을 경우 3,000명이나 된다. …… 무리 가운데 뛰어난 자에게 관직을 주었다. '사선(四仙, 영랑·술랑·남랑·안상)'의 무리가 가장 뛰어났다. 고려 태조도 이를 계승하여 겨울에 팔관회를 열어 훌륭한 집안 출신 네 명을 골라서 신선 옷을 입히고 궁정에서 춤을 추게 했다. ─《파한집》

이인로가 언급했듯 고려 태조는 선풍을 계승한 화랑, 즉 선랑의 풍습을 계승하여 팔관회를 열었다. 군신동락(君臣同樂)의 팔관회는 고구려·부여·신라에서 유행한 고대 전통문화를 계승하고 새롭게 해석하여 새 문화를 창조하는 역할을 했다.

군신동락, 축제의 장

팔관회는 매년 개경과 서경에서 거행되었는데, 개경은 11월 15일, 서경은 10월 15일에 각각 열렸다. 개경의 경우 팔관회는 국왕이 거처한 궁성에서 공식적으로 이틀에 걸쳐 행해졌다.

첫째 날을 소회(小會)라 하는데, 이날 국왕은 먼저 왕조 건국자인 태조의 진전(眞殿, 초상화)에 배례(拜禮)를 한다. 그 다음에는 태자·왕족·중앙관료들이 차례로 국왕에게 절을 올린다. 과거와 현재의 국왕에 대한 배례는 전통 농경의례의 조상 숭배의식이자 제천의식의 계승이라는 의미를 지닌다. 이어서 3경, 동·서 병마사, 4도호부, 8목의 수령들이 표문(表文, 제후가 천자에게 올리는 문서)을 올리고, 태자·왕족·중앙관료와 함께 국왕에게 조하(朝賀, 조정에 나아가 왕에게 하례하는 것)와 헌수(獻壽, 장수를 비는 뜻에서 술잔을 올리는 것)를 바친다. 이어 격구장에 설치된 무대에서 선랑의 무용과 가무, 포구악(抛毬樂, 공 던지는 놀이)과 구장기(九張機, 나무타기 놀이) 등 기악(伎樂) 공연이 펼쳐진다. 국왕은 참석한 사람들에게 음식과 차를 내리고, 함께 공연을 관람한다.

둘째 날을 대회(大會)라 하는데, 이날은 송나라와 거란·일본 상인과 동·서 여진(함경도·평안도 일대의 여진족)과 탐라 추장 등이 국왕에게 절을 올린 뒤 그들이 갖고 온 토산물을 바치는 의식이 행해진다. 나머지 행사는 첫째 날과 같다.

국왕은 황제를 상징하는 의상인 황포(黃袍)를 입고, 중앙의 왕족과 관료, 지방의 수령, 외국의 상인과 추장으로부터 헌수와 조하를 받는다. 이들은 제후 자격으로 천자인 고려 국왕에게 헌수와 조하를 올리는 것이다. 표문을 올리는 의식과 동·서 여진을 '동서번(東西藩)'이라 칭한 것 등이 그 예다. 팔관회는 국왕은 천자이며 고려는 천자국이라는 고려 특유의 천하관을 대내외에 과시한, 고려의 개방성을 잘 보여주는 의례다. 고려는 '외후내제(外侯內帝)', 즉 송과 거란에 대해서는 국익을 위해 제후국으로서 처신하고, 국내적으로는 천자국 체제를 갖춘 독특한 천하 질서를 유지했다.

이틀에 걸쳐 공연이 행해지는 가운데 선랑이 공연의 주역으로 등장한다. 선랑을 뽑는 풍습은 고려 때 사원에서도 계승되고 있었다.

나라 풍속에 어릴 때 반드시 스님을 따라 글자를 익히게 되어 있었는데, 그 가운데 면수(面首, 빼어난 용모와 행동거지)가 있는 자를 승속(僧俗)이 함께 받들어 선랑이라 했다. 선랑을 따르는 무리가 때론 천이나 백에 이르기도 했다. 이 풍습은 신라 때부터 유래했다.

—《고려사》 권108, 민적 열전.

선랑으로 선택된 자는 이날 용(龍)·봉황(鳳)·말(馬)·코끼리(象)의 모습을 한 수레를 타고, 그 뒤를 사선악부(四仙樂部)가 노래와 춤을 추면서 뒤따랐다. 용과 봉황 등 네 가지 모습의 수레를 탄 것은 매년 1회 하늘의 신(神)인 선랑이 이 짐승들 타고 세상 사람들의 옳고 그름을 평가하는 불가(佛家)의 풍습에서 유래한 것이다. 팔관회가 신라의 낭가사상과 불교가 융합된 행사임을 보여준다.

고려왕조의 팔관회는 이렇게 고대 원시 농경의례에서 출발한 제천의식과 신라의 선풍·불교의식 등 토착적이고 고유한 의례와 풍습을 계승하고 있다. 고려왕조에서는 조선과 달리 불교·도교·유교·산신 및 조상 숭배 등 매우 다양한 사상이 공존했다. 이는 사상과 문화에서 개방적이었던 고려의 면모를 잘 보여준다. 그러나 다양한 문화와 사상이 공존하다 보면 자칫 사회가 분열되어 혼란으로 이어질 수도 있다. 국가의 안녕과 발전을 기원함으로써 민심과 사회를 통합해 이런 우려를 해소하는 기능이 팔관회 행사에 녹아들어 있다. 고려 팔관회의 역사적 의의는 여기에 있다.

■ 《고려사》에 기록된 팔관회 의식

고려 때 행해진 팔관회의 역사를 알려주는 《고려사》 '예지'에 수록된 글들을 정리하면 다음과 같다.

팔관회의 시작과 변화

• 태조 원년(918) 11월. 관리들이 "궁예는 매년 11월 팔관회를 크게 열어 복을 빌었습니다. 이 제도를 따르길 바랍니다"라고 건의하자, 왕이 허락했다. 이에 따라 구정(毬庭, 격구장)에 윤등(輪燈, 수레바퀴 모양의 둥근 등) 하나를 설치하고 향과 밝은 등불을 사방에 늘어놓았다. 높이가 각각 5장(丈, 15~16미터)이 넘는 채붕(綵棚, 채색을 입힌 누각) 두 기를 설치했다. 그 앞에서 온갖 놀이판을 벌이고 노래와 춤을 공연했다. 사선악부(악대)와 용·봉황새·코끼리·말·수레·배 등의 소도구들은 모두 신라의 전통행사를 따른 것이다. 모든 관리들은 도포(袍)와 홀(笏) 차림으로 의례를 거행했고, 구경꾼이 온 도성을 메웠다. 국왕은 위봉루(威鳳樓)에서 관람했으며, 해마다 이같이 했다.

• 성종 6년(987) 10월. 해당 관청에 지시해 개경과 서경에서 거행하는 팔관회를 중지시켰다.
• 현종 원년(1010) 11월. 팔관회를 다시 열었다.

팔관회의 모습

• 덕종 3년(1034, 정종 즉위년) 10월. 서경에서는 매년 10월에 팔관회를 여는 것이 관례였다. 개경에서는 11월에 팔관회를 열고, 국왕이 직접 신봉루(神鳳樓)에 행차하여 관리들에게 술과 음식을 내렸다. 다음 날 대회 때 또 술과 음식을 내리고, 몸소 풍악을 관람했다. 동경과 서경, 동·북양로병마사, 4도호, 8목에서 각각 표문을 올려 하례했다. 송나라 상인과 동번(東蕃, 동여진), 서번(西蕃, 서여진) 및 탐라국에서도 특산물을 바쳤다. 국왕이 그들에게 풍악을 관람하는 자리를 내어주었다. 이후에도 이같이 했다.

팔관회의 변질

• 충렬왕 원년(1275) 11월 경진일. 국왕이 본궐(本闕)에 행차하여 팔관회를 열었다. 궁전 마당에 설치한 금오산(金鼇山) 모형의 편액에 쓰인 '성수만세(聖壽萬歲)'

네 글자를 '경력천추(慶曆千秋)'라 고치고, 그중 '한 명에게 경사가 있으면 온 세상 나라들이 궁정에 모여들고 천하가 태평해진다' 등의 글자도 모두 다 고쳤다. 또한 '만세(萬歲)'라 외치던 것을 '천세(千歲)'로 고쳐 외치게 하고 국왕 수레가 가는 길을 황토(黃土)로 포장하는 것을 금지했다.

묘지명, 돌에 새긴 고려인의 역사

고려 때만 성행한 장례문화

지상에 세운 묘비명(墓碑銘)과 달리 묘지명(墓誌銘)은 한 인물이 숨진 뒤 그의 이름과 나이, 가계와 행적, 가족 및 장지(葬地) 등을 돌에 새겨 무덤 속에 시신과 함께 매장한 것이다. 고려 후기 관인이었던 김변(金 賆)의 처 허씨(許氏)의 묘지명에 그 효용성이 잘 표현되어 있다.

《예기(禮記)》에 다음과 같이 전한다. 묘지명은 조상의 이름을 알리는 것이다. 조상에게 아름다운 행적이 없으면서 칭찬하면 거짓(誣)이다. 조상이 선한 일을 했는데 알리지 않는다면 밝지 못한 것(不明)이다. 그것을 알고도 전하지 않으면 어질지 못한 것(不仁)이다. 이 세 가지는 군자의 부끄러움이다. 부인은 행실이 아름답고, 여러 아들이 밝고 어질다. 이 세 가지 부끄러움과는 거리가 먼 것은 의심할 나위 없다. 그러므로 부인의 공과 행실을 모두 적어 무덤에 넣는다. — 김변의 처 허씨 묘지명.

묘비명이 조선왕조 이후에 성행했다면, 묘지명은 고려 때에만 성행했던 기록문화다. 그러나 망자의 일대기를 산문 형식으로 정리한 지문(誌文)과 망자를 칭송하는 글을 주로 사언(四言) 형식의 운문(韻文, 시)으로 압축한 명문(銘文)으로 구성한 점은 같다. 원류를 따지자면 묘지명은 묘비명에서 유래한 것이다.

묘비명은 중국 한나라 때 크게 발달했다. 그러나 205년 위나라의 조조가 많은 인력과 비용이 소요되는 후장(厚葬, 호화 장례)의 폐단을 없애기 위해 지상에 비석을 세우는 것을 금지하자, 그 대신 소형 비석을 만들어 관과 함께 매장하는 풍습이 성행하면서 묘지명 문화가 발달하게 되었다. 우리나라도 고려시대에는 묘비명 제작을 엄격하게 제한했다. 고려시대에 지상의 묘비명은 국왕의 허가를 받아야만 세울 수 있었다. 고려 때 제작된 것으로 현재까지 남아 있는 묘비명 67점은 모두 왕명으로 제작되었다. 왕사나 국사를 역임했거나 그에 준하는 고승들의 것이다. 일반인의 묘비명은 고려 말 권문세족(權門勢族)인 염제신(廉悌臣)과 이성계의 아버지 이자춘의 것만 남아 있을 정도로 일반인의 묘비명 제작은 엄격한 규제를 받았다. 조선도 초기에는 2품 이상 관직을 지낸 인사에게만 묘비명 제작이 허용되었다. 그러나 조선 중기 이후 유교문화의 확산으로 조상 숭배의식이 발달하고 가문의 위세를 과시하려는 욕구가 커지면서 화려하고 거대한 묘비명 제작이 보편화되었다. 묘비명 금지 원칙이 무너진 것이다.

화장과 함께 유행한 지배층의 장례문화

고려왕조 내내 묘지명 문화가 이어진 사실은 대단히 흥미롭다. 왜 고려 때 묘지명 문화가 발달했을까? 중국에서 묘지명 규격이 정형화되고, 제작이 가장 활발했던 시기는 북위(386~534, 선비족의 탁발부拓跋部가 중국 화북 지역에 세운 왕조) 때였다. 이후 수나라(581~618)와 당나라(618~907)에 이르기까지 약 500년간 묘지명 문화가 발달했다. 이는 당시 중국에서 성행한 귀족문화의 영향과 관련이 있다. 고려왕조는 건국 직후부터 당나라 제도를 모델로 정치·과거·군사 제도를 개혁해 왕조의 격을 높이려고 노력했다. 묘지명 문화의 발달은 고려왕조의 이러한 개방정책과 맞물려 있다. 고려 묘지명은 중국 북위의 묘지명 형식과 매우 유사하다. 당나라와 송나라의 형식도 북위의 것을 기본으로 하고 있다.

고려 묘지명 가운데 가장 오래된 것은 1024년(현종 15)에 제작된 귀화인 채인범의 묘지명이다.

> 송나라 강남 천주 사람이다. …… 광종 21년(970) 고려에 와서 국왕을 뵈었다. [광종은 채인범을] 예빈성낭중(5품)에 임명하고, 주택 한 채와 노비, 토지를 하사했다. 그리고 그에게 필요한 물품을 모두 국가에서 공급하라고 명령했다. 공은 경전과 역사에 널리 통달하고, 문장을 잘 지어 임금을 보좌한, 큰 재주를 품은 대학자였다. ─ 채인범 묘지명.

송나라 사람으로 경전과 역사에 달통했던 채인범이 광종의 발탁으로 관리가 된 사실이 기록되어 있다. 두 번째로 오래된 묘지명은 1045년(정종 11)에 제작된 유지성(劉志誠, 972~1039)의 것이다. 유지성 역시 송나라 양주(楊州) 출신으로, 성종 대에 고려에 귀화해 재상을 역임했다. 고려에는 이들보다 앞서 쌍기 등 많은 중국인이 귀화해 관료로 활동했다. 이들이 고려에서 활동하다 숨지면서 묘지명을 만드는 장례풍습이 고려에 도입된 것이다. 대체로 11세기 무렵 묘지명 문화가 고려에 뿌리내리기 시작했다.

묘지명 문화가 고려에서 발달한 또 하나의 원인은 당시 지배층의 장례풍습인 화장과 관련이 있다. 화장 뒤 망자의 뼈를 수습해 작은 크기의 석관에 담아 지하에 매장했는데, 묘지명은 이런 작은 공간에 석관과 함께 매장하기에 적합한 기념물이었다. 조상 숭배와 가문의 위세를 드러내기 위해 망자의 생애를 화려하고 장황하게 서술한 묘비명과 달리 망자의 생애를 간략하게 서술한 묘지명이 화장식 장례에 더 적합했던 것이다. 다음은 이제현이 지은 고려 후기 문신 이조년(李兆年, 1269~1343)의 묘지명 일부이다.

무덤에 지석(誌石, 묘지명)이 있는 것은 오래된 일이다. 세대가 멀어지면 간혹 [무덤이] 허물어질 수 있지만, 그 지석을 살펴보면 그것이 누구의 무덤인가를 알게 되어 차마 덮어주지 않을 수 없다. 이에 사대부 군자가 어버이의 장례를 지낼 때 지석을 만드는 일을 뒤로 미루지 않는 것이다.

— 고려 후기 문신 이조년의 묘지명.

뒷날 무덤이 훼손되더라도 매장된 지석으로 주인을 찾을 수 있다는 데 묘지명의 효용성이 있다. 다만 묘지명은 지하에 묻기 때문에 지상의 묘비명처럼 쉽게 수습할 수 없는 한계가 있어 지금까지 전하는 묘지명이 많지 않다. 현재 확보된 고려시대 묘지명은 대부분 개발 혹은 자연재해로 인해 무덤이 훼손된 결과 드러난 것이다. 묘지명 문화가 가장 발달했던 중국 북위 때 묘지명도 현재 400점 정도만 전하고 있다. 고려의 경우에는 현재 약 320점이 전하고 있다. 이 수치는 중국에 비

염경애 묘지명 고려 중기의 문신 최루백이 죽은 첫 부인 염경애를 위해 직접 지은 묘지명이다. 최루백은 묘지명에서 가난한 하급 관료 시절 가계를 위해 동분서주하던 아내와의 대화를 추억하며 그녀의 죽음을 애통해한다. 이 묘지명은 현존하는 고려시대 묘지명 가운데 유일하게 여성의 실명이 기록된 묘지명이다.

해 적지 않은 것으로 고려 때 묘지명 문화가 매우 성행했음을 알 수 있다. 이 중 실물로 전하는 묘지명이 200점이고, 나머지 120점은 묘지명을 작성한 사람의 문집 등에 기록으로 전하고 있다.

인물사·가족사·사회사 연구에 귀한 자료

현존하는 고려 묘지명 가운데 승려의 묘지명이 20점, 왕족의 것이 3점, 부인의 것이 34점이다. 나머지는 모두 일반 관료층의 묘지명이다. 반면에 일반 주민이나 지방 세력의 묘지명은 전무하다. 이 점에서 묘지명은 고려시대 관료층이나 중앙 지배층의 문화를 대변하는 유물이다. 특히 왕족과 관료의 부인 등 여성 묘지명이 많은 점도 또 다른 특징이다.

을축년(1125) 봄 나는 우정언지제고(右正言知制誥, 임금의 잘못을 깨우치는 간관)가 되었다. …… 아내는 내게, "당신이 궁전에서 천자와 옳고 그른 것을 따지게 된다면, 비록 가시나무 비녀를 꽂고 무명치마를 입고, 삼태기를 이고 살게 되더라도 달게 여길 거예요."라고 말했다. 평범한 부녀자의 말 같지 않다. 병이 위독하여 세상을 떠났으니, 그 아쉬움은 말로 할 수 없다. …… 명(銘)하기를, "믿음으로 맹세하건대 당신을 결코 잊을 수 없으리라. 함께 묻히지 못함이 매우 애통하도다. 기러기 떼와 같은 아들딸들이 있어 부귀가 대대로 창성하리라." — 염경애의 묘지명

남편 최루백(崔婁伯)이 사별한 아내 염경애(廉瓊愛, 1100~1146)의 내조와 희생을 기리며 직접 작성한 묘지명이다. 마지막 명문에서 아내의 생애를 시로 압축하고 있다. 사별의 슬픔을 시의 형식을 빌려 문학적으로 승화시킨 명문은 죽음과 이별을 '여유와 관조의 미학'으로 받아들이는 고려 사람들의 생각이 담겨 있다.

묘지명에 여성의 실명(實名)이 기록된 경우는 염경애의 묘지명이 유일하다. 고려의 여성 묘지명에는 이 밖에도 출가한 딸이 홀어머니를 모시거나, 재혼한 여인이 전 남편의 자식을 교육시킨 모습 등이 기록되어 있다. 남자와 균등하게 재산을 상속받고, 호주도 될 수 있었던 고려 여성의 당당한 모습이 잘 담겨 있다. 조선시대에는 상상할 수 없는 일이다. 묘지명은 인간의 출생과 사망, 가계와 출신, 관원의 이력, 가족 관계, 장례 관련 자료 등이 기록되어 있어 고려 시대 인물사와 가족사·사회사 연구 자료로서 학술적 가치를 지닌다. 고려청자와 고려지·대장경이 고려 장인들의 혼이 담긴 명품이라면, 묘지명은 인간의 아름다운 혼을 기록으로 남긴 고려 기록문화의 정수다.

묘지명 작성에는 일정한 양식이 있다. 북위시대에 그 양식이 정착되

어 당나라와 송나라로 이어져, 명나라 때 이름 자, 성씨, 출신지(향읍鄕 邑), 세계(世系, 대대로 내려오는 계통이란 뜻으로 '족출族出'의 의미), 관력 (官歷, 관리로서의 경력이란 뜻으로 '행치行治'의 의미), 이력(履歷, 학업·직 업·경험 등의 내력), 사망일(졸일卒日), 나이(수년壽年), 처(妻), 자식(子), 장일(葬日), 장지(葬地) 등 13항목으로 확정되었다.[1] 고려 문신들은 다가 올 죽음 앞에서 지나온 삶을 뒤돌아보기 위해 '자찬(自撰) 묘지명'을 작 성하기도 했다. 이를 통해 세속의 욕망을 절제하고 삶에서 '여유와 관 조'를 맛보려 했다. 현대인들도 자신의 삶을 되돌아보고 새로운 삶을 추구한다는 의미에서 자찬 묘지명을 작성해보는 일도 나쁘지 않을 것 이다.

나전칠기, 오색찬란한 빛의 조각

칠공예와 나전 기술의 융합

고려 문화의 정수를 보여주는 또 다른 명품은 나전칠기(螺鈿漆器)다. 현재 16점이 전하는데, 국립중앙박물관에 있는 한 점을 빼고는 모두 해외(일본 10점, 미국 3점, 유럽 2점)에 유출되어 있다. 나전칠기는 칠공예(漆工藝)와 나전 기술이 합쳐진, 이른바 기술의 융합에 의해 생산된 명품이다. 원래 나전 기술은 중국 당나라에서 건너왔지만, 목제품 등에 옻칠을 입히는 칠공예 기술은 이른 시기부터 우리나라에서 축적되어왔다. 우리나라의 칠공예는 주로 자개를 이용한 장식 기법을 사용해왔기 때문에 칠공예에 나전 기술이 결합된 형태로 발전돼왔다. 그런 탓에 나전칠기가 단일 기술로만 제작된 것이라는 오해를 받게 되었다.

또한 고려의 나전 기술은 중국과 달랐다. 당나라에서는 자단(紫檀, 동남아 등지에서 식생한 나무)처럼 단단하고 무늬가 아름다운 나무에 바로 나전을 새겨 넣었다. 그래서 목지나전(木地螺鈿)이라 한다. 반면, 고려에서는 경전·염주 등을 담는 나무 상자에 굵은 삼베를 바르고 옻칠을 한다. 그 위에 잘게 썬 나전을 새겨 넣고 다시 옻칠을 덧입힌다. 그런

나전대모국화당초문 염주합
붉은색으로 채색한 대모로 국화꽃의 꽃
술과 잎을 표현하고, 흰색 나전으로 잎
과 넝쿨을 새겨 넣었다. 꽃 주변 테두리
는 은과 구리선을 가늘게 꼬아 넣은 것
이다. 900여 년 전에 만들어진 나전칠
기의 아름답고 화려한 무늬가 아직도
선명하게 살아 있다.

뒤 나전 무늬에 칠해진 칠을 벗겨내고 광내기 과정을 거쳐 제품을 완
성한다. 이렇게 나전 기술과 칠공예 기술이 결합되었기 때문에 나전칠
기라고 한 것이다.

　두 가지 기술의 융합으로 제작된 나전칠기는 제작 기법상 세 가지
특징을 갖는다. 첫째, 1cm 이내로 자른 조개 조각(자개)으로 무늬를 엮
는다. 이를 절문(截文, 끊음질 무늬)이라 한다. 이 과정에서 흰빛에 일곱
가지 색이 어른거리는 조개 특유의 빛깔이 드러난다. 둘째, 바다거북의
등딱지인 대모(玳瑁)의 뒷면을 채색해 나전과 함께 그릇 표면에 무늬
를 놓는다. 조개와 붉은빛으로 채색된 대모의 색깔이 어울려 환상적인
색감을 보여준다. 셋째, 잘게 쪼갠 자개로 꽃이나 넝쿨무늬를 정교하게
새기고 그 주변에 은(銀)·동(銅)으로 꼰 가느다란 금속선을 둘러 꽃줄
기와 넝쿨을 선명하게 표현함으로써 무늬 구성에 디자인적 질서를 부
여한다. 고려 나전칠기의 화려하면서도 전아(典雅)한 멋은 이 세 가지

기술이 결합된 아름다운 무늬에 있다.

특히 무늬 주변에 금속선을 넣는 기법은 고려 공예 기술의 대표적인 기법이다. 금속공예에서 금속 표면에 무늬를 깊게 파낸 다음 가느다란 금실이나 은실을 메워 넣는 입사(入絲) 기법인데, 도자공예에서는 도자기 표면에 문양을 새기고 그 속에 검정·빨강·하얀색 흙을 메운 뒤 구워 특유의 문양을 드러내는 상감(象嵌) 기법으로 구현되었다.

한편, 나전칠기의 수요가 많아져 대모를 조달하기 힘들어지자 대모 장식은 점차 사라진다. 초기 작품(11~12세기)에 대모 장식이 많이 나타나는데, 현재 전하는 그 당시 나전칠기는 주로 불교의식과 관련된 제품이다. 대장경 등을 담는 나전경함(螺鈿經函)이 전체 16점 가운데 9점으로 가장 많다. 그 가운데 나전대모국화당초문 염주합이 가장 아름다운 작품으로 손꼽힌다. 이처럼 나전칠기는 당시 성행한 불교문화와 밀접한 관련 속에서 제작되었다. 1272년(원종 13) 원나라 황후가 대장경을 담기 위해 나전으로 장식된 상자를 요구하자, 고려는 전함조성도감(鈿函造成都監)¹을 설치하기도 했다.²

〔고려에서〕 그릇에 옻칠하는 기술은 정교하지 못하지만, 나전 기술은 세밀하여 귀하다고 할 수 있다. ─《고려도경》권23, 잡속2 토산조.

고려에 온 송나라 사신 서긍은 《고려도경》에서 이렇게 칠공예와 나전 기술을 분리해 평가했다. 실제로 고려는 왕실의 기물을 관장하는 관청 중상서(中尙署)에서 나전장(螺鈿匠)과 칠장(漆匠)을 분리해 관리했다.³ 서긍은 또한 고려에서는 칠공예보다 나전 기술이 더 발달했다고 했는데, 그의 지적은 사실 중국에 비해 옻칠을 화려하게 하지 않는 것

나전국당초문 원형합과 나전모란당초문 경전함
뚜껑과 몸체가 분리되도록 만든 원형합과 표면에
모란넝쿨무늬를 중심으로 귀갑무늬 등의 기하무늬를
빽빽이 새겨 넣은 경전함. 고려의 뛰어난 나전칠기 제작
기술은 송·거란 등 이웃나라로부터 호평을 받았다.

을 지적한 데 불과하다. 그는 고려에서 옻칠공예가 성행한 사실을 같은
책에서 언급하고 있다. 즉 쟁반과 소반은 모두 나무로 만들어 옻칠을
했으며,[4] 왕궁에서 평상시에 사용하는 붉은 칠을 한 소반(단칠조丹漆組)
을 사신에게도 사용했다고[5] 전한다. 쟁반·소반 등 당시 식생활 전반에
칠공예 제품이 널리 쓰였다는 사실을 알려주고 있다.

외국에서 호평받은 수준 높은 공예 기술

우리나라의 옻칠 기술은 청동기시대 유물에서 칠 제품이 출토될 정도
로 일찍부터 발달했다. 신라 때는 옻칠공예를 전담한 부서인 칠전(漆
典)이 있었는데, 그릇에 칠을 해 장식한다는 뜻으로 식기방(飾器房)이
라고 부르기도 했다.[6] 앞서 언급했듯이 고려 때도 중앙관청에 칠장을
배속해 칠공예품을 생산할 정도로 옻칠공예가 성행했다.

목재 제품에 옻칠을 하면 방수 효과와 함께 쉽게 부패되거나 썩는
것을 예방하고 그릇의 아름다운 모양을 유지할 수 있다. 그래서 옻칠

공예는 목기(木器)에 주로 활용되었다. 이규보는 술병에 옻칠을 해서 사용한 기록을 남기기도 했다.

> 박으로 병을 만들어 술 담는 데 사용한다. 목은 길고 배는 불룩하여, 막히지도 않고 넘치지도 않는다. 그래서 내가 보배로 여겨, 옻칠을 하여 광채 나게 했다. ―《동국이상국집》권19, 명(銘)-칠호(漆壺)에 대한 명.

또한 고려왕조에서는 전국에 닥나무(저楮), 잣나무(백栢), 배나무(이梨), 대추나무(조棗) 등과 함께 옻나무(칠漆)를 심어 옻을 계획적으로 생산했다.[7] 그래서인지 일찍부터 옻칠의 품질과 제작 기술이 뛰어났다.

> 묵구(墨狗) 등 7인이 원나라에 금칠(金漆)을 보내라는 황제의 명령서를 갖고 왔다. 국왕(원종)은 '우리나라가 비축한 금칠은 강화도에서 개경으로 환도(還都)할 때 모두 없어졌습니다. 그 산지가 남쪽 지방의 섬인데, 요즘 역적(삼별초 군대)이 출몰하고 있으니 기회를 보아 사람을 보내 채취해서 바치겠습니다. 우선 현재 남아 있는 열 항아리 분을 올리며, 옻칠액을 만드는 장인은 직접 산지에서 징발하여 보내겠습니다'라고 보고했다. ―《고려사》권27, 원종 12년 6월조.

원나라가 고려의 옻 품질이 뛰어날 뿐 아니라 생산량이 많다는 사실을 알고 금칠과 함께 장인을 보내줄 것을 요구하자 그에 대처한 내용이 실린《고려사》의 기록이다. 개경 환도 직후 옻이 많이 나던 남쪽 섬 지역이 삼별초 군대에 점령되는 바람에 칠을 제대로 공급할 수 없었던 사정도 알려준다. 고려는 이 기록대로 삼별초의 난이 진압된 3년 뒤인

1276년(충렬왕 2) 원나라에 금칠을 공납했다.

원나라가 요구한 금칠은 황칠(黃漆)의 다른 이름이다. 원래 칠에는 옻칠과 황칠 두 가지가 있다. 옻칠은 옻나무에서 채취한 짙은 적갈색 진액이다. 지금도 많이 사용하고 있다. 그런데 고려시대 옻은 황칠나무에서 주로 채취한 황금 색깔의 진액이었다. 고려에 온 송나라 사신 서긍도 《고려도경》에 "나주 지역에 황칠이 많이 생산되어 왕실에 공납되었다"[8]라고 기록했다. 조선 후기에 이수광(李睟光)은 《지봉유설(芝峯類說)》에서 "고려의 황칠은 섬에서 생산되는데, 6월에 채취했다"[9]라고 전한다. 황칠은 부와 권력의 상징인 노란색을 띠었기 때문에 붙여진 이름으로, 금 색깔과 같다고 해서 금칠이라고도 불렀다. 두릅나무과에 속하는 황칠나무는 남해안과 그 일대 섬에서 자라는 우리나라 토종의 늘푸른 넓은잎나무다. 금빛을 띠면서 나뭇결을 살려내는 화려한 맛이 있어 왕실 등에서 선호했다.[10]

현재 남아 있는 고려 나전 제품은 모두 목재를 이용한 것인데, 당시 나전 기술은 다양한 제품에 활용되었다. 서긍은 《고려도경》에서 "기병이 사용하는 안장과 언치(안장 깔개)는 매우 정교하며 나전으로 장식했다"[11]며 말안장에 새겨진 나전 기술을 높이 평가했다.

1080년(문종 34) 7월 고려는 송나라에 나전으로 장식한 수레 한 대를 조공했다.[12] 1245년 5월 신정권의 권력자 최이(崔怡, 처음 이름은 우瑀였으나 집권 이후 개명함)는 왕실 사람과 재추(고위 관료)에게 잔치를 베풀었는데, 커다란 그릇을 나전으로 장식했다고 한다.[13] 이처럼 나전 기술은 목제품뿐 아니라 가죽 수레와 그릇 등 다양한 제품에 적용되었다. 또한 나전 제품은 선물용으로도 사용되었다. 예종 때 문신 문공인(文公仁)이 거란에 사신으로 가서 나전 그릇을 선물로 많이 주었는데, 이후 거란 사신이 고려에 오면 항상 나전 그릇을 요구하는 폐단을 낳았다고 한다.[14] 고려에서 나전 제품이 많이 유통되고 외국에까지 널리 이름을 떨쳤음을 보여주는 사례다.

이처럼 칠공예 기술과 나전 기술이 어우러진 나전칠기가 송·거란·원나라 등으로부터 호평을 받았던 것은 당시 공예 기술이 높은 수준에 도달했기 때문이다. 이러한 기술 수준은 다른 분야에도 영향을 끼쳐 상감청자·고려지·대장경을 명품의 반열에 올려놓았다. 이 점에서 고려왕조는 진정한 문화·기술의 강국이었다.

4부

고려의 실리외교,
영토분쟁의 위기를 극복하다

서경으로 천도하려다
의문사한 정종

●

고려 제3대 왕인 정종은 945년 즉위 직후 왕규와 박술희를 제거해 자
신의 즉위에 결정적인 공을 세운 왕식렴을 공신으로 책봉한다.

그대(왕식렴)는 3대(태조·혜종·정종)의 원훈(元勳)이며 나라의 주석(柱石)
이다. …… 간신(왕규)이 흉악한 무리들과 손잡고 변란을 일으켰다. 옥
이 불에 들어가면 더욱 차가워지고, 소나무가 눈에 덮이면 더욱 푸르듯
이 그대는 역당들의 목을 베 기울어질 뻔한 나라를 바로 세웠다. 그대가
없었다면, 어찌 오늘의 내가 있겠는가? '나라가 어지러울 때 참된 신하를
알게 되고, 센 바람이 불 때 굳센 풀을 알게 된다'는 말은 그대를 두고 한
말임을 이제야 알겠다. 내가 만석(萬石)의 넓은 땅과 9주의 목사직을 모
두 준다 하더라도 어찌 그대의 공적에 보답할 수 있겠는가?

— 《고려사》 권92, 왕식렴 열전.

왕식렴의 책봉 조서인데, 내용이 지나치다. '만석의 넓은 땅과 9주의

목사직'을 주어도 아까울 게 없다는 식으로 왕식렴을 치켜세우고 있다. 왕식렴에게 기대어 정치를 하겠다는 정종의 속내가 그대로 엿보이는 대목이다. 강한 군사력을 가진 측근으로 인해 초래될 참혹한 대가를 알기나 하고 이런 말을 한 것일까?

왕규가 제거될 때, 연루자 300여 명이 죽임을 당했다. 박술희가 제거될 때도 그를 호위한 100여 명이 함께 제거되었다. 이같이 왕식렴 군대에 의해 수백 명이 살육당한 정변의 현장, 개경은 공포의 소용돌이에 휩싸였을 것이다. 최승로는 "혜종·정종·광종을 거치면서 개경과 서경의 문무관료 절반이 살해되었다"고 했다. 왕식렴이 숨진 뒤 광종의 개혁 때 희생된 관료 중에는 서경 관료가 많았겠지만, 개경 관료는 그보다 앞서 왕식렴이 가담한, 혜종과 정종 때 일어난 왕자의 난으로 희생되었다. 이 때문에 개경 관료와 이들과 연결된 호족 세력의 왕식렴과 정종에 대한 반감은 대단했을 것이다. 또한 정종의 외가인 충주 세력에 대한 반감도 적지 않았다.

서경 세력 공신에 의지한 천도 준비

정종 입장에서 수도 개경은 왕 노릇을 하기에 적당한 곳이 아니었기에 정치 무대를 바꿀 필요가 있었다. 그 대안은 강력한 후견인 왕식렴이 있는 서경이었다. 정종이 왕식렴을 과분하게 치켜세운 건 그런 정치적 포석에서 나온 것이었다. 정종이 서경 천도를 결심한 시점은 정확히 알 수 없으나, 즉위 직후 곧바로 천도를 생각했던 건 분명하다. 서경 천도는 어느 정도 명분도 있었다. 일찍부터 서경을 재건하고 그곳을 도읍지로 삼으려 한 태조 왕건은 즉위하자마자 이렇게 말했다.

옛 고구려 도읍지 평양은 황폐한 지 비록 오래되었으나 터는 아직도 남아 있다. 가시밭이 우거져 오랑캐들이 돌아다니며 사냥하다 우리 변경을 침략해 그 폐해가 크다. 백성을 그곳으로 이주시켜 나라를 오래도록 이롭게 하겠다. ―《고려사》권1, 태조 1년 9월조.

이어 태조는 사촌동생인 왕식렴을 보내 평양을 지키게 했다. 14년이 지난 932년(태조 15) 5월, 태조는 "서경을 완전히 보수하고 백성을 이주시킨 것은 그 땅에 의지해 삼한을 평정하고 장차 그곳에 도읍하려 한 것이다"[2]라고 밝혔다. 즉, 평양 재건이 성공적으로 이루어진 뒤 천도하려 했던 것이다. 결국 천도를 하지는 못하지만 평양을 중시한 태조는 숨지기 직전인 943년에 작성한 〈훈요십조〉에서 "서경은 수덕이 순조로워 우리나라 지맥의 근본이며, 대업을 만대에 전할 땅이다. 마땅히 사계절의 중간 달에 (국왕은) 그곳에 행차해 100일 이상 머물러 (나라의) 안녕을 이루도록 하라"(제5조)고 했다.

태조가 서경을 중시한 까닭은 고구려 계승론이나 풍수지리의 서경 길지론 때문이기도 하지만 더 중요한 건 현실적인 이유에서였다. 그는 평양을 재건하기 위해 황주·봉주·해주·백주·염주 지역의 주민을 이주시켰다.[3] 왜 이 지역 주민을 평양으로 이주시켰을까? 이들 지역은 옛 통일신라 최강의 부대인 패강진 부대의 근거지였다. 패강은 지금의 대동강이다. 패강진 부대는 평양에서 평산까지, 즉 지금의 평안도와 황해도 일대에 배치된 군대다. 당나라는 신라의 삼국 통일 뒤에도 이 지역에 대한 영유권을 주장해 신라가 함부로 개척할 수 없었다. 당나라는 735년(성덕왕 34)이 되어서야 비로소 이 지역을 신라 영토로 승인했다. 그 뒤 신라는 패강진 일대에 군대를 파견해 그 지역을 본격적으로 개

척하기 시작했다.[4]

패강진 일대의 군대는 왕건 부자가 궁예에게 귀부할 때 궁예 휘하에 들어갔다가, 고려 건국 후 고려군에 편입되었다. 따라서 패강진 부대는 고려 초기에도 여전히 왕조 최강의 지상군이었다.

태조가 서경을 중시한 현실적인 이유는 이곳 호족 세력의 지지를 얻어 그들의 군사력으로 후백제와의 전투에서 승리해 삼한을 통합하기 위해서였다. 서경 길지론과 고구려 계승론도 그런 명분을 뒷받침하는 근거로 내세워진 측면이 없지 않았다. 그럼에도 태조가 삼한 통합 후 서경으로 천도하지 못한 건 개경 기득권 세력의 완강한 반대 때문이었다. 개경이 태조의 태생지이자 본거지라는 점도 작용했다. 후원자 왕식렴이 서경에 있었지만, 부왕의 선례로 보아 정종의 서경 천도 역시 쉽지 않은 일이었다. 정종이 서경 천도를 즉위 후 곧바로 실천에 옮기지 못한 것은 이 때문이다.

전국 호족의 반발을 산 광군 조직

947년(정종 2) 2월 거란의 위협을 계기로 정종은 군사 30만 명으로 광군(光軍)을 조직해 거란의 침입에 대비하는 한편, 서경 천도 준비에도 착수한다.

> 최광윤(崔光胤)은 일찍이 빈공진사로 후진으로 유학을 떠났다가, 도중에 거란 사람들에게 붙잡혔다. 그러나 거란에서도 재능이 있다 하여 등용되어 벼슬에 임명되었다. 그는 거란의 사신으로 귀성(龜城, 고려 귀주)에 왔다가, 거란이 고려를 침입하려는 것을 알고 글을 써서 여진 사람을 통해

개심사터 5층 석탑 탑을 조성할 당
시 광군이 동원된 사실이 1011년에 완
성된 이 탑의 기단부에 기록되어 있다.
947년에 조직된 광군이 50여 년이 지
난 뒤에도 여전히 지방 군사조직으로
각종 공역에 동원되고 있었음을 알 수
있다. 경북 예천 소재.

고려에 알렸다. 이에 고려는 군사 30만 명을 뽑아 광군이라 했다.

—《고려사》 권92, 최광윤 열전.

최광윤은 태조 왕건의 문사인 최언위의 아들이다. 그가 정보를 제공
한 덕분에 정종은 광군을 조직하고 광군을 관리하는 전담 기구로 광군
사(光軍司)를 설치할 수 있었다. 정종은 같은 해(947) 거란의 침입에 대
비해 평안도 지역을 중심으로 국경 지역에 대대적으로 축성 작업을 했
다. 이는 단순히 성을 쌓고 방어시설을 설치하는 데 그치지 않고, 그곳
에 군사와 지역주민을 이주시켜 새로운 군사도시를 만드는 것이 목적

이었다. 서경을 방어할 배후도시를 건설하려는 목적도 있었다. 주목되는 것은 정종이 거란의 침입에 대비한다는 구실로 서북 지역에 축성을 하면서 서경에도 축성을 한 것이다.

즉위 직후 구상한 서경 천도가 반대에 부닥쳐 지체되다가, 거란의 위협을 명분으로 전국에 걸쳐 광군을 조직하고 국경 지역에 축성을 하는 과정에서 본격적으로 개시된 것이다. 광군 30만 명은 실제 동원 가능한 인원으로, 중앙군이 아니라 지방 호족 세력의 지휘 아래 조직되었다. 전국 규모의 농민 예비군의 성격을 띤 광군은 유사시에 군사력으로 전환할 수 있는 부대였다. 정종은 거란의 위협에 대처하는 가운데 호족이 지휘하는 군사력을 전국적으로 조직했던 것이다.

경북 예천에 개심사(開心寺)터 5층 석탑이 있다. 1011년(현종 2)에 완성된 석탑에 새겨진 기록에 따르면, 광군 46대(隊, 1대는 25명), 즉 1,150명이 동원되어 1년 만에 이 탑을 완성했다고 한다. 광군이 조직된 지 50여 년이 지난 뒤에도 여전히 지방 군사조직으로 석탑을 조성하는 등 각종 공역(工役)에 동원되고 있었음을 보여준다. 광군은 뒷날 고려 지방군인 주현군으로 편제된다.[5]

광군의 조직은 결국 호족들의 군사력을 중앙정부가 직접 장악하는 계기가 되었다. 그러나 정종의 중앙정부는 광군을 조직하는 과정에서 호족 세력의 커다란 반발을 불러일으켰다. 서경 천도는 수도 개경 기득권층의 반발에 그쳤지만, 광군의 조직은 전국에 걸친 호족 세력의 반발을 불렀다. 이로 인해 서경 천도도 다시 큰 압박을 받게 되었다. 정종이 천도에 착수한 지 2년 만인 949년(정종 4) 1월, 서경의 왕식렴이 갑자기 숨졌다. 그로부터 2개월 뒤인 그해 3월, 정종 또한 27세의 젊은 나이에 숨졌다. 비슷한 시기에 두 사람이 숨진 건 의문을 살 만한 일이다.

〔정종은〕 도참을 믿어 서경으로 도읍을 옮기려 장정을 징발하고 시중인 권직(權直)에게 명령해 궁궐을 경영하게 하니, 노역이 끊이지 않았다. 또 개경의 민가를 뽑아 서경에 보내자, 사람들이 마음으로 복종하지 않아 원망이 일어났다. 왕이 죽자 노역에 시달리던 사람들이 뛸 듯이 기뻐했다.

—《고려사절요》권2, 정종 4년조.

정종의 서경 천도는 '사람들이 마음으로 복종하지 않아 원망이 일어난' 무모한 정책, 즉 민심의 지지를 받지 못한 정책이었다. 더욱이 광군을 조직해 호족의 군사력을 직접 장악하려던 시도로 인해 반발은 더욱 거세었을 것이 분명하다. 두 마리 토끼를 쫓다 모두 놓친 꼴이다. 명분과 취지가 훌륭해도 지지를 받지 못한 정책은 성공하지 못한다는 건 변함없는 역사의 진리다.

■ 사후 30여 년 만에 내려진 정종에 대한 최승로의 평가

982년(성종 1) 최승로는 성종 이전 다섯 국왕인 태조·혜종·정종·광종·경종의 치적에 대해 평가한 바 있다. 이를 '5조정적평(五朝政績評)'이라 한다. 다음은《고려사》에 기록된 정종에 대한 최승로의 평가다.

정종은 태자로 있을 적에 이미 명성이 자자했습니다. 혜종이 병이 들어 위독하자 재상 왕규가 몰래 모의하여 왕실을 넘보았습니다. 정종은 이를 미리 알고 은밀히 서경의 충성과 정의감이 넘치는 장수들과 계책을 세워 대비했습니다. 난이 일어나려 하자 크게 군사를 일으켰으므로 간사한 계책이 성공하지 못하고 흉악한 무리들은 죽임을 당했습니다. 이는 비록 하늘이 그렇게 한 것이지만, 〔정종의〕 계책도 있었으니 어찌 뛰어나다고 하지 않겠습니까?

정종 즉위 후 지금까지 38년 동안 우리 왕조가 끊어지지 않은 것은 역시 정종의 힘 때문입니다. 정종은 형제로서 왕위를 계승해 밤낮으로 힘써 정성으로 통치에 힘을 쏟았습니다. 밤을 밝혀 조정의 선비를 만나고, 끼니를 거르고 모든 정사를 결정했습니다. 그 까닭에 즉위 초기에는 사람들이 기뻐했습니다.

그런데 도참설을 잘못 믿어 [서경] 천도를 결정했습니다. 또 천성이 강하고 군세어 고집을 굽히지 않고, 무리한 공사를 강행해 인부를 크게 고생시켰습니다. 이에 민심이 불복하여, 원망이 크고 빠르게 일어났습니다. 서경 천도를 하지 못한 채 세상을 떠났으니, 진실로 가슴 아픈 일입니다. —《고려사》 권93, 최승로 열전.

송과 거란 사이
능란한 줄타기 외교

●

993년(성종 12) 8월 거란이 고려를 공격했다. 이를 '거란의 제1차 침입'
이라 부른다. 당시 거란 장수 소손녕은 화의를 청하러 온 고려 장수 서
희와 만나 거란이 고려에 침입한 이유를 다음과 같이 밝혔다.

> 고려는 신라 땅에서 일어났고, 고구려 땅은 우리 소유인데 고려가 침략
> 하여 차지했다. 그리고 우리와 국경을 접하고 있는데도, 바다를 넘어 송
> 나라와 관계를 유지하고 있다. 그 때문에 오늘의 출병이 있게 된 것이다.
> 만약 고려가 땅을 떼어 바치고, 우리와 관계를 맺는다면 무사할 것이다.
>
> ―《고려사》권94, 서희 열전.

거란이 고려를 침입한 이유로 고려가 옛 고구려 영토를 점령하고, 거
란 대신 송과 관계를 맺고 있기 때문이라고 하자 서희는 이렇게 대답
했다.

아니다. 우리나라가 곧 고구려의 옛 땅이다. 그 때문에 국호를 고려라 하고 평양에 도읍한 것이다. 땅의 경계를 따지자면 거란의 동경도 모두 우리 영토 안에 있다. 어찌 고려가 점령했다는 말인가? 압록강 안팎도 우리 영토인데 여진족이 몰래 점거해 거란으로 가는 길이 막혀 거란과 관계를 맺지 못하고 있다. 만약 여진족을 쫓아내고 우리 옛 땅을 돌려주어 성을 쌓고 도로를 통하게 해준다면 거란과 관계를 맺을 것이다.

—《고려사》권94, 서희 열전.

거란이 고려를 침입한 목적은 고려가 점령한 고구려 영토를 돌려받으려는 것이 아니었다. 그보다는 고려가 송과의 관계를 단절하고 거란과 관계를 맺게 하려는 것이 더 큰 목적이었다. 그런데 그동안 우리는 서희의 답변 가운데 고려왕조가 고구려를 계승했다는 사실을 더 강조해왔다. 서희의 '고구려 계승론'은 민족의식을 강조하는 역사교육에서 더없이 좋은 소재이기 때문이다. 그러나 그것만 강조하면 고려와 거란이 전쟁을 벌인 의미를 객관적으로 바라볼 수 없다.

고려가 송과의 관계를 차단하고 자국과 관계를 맺게 하려는 것이 거란의 침입 목적임을 알아차린 서희는 두 나라 관계를 정상화하기 위해 압록강 주변의 여진족을 몰아내고, 그 지역을 고려의 영토로 돌려줄 것을 제안하여 관철시켰다. 거란과 외교 관계를 재개하는 조건으로 압록강 이동 280리 지역을 고려 영토로 편입한 것이다. 이는 고려 실리외교의 전형을 보여준다. 거란과의 전쟁은 고구려 계승론과 같은 민족의식의 경연장이 아니라 국익이 걸린 영토분쟁이었다.

외교술로 대처한 송과 거란의 영토분쟁

인류 역사상 전쟁은 대부분 영토분쟁에서 시작되었다. 993년 거란의 제1차 침입에서 1019년(현종 10) 강감찬(姜邯贊)의 귀주대첩까지 30년 가까이 이어진 두 나라 간 전쟁의 본질 역시 영토분쟁이었다. 그러나 단순한 영토분쟁이 아니었다. 이 전쟁을 영웅 서희와 강감찬의 활동에 초점을 둔 그동안의 시각에서 벗어나 좀 더 국제적인 시각에서 바라볼 필요가 있다. 그렇다면 거란은 왜 전쟁을 일으켰을까?

960년(광종 11) 중국에서 송나라가 건국되면서 동아시아 세계는 영토분쟁에 휩싸인다. 거란의 도움으로 후진을 건국한 석경당(石敬瑭)은 지금의 베이징 지역이 포함된 보하이만 이북의 연(燕)·운(雲) 등 16개 주, 이른바 '연운 16주' 지역을 거란에 양도한다. 송나라는 건국 후 거란에 이 영토의 반환을 요구한다. 거란이 거부하자 979년(경종 4) 송 태종은 거란을 치기 위해 북벌(北伐)에 나선다. 동아시아 영토분쟁의 시작이다.

거란은 송나라와의 전쟁에 앞서 후방 지역의 안정을 위해 983년(성종 2)부터 압록강 일대 여진족을 정벌한다. 이어 985년(성종 4) 발해 유민이 세운 정안국(定安國)을 무너뜨린다. 이런 거란의 움직임에 대비해 고려와 송나라는 관계를 강화한다.

연운 16주는 중국의 땅인데 오랑캐들이 차지했다. 이곳을 오랑캐의 풍속에 빠지게 할 수 없다. 이제 군사를 일으켜 정벌하고자 한다. 〔고려〕 국왕은 오래전부터 중국의 풍속을 사모하고 평소 밝은 계략과 충성스러운 절의로 나라를 다스려왔다. 그런데 오랑캐(거란)와 국경을 접해 많은 해를 입어왔으니, 이제 그 분함을 씻을 기회다. 두 나라가 군사를 일으켜 함께 오랑캐를 정벌할 것이다. 좋은 기회는 두 번 오지 않으니 함께 도모하기 바란다. 노획한 포로와 소·양·재물 등은 모두 고려 장수와 군사에게 상으로 나누어주겠다. —《고려사》권3, 성종 4년 5월조.

이 글은 송나라가 985년 신료인 한국화(韓國華)를 고려에 보내 거란 협공을 요청한 외교 문서다. 송나라는 2년 전 고려 성종을 이미 책봉했는데, 이번에 다시 책봉하면서 거란과의 전쟁에 나설 것을 요청했다. 책봉은 해당 국왕의 정치적 입지를 강화하는 한편, 그 나라를 품으려는 외교의례다. 즉위 후 한 번의 책봉이 관례인데, 송나라는 이후 세 차례(성종 7, 9, 11년) 더 성종을 책봉한다. 다섯 차례의 책봉은 매우 이례적인 일이다. 여기서 거란과의 전쟁에 고려를 끌어들이려는 송나라의 다급한 사정을 엿볼 수 있다. 그러나 고려는 냉정했다. 거란을 외교적으로 압박하려는 목적에서 송과 관계를 맺은 것이지 군사동맹으로 또 다른 화를 자초할 정도로 어리석지는 않았다. 고려는 시간을 끌면서 송의 요구를 거부했다.

'천혜 요새' 강동 6주를 넘긴 거란의 패착

여진족을 정벌하고 발해 유민이 세운 정안국까지 정벌한 거란은 마침내 993년(성종 12) 고려에 침입한다(제1차 침입). 송나라를 고립시키고 후방의 안전을 확보해 장차 송나라와의 전쟁에서 승리하려는 다목적 노림수가 숨어 있었다.

거란의 의도를 간파한 서희는 "만약 압록강 주변의 여진족을 쫓아내고 우리 옛 땅을 돌려주어 성을 쌓고 도로를 통하게 해준다면 관계를 맺을 것이다"는 제안을 했다. 거란이 이를 수용하자, 고려는 송과 관계를 끊고 거란과 외교 관계를 맺는 대가로 압록강 이동 280리 지역을 확보한다. 고려는 이듬해(994) 송나라에 거란의 침략을 알리고 군사동맹을 제안한다. 송나라가 거부하자 이를 빌미로 송나라와의 관계를 단절한다. 고려는 압록강 이동 280리 지역에 있는 여진족을 몰아내고 흥화(興化)·통주(通主)·용주(龍州)·철주(鐵州)·곽주(郭州)·귀주(龜州) 등 6주를 요새화하여 압록강까지 영토를 확보한다. 6주는 '압록강 이동'에 있다고 하여 흔히 '강동 6주(혹은 6성)'라 한다. 한편, 거란은 1004년(목종 7) 송나라를 굴복시키고, 연운 16주 지역을 자국 영토로 확정한다. 전쟁에서 패한 송나라는 치욕스럽게도 해마다 막대한 물품을 거란에 배상해야 했다.

거란은 압록강 이동 지역을 고려에 넘겨줄 당시만 해도 이 지역이 뒷날 거란에 엄청난 재앙을 안겨줄 것이라고 예상하지 못했다. 이곳에 설치한 6개의 군사도시인 강동 6주의 중요성을 알지 못했던 것이다.

거란은 997년(성종 16)과 998년(목종 1) 동북(함경도)의 여진족 정벌에 나선다. 지름길은 강동 6주의 서북 지역을 통하는 길인데, 이 지역을 고려에 넘겨준 까닭에 함흥, 황초령 등 북방 지역을 우회해 여진을 정벌한다. 거란은 길이 멀고 식량이 끊겨 군사와 병마가 많은 피해를 봤으며 정벌에도 실패한다. 거란의 입장에서 볼 때 강동 6주는 동북 지역으로 진출하는 교통의 요지였다. 또한 압록강을 넘어 남쪽으로 내려올 때에도 반드시 6주를 거쳐야 했다.

고려는 이곳의 여진족을 내쫓고 6주를 요새화했다. 거란은 물론 뒷날 몽골군도 이 지역에서 패배했을 만큼 강동 6주는 천혜의 요새로서 전략 거점이었다. 압록강 하류는 산둥반도-한반도-일본으로 이어지는

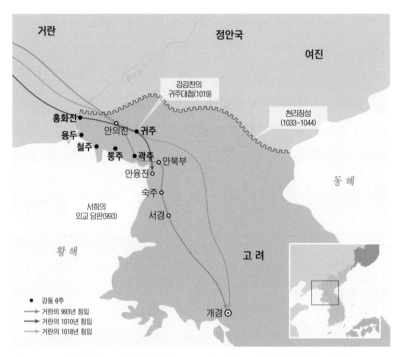

강동 6주의 위치를 나타낸 지도에는 다음 지명들이 표시되어 있다.

거란, 정안국, 여진, 강감찬의 귀주대첩(1019), 천리장성(1033~1044), 홍화진, 용두, 철주, 안의진, 귀주, 통주, 곽주, 안북부, 안융진, 숙주, 서희의 외교 담판(993), 서경, 동해, 황해, 고려, 개경

범례: 강동 6주, 거란의 993년 침입, 거란의 1010년 침입, 거란의 1018년 침입

강동 6주 고려와 거란은 군사적 요충지인 강동 6주를 둘러싸고 100년에 걸쳐 전쟁을 벌였다.

해로의 길목이자 송나라·여진·고려·거란 사이에 교역이 이루어지던 곳으로, 강동 6주는 압록강 지역의 교역을 감시·견제하는 가치를 지닌 곳이기도 했다.

강동 6주가 교통·군사·경제의 중요한 거점임을 뒤늦게 알게 된 거란은 송과의 전쟁이 끝난 뒤 고려에 강동 6주의 반환을 요구한다. 현종 때 재연된 거란과의 전쟁은 결국 강동 6주의 반환을 둘러싼 또 다른 형태의 영토전쟁이었다. 1010년(현종 1) 11월 거란은 목종을 폐위한 강조의 정변을 구실로 40만 대군을 이끌고 고려에 침입한다(제2차 침입). 현종은 그해 12월 남쪽으로 피란하고, 거란은 이듬해 1월 개경을 점령한

다. 고려가 거란에 화의를 요청하자 거란은 고려 국왕이 거란에 가서 항복하는 조건으로 철수한다. 1012년(현종 3) 6월 고려는 국왕의 병을 이유로 거란행을 거부한다. 그러자 거란은 "홍화·통주·용주·철주·곽주·귀주 등 6주를 점령하겠다"며 본심을 드러낸다. 강동 6주의 반환을 관철하는 게 거란의 침입 목적이었던 것이다.

거란이 사신 야율행평(耶律行平)을 여러 차례 보내 6주의 반환을 요구하자, 고려는 1014년(현종 5) 거란 사신을 억류하는 강경책을 구사한다. 다른 한편으로 고려는 송나라에 사신을 보내 중단된 외교 관계를 재개함으로써 거란을 압박해 그들의 무리한 요구를 막으려는 외교 전술을 펼친다.

그해 거란은 6주의 반환을 요구하면서 고려에 침입해 압록강 동쪽의 요충지 보주(保州, 의주)를 점령한다. 보주 반환을 둘러싸고 두 나라 사이에 독도 영유권 분쟁에 비견될 100년간의 긴 영토분쟁이 시작된 것이다. 이는 뒤에 다루기로 한다.

거란의 침입에 다급해진 고려는 1015년(현종 6) 11월 곽원(郭元)을 송나라에 보내 도움을 요청한다. 송나라는 고려에 거란과의 화해를 권하면서 고려의 요구를 완곡하게 거부한다. 그럼에도 고려는 이듬해 송나라 연호를 사용하면서 거란과의 관계를 단절하는 강경책을 편다. 이처럼 고려는 '영원한 동지도 영원한 적도 없다'는 국제질서의 명언을 역사에서 실천한 왕조 가운데 하나다.

고려와 거란, 두 나라 사이에 전면전은 불가피했다. 1018년(현종 9) 12월 거란의 소배압(蕭排押)이 10만의 군사를 이끌고 고려를 쳐들어왔다. 고려는 강감찬을 최고사령관, 강민첨(姜民瞻)을 부사령관으로 임명해 군사 20만 8,300명을 거느리고 영주(寧州, 평남 안주)에 주둔케 하여 마지막 결전에 대비했다. 1019년(현종 10) 2월 강감찬은 마침내 거란군을 크게 물리쳤다(귀주대첩).

> 〔1019년〕 2월 강감찬이 귀주에서 거란군과 싸웠다. 승패가 나지 않았는데, 부하 김종현(金宗鉉)이 군사를 이끌고 세를 불리자 군사들이 용기를 내 싸워 거란병을 패주시켰다. 도망가는 거란병을 추격하자 시체가 들판을 덮었다. 사로잡은 포로와 노획한 말·낙타·갑옷·무기는 헤아릴 수 없고, 살아 돌아간 자는 불과 수천 명이었다. 거란이 이같이 패한 적은 이전에 없었다. 거란의 왕이 소손녕(소배압의 오기)을 꾸짖기를 "네가 적을 얕잡아보고 적국 깊이 들어가 이렇게 패했다. 무슨 면목으로 나를 보겠는가. 마땅히 너의 낯가죽을 벗긴 뒤 죽일 것이다"라고 했다.
>
> ─《고려사》 권94, 강감찬 열전.

동아시아 영토분쟁의 파고(波高)는 고려와 거란의 전쟁을 유발했다. 이 전쟁은 국지전이 아니라 국제전의 일부였다. 고려는 군사력과 외교력을 동시에 구사하면서 전쟁을 유리하게 이끌어갔다. 송과의 관계를 지렛대로 거란을 견제하고 때로는 과감하게 송과 외교 관계를 단절해 실리를 챙겼다. 군사적으로 유리한 국면에서는 전면전을 통해 거란을 패주시켰다. 국익을 위해 강경노선과 유화노선을 적절하게 배합한 고려의 외교 및 군사 전략은 지금도 배울 점이 적지 않다.

영토분쟁과
19세 덕종의 수상한 죽음

1905년 일본이 독도를 시마네현에 강제 편입하면서 시작된 '독도 영유권 분쟁'은 100년이 지났지만 여전히 현재진행형이다. 이와 비슷한 영토분쟁이 고려 때도 있었다. 1014년(현종 5) 거란이 압록강 동쪽 고려 영토인 보주성을 점령한 뒤 고려가 이곳을 되찾은 건 100여 년 뒤인 1117년(예종 12)이다. 거란이 보주를 실효적으로 지배한 점만 다를 뿐 장기간에 걸친 영토분쟁이란 점에서 독도 영유권 분쟁과 다를 바 없다.

거란은 993년(성종 12)에 이어 1010년(현종 1) 두 번째로 고려에 침입한다. 고려는 국왕 현종이 거란에 직접 가서 항복하겠다는 조건으로 화의를 맺는다. 그러나 현종이 거란에 가지 않자, 거란은 이를 빌미로 강동 6주의 반환을 요구한다. 이마저 고려가 거부하자, 1014년 6월 거란은 압록강에 부교(浮橋)를 설치해 고려 영내로 들어와 보주성을 점령한다. 고려로서는 묵과할 수 없는, 명백한 영토 침략 행위였다. 고려는 6개월 뒤인 1015년 1월 보주성을 공격한다.

의주성 남문 현재 북한이 국보로 지정한 의주성 남문 전경. 고려 영토였던 의주(당시 지명은 보주)는 1014년부터 103년간 거란에 점령되었다 1117년에 다시 고려에 편입되었다. 고려는 의주를 되찾기 위해 거란과 분쟁을 거듭했다.

거란이 압록강에 다리를 놓은 뒤 그것을 끼고 동서로 성을 쌓았다. 고려는 군사를 보내 공격해 깨뜨리고자 했으나 이기지 못했다.

—《고려사》 권4, 현종 6년 1월조.

《고려사》의 기록에서 거란이 쌓은 압록강 동서의 성은 서쪽의 정원성(定遠城)과 동쪽의 내원성(來遠城)이다. 거란은 고려의 보주성을 점령한 후 내원성으로 이름을 고치고 그들의 영토로 편입했다. 보주성 점령 4개월 만인 1014년 10월 거란은 또다시 고려 침입을 단행한다. 그로부터 3개월 뒤인 1015년 1월 고려는 앞의 기록과 같이 기습적으로 내원성, 즉 보주성을 공격하나 탈환에 실패한다. 이 전쟁은 5년 뒤인 1019

년 2월 강감찬이 이끄는 고려군이 거란을 물리치면서 종결된다. 그러나 당시 고려는 보주성을 돌려받지 못했다.

그로부터 100년이 지난 1117년 고려가 이 지역을 탈환하여 의주(義州)로 이름을 고친 뒤 조선을 거쳐 근대에 이르기까지 이 지역은 중국 대륙과 한반도를 오가는 육로의 요충지였다. 거란의 보주성 점령은 강동 6주를 돌려받기 위해 군사적으로 고려를 압박하려는 거란의 선제 공세였다. 교통 및 전략적 요충지인 강동 6주의 지정학적 가치를 거란이 그만큼 중요하게 여겼다는 방증이다.

보주성을 둘러싼 고려와 거란의 힘겨루기

1019년 강감찬의 활약으로 거란의 침입을 물리쳤음에도 보주성은 돌려받지 못한 고려는 그 10년 뒤 다시 보주성을 공격한다.

현종 20년(1029) 흥요국이 거란에 대해 반란을 일으켰다. 거란이 고려에 원군을 요청했다. 문신 곽원은 왕에게 "거란이 압록강 동쪽에 점령한 성을 이번 기회에 공격해 빼앗아야 합니다"라고 건의했다. 그러나 최사위(崔士威)·서눌(徐訥)·김맹(金猛) 등은 상소를 올려 불가능하다고 반대했다. 곽원은 고집을 굽히지 않고 군사를 동원해 공격했으나 실패했다. 그 때문에 울화가 치민 나머지 등창이 나서 죽었다.

—《고려사》권94, 곽원 열전.

위 글은 1029년 발해 후손 대연림이 거란에 반란을 일으켜 흥요국을 세우자, 거란이 고려에 흥요국 진압을 위한 구원병을 요청했다는《고

천리장성 압록강 하구에서 동해안의 도련포까지 이어진 천리장성은 동북 방면의 여진족과 서북 방면의 거란족을 막아내는 데 큰 역할을 했다.

려사》의 기록이다. 이때 보주성 공격을 제안한 곽원은 거란이 1014년 6월 침입을 단행했을 때 이듬해에 사신으로 송나라에 가서 원군을 요청했던 인물로, 거란에 강경한 입장을 가진 매파였다. 곽원은 다른 중신들의 반대에도 불구하고 보주성을 공격했으나 실패한다. 이로써 고려는 1015년 1월에 이어 14년 만에 단행한 두 번째 보주성 탈환 전투에서도 패배한 것이다.

2년 뒤인 1031년 5월 현종이 숨지고 아들 덕종(德宗, 재위 1031∼1034)이 즉위한다. 덕종의 나이 16세였다. 그해 6월 고려 침입을 주도한 거란 국왕 성종이 사망하자 10월에 고려는 그의 장례식과 흥종(興宗)의 즉위식에 사신을 파견해 보주성 반환을 요구한다. 고려가 이같이 거란을 압박할 수 있었던 건 국제 정세가 변하고 있었기 때문이다.

흥요국 건국 같은 발해 부흥운동 직후 거란 성종이 숨지고, 부마 필제(匹梯)가 반란을 일으키는 등 거란의 정세가 어수선하고 불안해지자 고려는 이를 틈타 보주성을 돌려받으려 한 것이다. 당시 고려는 덕종의 장인 왕가도(王可道)가 정국을 주도하고 있었다. 왕가도는 거란에 강경한 입장을 견지한 매파였다. 매파와 비둘기파를 적절하게 이용해 정국을 주도하던 현종이 죽자, 매파인 왕가도가 정국의 주도권을 잡은 것이다. 1031년 11월 거란 성종의 장례식에 참석했던 고려 사신이 귀국한다.

　　이 시기의 《고려사절요》 기록을 보자.

〔사신〕김행공(金行恭)이 귀국하여 "거란이 우리 고려의 요구를 거부했습니다"라고 보고했다. 평장사 서눌 등 29명은 "사신 파견을 중단해야 합니다"라고 했다. 반면 중추사 황보유의(皇甫兪義) 등 33명은 "거란과의 단교는 결국 〔전쟁으로 이어져〕 백성을 피곤하게 하는 폐단을 가져올 것이니, 거란과의 관계를 유지해 백성을 쉬게 하는 것이 좋습니다"라고 반박했다. 그러나 덕종은 서눌과 왕가도의 의견에 따라 사신 파견을 중단하고 사망한 거란의 성종 연호만 사용하기로 했다.

—《고려사절요》 권3, 신미 22년-덕종 즉위년 11월조.

　　거란이 보주성 반환을 거부하자 고려는 새로 즉위한 흥종의 연호 사용을 거부한 것이다. 거란의 새 국왕을 인정하지 않겠다는 뜻이다. 고려는 이듬해인 1032년(덕종 1) 정월 거란 사신의 입국도 거부한다. 거란과 외교 관계까지 단절한 것이다. 고려는 이어 삭주(보주 인근), 영인진(함경도 영흥), 파천현(함경도 안변) 등지에 성곽을 쌓아 거란의 침입에 대비한다. 이러한 조치의 연장선상에서 1033년 압록강 하구에서 함경도 안변 도련포까지 천리장성 축조에 착수했다(1044년 완성).

덕종과 강경파 장인 사망 뒤 타협론 득세

그런데 덕종이 즉위 3년 만에 19세의 젊은 나이에 숨지자 상황은 급변한다. 17세의 어린 덕종의 동생이 정종(靖宗, 재위 1034~1046)으로 즉위한 이듬해인 1035년 거란은 외교 관계를 재개하자는 요구를 해온다. 여러 차례 교섭이 이루어지고 마침내 1039년(정종 5) 두 나라는 보주성 문제에 타협하고, 8년간 중단된 외교 관계를 재개한다.

거란은 선왕(성종)의 유지(遺志)를 거스를 수 없다는 구실로 보주성 반환을 여전히 거부했다. 대신 그 지역에 고려인의 농경과 정착은 허용했다. 보주성을 돌려받지는 못했지만 고려 농민의 경작과 정착권을 획득한 건 고려가 거란의 보주성 영유를 인정하지 않았으며 언제든 반환의 불씨를 살릴 근거를 얻었다고 평가할 수 있다. 어쨌든 결국 보주성 영유권 문제는 긴 시간을 요하는 장기 과제로 남게 된 셈이다. 그런데 보주성 문제가 8년 만에 타협론으로 급변한 이유는 무엇 때문일까?

거란은 탐욕스럽고 사나워 믿을 수 없는 나라이므로 태조(왕건)가 그들을 깊이 경계했다. 그러나 대연림의 난(발해의 후신인 흥요국을 건설한 일)을 계기로 거란과의 구호(舊好)를 버리는 것 또한 좋은 계책은 아니었다. 현종은 어려운 때에 반정(反正)을 일으킨지라 미처 신경 쓸 겨를이 없었다. 덕종은 어린 나이에 즉위한지라 더욱 전쟁을 경계해야만 했다. 〔거란과〕 화친의 의리를 끊자는 왕가도의 주장은 화친을 유지하면서 백성을 쉬게 하자는 황보유의의 주장보다 좋지 않았다. 정종이 왕위를 계승한 지 3년 만에 최연하(崔延嘏)가 거란에 사신으로 가고, 그 이듬해 거란 사신 마보업(馬保業)이 왔다. 이때부터 (고려와 거란은) 다시 화평을 유지했다.

—《고려사》권5, 정종 12년, 이제현의 정종에 대한 사평.

이처럼 고려 후기 역사가 이제현은 《고려사》에서 정종의 타협론을 긍정적으로 평가하고 있다. 원과 고려의 원만한 관계를 희구한 원 간섭기 지식인의 입장에서 나올 수 있는 당연한 평가다. 그런데 앞의 글을 보면, 타협론이 나오기까지 매파를 대표한 왕가도의 단교론(斷交論)과 황보유의의 화친론(和親論) 사이에 치열한 정치적 대립과 갈등이 있었음을 알 수 있다. 특히 정종은 거란에 보낸 문서에서 '보주성 반환 주장은 전왕(덕종)이 제기한 것'이라고 선을 분명히 긋고 거란과 타협한다. 즉, 보주성 문제와 관계 재개는 별개라는 논리다. 아마도 정종의 즉위와 타협론의 득세 뒤에는 고려 정국 내부의 엄청난 혼란이 있었을 것이다.

이승휴는 《제왕운기》에서 "덕종은 어찌해서 (재위 기간이) 4년에 그쳤는가? 봉황이 와서 태평성세를 송축하네"라고 당시 역사를 시로 읊었다. 《고려사》에는 나오지 않는 기록이다. 이 시는 덕종 때 강경론을 주도한 정치 세력의 몰락이 덕종의 죽음을 재촉했고, 이후 정국이 안정을 되찾은 사실을 암시한다. 덕종의 장인으로 정국을 주도한 왕가도가 1034년(덕종 3) 5월 사망하고, 덕종도 그해 9월 숨진 사실이 이를 뒷받침한다. 덧붙여 이보다 90여 년 전인 949년 1월 후견인 왕식렴이 죽자, 서경 천도를 추진한 정종(定宗)도 2개월 뒤 재위 기간을 만 4년도 채우지 못하고 사망한 사실이 떠오른다. 덕종은 천수를 누리지 못한 것이 분명하며, 그렇게 볼 때 그의 죽음은 보주성 문제를 둘러싼 강온

(強穩) 양론 사이의 정치적 갈등의 결과였다. 이승휴의 언급 외에 확인할 기록이 없다는 게 유감이지만, 타협론이 등장하기까지 엄청난 정치적 희생과 대가가 뒤따랐던 것이다. 덕종의 죽음으로 온건론(타협론)이 정국을 주도함에 따라, 보주성 문제는 이후 80년의 긴 시간 동안 지루한 외교전을 통해 해결의 길을 모색하게 된다.

■ 흥요국과 발해 부흥운동

흥요국은 발해 유민들이 발해 부흥운동을 일으키면서 건국한 국가다. 1029년(현종 20) 8월 거란 동경요양부 장수로 활약하던 친거란파 발해 유민인 대연림이 거란 정국의 내분과 실정, 그리고 발해인에 대한 수탈로 민심이 동요하는 틈을 타 흥요국을 건설했다. 한편 흥요국 건국 이전에 발해 유민들이 세운 후발해(929~1114), 정안국(938~986) 등이 있었는데, 흥요국 건국은 발해 유민들의 발해 부흥운동의 또 하나의 결실이라 할 수 있다. 다음은 대연림의 흥요국과 고려와의 관계를 알려주는 기록이다.

• 〔1029년 12월〕 흥요국 태사(太師) 대연정(大延定)이 동북 여진족을 이끌고 거란과 싸울 때 사신을 보내 고려에 구원을 요청했으나 왕이 허락하지 않았다. 그 이후로 길이 막혀 거란과의 관계가 두절되었다.[1]
• 〔1030년 1월〕 흥요국에서 다시 수부원외랑(水部員外郎) 고길덕(高吉德)을 보내 고려에 군사를 청했다.[2]
• 〔1030년 7월〕 흥요국 행영도부서(行營都府署) 유충정이 영주자사(寧州刺史) 대경한(大慶翰)을 고려에 보내 도와줄 것을 요청했다.[3]
• 〔1030년 9월〕 흥요국 영주자사(郢州刺史) 이광록(李匡祿)이 긴급함을 알리러 왔다가 흥요국이 멸망했다는 소식을 듣자 돌아가지 않고 고려에 머물렀다.[4]
• 거란 동경장군 대연림이 반란을 일으켜 나라를 세우고 흥요국이라 자칭했다.

형부상서 곽원이 그 틈을 타 (거란이 점령한) 압록강 동쪽을 공격할 것을 청했다. 최사위가 서눌 등과 상소해 반대했다. 곽원이 고집해 공격했으나 실패했다. 대연림이 임명한 태사 대연정이 동북 여진족을 이끌고 거란과 전투를 벌이다 고려에 원군을 요청했다. 왕이 여러 신하들의 의견을 들었다. 최사위가 평장사 채충순(蔡忠順)과 함께, "전쟁이란 위험한 일이니 신중해야 합니다. 흥요국과 거란이 서로 싸우는 것이 우리에게 이익이 될 수도 있으니 성곽을 수축하여 사태를 관망해야 합니다"라고 말했다. 왕이 그 의견을 따랐다.[5]

외교 전술로 끝을 낸
100년 영토분쟁

1117년(예종 12) 3월, 금나라의 공격에 쫓긴 거란이 보주성에서 철수한다. 고려는 마침내 보주성을 고려 영토로 편입하고, 보주를 의주로 명칭을 고친다. 1014년 이래 103년 동안 고려가 기울인 적공(積功)으로 100년 영토분쟁이 종결된 것이다. 이를 축하하기 위해 예종에게 올린 신하들의 글은 감격에 겨워 비장한 느낌마저 든다.

압록강의 옛 터(보주)와 계림의 옛 땅은 멀리 선조 때부터 옷깃과 허리띠와 같이 우리나라를 둘러싼 요새였습니다. 중간에 거란에게 빼앗겨, 온백성이 분노하고 신(神)조차 수치심을 느꼈습니다. 거란과 금나라가 전쟁을 벌이는 바람에 보주성의 향방이 어찌 될까 걱정했는데, 하늘이 금나라로 하여금 이 땅을 우리에게 헌납하도록 길을 열었고, 거란이 성을 버리고 도망했으니 이는 사람의 힘으로는 될 수 없는 일입니다. 그곳의 우물과 연못이 우리 땅이 되어 세금을 매기고 농사를 짓게 되었으며, 우리의 영토를 넓히게 되었습니다. ─《고려사》 권14, 예종 12년 3월조.

압록강에서 한반도 남쪽 끝 계림의 땅까지 전부 우리 땅이라는 분명한 영토의식을 보여주는 글이다. 보주성 탈환에 인간이 아닌 신의 힘이 작용했다는 것은 수사일 뿐이다. 그 뒤에는 고려 특유의 유연하면서 한쪽으로 치우치지 않는 외교 전략이 작용했다. 이런 사실을 읽어야 100년 영토분쟁의 교훈을 얻을 수 있다.

> 현종·덕종·정종·문종은 아비(현종)에 이어 아들(덕종)이 뒤를 이었으며, 형이 죽자 동생(정종과 문종)이 왕위를 이어 근 80년 동안 국가의 전성기를 이루었다. …… 문종은 불필요한 관원을 줄이고 일을 간소하게 했고, 비용을 줄여 나라가 부유하게 되었다. 나라의 창고에는 해마다 곡식이 쌓이고, 집집마다 넉넉하고 풍족하니 당시 사람들이 태평성대라 불렀다.
> —《고려사》권9, 문종 37년 이제현의 문종 사평.

고려 후기 역사가 이제현은 현종·덕종·정종·문종으로 이어지는 80년간을 고려왕조의 전성기로 쳤다. 특히 문종 때를 일컬어 고려가 가장 번성한 태평성대라 했다. 그러나 "천석꾼은 천 가지 걱정, 만석꾼은 만 가지 걱정"이란 말처럼 전성기를 이끈 문종에게도 걱정은 있었다.

태평성대에 재개된 거란의 도발

1039년(정종 5) 거란과의 타협으로 소강 상태였던 보주성 문제가 문종 때 다시 불거졌다. 고려가 보주성 탈환을 위해 군사적 공세를 취했던 덕종 때와 달리 이번에는 거란이 보주성을 거점으로 공세를 취하기 시작했다. 이 사실은 1055년(문종 9) 7월 고려가 거란의 동경유수에게 보낸 항의 문서에서 확인된다.

> 고려는 기자의 나라를 계승하여 압록강을 국경으로 삼아왔다. 전태후(前
> 太后, 거란 성종의 모후)께서도 압록강을 경계로 삼게 했는데, 귀국(거란)은
> 우리 영토에 들어와서 다리를 놓고 성을 설치했습니다. …… 최근에는
> 보주성에 군사시설을 증강하여 우리나라 사람을 놀라게 했습니다. 황제
> (거란의 왕)에게 보고하여 귀국이 설치한 다리와 보주성의 군사시설을 철
> 거하여 영토를 우리에게 반환하기 바랍니다.
>
> —《고려사》권7, 문종 9년 7월조.

항의 문서를 보내기 한 해 전인 1054년 7월 거란이 보주성에 신설한
군사시설을 철거할 것과 영토 반환을 요구하는 내용이다. 1039년에 이
미 타협을 본 보주성 문제가 거란의 군사시설 증강으로 16년 만에 다
시 분쟁의 수면 위로 떠오른 것이다. 게다가 이듬해인 1056년 거란은
보주성 일대에서 농경지를 확장하기 시작한다.

이런 거란의 도발을 무력화하기 위해 고려가 선택한 수단은 외교 전
략이었다. 1071년(문종 25) 3월 고려는 송나라와 50년 만에 외교 관계
를 재개했다. 두 나라의 연합을 가장 꺼려하는 거란의 약점을 노린 것
이었다. 1004년 거란과의 영토전쟁에서 패해 매년 막대한 공물을 바
치는 치욕을 당해온 송나라는 당시 신법당(新法黨, 송나라 신종의 후원 아
래 부국강병을 추구하는 '신법新法'으로 혁신정치를 편 왕안석을 지지한 정파)
이 정국을 주도하고 있었다. 신법당은 거란을 제압하기 위해 그 배후
의 고려와 연합한다는 이른바 '연려제요(聯麗制遼)'의 외교 전략을 수립
했다. 고려는 송나라의 이런 의도를 꿰뚫어보고 있었다.

외교 관계를 재개한 두 나라는 이후 유례가 없을 정도로 활발하게 교류한다. 송나라와 거란의 대립을 적절하게 이용해 영토분쟁을 유리하게 이끈 고려식 등거리 실리외교의 전형적인 모습이다. 고려와 송의 외교 관계 재개로 군사시설 증강 같은 무력시위가 실익이 없다는 점을 알게 된 거란은 보주성의 영유권을 확고히 하기 위해 그 일대에 무역장을 설치하는 정책으로 선회한다. 고려에 대한 거란의 무역장 설치 요구는 선종(宣宗, 재위 1083~1094) 때 본격화된다.

보주성은 한반도와 대륙으로 이어지는 길목이자, 압록강 일대의 교역 중심지였다. 거란은 이 지역의 교역권을 장악해 이익을 챙기는 한편으로 그 영유권을 영구화하려 했던 것이다. 고려가 무역장 설치를 받아들일 수 없었던 이유다.

거란이 압록강 언덕에 각장(権場, 무역장)의 설치를 도모하자, 이를 알아챈 고려는 중추원 부사 이안(李顏)을 대장경을 분향하는 임무를 진 것처럼 가장해 귀주로 보내 비밀리에 변방의 일(전쟁)에 대비하게 했다.

—《고려사》권10, 선종 5년 2월조.

1088년(선종 5) 2월의 일이다. 고려는 강동 6주 가운데 최고 요새인 귀주에 군사를 파견한다. 전쟁을 각오할 정도로 강경한 입장을 취한 것이다. 이어 그해 9월 고려는 사신을 거란에 보내 무역장 철회를 요구한다.

[994년 압록강 양안에 각각 성을 쌓아 두 나라의 영토로 삼으라는 거란] 성종이 보낸 교서의 먹이 마르기도 전 갑인년(1014)에 [거란이] 압록강에 다리를 놓아 길을 통했습니다. …… 몇 차례 건의를 했음에도 불구하고

아직까지 시설물들을 철거하지 않고 있으며, 하물며 이제 와서 신시(新市, 무역장)를 경영한다고 하니, 이는 선조(先朝, 거란 성종)의 남긴 뜻을 어기는 일이며, 소국(고려)이 충성을 다하고 있음을 옳게 여기지 않는 것입니다. 수천리 길에 수레(사신)의 왕래가 게으름을 잊고 90년 동안 공물을 바친 공로가 헛것이 되었습니다. 모든 사람이 마음속으로 탄식하고 원망하고 있습니다. 지금 고려는 선대를 이어 바깥 울타리를 지키던 얼마간의 즐거움이 다시 분노로 바뀌게 됩니다. 어찌 조그만 이익을 가지고 서로 원망을 맺어야 합니까? ―《고려사》 권10, 선종 5년 9월조.

거란이 무역장 설치를 철회하지 않을 경우 고려는 제후의 의무를 버리고 원망(전투)을 맺을지 모른다는, 선전포고에 가까운 내용이 들어 있다. 그 때문일까? 거란은 그해 11월 고려 사신이 귀국하는 편에 보낸 답서에서 "무역장 설치는 아직 논의 중인 사안이므로 고려는 더 이상 의심하지 말라"고 입장을 전한다. 사실상 무역장 설치 계획을 철회하겠다는 뜻이다. 이로써 이 문제는 마무리된다.

거란과 여진 사이 줄타기 외교로 보주성 회복

고려의 요구에 거란이 왜 쉽사리 응했을까? 고려가 친송 대신 친거란으로 외교정책을 선회하고, 거란은 무역장을 포기하는 카드를 서로 맞바꿈한 결과였다. 그러나 더 근본적인 이유는 당시 급변하기 시작한 대륙의 정세 때문이었다. 여진족이 점차 강성해지면서(1115년 금나라 건국) 고려와 거란 양국 국경을 침범하고 있었다. 여진의 군사적 위협에 대한 위기의식을 두 나라 모두 공유하고 있었던 것이다. 이에 대한 대처가 양국 간 영토분쟁보다 더 화급했다. 영토분쟁으로 여진족에게 어부지리(漁父之利)를 안겨줄 수는 없었던 것이다.

고려가 1104년(숙종 9)과 1107년(예종 2), 두 차례에 걸쳐 여진 정벌에 나선 것도 그 때문이다. 새로운 정세 변화로 인해 영토분쟁을 잠시 뒷전으로 미뤄둘 수밖에 없었던 것이다. 당시 고려가 친송 대신 친거란 정책을 편 것은 불가피한 선택이었다.

그럼에도 불구하고 고려는 보주성 반환의 끈을 놓지 않았다. 1115년(예종 10) 1월 금나라를 건국한 여진족은 곧바로 이웃 거란을 공격하기 시작했다. 다급해진 거란은 그해 8월과 11월 거듭 원병을 요청하지만 고려는 거부한다. 1116년 8월 금나라가 보주성을 공격하자, 고려는 사신을 금으로 보내 보주성은 원래 고려 영토란 사실을 알리고 탈환 후 반환할 것을 요구한다. 그러자 금나라는 고려가 직접 보주성을 탈환하라고 대답해 고려의 보주성 점령을 허용한다. 고려를 우군으로 삼아 거란과의 연합을 막으려는 금나라의 의도를 읽을 수 있다. 고려는 금나라의 이런 의도를 미리 꿰뚫고, 금나라에 사신을 보낸 것이다.

1117년 3월 금나라의 공격으로 보주성이 함락 직전에 이르자, 고려는 마침내 군사를 동원해 보주성을 점령한다. 이어 보주를 의주라 명칭을 고치고, 고려 영토에 편입한다. 영토분쟁이 전쟁 일보 직전으로 치닫는 긴박한 상황 속에서도 고려는 거란과 금나라에 대해 적대정책 대신 신뢰와 화해의 외교 전술을 구사했다. 즉, 여진족(금나라)에 공동으로 대응하겠다는 외교·군사적 신뢰를 거란에 보여주는 한편으로, 거란의 군사 요청을 거부해 신흥 강국 금나라를 안심시킨 것이다. 보주를 둘러싼 100년의 영토분쟁을 종결시킨 건 이렇게 어느 한쪽으로 치우치지 않았던 고려의 유연한 외교 전략이었다.

숙종과 예종의 실험,
부국강병 정책

●

부왕 숙종(肅宗, 재위 1095~1105)의 상을 마친 예종은 1107년(예종 2)
12월 17만의 군사로 제2차 여진 정벌을 단행한다. 1104년(숙종 9) 제1
차 여진 정벌이 실패한 지 3년 만이었다. 출정 후 넉 달 만인 이듬해 3
월 정벌 지역에 9성을 쌓았다. 사령관 윤관(尹瓘)이 이끈 정벌은 한마
디로 파죽지세였다. 윤관은 휘하의 임언(林彦)을 시켜 9성 중 하나인
영주성(英州城) 남쪽 청사 벽에 정벌의 공을 기리는 글을 남겼다.

《맹자》에 "약한 것은 진실로 강한 것을 대적할 수 없으며, 작은 것은 진
실로 큰 것을 대적할 수 없다"고 했다. 내가 이 말을 외운 지 오래되었으
나 이제야 이 말이 진실이란 것을 믿게 되었다. 여진은 우리보다 군사도
약하고 인구도 적은데도 병란을 일으켜 많은 백성을 죽이고 포로로 삼았
다. 숙종께서 크게 화를 내어 군사를 정비해 대의로써 토벌하려다 애석
하게도 뜻을 이루지 못한 채 돌아가셨다. 지금 임금(예종)께서 삼년상을
마친 뒤, "큰 효도란 어버이의 뜻을 잘 잇는 것이라는 옛 사람의 말에 따

라 어찌 정의의 깃발을 들어 무도한 자들을 쳐서 선왕의 치욕을 완전히 씻지 않겠는가?"라고 하셨다. ―《고려사》권96, 윤관 열전.

윤관은 백성을 죽이고 사로잡은 무도한 여진족을 약한 자로 규정하고, 그들이 강한 고려를 결코 이길 수 없다는 강약의 논리로 정벌을 정당화했다. 또 자신의 정벌은 숙종과 예종 두 국왕의 뜻을 실천하는 것이라 했다. 한 달 뒤인 4월 윤관이 개선하자 예종은 그에게 '평융척지진국공신(平戎拓地鎭國功臣, 오랑캐를 평정하고 영토를 넓혀 나라의 근심을 잠재운 공신)'이란 칭호를 주고 2인자인 문하시중으로 임명한다.

그러나 승패를 결정짓는 전쟁은 끝이 아니라 이때부터가 시작이었다. 17만 고려 대군과의 전면전을 피하기 위해 내륙으로 군사를 후퇴시킨 여진은 고려 주력군이 철수하자 곧바로 대규모 반격을 감행했다. 강약의 논리로 여진을 조롱한 글의 먹물이 채 마르기도 전이었다.

9성 쌓고도 여진 공세로 수많은 희생

여진의 반격을 예상해 9성 수축을 반대한 의견도 있었다. 정벌에 참여한 병마부사 박경작(朴景綽)은 윤관에게 "무공을 떨쳤으니 군사를 거두어 만일에 대비해야 합니다. 오랑캐 땅 깊숙한 곳에 성(9성)을 쌓는 일은 쉽지만, 지키는 일은 더 어렵습니다"라고 주장했다. 윤관은 이를 무시하고 9성을 쌓았다. 그 후유증은 실로 컸다.

처음에 조정에서는 병목(병항甁項) 지역을 빼앗아 방어하면 오랑캐에 대한 근심이 영원히 사라질 것이라고 말했다. 그런데 빼앗고 보니 이곳에

윤관척경입비도 윤관이 1107년 동북 지역의 여진족을 토벌하고 9성을 쌓은 뒤 두만강 북쪽 선춘령(先春嶺)에 '고려지경(高麗之境)'이란 비를 세워 경계를 삼은 사실을 그린 기록화다.

는 수륙으로 도로가 통하지 않는 곳이 없어 전에 들은 것과는 전혀 달랐다. …… [여진의 공세에도] 9성이 험하고 견고해 좀처럼 함락되진 않았지만 전투에서 많은 아군이 희생되었다. 개척한 땅이 너무 넓고 9성 사이의 거리가 너무 멀고 계곡과 골짜기가 험하고 깊어 적들이 복병을 두어 성과 성을 왕래하는 사람들을 공격했다. 이 때문에 여러 차례 군사를 징발하자 온 나라가 소란해졌고, 기근과 역병으로 원망이 일어났다.

—《고려사》권96, 윤관 열전.

《고려사》윤관 열전의 이 기록대로 여진 지역 깊숙한 곳에 쌓은 9성
은 실제로 여진의 표적이 되었다. 더욱이 성과 성 사이의 거리가 멀어
방어 과정에서 수많은 희생을 치러야 했다. 정벌에 따른 군사 징발에
다 기근·역병까지 겹쳐 온 나라가 소란할 정도로 민심이 동요했다. 여
진의 군사는 윤관이 귀환한 직후인 1108년 4월부터 한 달간 9성의 하
나인 웅주성(雄州城)을 집중적으로 공격하는 등 전면 공세를 취했다.
그해 5월에는 부사령관 오연총(吳延寵)이, 7월에는 사령관 윤관이 다시
출정했다. 많은 역사서에서 9성 수축을 여진 정벌의 성과로 기록한 것
은 편향적인 서술이다. 1107년 12월 여진 정벌 후 이듬해 3월 9성 수
축까지 4개월밖에 걸리지 않았지만, 이후 9성을 반환한 1109년 7월까
지 1여 년간 여진의 일방적인 공세에 시달렸다. 9성 수축으로 패전(敗
戰)을 자초한 셈이었다.

9성 반환 직전인 1109년 6월부터 사령관 윤관에게 패군(敗軍)의 죄
를 묻는 처벌론이 제기되었다. 9성 반환론도 동시에 제기되었다. 관료
집단 대부분이 처벌론과 반환론에 동의했다.

김인존(金仁存)은 "토지는 백성의 삶의 터전입니다. 지금 성을 서로 빼앗
으며 사람을 죽이는 것보다는 차라리 그 땅을 돌려주어 백성을 쉬게 하
는 것이 낫습니다. 지금 주지 않으면 반드시 거란과 틈이 생기게 될 것입
니다"라고 했다. 왕이 그 까닭을 물으니 김인존이 "정벌 지역은 우리 옛
땅이고 거기 살고 있는 백성도 우리 백성이라고 정벌의 이유를 거란에

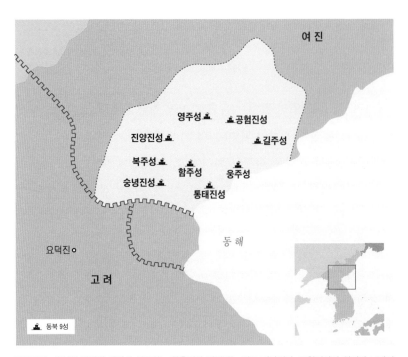

동북 9성 9성의 위치에 대해서 최근에는 함흥평야 일대라는 길주 지방설과, 공험진성의 위치가 두만강 이북이라는 두만강 유역설이 제기되고 있다.

통보했는데, …… 거란이 조사해 사실이 아닌 것이 드러나면 거란과의 외교 마찰을 피할 수 없습니다. 북쪽의 거란과 함께 9성 설치로 동쪽의 여진을 동시에 방어해야 하는 어려움이 있습니다. 결코 나라에 복이 되지 않습니다"라고 했다. ―《고려사》 권96, 김인존 열전.

9성 반환은 거란과의 외교 마찰을 해소하고 거란과 여진을 동시에 방어하는 어려움을 해결할 수 있을 뿐 아니라 민심을 안정시킬 수 있다는 논리다.

윤관 처벌을 앞세운 관료집단의 반발

정벌을 주도한 예종과 윤관은 사면초가에 몰린다. 1109년(예종 4) 7월 재상 등 3품 이상의 고위 관료가 모여 9성 반환 여부를 논의했는데, 모두 반환론에 동의했다. 예종은 여진에 9성 지역을 반환하기로 결정하고 윤관에 대해서는 처벌 대신 지휘권만 박탈했다. 관료들은 이에 만족하지 않고 다시 윤관의 처벌을 요구했으며, 윤관 처벌론은 이듬해 5월까지 계속 제기되었다.

> 왕이 건덕전(乾德殿)에서 조회를 했다. 재상 최홍사(崔弘嗣)와 김경용(金景庸)이 대간과 함께 윤관과 오연총이 패전한 죄를 물어야 한다는 상소를 올렸다. 왕이 듣지 않고 곧 궁궐 안으로 들어갔다. 최홍사 등이 궁궐에 가서 해질 때까지 죄를 청했으나 왕이 허락하지 않았다. 재상과 간관들이 모두 귀가해버리고 출근하지 않아 관청이 텅 비자, 왕이 평장사 이오(李頫)와 중서사인 이덕우(李德羽) 등을 불러 대신 숙직시켰다. 최홍사 등이 수십 일 동안 출근하지 않았다. ─《고려사》권13, 예종 5년 5월조.

관료들은 처벌론이 관철되지 않자 수십 일간 조정에 나가지 않고 업무를 보지 않는 항의성 시위를 벌였다. 절대 권력의 국왕 앞에서 있을 수 없는 일이 벌어진 것이다. 여진 정벌의 후유증은 국왕과 관료집단 사이의 대립과 갈등으로 나타났다. 그러나 예종은 끝까지 윤관을 옹호해 명예를 회복시켜주었다. 그해 12월 윤관을 다시 문하시중에 임명함과 동시에 판병부사로 임명해 군사권을 맡긴 것이다. 윤관이 사양하자 예종은 이렇게 말했다.

그대가 여진을 정벌한 것은 선왕(숙종)의 남기신 뜻과 나의 뜻을 따른 것
이다. 죽음을 무릅쓰고 적진에서 적을 죽이고 사로잡은 것이 셀 수 없을
정도로 많고, 9성을 쌓아 나라의 오랜 치욕을 씻은 공이 실로 크다. ……
관리들의 탄핵으로 관직을 박탈당했으나 내가 그대의 잘못을 따지지 않
은 것은 다시 공을 세우기를 바라기 때문이다.

—《고려사》 권96, 윤관 열전.

이같이 여진 정벌은 숙종과 예종 두 국왕의 의지가 담긴 것이며, 그
의지를 몸소 실천한 이가 윤관이었다. 따라서 윤관 처벌론은 단순히
패전 책임을 묻는 데 그치는 것이 아니라 숙종과 예종이 구상한 새로
운 정치에 반대하는 관료집단의 뜻이 담겨 있었다. 그 때문에 예종은
윤관을 끝까지 옹호했던 것이다.

예종은 윤관 처벌론을 잠재우고 다시 그를 기용함으로써 정치적으
로 승리한 것처럼 보였다. 그러나 거기까지였다. 윤관이 다시 기용된
지 5개월 뒤 사망함으로써 예종의 정책은 더 이상 추진될 수 없었다.
측근 윤관의 죽음도 하나의 원인이지만 관료집단의 동의를 받지 못한
정책은 절대 군주로서도 마음대로 할 수 없는 일이었다. 새로운 정치
를 펼치려 했던 숙종과 예종의 정치는 9성 반환과 윤관 처벌론을 계기
로 분출된 관료집단의 뿌리 깊은 불신과 저항에 부닥쳐 추진력을 잃
었다.

실패로 끝난 부국강병책

숙종과 예종이 추구한 새로운 정치란 무엇일까? 숙종은 외척 이자의

윤관 묘 경기도 파주시 광탄면 분수리에 있는 윤관의 묘. 윤관은 숙종과 예종이 가장 신뢰한 측근으로서 별무반을 편성해 여진을 정벌하는 등 두 국왕의 부국강병책을 실행하는 데 앞장섰다.

(李資義)가 병약한 헌종(獻宗, 재위 1094~1095) 대신 자신의 조카를 왕위에 앉히려 하자 그를 제거하고 즉위했다. 숙종은 기득권층인 외척과 문벌귀족 중심의 정치를 청산하고 왕권과 왕실의 권위를 확립해 '부국강병'을 이룰 수 있는 실용주의 정책을 시행했다. 이 정책은 적극적인 대외경략과 과감한 재정 개혁을 통해 개인이나 사문(私門)이 아닌 국가의 부를 확대하려 한 정책이다. 당시 송나라에서 시행된 왕안석의 신법을 모델로 삼았는데,《고려사》에서는 숙종의 정책도 신법이라 불렀다. 어진 정치(仁政)와 덕치(德治)를 내세운 유가(儒家)적 군주상과 달리 숙종은 법가(法家)적인 군주상을 지닌, 우리 역사에서 보기 드문 국왕이었다.

숙종의 부국강병책은 구체적으로 천도, 화폐 유통, 여진 정벌 이렇게 세 가지다. 예종 전반기까지 추진된 이 정책을 윤관이 앞장서서 실행했다. 윤관은 숙종의 동생인 승려 의천(義天, 1055~1101)과 함께 숙종을 보좌한 최측근이었다. 거란과 송나라는 갑작스럽게 헌종의 왕위를 물려받아 즉위한 숙종을 의심했다. 윤관은 숙종 직위 직후 두 나라에 사신으로 가서 즉위의 정당성을 알렸다. 또한 그는 화폐를 주조하고 유통시켜 문벌귀족 대신 국가가 유통과 경제권을 장악하는 데 앞장섰다. 문벌귀족의 정치 기반을 무너뜨리기 위해 지금의 서울인 남경에 궁궐을 신축하는 등 천도 준비에서도 주도적인 역할을 했다.

윤관은 숙종 때 여진 정벌에 실패하자 별무반(別武班) 편성을 건의했다. 말을 가진 자는 모두 신기군(神騎軍)으로, 말이 없는 자는 신보군(神步軍)으로, 승려를 뽑아 강마군(降魔軍)으로 배치했다. 전국의 20세 이상 남자는 과거 응시자를 제외하고는 모두 별무반에 소속되었다. 별무반의 편성은 왕권을 강화하고 전국의 민을 국가가 직접 장악하는 계기가 되었다. 그 뒤 예종 때 윤관은 별무반을 이끌고 다시 여진 정벌에 나섰다. 이렇듯 윤관은 두 국왕이 가장 신뢰한 측근 중의 측근이었다.

관료집단은 윤관이 여진 정벌에 실패하자 이를 빌미로 윤관 처벌론을 제기해 두 국왕이 추구한 새로운 정치를 부정하려 했다. 이로써 약 15년간 시행된 부국강병책은 실패한다. 결국 그 뒤를 이어 국왕과 문벌귀족 세력 간의 극렬한 대립과 갈등이 벌어졌으며, 이자겸의 난과 묘청의 난은 물론 끝내는 무신정변이라는 엄청난 정치적인 파장을 불러일으켰다. 여진 정벌을 둘러싼 정치권의 대립과 갈등은 그 신호탄이었다.

■ 숙종의 아우 대각국사 의천의 화폐 개혁

숙종의 아우이기도 한 의천은 권세가들의 토지 탈점과 유통 경제 장악에 따른 심각한 민심 이반 현상을 수습하기 위해 숙종에게 화폐 유통을 건의했다. 그는 화폐 유통의 이점에 대해 백성들이 소나 말로 쌀을 운반하는 고통을 면제해 주며, 쌀에 모래를 섞거나 무게를 속이는 등의 간교한 짓이 사라져 곤궁한 백성을 구할 수 있다고 했다. 또한 운반상의 이유로 쌀이 관료들에게 제때에 공급되지 못하는 문제를 해결할 수 있으며, 수재와 화재로 인한 쌀 보관의 어려움을 해소할 수 있다고 했다. 그는 숙종에게 과감한 개혁을 주문했다.

숙종은 의천의 제안을 받아들여 1097년(숙종 2) 화폐 유통정책을 실시했다. 즉 해동통보 등 각종 화폐를 만들어 유통하기 위해 개경과 서경에 상점을 설치하고, 상업을 육성하려 했다. 또한 교통과 상거래의 요충지인 관진(關津)에서 상세(商稅)를 거두어 국가의 재원으로 삼았다. 공상(工商)을 억제의 대상이 아니라 농업과 함께 경제의 한 축으로 발전시켜야 한다고 생각했다. 화폐 유통을 통해 국가가 유통경제를 장악하고, 유통 과정에서 문벌 등 권세가나 대상인 들의 민에 대한 수탈을 방지하고, 궁극적으로 왕권을 강화하려 했다.

책봉-조공 관계에 가려진
고려의 실리외교

동아시아 세계의 형성과 책봉체제

동아시아에서는 당나라(618~907)가 등장한 7세기부터 중국을 중심으로 한국·일본·베트남과 국가를 형성하지 못한 몽골족·거란족·여진족·흉노족이 하나의 세력권과 국제질서를 형성했다. 서양과의 본격적인 교류가 시작된 19세기 후반까지 유지된 이러한 질서를 '동아시아 세계'라 한다. 동아시아 세계 각국의 인적·물적 교류를 가능케 한 매개체는 한자(漢字)·유교·불교다. 각국의 언어는 달랐지만 한자는 동아시아 세계에서 지식과 문물 교류를 이어주는 공통 문자였다. 또한 각국은 유교와 불교를 지배이념으로 삼아 체제를 유지했다.

한편 동아시아 세계의 여러 국가를 중심국과 주변국으로 서열화하고, 그 서열을 유지시킨 이념은 화이사상(華夷思想)이었다. 즉 중국을 천하의 중심인 중화(中華)로 간주하고, 주변 국가와 민족은 오랑캐로 간주했다. 중국은 자국을 중심으로 사방에 위치한 국가와 민족을 각각 동이(東夷)·서융(西戎)·남만(南蠻)·북적(北狄)이라 칭했다. 이같이 중화와 이적(夷狄)으로 구별하는 화이사상은 중국 중심의 천하관을 바탕으로 한다.

중국은 천하의 중심인 천자국이며, 주변 국가와 종족은 천자국의 울타리인 제후국이 되었다. 천자가 새로 등극하면 천하에 자신의 즉위를 알리고, 연호(年號)와 책력(冊曆)을 반포했다. 제후국은 사신을 보내 하례(賀禮)를 하고 연호와 책력을 받아 사용했다. 또한 정기적으로 사신을 보내 조공(朝貢)을 바치는 동맹의례를 행했다. 제후국에서 새 국왕이 즉위하면 천자는 책봉의식을 행했다. 천자-제후국 사이의 이러한 관계를 책봉-조공 관계라 한다. 대체로 당나라 이후 동아시아 세계는 이러한 책봉체제를 중심으로 국제질서가 유지되었다.

천자국과 제후국의 책봉-조공 관계는 천자국이 제후국의 정치·경제를 일방적으로 간섭·지배하는 상하 종속 관계는 아니었다. 제후국은 천자국의 책봉을 받음으로써 국왕권을 보장받고 국내외에서 정치적인 권위를 강화할 수 있었다. 천자국은 책봉의식을 통해 천자국의 위상을 대내외에 과시했다. 따라서 조공-책봉 관계는 의례적이며, 상호 의존적인 국제질서였다.

과거 악의적인 일제 식민사학자들은 전근대 한국은 중국에 조공을 바치고 중국의 보호 아래 왕조를 유지해온 속국이라 했다. 즉, 대륙과 해양국가로부터 끊임없는 영향을 받는 반도(半島)국가라는 지정학적 조건이 큰 나라를 섬기는 사대주의 국가가 될 수밖에 없었다는 것이다. 중국 학자들 역시 이런 인식에서 크게 벗어나 있지 않았다.

소동파의 고려 사신 폐해론

전근대시대 역대 왕조를 모두 다룰 수는 없지만, 고려왕조에 한하더라도 책봉-조공 관계의 실상은 식민사학자들의 주장과 다르다.

1093년(선종 10) 송나라의 소동파(蘇東坡)는 자국의 대고려 외교정책을 신랄하게 비판하는 상소문을 올린다.

고려에서 보낸 공물은 모두 갖고 놀기에 좋을 뿐 쓸모는 없다. 우리가 그들에게 주는 것은 왕실에서 저장해온, 백성들의 고혈이나 마찬가지인 귀한 것이다. 이것이 첫 번째 폐해다. 고려 사신이 올 때마다 인마(人馬)와 물건을 빌리느라 시장은 떠들썩하고, 그들의 숙소를 수리하느라 백성들을 징발하는 비용이 적지 않다. 두 번째 폐해다. 고려에 준 물품이 만약 거란에게 들어가지 않는다면, 거란이 어떻게 고려 사신이 우리 나라에 오는 것을 허락했겠는가. 도적의 군사에게 훔친 식량을 보태주는 꼴이다. 이것이 세 번째 폐해다. 고려는 겉으로 의리를 사모해 사신을 보낸다 하나, 실제로는 이익 때문이다. 그들은 거란에게 이용당하고 있다. 거란은 고려를 마음대로 움직일 수 있지만, 우리는 고려를 통제할 수 없다. 고려 사신은 와서 산천 형세의 곳곳을 그려 우리의 약점을 살피고 있다. 이것이 네 번째 폐해다. 거란과 동맹을 맺은 고려 사신을 해마다 오게 했다가 뒷날 거란이 이를 구실로 우리를 공격한다면 어떻게 하겠는가. 이것이 다섯 번째 폐해다. ─《소식문집(蘇軾文集)》제3책 권35 주의(奏議).[1]

이처럼 소동파는 고려 사신의 입국으로 다섯 가지 폐해가 있다면서, 고려와의 외교에 부정적인 입장을 보인다. 그가 제시한 폐해론은 두 가지로 압축할 수 있다.

첫째, 경제적으로 고려와의 외교 관계가 송나라에 아무런 이익이 되지 않는다는 것이다. 고려가 보낸 물품은 쓸모가 없는 것인데, 송나라가 보낸 물품은 백성들의 고혈과 같이 귀한 것이다. 또한 백성의 노역을 징발하는 등 고려 사신을 맞이하는 희생과 비용이 적지 않다는 것이다. 둘째, 정치적으로 거란과 동맹 관계인 고려와의 관계 개선은 거란에게 송나라의 약점을 드러내어 뒷날 거란 침입의 빌미를 제공하는 것으로 아무런 실익이 없다고 했다.

소동파의 고려 사신 폐해론에서 드러난 송나라와 고려의 관계는 지금까지 알고 있는 책봉-조공 관계의 틀로는 제대로 이해할 수 없는 내용이다. 즉 소동파는 고려를 천자국인 송나라에 종속된 왕조가 아니라 이해관계를 다투는 대등한 관계로 인식하고 있다. 그는 고려 사신에 대한 비판은 물론 송나라의 외교정책에 대해서도 매우 비판적이었다.

상소문을 올릴 당시 소동파의 관직은 한림시독학사(翰林侍讀學士) 예부상서(禮部尙書)였다. 국왕의 교서와 각종 문서를 작성하며, 과거 시험 등 국가의 중요 의례를 주관하는 직책의 책임자였다. 당시 송나라를 대표하는 문장가이자 정치가인 소동파의 글을 통해 11세기 후반 고려와 송나라 관계, 나아가 당시 책봉-조공 관계의 실상을 엿볼 수 있다.

외교 현실을 외면한 소동파의 오해

소동파는 왜 고려 사신을 부정적으로 바라보고, 고려에 대한 송나라의 외교정책을 비판했을까? 이유는 두 가지다. 하나는 그의 정치적 입장 때문이며, 또 하나는 당시 동아시아의 외교 현실을 제대로 파악하지 못한 잘못된 정세관 때문이다.

소동파가 상소문을 올린 1093년 무렵 송나라는 왕안석의 신법파가 물러나고 소동파가 속한 구법파가 집권한 때이다. 신법파를 중용한 송나라 신종이 죽고, 철종(哲宗)이 즉위한 1085년 무렵부터 구법파가 정치의 주도권을 다시 장악하기 시작한 것이다. 이러한 변동 속에서 소동파는 항주지사(杭州知事)에서 예부상서가 되었다. 철종이 즉위했으나 아직도 신법파가 정계에서 완전히 실각한 상황은 아니었다. 따라서 앞의 상소문에 드러난 소동파의 고려관은 자신의 견해이기도 하지만 구법파의 정치적 입장을 대변한 측면도 없지 않았다.

소동파는 이보다 앞서 항주지사 시절인 1088년에도 고려의 대각국사 의천이 제자인 승려 수개(壽介)를 보내 항주 혜인사(慧因寺) 주지 정원(淨源)의 죽음을 애도하고 철종과 태후의 장수를 위해 황금 탑을 바친 사실을 비난했다. 이듬해에는 송나라 상인 서전(徐戩) 등이 불경과 서적을 고려에 판매한 사실과 상인들의 고려 왕래를 금지하는 법령을 완화한 사실, 그리고 고려 승려 수개의 입국을 허용한 사실을 비난하는 상소문을 올렸다. 정치적으로 신법파의 세력이 약화되고, 구법파가 득세하기 시작하던 시점이라, 그의 상소에는 구법파의 정파적 입장이 일정하게 깔려 있었다.

한편, 소동파는 고려와 송나라 관계 등 당시 동아시아 국제질서의 급격한 변화를 제대로 파악하지 못했다. 1014년 거란은 고려 영토인 압록강 이동의 보주 지역을 불법적으로 점거한 이후 이곳을 거점으로 성을 증축하는 등 군사시설 설치와 무역장 개설을 요구하며 고려에 대해 군사·경제적 압박을 가했다. 동시에 거란은 영토 획정을 요구하면서 송과 고려 두 나라를 압박했다. 거란의 압박 행위는 고려와 송이 연합하려는 움직임을 견제하기 위한 것이었다.

그 당시 송나라의 경우 왕안석 일파의 신법당이 집권하여, 거란에 빼앗긴 영토를 회복하기 위해 재정을 확충하고 군사력을 증강하는 신법 정책을 시행했다. 또한 신법당은 고려와 외교 관계를 재개해 거란을 견제하려는 이른바 '연려제요(聯麗制遼)'라는 새로운 외교정책을 채택했다. 거란의 정치·군사적 위협에 대처하기 위해 송과 고려는 1071년(문종 25) 외교 관계를 재개한다.

소동파가 상소를 올릴 무렵 송과 고려 두 나라는 거란을 견제하기 위해 긴밀한 관계를 맺고 있었다. 이런 가운데 소동파가 상소문에서 '거란이 어떻게 고려 사신이 우리 나라에 오는 것을 허락했겠는가', '거란은 고려를 마음대로 움직일 수 있다'는 등 고려가 거란의 조종을 받고 있다고 언급한 것은 그가 당시 급변하는 동아시아 국제질서의 정세를 제대로 읽지 못한 증거라고 볼 수 있다. 실상 송나라는 고려 사신을 후대하는 등 고려의 환심을 얻어 거란을 견제하려 했다. 고려 또한 송나라와 거란의 내부 정세를 이용해 실리를 챙기려 했다.

형식과 의례의 책봉-조공 관계

1071년 재개된 송나라와 고려의 관계는 형식상 천자-제후의 책봉-조공 관계였다. 고려는 정기적으로 송나라에 사신을 파견해 송나라를 천자국으로 예우했다. 고려는 송나라와 책봉-조공 관계를 맺음으로써 두 가지 실리를 챙겼다. 고려 문종은 영토를 잠식하려는 거란의 위협을 제어하고, 송나라의 책봉을 받아 국왕과 왕실의 권위를 높여 문벌귀족을 억누르려 했다. 송나라 또한 고려와 연합해 당면한 거란의 영토 침해 행위를 견제하려 했다.

외교 관계의 재개로 고려는 송나라의 제후국을 자처했지만, 이를 계기로 송의 선진문물을 수용하고 활발한 인재와 물자 교류를 통해 왕조의 면모를 일신하는 등 자국의 안전과 실리를 추구하려 했다. 과거 일제 식민사학자들을 비롯한 일부 역사가들에 의해 사대주의의 전형으로 간주되었던 책봉-조공 관계는 이처럼 실상은 형식적이고 의례적인 것에 불과하며, 그 이면에는 자국의 안전과 실리를 추구하는 냉엄한 국제질서가 자리 잡고 있었다. 즉, 책봉-조공 관계는 상대적으로 크고 강한 국가가 일방적으로 자국의 이해관계를 관철하는 도구가 아니었다. 이 관계는 외형상 천자와 제후라는 의례적인 관계를 통해 질서를 유지하면서, 각 왕조의 이익을 관철하는 상호 의존적인 외교 논리가 작동했다.

송나라와 외교 관계가 재개될 무렵 고려 역시 거란과 책봉-조공 관계를 맺고 있었지만, 그 관계는 의례에 불과했다. 이는 다음의 사실에서 확인할 수 있다.

1115년 금나라가 건국되자 다급해진 거란은 고려에 수차례 원병을 요청하지만 고려는 번번이 이를 거절했다. 오히려 1117년에 금나라가 거란을 공격한 틈을 타 고려는 거란의 점령지인 압록강 유역의 보주를 점령한 뒤 그 명칭을 의주로 고쳐 고려 영토로 편입했다. 금나라는 고려의 보주 점령을 묵인했다. 고려의 보주 점령을 허용해 고려와 거란 사이를 이간하려 한 것이다. 고려는 신흥 강국 금나라와 외교 관계를 개선해 보주를 고려 영토로 확보하는 실리를 얻었다. 이는 곧 거란과 책봉-조공 관계를 맺고 있었으나 국익에 배치된다면 언제든지 이관계를 폐기할 수 있음을 잘 보여준다. 따라서 고려가 거란에 예속되어 거란의 조종을 받고 있다는 소동파의 지적은 그가 중국 중심의 화이사상에 사로잡혀 당시 냉엄한 국제질서를 제대로 읽지 못한 증거라 할 수 있다.

보주(의주)를 획득한 지 약 8년이 지난 1125년(인종 3) 고려는 금나라와 형제맹약을 맺는다. 형제맹약은 사대외교의 전형이며, 고려의 자존심이 크게 훼손된 것으로 이해하는 경향이 많다. 그러나 당시 형제맹약은 불가피한 측면이 없지 않다. 1117년 금나라의 묵인 아래 획득한 보주를 유지하기 위해서는 금나라와의 마찰은 바람직하지 않았던 것이다. 형제맹약은 고려가 보주를 유지하기 위해 선택한 실리외교의 또 다른 모습으로 해석할 수 있다.

한편, 송나라는 거란에 빼앗긴 영토를 회복하기 위해 1121년 금나라와 연합해 거란을 공격하려 했다. 당시 고려는 송에 사신을 보내 금나라와 손을 잡는 것은 위험하다고 경고했다. 고려의 경고를 무시하고 금나라와 연합한 송나라는 1126년 도리어 금나라의 공격을 받아 황제가 잡혀가고 북송이 무너지는 비극을 맞는다. 송나라는 양쯔강 이남으로 쫓겨 가서 남송을 건국한 뒤, 1128년 억류된 황제를 구출하기 위해 고려에 길을 빌려달라고 요청한다. 고려가 이를 거부하자, 1071년 재개된 외교 관계를 사실상 단절한다. 책봉-조공 관계가 국익 앞에서는 한갓 허상에 불과하다는 사실을 다시 확인할 수 있는 일화다.

상감청자, 아시아를 사로잡은 빼어난 아름다움

도기의 빛깔이 푸른 것을 고려인은 비색(翡色)이라고 한다. 근래에 만드
는 솜씨와 빛깔이 더욱 좋아졌다. 술그릇의 형상은 참외 같은데, 위에 작
은 뚜껑이 있고 그 위에 연꽃에 엎드린 오리 모양이 있다.

—《고려도경》권32, 기명(器皿)3 도준(陶尊)조.

12세기 전반 고려를 찾았던 송나라 사신 서긍이《고려도경》에서 묘사
한 고려청자 모습이다. 박물관에 진열된 술병 형상의 고려청자가 쉽게
연상될 만큼 매우 사실적으로 묘사했다. 청자의 종주국인 중국인의 눈
에도 중국의 것과는 다른 독자적인 제품으로 비칠 만큼 고려의 청자
제조술이 발달했음을 알려주는 기록이다. 서긍이 주목한 고려의 독자
적인 제품은 비색청자였다.

건주(建州)의 차, 촉(蜀)의 비단, 정요(定窯)의 백자, 절강(浙江)의 차 등과
함께 고려 비색(비색청자)은 모두 천하제일이다. 다른 곳에서는 따라 하
고자 해도 도저히 할 수 없는 것들이다. —《수중금(袖中錦)》.

청자상감모란넝쿨무늬 조롱박 모양 주전자
몸체의 윗부분에는 구름과 학을 상감하고,
아랫부분은 모란 무늬를 소담하게 역상감
하는 등 고려청자의 산뜻한 조형 세계를
보여주고 있다.

　비색청자는 서긍뿐 아니라 송나라 사람들 대부분이 인정한, 고려의
높은 기술 수준이 반영된 제품이었다. 비색청자를 생산하기 위해서는
섭씨 1,200도 이상의 고온을 낼 수 있는 가마 시설은 물론, 흙과 유약을
융합해 고온에서 비취색이 감도는 특유의 색깔을 빚어내는 제작 기술
이 필요하다. 이 점에서 비색청자는 지금의 신소재 첨단 제품이나 다름
없었다. 중국은 9세기 무렵 청자를 생산했으며, 고려는 10세기 초 중국
에서 기술을 수입해 만들기 시작했다. 그러다가 11세기 후반~12세기
초에 독자적인 제작 기술을 개발해 비색청자를 만들어냈다. 서양에서
는 17세기 들어서야 제작이 가능해졌다. 서긍은 "(고려의) 그릇은 대부
분 금으로 도금한 것을 썼고 혹 은으로 된 것도 있으나 청도기(靑陶器)
를 귀하게 여겼다"고 했다. 12세기 초만 해도 고려에서는 궁중 연회에

청자 암키와와 수막새 12세기 들어 고려청자는 궁궐 건축에 쓰인 청자 기와를 비롯해 문방구와 향료, 의자, 촛대, 베개 같은 생활용품에도 두루 사용될 만큼 여러 분야에서 널리 활용되었다.

서도 청자가 많이 사용되지는 않았던 것이다. 이보다 한 단계 더 도약된 기술로 제작된 것이 상감청자다. 상감청자는 12세기 중반부터 제작되었는데, 이때부터 다양한 기법의 고려청자가 대량으로 생산되기 시작했다. 서긍이 상감청자를 언급하지 않은 것은 12세기 전반까지 상감청자가 생산되지 않았기 때문이다.

생활용품에서 청자 기와까지

상감청자는 이름 그대로 상감 기법으로 제작된 청자다. 상감은 원하는 형태로 자기를 만든 뒤 표면에 무늬를 새기고, 흰색과 붉은 색 흙을 발라 굽는 기법이다. 단조로운 푸른색 대신 흰색과 검은색이 어우러져, 화려하고 장식적인 멋이 두드러진 고려청자의 백미다. 중국의 기술과 영향을 받아 생산된 '고려 초기 청자'와 달리 고려의 독자적인 기술로 생산된 청자를 '고려 중기(11세기 후반~13세기 중반) 청자'라 한다.[2]

〔고려 제18대 국왕 의종은〕 민가 50여 구(區)를 헐어서 대평정(大平亭)을 짓고, 태자에게 명해 현판을 짓게 했다. 주위에 이름난 꽃과 특이한 과실수를 심은 뒤 진기하고 아름다운 물건들을 좌우에 진열했다. 정자 남쪽에는 못을 파고 관란정(觀瀾亭)을 지었다. 그 북쪽에는 양이정(養怡亭)을 지어 청자로 지붕을 이고, 남쪽에는 양화정(養和亭)을 지어 종려나무로 지붕을 이었다. ─《고려사》권18, 의종 11년 4월조.

12세기 중엽 고려 왕실에서 세운 정자의 지붕을 청자로 덮었다는 《고려사》의 기록이다. 정자인 '양이정'의 지붕을 인 청자기와는 현재 전남 강진과 전북 부안에서 많이 출토되고 있는데, 이 무렵 본격 생산된 것이다. 고려청자는 항아리·주전자·대접·접시·잔·병 등의 식생활 용구, 촛대·향로 등의 제의(祭儀) 용구, 베개·상자·의자·벽돌·기와 등의 주거 용구, 연적·벼루·붓꽂이 등의 문방 용구에 이르기까지 의식주 전반에 걸쳐 다양하게 사용되었다. 12세기 중반 이후 청자가 대량 생산되어 소비되었지만, 상감청자를 비롯한 고려청자가 실제로 어떻게 생산·유통·소비되었는지 알려주는 기록은 찾을 수 없다. 중국인 서긍이 비색청자에 관한 기록을 남겼지만, 최고의 기술 수준을 보여준 상감청자에 관한 기록을 찾을 수 없어 아쉬움이 크다.

그런데 지난 2013년 6월 26~30일 중국 항저우 저장대학에서 개최된 '고려청자 국제학술회의'(한국고등교육재단 지원)는 그런 아쉬움을 풀어준 기회였다. 한국·중국·일본의 고려청자 전공 학자들이 함께 모인 첫 학술회의였는데, 제출된 논문만 무려 40여 편에 이르렀다. 고려청자가 학술적으로 국제적인 주목을 받고 있다는 사실을 일깨워준 회의였다. 전 세계에서 고려사를 연구하는 외국인 학자가 10명이 채 안 되

중국 닝보(寧波)에서 발굴된 고려청자 파편 '중국 관요 박물관' 고려청자 특별전에 소개된 유물로, 중국 남송 때 고려와 도자 교역이 활발했음을 알 수 있다.

는 사실을 감안하면, 학술회의의 규모와 수준은 필자에게 놀라움과 부러움을 안겨주었다.

학술회의에서 가장 주목을 받은 것은 단연 상감청자였다. 상감청자의 제작 기술과 유통이 주된 의제였다. 한국을 포함해 중국·일본 학자 대부분은 상감청자 제작 기술이 중국에서 유입되었다고 보았다. 초기 청자 제작 기술은 중국에서 수용된 게 맞다. 하지만 상감청자 제작 기술까지 그렇게 보기에는 재고의 여지가 있다. 독자적인 기술이라 하더라도 외부로부터 수용(모방)하여 변용(응용)과 창조의 단계를 거치면서 발전한다. 기술이 지닌 국제적 속성이다. 고려왕조 시절 국제질서는 고려와 송나라·거란·금나라(여진)·일본 등이 다양하게 교류한 다원적인 사회였다. 고려는 송나라 외에 여러 국가와 교류했다. 더욱이 거란과의 전쟁이 끝난 1021년부터 50년간 고려는 송나라와 국교를 단절한 상태였다. 민간 교류는 계속되었지만 국교 단절은 아무래도 새로운 기술의 수용과 교류에 제한을 주게 마련이다. 송과의 국교 단절 이후 고려의 공예 기술은 거란의 영향을 많이 받았다.

> 고려에 항복한 거란 포로 수만 명 가운데 10명 중 한 명은 기술자인데, 그 가운데 기술이 정교한 자를 뽑아 고려에 머물게 했다. 이들로 인해 고려의 그릇과 옷 제조 기술이 더욱 정교하게 되었다.
>
> —《고려도경》권19, 민서 공기조.

고려가 거란으로부터 도자기 등 그릇 제조 기술의 영향을 받았음을 알려주는《고려도경》의 기록이다. 상감 기술은 금속 제품이나 나전칠기를 만들 때 금이나 은을 잘게 실 모양으로 꼬아 문양 주변에 테두리로 두르고, 그 속에 조개껍질 등을 박아 넣는 기술인 '입사'에서 유래된 것이다. 입사는 거란의 전통적인 공예 기법으로, 고려의 상감 기술은 거란의 기술과 관계를 맺고 있다. 송나라로부터 상감 기술을 일방적으로 받아들였다는 주장은 온당치 않다.

동아시아 일대에 대량으로 유통

고려청자 국제학술회의에서 또 하나 주목받은 것은 상감청자의 유통 문제였다. 송나라가 금나라에 쫓겨 수도를 항저우로 옮기면서 남송시대(1127~1279)가 시작된다. 상감청자는 남송시대인 12세기 중반 이후 제작되는데, 남송 이후 송과의 교류는《고려사》에 거의 나타나지 않아 학계에서는 두 나라의 교류가 사실상 단절된 것으로 이해하고 있다.

그런데 남송의 수도였던 항저우를 중심으로 상감청자를 비롯한 상당히 많은 고려청자가 발굴된 사실이 이번 회의에서 보고되었다. 상감청자의 완제품이 현재 베이징과 상하이는 물론 티베트 지역에 이르기까지 중국의 주요 박물관에 전시되어 있다는 것이다. 또 일본에서는 고려 초기부터 말기까지 생산된 청자가 전역에서 발굴되었고, 상감청자를 포함한 많은 고려청자가 멀리 베트남·필리핀 등지에서도 발굴되었다는 사실도 보고되었다. 어떤 중국인 학자는 "중국은 남송 때 고려의 상감청자를 역수입하는 국가가 되었다"고 주장했다.

이번 회의에 때맞춰 항저우에 있는 '중국 관요(官窯) 박물관'에서 고려청자 특별전이 열렸다. 남송 때 항저우 인근에서 발굴된 고려 상감청자편(파편)이 대량으로 전시되었다. 특히 상감청자로 제작된 황실의 제의용 물품과 황제의 비 및 궁전의 명칭이 표면에 새겨진 상감청자편도 있었다. 송나라 황실에서 상감청자를 수입해 사용한 사실을 생생하게 보여주었다. 12세기 중반부터 제작된 상감청자가 남송은 물론 동아시아 일대에까지 대량으로 유통·소비된 사실은 기록상 나타나지 않은 고려의 활발했던 대외교류 실상을 확인시켜준다. 고려의 명품 청자는 《고려사》,《고려도경》 등 몇 편에 불과한 빈약한 문헌 기록의 공백을 메워주고, 고려의 가려진 역사를 새로운 모습으로 복원해주는 고려 문화의 아이콘인 셈이다.

5부

무신 집권기의 고려를
다시 읽다

불가피한 선택,
외척 이자겸

역사 속에서 권력은 언제나 현실주의자의 몫이었다. 이상주의자에게 권력은 아침 햇살 앞의 이슬에 불과했다. 현실정치의 작동 원리를 제대로 읽지 못한 어리석음 때문이다. 거란에게 당한 치욕을 만회하기 위해 부국강병책을 시도한 송나라의 왕안석이나 왕권 강화를 위해 부국강병책을 추진한 고려의 숙종과 윤관이 그런 존재였다.

숙종의 사후 안식처가 될 '천수사(天壽寺) 공사를 중단하라'는 관료 집단의 매정한 요구는 현실정치의 냉혹함을 그대로 보여준다. 여진 정벌 한 해 전 1106년(예종 1)에 일어난 일이다. 이때 예종은 국정 쇄신을 위해 신하들에게 정국 현안에 대한 의견을 물었다. 당장에 부닥친 문제가 천수사 건립 문제였다.

짐은 천수사 공사를 둘러싼 찬반 논의가 있는 것을 알고 있다. 선왕(숙종)께서 공사를 시작했을 때는 반대가 없었는데 승하하신 이후에야 공사를 중지하라는 여론이 크게 일어나고 있다. 지세의 길흉을 따져 중단을

고려의 문벌귀족 고려 후기 문벌귀족의 생활상을 그린 《아집도 대련(雅集圖 對聯)》의 일부다. 문사들이 정원에 모여 글을 짓고 그림도 감상하며 풍류를 즐기는 모습으로, 고려의 문인 관료들이 이상으로 삼은 생활상이다.

요구한 것은 하찮은 이유에 불과하다. 천수사를 세우려 한 선왕의 뜻을 따르는 것이 옳다. 다만 올봄에 공사를 강행한 것은 잘못이니, 3년 후에 시행할 것이다. ―《고려사》권12, 예종 원년(1106) 7월조.

천수사는 숙종의 영정을 모시고 제사를 지낼 숙종의 원찰(願刹, 죽은 이의 명복을 빌던 법당)이었다. 역대 국왕은 모두 원찰을 지어 그곳에서 제사를 지냈다. 그런데 관료들은 숙종 재위 때는 천수사 건립을 반대하지 않다가 사후에야 중단을 요구한 것이다. 관료들은 선왕의 명복을 빌 장소조차 허락하지 않겠다는 것인데, 그 속에는 숙종의 부국강병책에 대한 뿌리 깊은 반감이 담겨 있다. 예종은 이러한 관료들의 요구를 묵살한다. 3년 뒤 공사를 재개한다는 약속을 어기고 석 달 뒤인 그해

10월 윤관에게 명령해 공사를 강행한다. 그리고 이듬해에는 윤관을 앞세워 여진 정벌을 단행한다.

사면초가, 문벌귀족의 반대로 좌절된 개혁

하지만 여진 정벌 실패와 측근 윤관의 사망으로 예종은 사면초가에 몰린다. 예종은 당대 최고의 문벌인 인주(仁州, 인천) 이씨와 다시 손을 잡음으로써 돌파구를 마련한다. 즉, 이자겸의 딸을 비로 맞아들인 것이다.

> 왕(문종)은 이자연(李子淵)의 딸을 비로 삼고, 그에게 〔최고 명예직인〕 수태위(守太尉, 정1품) 벼슬을 내렸다. …… 〔이자연은〕 뒷날 공신의 칭호를 받았으며, 문종의 묘정에 배향되었다. 아들도 모두 고위직에 올랐다. 이호(李顥)는 경원백(慶源伯)의 작위를 받았다. 이정(李頲)은 문하시중(종1품), 이의(李顗)와 이전(李顓)도 모두 재상(2품 이상)을 역임했다. 세 딸은 모두 문종의 비가 되었다. …… 이자겸은 이호(李顥)의 아들이다.
>
> —《고려사》 권95, 이자연 열전.

《고려사》의 기록과 같이 이자겸의 조부인 이자연 때 그의 세 딸이 문종의 비가 되면서, 인주 이씨는 왕실의 외척이 된다. 아들도 작위를 받거나 재상이 되었다. 문종 이후 순종 – 선종 – 헌종 – 숙종 – 예종 – 인종까지, 숙종을 제외한 고려 국왕들은 이자연에서 손자 이자겸까지 3대에 걸쳐 이 집안의 딸들을 왕비로 맞았다. 이 집안과 고려 왕실 간의 인연은 더 거슬러 올라간다. 문종의 모후는 안산 김은부의 딸이다. 고려 왕실 초기의 '100년 근친혼' 관행을 깨고 처음 맞이한 이성 후비였다. 김은부는 이자연의 조부 이허겸(李許謙)의 사위다. 이허겸 때부터 인주 이씨는 이미 명문가 반열에 들어섰다. '가문의 영광'은 이를 두고 한 말일 것이다.

예종은 위세 당당한 인주 이씨 가문의 이자겸을 외척으로 삼아 왕권은 보장받았지만, 왕실과 왕권 강화를 꾀한 부왕 숙종의 부국강병책은 포기해야 했다. 이에 따라 숙종 정책에 반대한 문벌귀족 세력이 득세하고 외척이 발호하는 길을 터주는 실책을 저지른다. 정치 주도권을 장악한 김인존·고영신(高令臣)·최계방(崔繼芳) 등 유교 문벌귀족 세력은 곧바로 숙종과 예종이 추진해온 신법에 반대한다.

고영신은 "조종(祖宗)의 성헌(成憲)이 모두 갖추어 있는데, 떠들썩하게 (신법으로) 고치는 것은 불가합니다. 성헌을 지키고, 그것을 잃지 않는 것만이 가능"[1]하다며 신법을 반대했다. 최사추(崔思諏)는 "조상의 법을 함부로 고치거나, 새로운 법을 만들어 풍속을 동요"[2]시킨다면서 역시 신법을 반대했다. 곽상(郭尙)은 윤관이 화폐 유통정책을 시행하려 하자, 풍속에 적합한 것이 아니라고 반대했다.[3] 이미 만들어진 법을 따르면 될 일이지, 굳이 새로운 법을 만들어 풍속을 어지럽힐 필요가 없다는 논리였다.

신법으로 불린 숙종의 부국강병책은 화폐 유통과 여러 형태의 조세를 신설해 재정을 확대하고, 확보한 재원으로 이민족 정벌과 같은 대외팽창책을 펼쳐 왕권을 강화하려는 외치론(外治論)이었다. 반면 관료 집단은 지배층의 도덕적 각성과 민생 안정에 중점을 둔 내치론(內治論)을 내세웠다.

여진 정벌이 실패로 돌아가고, 숙종의 정치를 계승하려던 예종의 노력도 신하들의 반대로 벽에 부닥치게 된다. 예종은 이자겸의 딸을 왕

인주 이씨 가계도

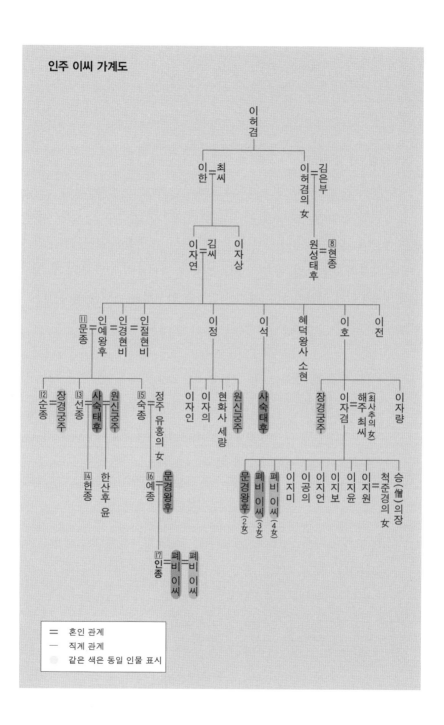

= 혼인 관계
— 직계 관계
● 같은 색은 동일 인물 표시

비로 맞이하고, 내치론을 주장한 관료집단과 타협한다. 예종 후반과 인종 즉위 후에는 외척 이자겸이 정국을 주도한다.

이자겸의 '석 달 천하'

예종 사후에 왕실의 외척이 권력을 휘두르는 현상이 나타나면서 정국은 급변했다. 한번 권력을 잡은 자는 쉽게 놓으려 하지 않는다. 이자겸은 예종의 아들이자 외손자인 인종에게 다시 두 딸을 비로 들인다. 인종은 모후의 여동생인 두 명의 이모를 비로 맞아들이게 된 것이다. 왕의 외조부이자 장인이 된 이자겸은 왕권을 압도하는 권력을 행사한다. 절대 권력은 결국 부패하게 마련이다.

> 이자겸은 친족들을 요직에 배치하고 관직을 팔아 자기 일당을 요소요소에 심어두었다. 스스로 국공(國公, 고려 최고 작위)에 올라 왕태자와 동등한 예우를 받았으며, 그의 생일을 인수절(仁壽節, 국왕 생일에만 붙이는 이름)이라 하고, 국왕에게 올리는 형식으로 그에게 글을 올리게 했다. 아들들이 다투어 지은 저택은 거리마다 이어져 있었고, 세력이 커지자 뇌물이 공공연하게 오가고 사방에서 선물로 들어온 고기 수만 근이 날마다 썩어나갔다. 토지를 강탈하고 종들을 풀어 백성들의 수레와 말을 빼앗아 물건을 실어 나르니, 힘없는 백성들은 수레를 부수고 소와 말을 파느라 도로가 소란스러웠다. 이자겸은 지군국사(知軍國事)가 되려고 왕에게 요청해 책봉식을 궁전이 아닌 자신의 집에서 하도록 하고, 시간까지 강제로 정할 정도였다. 그 일이 이루어지지는 않았으나 그로 인해 왕은 이자겸을 몹시 싫어했다. ─《고려사》 권127, 이자겸 열전.

1126년(인종 4) 2월 인종은 측근 김찬(金粲)·안보린(安寶麟) 등을 시켜 외척 이자겸을 제거하려다 도리어 이자겸의 반격을 받아 그를 제거하는 데 실패한다. 거사에 실패한 뒤 인종은 이자겸의 집에 거처할 정도로 왕실과 국왕의 권위가 크게 실추되었다. 석 달 뒤 인종은 이자겸의 측근인 척준경을 회유해 이자겸을 제거한다. 이로써 이자겸의 '석 달 천하'는 막을 내렸다. 짧은 기간이었지만, 그때 새로운 사태가 불거진다.

문벌귀족의 굴욕적 대외정책에 돌아선 민심

이자겸의 난이 일어나기 한 해 전인 1125년 5월 금나라에 보낸 국서에서 고려가 신(臣)이라 하지 않고 황제라 표현한 것을 구실로 삼아 금나라에서 고려 사신의 입국을 거부했다. 금나라가 고려에 신하의 예를 취하라고 압박하자 조정에서는 의견이 분분했다.

> 〔중국의〕 한나라는 흉노에게, 당나라는 돌궐에게 혹은 신하라 일컫고 혹은 공주를 시집보내어 무릇 화친을 위해서라면 무슨 일이라도 했습니다. 지금 송나라도 거란과 서로 백숙형제(伯叔兄弟)가 되어 대대로 화친하며 서로 통하고 있습니다. 오랑캐 나라에 굴하여 섬기는 것은 이른바 '성인은 임시방편(權)으로써 도(道)를 이룬다'는 것으로, 국가를 보전하는 좋은 계책이라 할 수 있습니다. ─《고려사》 권97, 김부의 열전.

금나라가 고려 사신의 입국을 거부한 직후에 김부식의 아우 김부의(金富儀)가 제기한 견해이다. 이에 대신들은 반대하고 금나라 사신을 베어 죽이자고 극언을 하는 사람도 있었다. 재상들은 이를 비웃고 배척하여 금나라에 알리지 않았다고 한다.[4] 그러나 김부의의 견해는 군신 관계라는 형식적인 관계를 통해 고려의 안정을 유지하자는 현실론으로써 비단 그의 생각만은 아니었다. 그런 주장이 당시 조야에 먹혀들어가고 있었던 것도 사실이다. 최고 권력자 이자겸도 김부의와 같은 견해였다.

> 금나라가 옛날에는 작은 나라로 요나라와 우리나라를 섬겼으나, 지금 갑자기 중흥하여 요와 송을 멸했다. 그들은 정치를 잘하고 군사가 날로 강해지고 있다. 또 우리와 국경을 인접하고 있어 형세로 보아 섬기지 않을 수 없다. 작은 나라가 큰 나라를 섬기는 것은 옛날 어진 왕의 도리이니, 마땅히 사신을 보내야 한다. ―《고려사절요》 권9, 인종 4년 3월조.

이자겸은 이듬해(1126) 3월 마침내 금나라에 칭신(稱臣)하기로 결정한다. 고려는 거란과 약 100년간의 분쟁을 벌인 끝에 보주를 금나라의 양해를 받아 1117년(예종 12)에 고려 영토로 귀속했다. 그로부터 얼마 지나지 않은 시점에 발생한 신흥 강국 금나라와의 마찰은 지배층에게 커다란 부담이 되었을 것이다. 칭신 결정을 내린 이유 가운데 하나라고 생각된다.

그러나 하급 관료집단과 일반인의 생각은 달랐다. 금나라에 대한 칭신을 고려왕조의 자존심에 생채기를 내는 것으로 간주했다. 이는 이자겸의 난 이후 나타난 외척의 발호와 개경 중심 문벌귀족의 현실주의 정책에 대한 평소의 불만에 기름을 부은 꼴이 되었다. 이런 불만은 묘청의 난으로 폭발한다.

■ 인종에 대한 김부식의 평가

인종 때는 거란과 송나라가 쇠퇴하고 금나라가 대륙의 패자가 되는 등 대외환경의 변화와 함께 이자겸과 묘청의 난이 일어나 왕실의 권위가 크게 실추되었다. 즉, 고려왕조는 인종 대를 기점으로 사회적 변동이 시작되는 위기의 시기를 맞았다.

김부식은 묘청의 난(1135)을 진압하고, 《삼국사기》(1145)를 편찬하는 등 인종 때 정국을 주도한 정치인이자 학자다. 그는 인종을 지근거리에서 보좌했으며, 후에 인종에 대한 사평(史評)을 남겼다. 《고려사》에 실린 국왕에 대한 사평은 대체로 고려 후기 이제현이 작성한 후대의 것인데, 인종의 경우 특별히 당대(當代)를 직접 목격한 김부식의 사평이 실려 있다. 김부식은 인종을 대내외의 위기를 잘 극복한 성군으로 평가했는데, 이는 오늘날의 평가와 아주 다르다. 그의 사평은 다음과 같다.

> 왕은 덕과 은혜로 백성을 편안하게 했고 군사를 일으켜 전쟁을 하지 않으려 했다. 금나라가가 갑자기 일어나자, 여러 신하의 반대를 뿌리치고 금나라 신하가 되기로 결정하고, 그 나라 사신을 예의로서 공손하게 대했다. 금나라도 고려에 대해 그렇게 했다. 외교 문서를 작성한 신하들이 금나라를 '북쪽 오랑캐(호적胡狄)'라 하면 그것을 말렸다. 금나라와 좋은 관계를 맺어 국경의 근심이 없게 되었다. 불행히도 이자겸이 횡포를 부려 궁중에서 변란을 일으키는 바람에, 직접 간히는 곤욕을 치렀다. 그런데도 이자겸은 왕의 외조부라 해서 목숨을 살려주었고, 척준경은 〔난에 가담한〕 잘못 대신 〔이자겸을 제거한〕 공을 기록해 목숨을 살려주었다. 왕의 도량이 넓음이 이와 같았다. 왕이 별세하자 금나라 사람도 슬퍼했다. 묘호를 인종(仁宗)이라 한 것은 마땅한 것이다. 다만 묘청의 말에 현혹되어 결국 서경 사람들의 반란을 불러오는 바람에 여러 해 동안 군대를 동원해 겨우 반란을 진압한 것은 훌륭하신 덕에 허물이 되었으니 아까운 일이다.
>
> ―《고려사》 권17, 인종 24년 2월조

묘청의 난을 계기로 부상한 김부식

●

1123년(인종 1) 고려에 왔던 송나라 사신 서긍은 《고려도경》에 김부식에 대해 이런 인물평을 남겼다.

> 김부식은 풍만한 얼굴과 커다란 체구에 얼굴이 검고 눈이 튀어나왔다. 널리 배우고 많이 기억해 글을 잘 짓고 예와 지금의 일을 잘 알아, 학사들에게 존경을 받기로는 그보다 앞설 사람이 없다.
>
> ―《고려도경》 권8, 인물 김부식조.

한 달가량 고려에 체류한 그가 남긴 인물평에는 당시 그가 고려인으로부터 전해들은 이야기도 섞여 있을 터, 당대 고려인의 평가라 해도 무방할 것이다. 어쨌든 서긍의 눈에 비친 49세의 김부식은 고금(古今)을 꿰뚫는 박람강기(博覽强記, 박식하고 총명함)의 기백을 지닌 당대 최고의 학자였다. 실제로도 그러했다.

왕권에 집착한 국왕 인종의 자충수

묘청의 난이 진압된 지 4년이 지난 1139년(인종 17) 김부식과 국왕 인종이 이런 대화를 나누었다.

〔인종은〕 김부식에게 송나라 사마광(司馬光)의 여러 글을 읽게 하고 그를 칭찬하면서, "사마광의 충성스러운 절의가 이렇게 훌륭한데 왜 사람들은 당시 그를 간사하다고 했는가?" 하고 물었다. 김부식은 "왕안석의 무리들과 서로 좋지 않았기 때문이지, 잘못은 없습니다"라고 답했다. 왕은 "송나라가 망한 것은 왕안석 때문임이 분명하다"라고 했다.

—《고려사절요》권10, 인종 17년 3월조.

사마광은 부국강병책을 추구한 송나라 신법당의 왕안석에 반대한 구법당(舊法黨)의 영수였다. 김부식은 기존 질서를 고수하려 한 사마광의 구법(舊法)을 더 높이 평가했다. 김부식은 왜 이러한 평가를 내렸을까? 그는 4년 전 묘청의 난을 진압한 총사령관이었다. 금나라 정벌과 서경 천도와 같은 묘청 일당의 변법(變法, 신법)은 왕안석의 정책과 같이 왕조를 위기에 빠뜨릴 위험이 있음을 인종에게 깨우치려 한 것이다. 인종도 왕안석의 신법이 송나라 멸망의 원인이라고 말해 김부식의 생각에 동의했다.

이 대화 속에서 묘청과 손을 잡고 개경 귀족을 억누르고 새 정치를 추구하려 했던 인종의 모습은 찾아볼 수 없다. 인종 즉위 당시 최고의 학자였던 김부식은 그로부터 20여 년이 지난 뒤에는 국왕도 어찌할 수 없을 만큼 최고 권력자로 변모했다. 왜 이렇게 상황이 크게 바뀌었을까? 국왕 인종의 자충수 때문이다.

1126년(인종 4) 이자겸은 제거되었지만, '개경 정치'에 대한 불신은 더욱 깊어졌다. 그 부담은 인종이 떠안을 수밖에 없었다. 궁궐이 불타고 왕권이 실추된 것은 그 다음 문제였다. 지배층과 지배질서 전반에 대한 불만과 불신이 더 큰 문제였다.

인종은 새로운 정치를 모색하며, 정치의 중심 무대를 개경에서 서경으로 옮기려 했다. 그에 화답한 세력은 개경 정치에 불만을 가진 서경의 묘청, 백수한(白壽翰), 정지상(鄭知常) 등이었다. 그들은 1128년(인종 6) 8월 인종이 서경을 방문했을 때 서경에 새 궁궐을 짓고 새 정치를 할 것을 주문했다.

묘청 등이 "서경 임원역(林原驛)의 지세는 음양가에서 말하는 대화세(大華勢)입니다. 궁궐을 세워 이곳으로 옮기면 천하를 아우를 수 있습니다. 즉 금나라가 스스로 항복하며, 36국이 모두 〔고려의〕 신하가 될 것입니다"라고 했다. …… 또 묘청의 무리는 왕에게 황제를 칭하고 독자 연호를 사용하고(稱帝建元), 유제(劉齊, 금나라의 지원을 받은 한족에 의해 세워진 대제국大齊國의 왕)와 협공해 금나라를 없애자고 건의했다. 식자(識者)들이 다 불가하다 했으나, 그들은 계속 주장했다.─《고려사》 권127, 묘청 열전.

묘청 등은 새 궁궐지를 '대화세(大華勢)'의 명당이라고 설명했다. 즉, 나무에서 꽃이 피는 대화세(大花勢)로서 풍수지리상 명당이고 길지라는 것이다. 따라서 그곳에 궁궐을 지으면 금나라는 물론 주변의 많은 나라가 고려에 항복할 것이라고 보았다.

김부식, 묘청의 난 토벌 후 정계 실력자로

1129년(인종 7) 1월 서경에 신궁(新宮)인 대화궁(大華宮)이 완성되자, 다음 달 인종은 서경에 행차했다. 1131년 8월에는 대화궁의 외성(外城)인 임원궁성(林原宮城)이 완성된다. 1126년 이자겸이 제거된 뒤 불과 3~4년 만에 서경이 정치의 새로운 중심지로 급부상한 것이다. 국왕 인종이 묘청 세력을 끌어안아 이러한 구도를 만든 것이나 다름없었다.

서경 천도가 거의 확정될 무렵 개경 귀족 세력이 크게 반발했다. 특히 외척 이자겸이 제거된 후 새로운 외척으로 등장한 정안 임씨의 임원애(任元敱) 등이 앞장서 반대했다.

〔1133년 8월〕임원애가 "묘청과 백수한 등은 간사한 꾀를 부리고 해괴한 말로 민심을 어지럽혔습니다. 몇몇 대신과 근신들도 묘청의 말을 따라 국왕을 잘못되게 했습니다. 장차 생각지도 못한 환란이 있을까 두렵습니다. 묘청 등을 저잣거리에서 죽여 화의 싹을 끊으십시오"라고 상소했다. 국왕은 답하지 않았다. ―《고려사》권127, 묘청 열전.

묘청을 처벌하자는 임원애의 주장은 개경 문벌귀족의 입장을 대변한 것이었다. 김부식 역시 1134년(인종 12) 인종의 서경 행차에 대해 이렇게 못을 박았다.

묘청 일당이 국왕을 서경에 오게 하여 역모를 꾀하려 하자 김부식이 아뢰기를 "이번 여름 서경 궁전에 벼락이 쳤습니다. 벼락 친 곳으로 재앙을 피하러 가는 것은 이치에 어긋납니다. 더욱이 가을 곡식을 아직 거두지도 않았는데 행차하면 벼를 짓밟게 되어 농사에 방해가 됩니다. 이는 백성을 사랑하는 일이 아닙니다"라고 했다. 왕의 서경 행차에 이같이 반대하자, 왕은 행차를 중단했다. ―《고려사절요》권10, 인종 12년 9월조.

김부식의 제동으로 인해 인종의 서경 행차는 없던 일이 되었다. 서경 천도가 현실적으로 어렵다는 사실을 알게 된 묘청 일파는 1135년(인종 13) 1월 서경에서 마침내 반란을 일으킨다.

묘청은 조광(趙匡) 등과 함께 서경에서 반란을 일으켰다. 임금의 명령을 위조해 서경유수와 관원을 잡아 가두고, 서북면(평안도) 일대의 군사 지휘자와 서경에 거주하는 개경 사람은 귀천을 막론하고 모두 잡아 가두었다. 군사를 파견해 서경과 개경으로 오가는 길목을 차단했다. 서북면 일대 여러 성의 군사를 징발했다. 나라 이름을 '대위(大爲)'라 하고 연호를 '천개(天開)'라 했다. 정부 관서를 조직하고, 군대 이름을 '천견충의군(天遣忠義軍)'이라 했다. 묘청이 조광 등과 함께 군마(軍馬)를 호령하여 두어 길로 나누어 곧장 개경으로 향하려 했다.
　　　　　　　　　　　　　　　　　　　　　　　―《고려사절요》권10, 인종 13년 1월조.

난이 일어난 지 두 달 뒤인 그해 3월 김부식은 묘청의 난을 토벌할 사령관에 임명되었다. 진압 작전에 나선 그는 약 1년 만인 이듬해 2월 난을 진압했다. 인종은 그에게 '수충정난정국공신(輸忠定難靖國功臣, 충성을 다해 난을 바로잡아 왕조를 안정시킨 공신)' 칭호를 내렸다. 이로써 그는 정계의 최고 실력자로 군림하게 되었다.

절대 권력의 부작용

숙종 때부터 예종, 인종까지 세 임금을 큰 허물 없이 섬겨오면서 권력의 생리를 잘 아는 김부식은 묘청의 난을 진압한 뒤 자신의 정치적 지위를 굳히기 위해 곧바로 권력을 휘두른다. 1136년(인종 14) 김부식은 진압 사령관 시절 자신의 막료였던 윤관의 아들 윤언이(尹彦頤)의 처벌을 인종에게 건의한다.

> 윤언이는 정지상과 결탁하여 서로 죽기로 맹세하고 한 무리가 되어 크고 작은 일을 함께 의논했습니다. 임자년(1132)에 왕께서 서경에 행차하셨을 때 독자 연호를 제정하고 황제 호칭을 쓰자고 건의하고, 국학의 학생들에게 이 일을 상소케 했습니다. 이는 금나라를 격분시키는 일이며, 그 틈을 타서 자기 무리가 아닌 사람을 없애고 반역을 꾀하려 했습니다. 결코 신하로서 할 짓이 아닙니다. ─《고려사》 권96, 윤언이 열전.

신법에 부정적이었던 김부식은 숙종·예종 때 신법을 추진한 윤관의 아들 윤언이까지 정적으로 간주해 그를 제거하려 했다. 국왕도 어쩔 수 없이 윤언이를 양주(梁州, 경남 양산) 지방관으로 좌천시켰다가, 6년 뒤에 광주목사(廣州牧使)로 임명해 명예를 회복시켜주었다. 윤언이는 명예가 회복된 뒤에야 반란을 일으키려 했다는 김부식의 주장을 반박하는 상소를 올린다(뒤의 '윤언이가 올린 상소문' 참고).

김부식은 이처럼 자신과 정치적 견해가 다른 정적을 내칠 정도로 냉엄한 권력자로 변모했다. 1142년(인종 20) 김부식은 현직에서 사퇴한 후 왕명으로《삼국사기》를 편찬하기 시작해 1145년 완성한다.

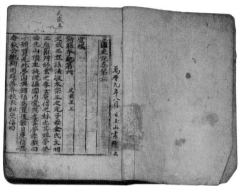

《삼국사기》 고려시대 대표적인 유학자이자 측근 정치인으로 손꼽히는 김부식이 인종의 명에 따라 묘청의 난 이후 사회 혼란을 수습하고 유교 정치이념을 확립하기 위해 펴낸 역사서이다. 1145년에 완성된 《삼국사기》는 신라·고구려·백제의 역사를 기전체로 서술했으며, 본기·지·표·열전으로 구성되어 있다.

지금의 학사대부들은 중국 경전과 역사는 잘 알고 있으나, 우리나라 사적에 대해서는 잘 모른다. 삼국은 일찍 중국과 예로 통해 그들의 역사서 《한서(漢書)》나 《당서(唐書)》에 삼국의 사실이 실려 있다. 그러나 소략하게 다루어 자세하지 않다. 우리나라 옛 기록은 문장이 졸렬하고 내용이 소략하여 군주의 선악, 신하의 충사(忠邪), 국가의 안위(安危), 인민의 치란(治亂)을 모두 나타내지 못하고 또 교훈을 주지 못한다.

— 《동문선(東文選)》 권44, 진삼국사기표(進三國史記表).

김부식은 학자들이 우리나라 역사를 잘 모르고, 중국 역사서에 실린 우리 역사 내용이 소략하기 때문에 《삼국사기》를 편찬한다는 이유를 들었다. 그러나 그는 서경 천도운동의 역사의식인 고구려 중심 사관을 수정해 신라 중심 사관을 확립하려 했다. 또한 묘청의 난 이후 정국 혼란을 수습하고, 유교 정치이념을 확립하기 위해 《삼국사기》를 편찬했다. 김부식은 정치뿐 아니라 문화와 사상까지도 자신의 뜻대로 움직이기를 바랐던 것일까? 정국은 다시 개경 문벌귀족이 주도하는 형세로 바뀌었다. 그러나 절대 권력은 반드시 부작용을 낳는다. 권력의 정상에 우뚝 선 그의 발 밑으로 '무신정변'이라는 엄청난 정치적 격랑이 밀려오는 조짐을 그는 모르고 있었다.

■ 윤언이가 올린 상소문

윤언이는 1135년 사령관 김부식의 막료로서 서경에서 일어난 묘청의 난을 진압하는 데 공을 세웠다. 그러나 정지상과 내통했다는 김부식의 건의로 인해 윤언이는 양주방어사로 좌천된다. 이후 6년 만에 광주목사에 임명되었다.

윤언이는 광주목사가 된 뒤 자신을 좌천시킨 김부식의 주장을 반박하고 해명하는 상소를 올린다. 이를 흔히 '자해소(自解疏, 자신을 해명하는 상소)'라 부른다. 이 가운데 김부식의 주장을 반박하는 내용을 정리한 것이 다음의 글이다. 당시 묘청의 난을 둘러싼 역사를 이해하는 데 도움이 될 것이다.

저는 유배지로 갈 때까지도 죄를 지은 단서를 알지 못해 한갓 걱정만 할 뿐이었습니다. 그런데 중군(中軍, 묘청의 난 진압 당시 김부식)께서 올리신 상소문을 읽게 되었습니다. 저는 그 글을 여러 차례 읽고 난 뒤에야 안심하게 되었습니다. 그 이유는 다음과 같습니다.

연호를 제정하자고 건의한 것은 임금을 높이려는 순수한 마음에서 나온 것으로, 우리나라에도 태조와 광종의 전례가 있습니다. 신라와 발해도 그렇게 했습니다. 그러나 큰 나라(당나라)가 한 번도 정벌에 나서지 않았으며, 두 나라도 연호를 세운 것이 잘못이라고 이의를 제기하지도 않았습니다. 지금과 같은 성스러운 시대에 그것이 잘못된 것이라 할 수 있습니까? 제가 연호를 세우자고 한 것이 죄라면 죄일 뿐입니다.

당을 이루어 금나라를 화나게 하려 했다는 것은 앞뒤가 맞지 않습니다. 강한 적이 침입하면 막기에도 급급한데 어찌 틈을 타서 일을 벌일 수 있겠습니까? 제가 정지상과 결탁한 사람은 누구이며, 제가 처치하려 한 사람은 또 누구입니까? 사람들이 화합하지 못하면 싸워도 결국 패하여 몸을 둘 곳도 없을 터인데, 어찌 함부로 모의를 하겠습니까? 더욱이 대화궁을 짓자는 논의는 하지도 않았으며, 저는 정지상과는 다르며 백수한의 추천도 받지 않았습니다.

오직 폐하께서는 이런 일들을 환하게 알고 계실 겁니다. 저는 지방으로 내려간 지 벌써 6년의 세월이 흘렀습니다. 녹봉은 끊어진 지 오래라 의식을 꾸리기도 어렵습니다. 친구들과의 교제도 모두 끊어졌습니다. 가족들도 거처를 잃어 모습이 마른 나뭇가지와 같이 초췌하고, 정신은 술에 취해 꿈을 꾸듯 혼미합니다. 지금까지 살고 있는 것은 오직 성상께서 염려해준 덕분입니다.

—《고려사》 권96, 윤언이 열전.

승자의 기록 너머로 읽는
무신정변의 실체

1170년(의종 24)에 일어난 고려왕조 최대의 정변인 무신의 난을 다음
과 같이 해석하는 것이 우리 학계의 대세다.

> 의종은 환관 무리와 놀러 다니는 일로 날을 보내어 정치를 돌보지 않았
> 다. 국정은 어지럽고 기강은 땅에 떨어졌다. 문신들과 주지육림(酒池肉
> 林) 속에서 음풍농월로 세월을 보내고, 무신을 혹사하고 천대한 결과 마
> 침내 무신의 대란(大亂)을 도발케 했다.
>
> — 김상기, 《고려시대사》, 서울대출판부, 1985.

연회에 빠져 국정을 어지럽히고 기강을 무너뜨린 데다 문신을 우대
하고 무신을 천대한 의종에게 정변의 책임을 묻고 있다. 그런데 학계
의 정설과 다름없는 이 견해는 조선 초기에 편찬된 《고려사절요》의 기
록을 옮겨놓은 것이다.

사신(史臣) 유승단(兪升旦)이 말하기를 "……불행하게도 의종은 아첨하고 경박한 무리들을 좌우에 두고 재를 올리고 기도하는 데 재물을 기울여 탕진했다. 정치에 쏟아야 할 시간과 정력을 주색(酒色)에 빠져, 풍월을 읊는 것으로 정치를 대신했다. 이로써 점차 무신의 노여움이 쌓여 화(禍, 정변)가 일어났다……"라고 했다. ─《고려사절요》권11, 의종 24년 8월 사평.

《의종실록》은 승자의 기록

학계의 견해는《고려사절요》에 실린 유승단의 의종에 대한 평가와 판박이다. 그런데 당시 실록 편찬에 참여한 유승단은 무신정변을 객관적으로 평가할 처지가 아니었다. 그는 무신 권력자의 눈치를 보지 않을 수 없었다.《의종실록》편찬 자체가 출발부터 왜곡되었다.《고려사》최세보(崔世輔) 열전에 그 사실이 나타나 있다.

어떤 사람이 〔무신정권 최고 기관인〕중방(重房)에 다음과 같이 고발했다. "〔의종실록〕편찬자 문신 문극겸(文克謙)이 의종이 시해된 사건을 두고 '국왕 시해는 천하의 가장 큰 죄악이다'라고 거침없이 썼습니다. 무신으로 사관(史官)을 교체해 제멋대로 쓰지 못하게 해야 합니다." 왕(명종)은 전래의 제도를 고치기 싫었으나 어쩔 수 없이 무신 최세보를 사관으로 임명했다. 최세보는 마음대로 사실을 고쳐 실록을 편찬했다. 이 때문에 실록에는 탈락되고 생략된 사실이 많았다. ─《고려사》권100, 최세보 열전.

최세보는 조상도 알 수 없을 정도로 미천한 집안 출신에다 글도 모르는 인물이었는데, 무신정변 덕에 재상 자리까지 올랐다. 게다가 실록 편찬 사관으로 문신이 임명되던 관례를 깨고, 무신으로서는 처음 임명되었다. 《의종실록》은 최세보가 편찬 책임자에 임명된 1186년(명종 16) 12월 무렵 시작되어 그가 사망한 1193년(명종 23) 10월 무렵 편찬이 마무리되었다.

이처럼 《의종실록》은 무신정변이 일어난 지 약 20년이 지나서 무신정권이 안정기에 접어들었을 때 편찬되었다. 그 때문에 무신들은 정권을 유지하기 위해 정변의 책임을 의종의 실정(失政)에서 찾으려 했던 것이다. 의종 시해 사실처럼 무신들에게 불리한 사실은 많이 생략되었을 것이고, 그 과정에서 기록된 유승단의 의종 평가도 온전할 리 없다. 따라서 무신정변의 원인에 관한 과거와 현재의 기록은 결코 객관적일 수 없다는 결론에 이르게 된다.

나아가 의종은 과연 문신을 우대하면서 무신을 천대했을까 하는 의문이 든다. 역사에서 반면(反面)의 사실을 읽을 수 있을 때 묘미(妙味)가 있다.

애초 의종이 원자일 적에 인종이 원자가 장차 왕으로서의 책임을 다할 수 있을까 걱정했다. 왕후 임씨도 둘째 아들 왕경(王暻)을 사랑해 그를 태자로 세우려 했다. 그러나 태자의 스승 정습명(鄭襲明)이 충심으로 태자를 가르치고 보호해 폐위되지 않았다. ─《고려사》 권96, 정습명 열전.

정습명은 당시 김부식과 함께 문신귀족을 대표하는 정치인이었다. 부왕인 인종과 모후를 등에 업은 외척들은 도량이 넓고 따르는 사람이 많은 차남 왕경을 왕위에 앉히려 했지만, '장자 계승'을 주장한 정습명으로 상징되는 문신귀족의 명분에 밀려 의종이 즉위했다.

의종은 묘청의 난을 진압해 정치의 주도권을 쥔 김부식·정습명 등 유교 관료집단의 요구를 외면할 수 없을 정도로 사실상 이들에게 포위된 것이나 다름없었다. 의종은 1151년(의종 5) 김부식과 함께 자신을 보필한 정습명이 죽은 뒤에야 스스로의 구상대로 정치를 할 수 있었다.

의종 측근 세력의 권력 다툼에서 시작된 무신정변

의종은 1154년(의종 8) 서경에 중흥사를 창건한다. 1158년에는 "황해도 백주 토산의 반월 언덕은 왕조 중흥의 땅이다. 이곳에 궁궐을 지으면 7년 안에 금나라를 병합할 수 있다"라는 유원도(劉元度)의 건의에 따라 대궐 중흥궐을 창건한다. 또한 1157~1160년 무렵 측근인 재상 김영부(金永夫)와 김관의에게《편년통록》을 편찬케 한다.

김영부는 뒷날 의종 복위운동을 일으킨 김보당(金甫當)의 부친이다. 그는《편년통록》에서 태조 왕건 이전 왕실 세계(世系)를 정리하고, 왕실의 기원을 중국 당나라 왕실에 연결했다.《편년통록》은 풍수지리·도참사상 등에 입각해 왕실과 왕권의 신성함을 강조한 역사서로서 김부식이 편찬한《삼국사기》(1145)와 성격이 다른 역사서다.

무신정변이 일어나기 2년 전인 1168년(의종 22) 의종은 서경에 행차하여 자신의 통치철학을 담은 이른바 '신령(新令)'을 반포하여, 음양사상·불교·선풍을 통치이념으로 내세웠다. '왕조의 중흥'이 의종이 바라던 정치세계였다. 이처럼 의종은 문신귀족과 달리 왕권을 강조한 절대군주의 면모를 갖고 있었다. 사신의 평가와 같이 결코 무능한 군주가 아니었다.

의종의 정치를 보좌한 세력은 내시, 환관과 술사, 친위 군사 이렇게 세 집단이다. 이들은 모두 반(反)문벌귀족 세력이란 공통점을 지녔다. 당시 내시는 조선시대와 달리 국왕의 정치를 보좌한 신진기예의 관료 집단이었다. 의종의 친위 군사인 상급 무신은 비록 정변을 일으켰지만, 평소 의종의 우대를 받았고 의종을 지지한 측근 무리 가운데 하나였다. 그 밖에 일반 군인은 어느 때나 고역에 시달리게 마련으로, 특별히 의종이 무신을 천대했다고 할 수는 없다.

권력은 결코 나눠 가질 수 없다. 권력의 이러한 속성으로 인해 의종의 측근 세력인 내시, 환관과 술사, 친위 군사집단 사이에 권력 다툼이라는 폐단이 나타났다. 무신정변은 일차적으로 측근 세력 내부의 권력 다툼에서 시작되었다.

왕이 보현원으로 행차하는 길에 오문(五門) 앞에 이르자 시신들을 불러 술을 돌렸다. 술자리가 무르익자 좌우를 돌아보며 "이곳은 군사를 훈련 시키기에 적합한 곳이로구나" 하고 감탄하며 무신들을 시켜 오병수박희(五兵手搏戲)를 하게 했다. 이는 무신들의 불만을 짐작하고 있던 왕이 이를 기회로 후하게 상을 주어 그들을 달래려고 한 일이었다. 그러나 내시 한뢰(韓賴)는 [왕을 호위하는] 무신들이 왕의 총애를 받는 것을 시기했다. 대장군 이소응(李紹膺)은 무인이었지만 체구가 수척한 데다 기력이 쇠잔해 딴 사람과 수박희를 겨루다가 힘이 부쳐 달아났다. 이에 한뢰가 나서서 뺨을 때리는 바람에 이소응이 계단 아래로 굴러 떨어졌다. 왕이 신하들과 박장대소했으며, 내시 임종식(林宗植)·이복기(李復基) 등도 이소응을 모욕했다. 이때 정중부(鄭仲夫) 등이 "이소응이 비록 무인이나 벼슬이 3품인데 어찌 이처럼 심하게 욕을 보이는가?" 하며 한뢰를 꾸짖자 왕이 정중부를 달랬다. —《고려사》권128, 정중부 열전.

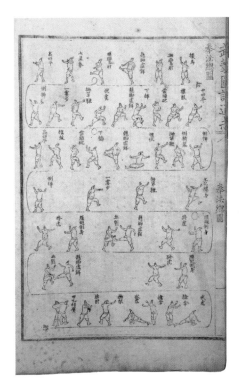

《무예도보통지》에 실린 수박희 모습 수박희는 주로 손을 써서 상대를 공격하거나 수련하는 전통 무예의 하나로, 지금의 태권도와 유사하다. 고려시대에는 매우 중요한 무예로 여겨져 무사들은 이를 익혀야 했다. 조선 정조 때 편찬된 《무예도보통지(武藝圖譜通志)》(1790)에 실려 있다.

1170년(의종 24) 8월 30일 무신정변이 일어난 날 낮에 벌어진 일이다. 왕은 수박희를 열어 친위 군사들의 사기를 북돋우려 했는데, 왕의 총애를 다투던 내시 출신 한뢰·이복기·임종식 등이 그 참에 불을 지른 것이다. 친위 군사들은 추위와 굶주림에 시달리는 일반 군인과 달리 국왕의 총애를 받는 집단이었다. 모욕을 당한 이소응과 정중부는 친위 군사 출신이었다. 모욕 사건이 발생한 그날 저녁 마침내 정변이 일어났다.

밤이 되어 왕의 수레가 보현원 가까이 왔을 때, 이고(李高)·이의방(李義

方)이 앞서 가서 왕의 명령을 가짜로 만들어 〔친위 군사인〕 순검군을 집결시켰다. 왕이 숙소에 들어가자, 이들은 임종식·이복기·한뢰 등을 죽였다. 왕을 호위한 관료들과 환관이 모두 피해를 입었다. 정중부 등은 왕을 궁궐로 다시 모시고 왔다. ―《고려사》권19, 의종 24년 8월조.

정중부와 함께 최초의 정변을 일으킨 이의방·이고 등도 역시 의종을 호위한 친위 군사였다. 이렇듯 정변은 일차적으로 측근 세력인 정중부 등 친위 군사들이 또 다른 측근인 내시·환관 등을 제거하면서 일어난 것이다. 무신에 대한 푸대접 때문이 아니었다.

무신정변, 문신 대량 학살로 번져

그날 저녁 의종은 친위 군사들의 호위를 받으며 왕궁으로 돌아왔다. 이렇게 보현원 사건은 일단락되는 듯했다. 그러나 피해를 입은 내시·환관 등이 다시 반발하자, 무신들은 의종을 거제도로 유폐한 후 환관과 내시들을 무더기로 제거한다. 3년 후인 1173년(명종 3) 김보당을 비롯한 문신들이 거제도에 유폐된 의종을 경주로 모셔와 복위운동을 일으켜 무신에게 저항하자 마침내 이 정변은 문신들에 대한 대량 학살로 확대되었다.

당시 역사가들은 무신정변을 '경계(庚癸)의 난'이라 했다. 즉 최초 정변이 일어난 경인년(庚寅年, 1170)과 복위운동이 일어난 계사년(癸巳年, 1173)의 두 차례 정변을 합해 그렇게 불렀던 것이다. 1170년 최초의 정변은 의종 측근 세력 내부의 권력 다툼으로, 그 빌미를 제공한 의종에게 일단의 책임이 있지만 의종의 책임은 거기까지였다. 두 번째 정변인 1173년 의종 복위운동이 일어났을 때, 무신들은 일반 군인들의 호응 아래 문신에 대한 대량 살육을 저질렀다. 의종의 손을 떠난 정변이었다.

무신정변은 가까이는 왕실 중흥과 왕권 강화를 시도한 의종과 그에 반대한 문신 관료집단 사이의 대립이라는 파행적인 정치로부터 원인을 찾을 수 있다. 멀리는 이자겸의 난과 묘청의 난 등 12세기 이래 누적된 지배층 내부의 대립과 갈등이 끝내는 무신정변이란 파국을 초래했다. 의종에게 모든 책임을 돌릴 수는 없다. 그것은 정변을 일으킨 무신 권력집단의 역사 왜곡일 뿐이다.

■ '신령'으로 읽는 의종의 참모습

국왕 의종이 서경에서 반포한 교서 '신령'은 그가 단순히 향락에 빠져 정사를 게을리하여 끝내 무신정변을 낳게 한 무능한 군주가 아니었음을 보여준다. 의종은 문신귀족 대신 무신, 풍수지리와 도참사상에 밝은 술사 및 환관을 측근으로 삼아 고려 왕실의 부흥과 왕권을 강화하려 했던 군주다. 특히 의종은 사상적으로 유교 정치이념보다는 불교·풍수지리·도교 등의 이념으로 정국을 돌파하려 했다. 다음의《고려사》기록은 그런 모습을 잘 보여준다.

의종 22년(1168) 3월 국왕 의종은 서경의 관풍전(觀風殿)에서 다음과 같은 교서를 반포했다.

짐이 듣건대, 서경은 만세에 쇠하지 않는 땅이기에 후대의 군주가 이곳에서 새로운 교화를 펴면 나라의 풍속이 맑아지고 백성들이 평안할 것이라고 한다. 짐은 즉위 이래 맡은 일들이 실로 많고 번잡해 서경에 올 겨를이 없었다. 일관(日官)의 건의에 따라 드디어 서경에 왔으니 낡은 것을 혁신하고 새로운 것을 바로 세워 올바른 정치를 부흥하고자 한다. 옛 태조 임금께서 남기신 〈훈요십조〉의 정신을 되살리고 지금의 폐단을 바로잡을 정책을 채택하여 신령을 반포한다.

1. 음양의 이치를 존중하고 따르라. 요즘 내린 명령이 음양의 이치에 어긋났던 까닭에 기후가 뒤죽박죽이 되고 백성들은 안정을 찾지 못했다. 지금 이후로는 봄과 여름에 상을 주고, 가을과 겨울에 형벌을 내리고, 월령(月令)에 따라 행사를 시행할 것이다.

1. 불사(佛事)를 숭상하고 중하게 여겨라. 지금은 불법이 점차 쇠퇴하고 있다. 개국 당시 개창한 비보사찰(裨補寺刹, 풍수지리설에 따라 지세를 비보하기 위해 세운 사찰)과 정기적인 법회와 기도를 위한 사찰 가운데 퇴락된 곳이 있으면 해당 관리는 즉시 수리하도록 하라.

1. 사문(沙門, 승려)을 존경하라. 승려의 탐욕을 막고, 뜻이 높으면서도 산림에 숨어 있는 승려가 있으면 관리들이 찾아내어 추천하라.

1. 삼보(三寶, 부처·불경·승려)를 보호하라. 내시원(內侍院)과 여러 관청이 사찰의 보물과 곡식, 물건을 빼앗아 마음대로 가져다 쓰는 일을 금지하라.

1. 선풍(仙風, 팔관회)을 숭상하고 따르라. 신라는 선풍을 진작하여 하늘이 기뻐하고 백성들이 평안을 누렸다. 요즘 개경과 서경의 팔관회가 예전의 격식을 날로 잃어가 그 전통이 쇠퇴해가고 있다. 양반으로 재산이 넉넉한 자를 가려 선가(仙家)로 정한 뒤, 모든 절차를 옛 풍습에 따라 거행함으로써 사람과 하늘이 함께 기뻐할 수 있도록 하라.

1. 어려운 백성들을 보호하고 구제하라. 이부(吏部)에서는 백성을 구제할 관원을 뽑아 일을 맡기고, 어사대는 관원이 구제를 잘하는지 감독하라.

—《고려사》권18, 의종 22년 3월조.

새로운 왕조를 꿈꾼
경주 천민 이의민

500년의 고려(918~1392) 역사에서 특이하게도 100년의 기간은 무신정권(1170~1270) 시대다.《고려사》를 편찬한 조선 초기 역사가들은 '고려왕조 멸망의 계기는 무신정권 때부터'라고 혹평했다. "의종과 명종(무신정변) 이후 권력을 잡은 간사한 무리〔權姦〕들이 국정을 마음대로 농단하면서, 백성들을 착취하고 국가 재정을 함부로 운용한 결과 마침내 국고가 완전히 바닥나버렸다"[1]는 식의 평가가 그렇다. 그렇지만 무신정권 붕괴 후 고려왕조는 120년이나 더 지속되었다. 다양한 고려 역사를 너무 단순화한 평가다.

무신정권을 혹평한 까닭에는 당시의 권력자 이의민(李義旼, 1183~1196년 집권)도 포함된다. 그는 무신정변 이전 250년 고려사에서 가장 드라마틱한 인물 가운데 한 사람이다. 그는 국왕과 관료집단 중심의 왕정(王政)체제가 아닌 새로운 세상을 꿈꾼 혁명가였다. 1198년(신종 1) '왕후장상(王侯將相)의 씨가 따로 없다'는 기치를 내걸고 일어난 만적(萬積)의 난도 이의민이 뿌린 씨앗이 발아한 것에 불과했다. 그는 직설

적이고 거침없는 전형적인 무인 기질을 지닌 인물이었다.

경주 출신 천민, 장군이 되다

경주 출신인 이의민은 천민이었다. 아버지는 소금과 체를 파는 상인이고, 어머니는 사원의 노비였다. 이의민은 여덟 자나 되는 큰 키에다 힘이 무척 셌다. 한번은 두 형들과 마을에서 횡포를 부리다 안렴사(按廉使, 조선의 관찰사 격) 김자양(金子陽)에게 붙잡혀 모진 고문을 받았는데, 결국 두 형은 죽고 그만 살아남았다. 김자양은 그의 완력을 보고 경군(京軍, 개경 방어 군인)으로 선발했는데, 그것이 그의 인생에 커다란 전기가 되었다.

> 아버지 이선(李善)은 어린 아들 이의민이 푸른 옷을 입고 황룡사 9층탑으로 올라가는 꿈을 꾸고서, 아들이 필시 귀한 신분이 될 것이라고 여겼다. …… 이의민은 경군에 선발되어 가족을 데리고 개경으로 갔다. 마침 날이 저물어 개경 성문이 이미 닫혔으므로 성 밖 남쪽의 연수사라는 절에서 묵었다. 꿈에 긴 사다리가 성문에서 궁궐까지 걸려 있어 그는 사다리를 타고 올라가는 꿈을 꾸었다. 꿈에서 깬 그는 이상하다고 생각했다.
> —《고려사》권128, 이의민 열전.

부자(父子)의 꿈속에는 천민 신분을 벗어나려는 열망이 담겨 있다. 경군이 된 그는 타고난 완력으로 수박희를 잘해 국왕 의종의 총애를 받아 단숨에 별장(別將, 정7품 벼슬)으로 승진한다. 그 뒤 결정적인 기회가 그에게 찾아왔다. 1170년 무신정변이 일어나자 그는 크게 공을 세

《고려사》 반역전에 실려 있는 이의민 열전의 일부분 이의민은 경주 출신의 천민이었지만 역량이 뛰어나 정중부에게 발탁된 후 출세했다. 명종 대에 재상이 되었고, 정권을 장악한 후 역모를 꾀하다가 최충헌에 의해 제거되었다.

위 장군(將軍, 정4품)으로 승진한다. 장군은 1,000명의 군사를 지휘하는 무반의 고위직이다. 많은 사람이 피해를 본 무신정변이 그에게는 도약의 기회가 되었다.

1173년(명종 3) 김보당이 주동한 의종 복위운동이 일어났다. 김보당의 명령을 받은 장순석(張純錫) 등이 거제도에 유폐된 의종을 경주로 모셔와 그를 구심점으로 무신정권을 타도하려 했다. 복위운동의 거점 지역을 경주로 택한 것은 옛 신라 수도라는 상징성에다 이곳의 반(反) 왕조적인 정서를 이용하려 했기 때문이다. 무신정권 때 조위총의 난과 고구려 부흥운동, 의종 복위운동과 신라 부흥운동이 각각 서경과 경주에서 일어난 것은 우연이 아니었다. 옛 삼국의 수도였던 두 지역은 고려 건국 후 개경 중심 정치에서 소외받았기 때문이다. 황룡사 9층탑에 올랐다거나, 개경 남문에서 궁궐로 사다리를 타고 넘어갔다는 이의민 부자의 꿈에는 고려왕조에 대한 경주인의 반감이 투영된 측면이 없지 않았다.

최고 권력자 정중부는 복위운동 진압 사령관으로 경주 출신 이의민을 선택했다. 경주의 반왕조적인 정서를 역이용한 것이다. 정중부의 의도대로 경주민들은 이의민을 반기면서 반란 진압에 적극 나섰다. 그들은 반란 주동자를 단숨에 제압하고 의종을 경주 관아에 가두었다.

이의민은 곤원사(坤元寺) 북쪽 연못가로 의종을 끌어내어 술 몇 잔을 올리고는 그의 척추를 꺾어버렸다. 〔의종이〕 지르는 비명 소리를 들으며 그는 껄껄 웃기까지 했다. 〔부관인〕 박존위(朴存威)가 의종의 시체를 이불에 싸 가마솥 두 개와 함께 묶어서 연못 가운데로 던져 넣었다. …… 이 절의 승려 가운데 헤엄을 잘 치는 승려가 가마솥만 건져내고 시체는 버렸다. 시체가 여러 날 동안 물가에 떠올라 있어도 물고기나 새들이 뜯어먹지 않았다. 전 부호장(副戶長) 필인(弼仁) 등이 몰래 관을 마련해 물가에 묻어주었다. 이의민은 스스로 공을 내세워 대장군(大將軍, 종3품) 벼슬을 받았다. ─《고려사》 권128, 이의민 열전.

왕권을 넘본 유일한 무신

그러나 의종 시해의 죄과는 그를 정치적으로 궁지에 몰아넣고, 발목을 잡는 족쇄가 된다. 1179년(명종 9) 정중부를 제거한 무신 경대승(慶大升)은 왕정체제를 부활하려 했다. 그러면서 국왕을 시해한 이의민을 제거해야 할 첫 번째 인물로 꼽았다. 이의민은 1181년 경주로 피신한다.

무신정권 집정 연대표

(연도)		
1170		
	정중부	중방
1179		
	경대승	도방
1183		
	이의민	중방
1196		
	최충헌	
1219		
	최이 (최우)	교정 도감
1249		
	최항	
1257		
	최의	
1258		
	김준	
1268		
	임연	
1270. 2		
1270. 5	임유무	

☐ 정권 탈취　☐ 정권 계승

명종은 그의 반란을 염려해 벼슬을 주고 귀경을 권유한다. 1183년 경대승이 병사하자 이의민은 재상이 되어 최고 권력자가 된다. 이의민은 여기에 만족하지 않았다.

1193년(명종 23) 경주 인근 운문사(雲門寺, 경북 청도 소재)의 김사미(金沙彌)와 초전(草田, 경남 밀양)의 효심(孝心)이 봉기하자 사령관 전존걸(全存傑)은 장군 이지순(李至純) 등을 거느리고 진압에 나섰다. 이의민의 아들 이지순은 반적들에게 몰래 정보를 주고 의복과 식량 등을 보냈다. 반적들도 금은보화를 그에게 뇌물로 보냈다. 이 때문에 진압군은 반적들을 이길 수 없었다. 이 사실을 안 사령관 전존걸은 "만약 법으로 이지순을 처벌하면 그 아비(이의민)가 반드시 나를 해칠 것이요, 그렇지 않으면 적이 더욱 기세를 떨쳐 아군이 패배할 것이다. 패배의 죄를 누가 지겠는가?"라고 분하게 여겼다. 마침내 그는 약을 마시고 자결했다.[2]

이러한 상황은 이의민의 아들인 이지순의 단순한 탐욕 때문에 빚어진 것이 아니었다. 이의민이 반군과 내통하여 새 왕조를 건국하려는 야망을 품었던 것이다.

이의민은 일찍이 붉은 무지개가 두 겨드랑이 사이에서 일어나는 꿈을 꾸고는 이를 자랑거리로 여겼다. 또한 용의 자손(고려 왕실을 뜻함)은 12대로 끝나고 다시 십팔자(十八子)가 나타난다는 옛 예언을 듣고, 십팔자는 이(李)씨를 뜻한다는 것도 알았다. 그는 왕이 되려는 헛된 야망을 품고 탐욕스러운 마음을 억누르고 명사들을 등용해 자신도 어느 정도 명성을 얻었다. 경주 출신인 그는 신라를 부흥시키겠다는 뜻을 은밀히 가지고 반적 김사미·효심 등과 내통하니, 반적들도 엄청난 재물을 바쳤다.

— 《고려사》 권128, 이의민 열전.

이의민은 기존 질서를 부정하고 새로운 시대를 갈망한 유일한 무신 권력자였다. 국왕과 관료 중심의 왕정체제에 기생하여 경제·군사·인사권을 독점하고 권력 놀음에 취해 안주하려 한 정중부·경대승·최충헌(崔忠獻) 등의 무신 권력자와는 다른 유형의 인간이었다. 김사미와 효심의 봉기가 진압된 후인 1196년(명종 26) 4월 이의민은 냉정한 권력자이자 또 다른 야심가 최충헌에 의해 제거된다.

적신(賊臣) 이의민은 잔인한 성품으로 윗사람을 함부로 대하고 아랫사람을 업신여겼으며, 임금의 자리마저 흔들려 했습니다. 그 때문에 재앙이 불꽃처럼 치솟고 백성들은 편안하게 살아갈 수 없었습니다. 이에 신들이 폐하의 신령스러운 위엄을 빌려 적신들을 단번에 쓸어 없애버렸습니다. 폐하께서는 낡은 제도를 혁파하고 새 정치를 계획하심에 오직 태조께서 훈계하신 올바른 전범(典範, 〈훈요십조〉)을 준수하여 중흥의 길을 밝게 여시기 바랍니다. —《고려사》권129, 최충헌 열전.

최충헌은 단순한 칼잡이가 아니라 정치적으로 노회한 인물이었다. 새 왕조가 아니라 태조 왕건의 고려왕조를 연장하겠다는 현실주의 노선을 표방했다. 이는 이의민을 제거한 명분일 뿐 아니라 국왕과 관료 집단의 지지를 얻어 자신의 권력을 유지하는 데 더 없이 좋은 명분이었다.

이의민의 실각과 신라 부흥운동

최충헌의 집안은 부친과 외조부 모두 상장군 출신인 무반 가문이었다. 그 덕에 그는 과거를 거치지 않고 음서의 혜택으로 관료가 되었다. 이의민과는 신분이 달랐다. 그런데 무신정변으로 무신이 득세하자 최충헌은 출세에 유리한 무반으로 관직을 바꾼다. 1174년(명종 4) 서경에서 일어난 조위총의 난을 진압해 별장(정7품)으로 승진한 뒤 안동부사와 안렴사를 거쳐 행정 경험을 쌓았다. 이의민의 미움을 받아 관리생활을 포기했다가 1193년 장군(정4품)에 임명되어 다시 정계에 등장한 후 3년 만에 이의민을 제거하고 최고 권력자가 된다. 이의민이 제거된 뒤 그 후유증은 1202년(신종 5) 11월 경주에서 신라 부흥운동으로 나타났다. 신라 부흥운동은 최충헌이 이의민을 처형한 뒤 경주에 있던 이의민의 삼족(친족·외족·처족)을 살육한 데 대한 반발로부터 시작되었다.

경주 사람이 반역을 도모하여 몰래 배원우(裵元祐)를 〔전라도〕 고부군에 유배된 전 장군 석성주(石成柱)에게 보내 "고려 왕업은 거의 다 되었으니, 신라가 반드시 다시 일어날 것입니다. 공을 왕으로 삼아 사평도(沙平渡, 한강)로써 경계를 삼으려 하는데 어떻겠습니까?" 하면서 그를 꾀었다.

—《고려사절요》권14, 신종 5년 11월조.

최충헌은 1204년 이 난을 진압한다. 새 왕조를 건설하려 한 이의민의 꿈은 이로써 좌절된다. 최충헌은 아들에서 증손자까지 '이(怡)-항(沆)-의(竩)'로 이어지는 62년간(1196~1258)의 최씨 정권을 열었다. 그 비결은 변혁을 바라지 않는 국왕과 관료집단의 여망을 정확하게 꿰뚫은 현실주의 정치이념이었다. 그는 이의민과는 다른 정치이념으로 정권을 장기간 유지할 수 있었다.

■ 노회한 정치인 최충헌의 〈봉사십조〉

이의민은 무신 권력자 가운데 고려왕조를 뒤엎고 새로운 왕조의 건국을 꿈꾼 유일한 인물이었다. 그러나 그의 꿈과 야망은 고려왕조의 존재를 인정하고 그 질서 속에서 자신과 무신집단의 권력을 유지하려 한, 또 다른 무신 권력자이자 냉엄한 현실주의자 최충헌에 의해 여지없이 깨졌다.

다음 글은 1196년(명종 26) 최충헌이 국왕 명종에게 올린 10개 조항으로 구성된 〈봉사십조(封事十條)〉다. 마치 태조 왕건의 〈훈요십조〉를 연상시키는 이 글은 최충헌이 무신 권력자로 여겨지지 않을 정도로 국왕 중심의 왕정체제를 통해 무신정변 이후 정치·사회의 혼란을 수습하려는 모습을 읽을 수 있다. 그의 이런 사상과 이념은 아들(최이)-손자(최항)-증손자(최의)로 이어진 4대 60여 년간의 '최씨 정권'을 탄생케 한 기반이 되었다.

적신 이의민은 잔인한 성품으로 윗사람을 함부로 대하고 아랫사람을 업신여겼으며 임금의 자리마저 흔들려 했습니다. 그 때문에 재앙이 불꽃처럼 치솟고 백성들은 편안하게 살아갈 수 없었습니다. 이에 신들이 폐하의 신령스러운 위엄을 빌려 적신들을 단번에 쓸어 없애버렸습니다. 폐하께서는 낡은 제도를 혁파하고 새 정치를 계획하심에 오직 태조께서 훈계하신 올바른 전범을 준수하여 중흥의 길을 밝게 여시기 바랍니다.

1. 폐하는 길한 날을 잡아 오래 거처하지 않은 궁궐에 들어가시기 바랍니다.
2. 양부(兩府, 문하부와 추밀원)와 여러 관청에 관직을 초과하여 설치해 녹봉이 부족합니다. 폐하는 옛 제도에 따라 관직을 줄여주시기 바랍니다.
3. 탐학한 관리들이 빼앗은 토지를 원래의 주인에게 돌려주게 하십시오.
4. 어질고 능력 있는 관리를 지방관으로 임명하여 권세가들이 백성의 토지와 재산을 빼앗지 못하게 하십시오.
5. 안찰사는 백성의 재물을 빼앗아 진상하지 못하게 하고, 오직 백성의 형편만을 살피게 하십시오.
6. 승려의 궁중 출입을 금지하고 백성에게 곡식의 이자를 받지 못하게 하십시오.
7. 안찰사에게 향리들을 감찰하게 하고, 잘한 자는 발탁하고 잘못한 자는 징계하도록 하십시오.
8. 폐하께서는 관리들에게 훈계하여 사치를 금지하고 검소함을 숭상하도록 하십시오.
9. 음양관을 시켜 태조가 정한 비보사찰 외에는 모두 없애도록 하십시오.
10. 폐하께서는 적임자를 가려 뽑아 어사대와 간관으로 임명하여 바른말 하는 사람을 조정에 두시기 바랍니다.

—《고려사절요》권13, 명종 26년 5월조.

무신정권의 역설적 인물 이규보,
그리고 강화 천도

●

고려의 최고 문장가 이규보는 1204년(희종 즉위년) 37세 되던 해에 재상 최선(崔詵)에게 벼슬자리를 얻으려 다음과 같은 편지를 보냈다.

선비가 벼슬을 하는 것은 구차하게 일신의 영달을 구하는 것이 아니라, 배운 것을 정사에 반영하여 나라와 백성을 구하는 길을 찾고 왕실에 힘을 보태 길이 이름을 남기고자 함입니다. …… 인생은 100세라지만 70을 사는 사람이 드뭅니다. 30에 벼슬에 오르더라도 오히려 늦다고 하는데, 제 나이 이미 37세입니다. 어릴 때부터 쇠약하고 병이 많아 34세에 흰 털이 보이더니 뽑아도 다시 나기를 그치지 않아 지금은 반백(半白)입니다.

—《동국이상국집》권26, 상국(相國) 최선에게 올리는 글.

23세 때 과거에 합격했지만 14년 동안 백수로 지내다 보니 머리조차 반백이 되었다는 구차한 얘기와 함께 벼슬자리를 청탁하는 그의 절박한 심정이 잘 드러나 있다. 이후에도 이규보는 4년을 더 기다려야 했다. 다른 재상에게도 같은 취지의 편지를 썼다.

> 예전에는 과거에 합격하면 바로 지방관에 임명되고, 늦더라도 3~4년 안
> 에 다 임명되었습니다. 요즈음 문관들이 올바르지 않은 방법으로 빨리
> 진출하는 사람이 많고, 지방관청이 늘지 않아 어리석게 마냥 기다리기만
> 하는 사람은 거의 진출하지 못한 채 밀려 30년 혹은 28, 29년이 되도록
> 임명되지 못하는 사람이 있습니다.
>
> ―《동국이상국집》 권26, 조(趙) 태위(太尉)에게 올리는 글.

이 글에서 이규보는 자기처럼 청탁을 하지 않은 채 마냥 기다리다간
30년이 지나도 발령을 받지 못하는 경우도 있다고 말한다. 이규보가
왜 이토록 청탁의 편지를 썼는지 이해되는 대목이다. 무신정권 당시
과거 합격자들의 처지는 대체로 이규보와 비슷했다. 다음의 통계 자료
가 그 사실을 뒷받침한다.

천거제로 과거 합격자 길들이기

고려 500년 동안 과거 합격자(최종 시험인 예부시 합격자)는 현재 확인
된 바로는 6,735명이다. 그 가운데 무신정권 100년간 합격자는 전체의
33%인 2,229명이나 된다. 기간을 감안할 때 산술적으로 20% 정도가
평균치이다. 게다가 과거와 별 인연이 없어 보이는 무신시대인 점을
감안하면 그 이하라 해도 이상하지 않다.

그런데 전체 합격자의 33%가 이때 배출된 것은 매우 이례적이다. 이
기간에 1회 평균 선발 인원은 34.9명(전체 평균 27.7명)이었고, 시험 간

홍패 장양수가 1205년(희종 1)에 치른 진사시험에서 병과에 합격하고 받은 급제첩이다. 광종 때 처음 시행된 과거제는 무신정권기에도 이어졌으나, 실질적인 관리 임용은 무신 권력자의 천거에 의해 이루어졌다.

격은 평균 1.4년(전체 평균 1.7년)으로, 무신정권 때 더 자주 과거를 시행하고, 더 많이 뽑았다는 얘기다. 합격자가 많아지면서 관직 대기자 또한 1205년(희종 1) 452.5명, 1210년(희종 6) 461.1명, 1215년(고종 2) 525.8명으로 늘어났다(소수점은 평균 사망률 적용 때문이다). 고려왕조 건국 후 가장 심한 인사 적체 현상이 생긴 셈이다.[1]

왜 무신 권력자들은 과거를 자주 시행하고, 시험 때마다 합격자 수를 늘렸을까? 그 이유는 과거 지망생들에게 희망을 주어 정권에 대한 불만을 해소하려 했기 때문일 것이다.

그렇지만 합격의 기쁨은 잠깐이었다. 관리가 되려면 또 다른 관문인 '천거(薦擧)'를 거쳐야 했다. 이규보가 요로(要路)에 자신을 관리로 추천해달라는 편지를 쓴 것은 이 때문이다. 요직에 있던 관리들은 정권에 충성을 다할 인물을 이리저리 따져본 다음 최고 권력자에게 천거했다. 과거제 위에 천거제가 자리 잡고 있었던 것이다. 무신정권은 천거를 통해 정권에 철저하게 충성하는 자를 가려냈다. 정권에 충성을 다

하는 인물이 바로 무신 권력자가 바라는 관료상이었다. 그래서 천거야
말로 관리가 되는 가장 쉽고 빠른 길이었다. 그러나 천거는 쉽게 이뤄
지지 않았다. 최고 권력자 최충헌은 이규보를 세 번이나 만나 그의 자
질을 시험했다.

첫 번째는 1199년(신종 2) 5월이다. 이때 최충헌은 자기 집 마당에 석
류꽃이 활짝 피자 당대 최고의 시인인 이인로·함순(咸淳)과 함께 이규
보를 불러 시를 짓게 했다. 최충헌은 이규보의 시재(詩才)를 눈여겨본
후 다음 달 전주목사를 보좌하는 속관으로 임명한다. 하지만 이규보는
1년 만에 목사와의 불화로 그 직을 그만둔다.

1202년(신종 5) 12월 경주에서 신라 부흥운동이 일어나 각종 문서를
작성할 관원을 모집했으나 아무도 나서지 않았다. 그러자 이규보가 자
원해 진압군의 일원으로 주요 산천에서 반란을 진압할 제문(祭文) 작성
을 전담했다. 1204년 반란을 진압하고 개선했으나 그는 관리로 임명되
지 못했다. 천거를 받지 못하면 험한 싸움터를 아무리 누벼도 소용이
없는 일이었다. 이에 실망한 그는 "이번 싸움에 세운 공이 누가 제일이
냐, 지금도 지휘한 사람은 기억조차 않는다네"[2]라며 서운한 감정을 그
대로 드러냈다.

두 번째 기회가 찾아왔다. 1207년(희종 3) 최충헌은 이인로를 비롯한
당대 문사들과 함께 이규보를 초대하여 새로 지은 모정(茅亭, 지붕을 띠
로 덮은 정자)의 기문(記文)을 짓게 했다. 이때 이규보가 1등으로 뽑혔다.
최충헌은 이규보를 임시직인 직한림원(直翰林院)에 임명했다가 이듬해
비로소 정식 관원으로 임명한다. 그의 나이 41세였다. 그는 곧 뛰어난
문재(文才)를 발휘하기 시작한다. 특히 최충헌의 아들 최이의 눈에 들
었다.

세 번째 기회는 최이가 마련해주었다. 1213년(강종 2) 이규보의 나이 46세 때 최이는 다시 최충헌에게 그를 천거한다. 최충헌은 이규보에게 자기 집 마당에 노니는 공작에 대해 시를 짓게 했다. 이규보의 시를 보고 최충헌은 눈물을 흘렸다고 한다. 그는 단숨에 7품으로 승진한다. 비로소 최씨 정권의 최고 문사로 활약할 길이 활짝 열린 것이다.

천도 반대한 유승단의 의문사

고구려의 주몽을 노래한 유명한 서사시 〈동명왕편〉은 이규보가 과거에 합격한 지 3년이 지난 1193년(명종 23)에 지었다. 26세 때이다. 이규보는 과거에 합격한 20대 시절 이미 개경에서 문재를 떨쳤다. 그렇지만 쉽게 관료가 될 수는 없었다. 그러다 최고 권력자의 천거를 얻어 관리가 되었다. 그렇게 발탁된 그가 최씨 정권에 충성을 바친 것은 지극히 당연한 일이었다.

1231년(고종 18) 8월 몽골군이 고려를 침입하자, 다음 해 6월 최고 권력자 최이는 마침내 200년 도읍지 개경을 버리고 강화도로 천도하기로 결정한다. 그러나 반대도 만만치 않았다. 그 선봉에 선 이가 유승단이었다. 그는 1190년(명종 20)에 이규보와 함께 과거에 합격한 동기생이다. 두 사람은 당시 고려를 대표하는 최고의 문인이자 지식인이었다. 유명한 고려가요 〈한림별곡(翰林別曲)〉에 당대 최고의 문장가를 품평한 기록이 있는데, '고문(古文)은 유승단, 빨리 글을 짓는 주필(走筆)은 이규보가 각각 최고'라고 했다. 이규보는 자신이 지은 시를 유승단에게 보내 윤문을 부탁할 정도로 둘은 절친한 문우(文友)이기도 했다.

그러나 유승단은 강화도 천도에 강력하게 반대한다.

작은 나라가 큰 나라를 섬기는 것은 도리에 맞는 일입니다. 예로써 섬기고 믿음으로써 사귄다면, 저들이 무슨 명분으로 매양 우리를 괴롭히겠습니까? 도성을 버리고 종묘와 사직을 돌보지 않은 채 섬으로 도망하여 구차스럽게 세월을 끄는 동안 변방의 백성과 장정들은 적의 칼날에 다 죽고 노약자들은 노예와 포로가 될 것이니, 천도는 국가의 장구한 계책이 아닙니다. ―《고려사》권102, 유승단 열전.

유승단이 천도에 반대한 것은 태자 때부터 모셔온 고종(高宗, 재위 1213~1259)의 뜻과 무관하지 않았다. 고종은 천도 후 한 달이나 지나 강화도로 갈 정도로 천도에 미온적이었다. 유승단이 일찍 재상이 된 것도 고종의 후광이었다. 천도한 지 두 달 뒤인 8월에 유승단은 사망하는데, 그의 사망 역시 예사롭지 않다. 민심도 천도에 대해 냉담했다. 당시 역사가는 이렇게 기록했다.

국가가 태평한 지 이미 오래되어 지금 개경은 10만 호나 되었고, 단청한 좋은 집들이 즐비하며, 사람들도 자신의 거처를 편안하게 여기고 천도를 곤란하게 생각하고 있었다. 그러나 최이를 두려워하여 감히 한 말도 하는 자가 없었다. ―《고려사절요》권16, 고종 19년 6월조.

천거로 관료가 된 이규보의 행보

이규보는 천도를 강행해 정권을 유지하려는 권력자 최이의 의중을 정확하게 꿰뚫어보고 있었다. 그는 천도에 찬성하는 글을 올렸다.

강화산성(북문) 1232년 강화로 천도한 뒤 대몽 항쟁을 위해 축조한 성이다. 당시에는 내성·중성·외성으로 쌓았으나, 그 뒤 여러 차례 개축되어 현재 남아 있는 것은 돌로 쌓은 내성뿐이다.

천도란 예부터 하늘 오르기만큼 어려운 일인데, 마치 공을 굴리듯 하루아침에 옮겨왔네. 천도 계획을 서두르지 않았으면, 우리 삼한은 이미 오랑캐의 땅이 되었으리. 쇠로 만든 듯이 크고 단단한 성과 그 주위를 둘러싼 물결, 그 공력을 비교하자면 어느 것이 더 나을까? 천만의 오랑캐 기마병이 새처럼 난다 해도, 눈앞의 푸른 물결을 건너지는 못하리.

—《동국이상국집》권18, 고율시 〈바다를 바라보며 천도한 것을 추경함〉.

이규보는 바다에 둘러싸인 천연의 요새인 강화도로 천도하지 않았다면 삼한은 벌써 오랑캐의 땅이 되었을 것이라며 천도를 옹호했다. 천도에 대한 이규보의 진심은 알 길이 없지만, 최이의 천거로 최씨 정권의 문객이 된 그로서는 천도 반대란 생각할 수도 없는 일이었다. 이규보는 천도 이듬해인 1233년(고종 20) 재상이 된다. 초고속 승진이다.

이후 그는 당대 최고의 문장가로서 몽골에 보내는 대부분의 외교 문서를 직접 작성할 정도로 최씨 정권의 철저한 이데올로그가 된다. 왜 무신 권력자가 천거제를 통해 관료를 충원했는지 알려주는 좋은 사례이다. 이러한 인사정책은 무신정권이 100년이나 유지된 동력 가운데 하나다.

■ 최자의 〈삼도부〉에 묘사된 강화도

〈삼도부(三都賦)〉는 무신정권기 문신 최자(崔滋, 1188~1260)가 지은 글이다. 고려의 서도(西都, 서경)와 강도(江都, 강화도), 중국의 북경(北京, 베이징) 이렇게 세 도시를 읊은 부(賦)이다. 서도의 변생(辨生, 말 잘하는 청년), 강도의 정의대부(正議大夫, 바르게 의논하는 대부), 북경의 담수(談叟, 이야기 잘하는 노인)라는 가상의 세 인물을 등장시켜 각각 세 도시에 대해 이야기하는 형식으로 작성되었다. 강도가 고려왕조의 임시수도였던 대몽 항쟁기(1232~1270)에 지은 글로 판단된다.

최자는 강도의 특성을 천연의 요새이며 사방이 수로(水路)로 연결된 물산이 풍부한 도시로 묘사하고 있다. 최자의 글 가운데 강도에 대해 묘사한 부분을 옮기면 다음과 같다.

> 물가에 언덕들이(涯凌葉擁) 잎처럼, 가지처럼 붙었는데(渚岬枝附)
> 그 가지와 잎에 붙어 올망졸망한 것들은(麗其枝葉而沙散碁布者)
> 강과 바다의 상인, 어부와 소금구이의 집들이요(江商海賈漁翁鹽叟之編戶也)
> 꽃송이 같은 신악과(神岳葉開) 꽃받침 같은 영구(靈丘尊捧)
> 그 꽃송이·꽃받침을 걸쳐 날아가는 듯 솟아 있는 것은(架其葉尊而彙飛鳥聳者)
> 황실·궁궐·공경·사서들의 저택이다(皇居帝室公卿士庶之列棟也)
> 안으로 마니산과 혈구산(혈굴산)의 첩첩한 산이 웅거하고(內據摩利穴口之重匝)
> 밖으론 동진산(童津山, 통진산)과 백마산(白馬山)의 사면 요새를 한계로(外界童津白馬之四塞)

출입을 단속함에는(出入之誰何) 동편의 갑화관(갑곶나루)(則岬華關其東)

외빈을 맞고 보냄에는(賓入之送迎) 북쪽의 풍포관(則楓浦館其北)

두 화(화산의 봉우리)가 문턱이 되고(兩華爲閾) 두 효가 지도리 되니(二崤爲樞)

참으로 천하에 오구이다(眞天地之奧區也)

이에 안으로 자줏빛 성을 둘러쌓고(於是乎內繚以紫壘) 밖에는 분첩으로 싸니(外包以粉堞)

물은 서로 도와 둘렀고(水助縈回) 산은 다투어 드높아서(山爭崒嶪)

굽어보매 오싹한 못물(俯臨慄乎淵深) 쳐다보니 아찔한 절벽이라(仰觀愁於壁立)

오리·기러기도 못 날아들고(鳬鴈不能盡飛) 늑대와 범이 엿보지 못할지라(犲虎不能窺闞)

한 사람이 가금하매(一夫呵噤) 만 집이 편안한 잠(萬家高枕)

이는 금성·탕지 만세 제왕의 도읍이로다(是金湯萬世帝王之都也)

— 국역《동문선》권2, 〈삼도부〉, 재인용.

대장경, 고려인의 염원을 판에 새기다

부처님의 말씀을 담은 경장(經藏), 그것을 해설하고 내용을 보완한 논장(論藏), 수행자의 계율을 담은 율장(律藏) 등 불교와 관련된 경전을 전부 모은 게 대장경이다. 대장경에는 편찬 당시까지 전래된 모든 경전이 포함되어 있다. 고려는 세계에 유일하게 한 왕조에서 두 번이나 대장경을 만들었다.

> 국왕(고종)이 도성 서문 밖 대장경판당(大藏經版堂)에 행차하여 백관을 거느리고 분향했다. 현종 때 만든 판본이 임진년(1232) 몽골 침입으로 불타버렸으므로 왕이 군신들과 함께 다시 발원하여 도감(都監)을 세워 16년 만에 마쳤다. ─《고려사》권24, 고종 38년 9월조.

《고려사》에서는 1236년 시작된 두 번째 대장경 판각 작업이 16년 만에 완성되었음을 이렇게 전하고 있다. 완성된 경판 숫자가 8만여 개라 흔히 '팔만대장경'이라 부른다. 고려 때 두 번째로 만든 대장경이라서 '재조(再彫)대장경'이라고도 부른다. 후자가 더 정확한 표현이다.

재조대장경은 세계에서 현존하는 가장 오래된 대장경이다. 세계 최초의 대장경은 983년에 완성된 송나라 대장경이지만, 1127년 금나라의 침입으로 불타 없어졌다. 고려는 991년(성종 10) 송나라에서 이 대장경을 입수했다. 1011년(현종 2) 거란의 침입을 받자, 고려는 송나라 대장경을 토대로 대장경 판각 작업에 착수한다. 고려의 문장가 이규보는 1237년 고종의 명을 받아 작성한 '대장각판 군신 기고문(大藏刻版君臣祈告文)'에서 현종 때의 대장경 판각 작업에 대해 이렇게 기록했다.

옛날 현종 2년(1011)에 거란주(契丹主, 거란 국왕)가 크게 군사를 일으켜 고려를 침략하자, 국왕은 남쪽으로 피난했는데, 거란군은 오히려 송악성(松岳城)에 주둔한 뒤 물러가지 않았습니다. 현종은 신하들과 함께 더할 수 없는 큰 서원을 하여, 대장경을 판각하여 완성하기로 했습니다. 그러자 거란 군사는 스스로 물러갔습니다.

— 《동국이상국집》 권25, 대장경 판각 군신(君臣) 기고문(祈告文).

한편, 거란에서도 1034년에 대장경 작업을 독자적으로 시작해 1054년 완성하게 되었다. 그 10년 뒤인 1063년(문종 17) 고려에서 이를 입수한다. 그리고 현종 때 착수한 대장경을 보완하여 1087년(선종 4) 최종적으로 완성한다. 초조(初雕, 처음 새겼다는 뜻)대장경이다.

국가적 사업으로 두 차례 판각

오늘날의 보편적인 사상과 지식 체계가 민주주의 이념이라면 당시 동아시아의 보편적인 사상과 지식 체계는 유교와 불교였다. 그런데 우리가 민주주의 이념의 어젠다를 선점하고 주도한 적이 있었던가? 반면, 대장경 판각은 고려가 당시의 불교 지식과 사상체계를 완전히 이해하고 소화하여 동아시아에서 사상과 지식체계를 주도했다는 생생한 증거물이다. 대장경을 단순히 불교 유산으로 그 역사적 의미를 제한할 수 없는 까닭이 여기에 있다. 대장경 판각 작업의 성공을 서원하는 이규보의 기도는 계속된다.

> 그때(현종 때)나 지금이나 대장경은 한가지고, 그것을 새긴 일도 한가지고, 군신이 함께 하늘에 서원한 것도 또한 한가지인데, 어찌 그때만 거란 군사가 스스로 물러가고, 지금의 달단(韃靼, 몽골)은 그렇지 않겠습니까? …… 진실로 지성으로 〔서원〕하는 것이 그때에 비해 부끄러울 것이 없으니, 원하건대 제불성현 삼십삼천(諸佛聖賢三十三天)은 간곡하게 비는 것을 헤아려 신통한 힘을 빌려주어 완악한 오랑캐가 발길을 거두고 멀리 도망하여 다시는 우리 국토를 밟는 일이 없게 하소서.
>
> ─《동국이상국집》 권25, 대장경 판각 군신 기고문.

1232년(고종 19) 몽골 침략으로 불타 없어진 대장경을 다시 만들 당시 모든 군신의 비장한 뜻이 잘 드러나 있다. 초조대장경은 70여 년 만에 완성되었는데(1011~1087), 재조대장경은 16년 만에 완성되었다 (1236~1251). 그러나 재조대장경에 표시된 작성 연대를 검토하면, 실제로 1237년(고종 24)에 제조가 개시되었고 1248년(고종 35)에 완성되었다. 알려진 것보다 더 짧은 기간인 11년 만에 완성된 것이다. 재조대장경 판각 도중 몽골과 두 차례 전쟁(제3차 전쟁 1235~1239, 제4차 전쟁 1247~1248)이 더 있었다. 전쟁 중인 3년간(1237~1239, 1247~1248) 전

해인사에 소장되어 있는 재조대장경 초조대장경이 몽골의 침입으로 불타자 고려왕조가 16년에 걸쳐 만든 두 번째 대장경이다. 원래 강화성 서문 밖의 대장경 판당에 보관되었던 것을 선원사를 거쳐 1398년(태조 7) 5월에 해인사로 옮겨 오늘날까지 이어오고 있다.

체의 16%만 판각되었다. 대부분(84%)은 전쟁이 없던 7년(1240~1247) 동안에 집중적으로 판각되었다. 특히 1243년 지방에 분사대장도감(分司大藏都監)이 설치되어 중앙과 지방에서 동시에 판각이 이루어지면서 대장경 판각 속도가 빨라졌다. 전쟁이 없던 1243년(전체 20%), 1244년(24.7%), 1245년(10.3%), 1246년(6.6%)의 4년 동안 전체의 약 62%가 완성되었다.[1]

"이것은 신선이 쓴 글이다"

고려가 짧은 기간에 대장경을 완성한 것은, 이규보의 기고문에 드러나

듯 불심(佛心)으로 몽골 침략을 물리치려는 고려인의 혼과 정성의 결과였다. 추사 김정희가 재조대장경을 보고 "이것은 사람이 쓴 것이 아니라 신선이 쓴 글이다"라고 극찬한 사실이 이를 뒷받침한다. 그 규모도 대단하다. 재조대장경에 새겨진 글자 수는 약 5,200만 자다. 500년 역사가 기록된 《조선왕조실록》의 글자 수가 5,600만 자인 점을 감안하면 그 규모가 어떤지 짐작할 수 있다. 숙련공이 하루 평균 40자를 새길 경우 5,200만 자를 새기는 데 연인원 약 130만 명이 필요하다. 16년의 작업을 전제로 하면 하루 평균 300명에서 1,000명 이상이 동원된 셈이다. 평균 길이 68~78cm, 폭은 약 24cm, 두께 2.7~3.3cm인 경판을 가로로 눕혀 쌓으면 백두산 높이에 가깝다. 그것을 이으면 150리가 된다. 경판 하나를 만드는 데 지름 40cm 원목은 2만 7,000그루, 지름 50~60cm 원목은 1만~1만 5,000그루가 필요하다.[2]

재조대장경 작업이 단기간에 끝난 이유는 두 가지다. 첫째, 초조대장경을 제작한 경험이 밑받침이 되었다. 재조대장경에 관한 기록에 따르면 저본(바탕이 된 경전)의 60%는 초조대장경이다. 재조대장경이 단기간에 완성된 가장 큰 이유다. 초조대장경은 불타 없어졌지만, 그것을 종이에 찍은 인본(印本)은 현재 1,900점 정도 남아 있는데, 일본(약 1,700점)과 한국(약 200점)에 각각 전하고 있다. 둘째, 새로운 자료 수집과 연구가 충분히 되어 있었다. 재조대장경이 저본으로 삼은 나머지 40%는 초조대장경 이후 송과 거란에서 새로 수집한 경전이다. 즉, 초조대장경 제작 이후(1087) 재조대장경 제작(1236)에 이르는 약 150년 동안 동아시아에 유통된 수많은 불교 경전을 꾸준히 수집·정리한 것이다. 이처럼 축적된 연구가 있었기에 고려의 불교 연구와 이해가 당시 동아시아에서 최고 수준에 이른 것이다. 재조대장경의 독창성과 우수성은 바로 여기에 있다. 특히 고려 최고의 학승(學僧) 대각국사 의천의 역할이 컸다.

〔선종〕 2년 4월에 왕후(王煦, 의천)가 두 제자와 함께 비밀리에 송나라 상인의 배를 타고 송나라에 갔다. …… 의천은 사방을 돌아다니며 불법을 배우기를 〔송 황제에게〕 청하여 허락을 받아 관리를 데리고 오(吳) 땅의 사찰들을 방문했다. …… 그는 귀국하면서 불교와 유교 경전 1,000권을 〔선종에게〕 바쳤다. 또 국왕에

대각국사 의천 고려 최고의 학승인 의천은 일찌기 송나라에 들어가 불교를 연구했으며, 귀국 후 중국에서 들여온 불경을 번역하고 속장경을 간행하는 등 불교 지식을 확산하는 데 기여했다. 이후 불교 통합운동과 함께 화폐 사용을 건의하는 등 숙종의 개혁정책을 적극적으로 도왔다.

게 아뢰어 홍왕사에 교장도감(敎藏都監)을 설치하고 거란과 송에서 사들인 불교 경전 4,000권을 모두 간행했다.

—《고려사》 권90, 대각국사 왕후 열전.

의천이 1085년(선종 2) 송나라에 가 여러 사찰에서 불교를 연구했으며, 거란과 송나라에서 수천 권의 불교 경전을 구입하여 간행했다는 기록이다. 의천은 이렇게 초조대장경을 완성하는 데 크게 기여했다. 의천에 이어 승통(僧統) 수기(守其)는 재조대장경을 조판하기 위해 여러 불교 경전을 수집하고 교정했다.

대장경은 한편으로 인쇄술의 발달이라는 기술의 진보가 없었다면

완성될 수 없었다. 당시 인쇄술은 지식과 정보를 공유하고 전파할 수 있는 최첨단 기술로서 인류 문화 발달에 결정적인 역할을 했다. 또 단순한 기술이 아니라 인간의 정신과 가치를 전달하는 매체로서, 기술과 정신이 결합된 정화(精華)가 바로 인쇄술이다. 현재 세계 최고(最古)의 목판 인쇄본은 751년 통일신라 때 제작된《무구정광대다라니경》(불국사 석가탑에서 발견, 국보 제126호)이다. 목판 인쇄술이 통일신라 때부터 발달했음을 알려준다. 이러한 기술 전통에 힘입어 고려가 두 차례나 대장경을 간행할 수 있었던 것이다. 재조대장경 간행 직전인 1234년(고종 21) 고려는 세계 최초로 금속활자로《상정고금예문(詳正古今禮文)》을 펴낸 바 있다. 재조대장경 제작 당시 고려 인쇄술은 동아시아에서 최고 수준에 도달해 있었던 것이다. 흔히 재조대장경을 '5,000만 자의 하이테크'라고 부르기도 하는데, 인쇄술이라는 당시 최첨단 기술이 대장경 제작에 큰 역할을 했음을 두고 한 말이다.

'부처의 힘으로 외적을 물리치기 위해 대장경을 조판했다'는 이규보의 글 속에는 첨단 지식과 기술이 결합된 당시 고려 문명에 대한 강한 자부심이 담겨 있다. 외세에 대한 저항의식만으로는 대장경을 만들 수 없었다. 현대 문명의 총아인 스마트폰은 흔히 인문정신과 첨단 기술의 결합으로 만들어진 것이라고 하는데, 대장경 또한 그에 비견할 만하다. 대장경은 고려 명품의 지위를 넘어 기술과 지식의 결합이라는 한국형 전통문화의 정수이자, 미래 한국 문화의 가능성을 말해주고 있다.

금속활자, 당대 최고 수준의 기술 문명

고려왕조의 인쇄술은 당대 동아시아에서 최고 수준에 이른 명품이다. 이와 관련해 주목해야 할 인물은 무신정권 최고 권력자의 한 사람인 최이다. 그는 최씨 무신정권을 세운 최충헌의 아들로 국왕 고종을 허수아비로 만들 만큼 절대 권력을 가지고 있었다. 또한 고려 인쇄술을 언급할 때도 빠뜨릴 수 없는 인물이다. 그는 최초로 금속활자로 만든 《상정고금예문》의 편찬을 주도했다. 이규보의 《동국이상국집》에 최이를 대신하여 지은 새로 편찬한 《상정고금예문》에 대한 발미(跋尾)가 실려 있다.

인종 때(1122~1146) 50권으로 편찬한 《상정예문》이 오래되어 책장이 없어지고 빠진 글자가 많아 참고하기가 어려웠다. 나의 아버지(최충헌)께서 다시 보완해 두 본(本)을 만들었다. 한 본은 예관(禮官)에게 보내고 또 한 본은 우리 집에 보관했으니, 그 뜻이 원대했다. 강화도 천도 때 예관이 창황하여 미처 그것을 싸가지고 오지 못했으니 그 책이 거의 없어지게 되었는데, 우리 집에 보관된 것이 남아 있어 다행이었다. 나는 선친의 선견지

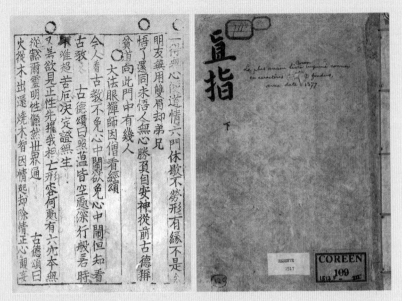

《백운화상초록불조직지심체요절》 고려 말기의 승려 백운화상이 상·하 두 권으로 엮은 책으로, 1377년 7월 청주 흥덕사에서 금속활자로 찍어낸 것이다. 상권은 전하지 않고, 하권만이 프랑스 파리국립도서관에 소장되어 있다. 세계에서 가장 오래된 금속활자 인쇄본이다.

명을 깨달아 활자로 28본을 인쇄하여 여러 관청에 나누어 보관하게 했다.

—《동국이상국집》후집 권11, 〈신서상정예문발미(新序詳定禮文跋尾)〉,

진양공(晉陽公, 최이)을 대신해 짓다.

1232년(고종 19) 강화도 천도 후 최이의 주도 아래 금속활자로《상정고금예문》28본을 인쇄했다는 기록이다. 최이는 1234년에 진양후(晉陽侯)로 책봉되었고, 이규보는 1241년에 숨졌다. 이를 볼 때 최초의 금속활자본은 1234년에서 1241년 사이에 만들어진 것으로 추정된다.

몽골 침입기에 금속활자로 서적 제작

최이가 직접 쓴 다음 글에 따르면 1239년(고종 26) 당시 《상정고금예문》 외에 또 다른 책이 금속활자로 인쇄된 사실이 있다.

> 《남명증도가(南明證道歌)》는 선문(禪門)에서 매우 중요한 책이다. 참선을 하는 후학들은 이 책을 통해 입문하고 높은 경지에 이른다. 그런데도 이 책이 전래가 끊겨서 유통되지 않고 있으니 옳지 않은 일이다. 이에 기술자를 모아 금속활자로 인쇄된 책(주자본鑄字本)을 거듭 새겨 길이 전하고자 한다. 기해년(己亥年, 1239) 9월 상순 중서령 진양공 최이가 삼가 쓰다.
> —《남명천화상송증도가》, 최이의 지문(識文).

책의 정확한 이름은 《남명천화상송증도가(南明泉和尙頌證道歌)》이다. 본문에서 '금속활자로 인쇄된 책을 거듭 새겼다(重彫鑄字本)'라고 한 것은 금속활자로 인쇄된 책을 그대로 뒤집어 목판에 다시 새겼다는 뜻이다. 즉, 금속활자본을 다시 목판본으로 인쇄했다는 얘기다. 실제로 이 책은 현재 목판본으로 전해진다. 1239년은 고려왕조가 강화도에 천도한 지 7년이 지난 시점이다. 천도 직후의 어수선한 상황을 감안하면 금속활자 제작과 인쇄가 이루어진 시기를 1232년 천도 이전 시기로 보아야 할 것이다. 주목할 만한 기록이다.

현재 전하는 금속활자로 인쇄된 책 가운데 가장 오래된 것은 1377년(우왕 3) 청주 흥덕사(興德寺)에서 간행된 《백운화상초록불조직지심체요절(白雲和尙抄錄佛祖直指心體要節)》인데, 프랑스 파리국립도서관에 하권만 보관되어 있다. 이 책만 하더라도 1440년대 독일에서 구텐베르크가 처음 금속활자를 만들었던 때보다 무려 70년가량 앞선다. 따라서

고려 금속활자 개성 만월대 신봉문(神鳳門)에서 발굴해 개성역사박물관에서 보관 중인 '顚(전)' 자(왼쪽)와 개성의 개인 무덤에서 출토한 국립중앙박물관 소장의 '複(복)' 자(오른쪽).

고려왕조는 금속활자를 만들어 책을 찍어낸 세계 최초의 왕조였다.

활판(금속) 인쇄의 시초는 중국 송나라 인종 때(1041~1048년 무렵) 필승(畢昇)이란 사람이 '교니(膠泥, 찰기 있는 점토)'를 이용해 활자를 만든 뒤 불에 구워 활자판에 배열한 것이다. 그러나 흙이 쉽게 부스러지는 등 내구성이 약해 실용화에 실패했다. 중국은 명나라 홍치(弘治)·정덕(正德) 연간(1488~1521)에 비로소 금속활자를 완성했다. 청주 흥덕사의 《직지심체요절》보다 거의 100년이나 늦다.

금속활자는 한번 만들어놓으면 몇 번이고 필요할 때마다 낱활자를 골라 판을 짜 손쉽게 책을 찍어낼 수 있는 장점이 있다. 그러나 금속활자가 실용화되기 위해서는 활자를 금속으로 만드는 주조(鑄造) 기술과 활자가 흐트러지지 않게 판을 짜는 조판(組版) 기술, 그리고 금속에 잘 묻는 먹을 제조할 수 있는 기술 등이 뒷받침되어야 한다.[1] 이런 까다로운 조건 때문에 실용화가 어려웠다. 그런데 고려는 중국에서 금속활자를 만들기 전에 이미 흥덕사라는 지방 사찰에서도 금속활자로 책을 찍을 정도로 실용화에 성공했다.

통일신라 때부터 축적된 인쇄술

이를 어떻게 해석해야 할까? 단순히 우리 조상의 뛰어난 지혜 덕분으로 돌리는 것은 합리적이지 않다. 당시 고려의 지식과 기술 수준이란 두 가지 차원에서 설명하는 것이 온당하다.

우선 기술 차원에서 통일신라시대부터 인쇄 기술이 꾸준히 축적되어왔다. 나무에 글자를 새겨 책을 찍어내는 목판 인쇄술은 중국 당나라 현종 때(712~756) 시작되었다. 그런데 세계에서 가장 오래된 목판 인쇄물은 751년(신라 경덕왕 10)에 제작된 《무구정광대다라니경》이다. 통일신라 때 목판 인쇄술이 상당히 발전했다는 증거다. 고려 역시 목판 인쇄술로 초조대장경(1011~1087)과 재조대장경(1236~1251)을 완성했다. 당시까지 전래된 모든 불교 경전을 모아 목판 인쇄로 조판한 거창한 사업이었다. 이를 계기로 인쇄술이 크게 발달했다. 그 결과 우리나라는 현재 세계에서 가장 오래된 목판 인쇄본과 금속활자로 만든 문화재를 갖고 있다.

목판 인쇄를 하기 위해서는 먼저 목판용 나무를 골라 나무의 결을 삭히고 쪄서 진을 빼고 살충한 다음 충분히 말려 판이 뒤틀리거나 깨어지지 않게 처리해야 한다. 그다음 판각할 책의 본문을 반듯한 글씨로 필사해 판목 위에 뒤집어 붙인 뒤 각수(刻手, 돌이나 나무에 조각하는 것을 직업으로 삼는 사람)가 글자를 새긴다. 이는 오랜 시일이 걸리고 경비가 많이 드는 단점이 있다. 한 책을 여러 부 찍어낼 수는 있지만 판각된 목판을 다른 책에 쓸 수는 없다. 이러한 단점을 기술적으로 보완하려는 노력 속에서 금속활자가 창안된 것이다. 고려왕조가 강화도로 천도한 뒤 금속활자로 책을 출간할 수 있었던 건 당시 재조대장경을 조판할 정도로 인쇄 기술이 발달되었기 때문이다.

다음으로, 지식의 차원에서 보면 고려인들의 왕성한 지식욕이 금속활자를 창안하게 된 또 하나의 원동력이었다. 정도전(鄭道傳)의 글에서 그런 사정을 알 수 있다.

무릇 선비로서 학문의 길로 향할 마음이 있으나 서적을 얻지 못하면 또한 어찌하겠는가? 우리나라는 서적이 많지 않아 배우는 자가 책을 폭넓게 읽지 못하는 것을 한스럽게 여긴다. 나 역시 이를 오래전부터 걱정해왔다. 그래서 절실한 소원이 서적포(書籍鋪)를 설치하고 활자를 주조해 경(經)·사(史)·자(子)·서(書)와 제가(諸家)·시·문부터 의학·병서·법률서에 이르기까지 모든 서적을 인쇄해 학문에 뜻을 둔 사람들이 다 글을 널리 읽어 공부하는 때를 놓쳐 한탄하는 일이 없도록 했으면 한다.

— 정도전,《삼봉집》권1,〈서적포를 설치하는 시〉.

정도전은 지식의 확산을 위해 금속활자를 만들고 각종 서적을 인쇄해 학자들에게 널리 보급하자고 했다. 이처럼 금속활자가 창안된 배경에는 고려인의 강한 지적 욕구가 있었음을 상징적으로 알려준다.

유교와 불교의 발달로 서적 출간 활발

고려는 건국 초 과거제도를 실시하고 전국에 많은 학교를 세웠다. 그에 따라 지속적인 서적의 제작과 유통이 절실했다. 인쇄술이 발달할 토양이 충분했던 것이다.

> 서경유수가 보고하기를, "서경에서 과거 응시자들이 공부하는 서적은 대부분이 서로 돌려가며 베껴 쓴 것이라 틀린 글자가 많습니다. 비서각(秘書閣)에 소장한 《구경(九經)》·《한서(漢書)》·《진서(晋書)》·《당서(唐書)》·《논어(論語)》·《효경(孝經)》 및 제자백가의 책과 역사서, 여러 대가들의 문집, 의(醫)·복(卜)·지리(地理)·율(律)·산(算) 등에 관한 서적을 여러 학교에 나누어주어 비치토록 조처해주십시오"라고 했다. 이에 왕이 해당 관청에 명하여 각각 한 부씩 인쇄해 보내도록 했다.
>
> —《고려사》 권7, 문종 10년 8월조.

과거 응시자에게 오류 없는 책을 공급해 교육의 바탕을 굳건히 하려 한 고려왕조의 노력이 엿보인다. 당시 기록에 따르면 개경은 물론 경주·충주·청주·성주·진주·남원 등 전국 각지에서 많은 책을 발간했다. 무신정권 때 명종은 유신(儒臣)들에게 《증속자치통감(增續資治通鑑)》을 교정 보게 한 뒤 여러 군현에서 분담하여 출간하게 했다. 고려 때 지방에서 서적을 인쇄했다는 사실은 당시 지식층의 저변이 그만큼 넓었다는 증거다.

불교의 융성에 힘입어 불교 경전의 수집과 출간이 활발했던 점도 인쇄술이 발달하게 된 또 하나의 배경이었다.

> 선종 2년 4월에 왕후가 두 제자와 함께 비밀리에 송나라 상인의 배를 타고 송나라에 갔다. …… 그는 귀국하면서 불교와 유교 경전 1,000권을

〔선종에게〕바쳤다. 또 국왕에게 아뢰어 흥왕사에 교장도감을 설치하고 거란과 송에서 사들인 불교 경전 4,000권을 모두 간행했다.

—《고려사》권90, 대각국사 왕후 열전.

　의천이 1085년(선종 2)에 4,000권의 책을 간행했다는 기록이다. 이처럼 고려는 유교와 불교의 발달로 많은 서적이 필요해 인쇄술을 장려하게 된 것이다. 고려에서 인쇄술이 발달해 많은 서적이 출간된 사실을 중국도 알고 있었다. 송나라 황제는 고려 사신에게 127종의 책 목록을 주어 구하려 했다.[3]

　책은 지식을 생산·공급해 인류 문명을 발달시키는 중요한 수단이다. 그러나 인쇄 기술이 발달하지 않으면 책을 제대로 만들 수 없다. 그렇다면 고려 때 세계 최고 수준에 오른 인쇄술이 그 뒤 더 이상 기술적인 진보를 이루지 못한 원인은 무엇일까? 한자와 한문이 가진 한계 때문이다. 서양의 알파벳은 숫자가 적고 글자 구조도 단순한 데 비해 한자는 글자 구조가 복잡한 데다 수천 자를 일일이 주조해야 하는 기술상의 어려움이 컸다. 대중이 쉽게 쓸 수 없는 난해한 한자와 한문은 결국 지식과 기술의 발전을 지체시켰다. 인쇄술 역시 대중이 아니라 지식인 계층인 사대부를 위한 제한적인 기술에 머무를 수밖에 없었다. 근대 이후 지식과 기술의 주도권이 서구로 넘어간 것은 이 때문이다.

6부

───

원 간섭기,
기회와 희망의 시대를 열다

원치 않은 전쟁을 겪은 사람들

1231년(고종 18) 제1차 몽골군의 고려 침입 때 귀주성은 최대의 격전지였다. 이 전투의 고려군 지휘자는 서북면병마사 박서(朴犀)였다. 그는 한 달간 계속된 전투에서 몽골군의 귀주성 점령을 저지했다. 당시 전투 장면이 《고려사》 박서 열전에 생생하게 기록되어 있다.

　몽골군이 쇠가죽으로 감싼 사다리 수레 속에 군사를 감춰 성 밑으로 접근해 굴을 판 다음 성 안으로 들어오려 했다. 박서는 굴속으로 쇳물을 부어 몽골군을 막고, 썩은 이엉에 불을 붙여 몽골군의 수레를 불태워 쫓아냈다. 몽골군이 사람 기름에 불을 붙여 공격하자 박서는 진흙에 물을 부어 불길을 잠재웠다. 몽골군이 다시 건초에 불을 붙여 공격해오자 이번에는 물을 부어 불길을 잡았다. 점령에 실패한 몽골군은 귀주성을 우회해 개경을 공격하고 고려왕조의 항복을 받아낸다. 그 뒤 몽골의 압력으로 고려왕조는 사신을 귀주성에 보내 항복을 권유했으나 박서는 응하지 않았다. 결국 국왕이 나서서 항복을 권유하자 박서는 어쩔 수 없이 항복했다. 몽골은 다시 박서의 처단을 요구했다. 무신 권력가 최이는 박서를 고향으로 도망치게 했다. 이 전투에 참여한 몽골 장수 가운데 나이가 일흔에 가까운 사람이 있었는데, 그 노(老)장수는 "내가 20세부터 천하의 수많은 성을 공격했으나 이같이 오래 버티며 항복하지 않은 장수는 본 적이 없다"고 했다.[1]

박서는 이 전투를 계기로 백성들의 추앙을 받는 영웅이 된다. 지배자들은 전쟁이란 무대에서 백성들에게 희생과 충성심을 이끌어내기 위해 새로운 영웅을 만든다. 그렇지만 전쟁으로 고통받는 수많은 민초들이 그 무대를 떠받치고 있다는 사실을 잊을 때가 많다. 전쟁의 고통을 견뎌야 하는 민초들의 이야기 역시 전쟁을 막고 평화를 누리기 위한 역사 서술의 일부가 되어야 한다. 더욱이 고려 후기에는 삼국 부흥 운동을 비롯해 수많은 하층민의 봉기와 삼별초 항쟁, 몽골군과의 전투 등 여러 차례 내란과 전쟁을 겪었지만, 그에 관해 전해지는 민초들의 이야기는 많지 않다. 대표적인 두 사례를 소개한다.

20년 만에 타국에서 어머니를 구한 아들

명주(溟州, 강릉) 호장(戶長, 향리 우두머리)인 김천(金遷)의 어머니와 동생 덕린(德麟)은 몽골군의 포로가 되어 동경(요양성遼陽省)으로 끌려가, 각각 몽골 군졸인 요좌(要左)와 천노(天老)의 종이 된다. 김천의 나이 15세 때이다.

14년 후 원나라에서 돌아온 백호(百戶, 당시 하급 장교) 습성(習成)이란 자로부터 김천은 어머니와 동생의 소식을 듣는다. '나는 살아 있고, 원나라에서 종이 되었다. 굶주려도 먹지 못하고 추워도 입지 못한 채 낮에는 밭을 매고 밤에는 방아를 찧으며 갖은 고생을 하고 있다'는 어머니의 편지를 받은 것이다. 세상을 떠난 줄 알고 제사를 지내오던 김천은 빚을 내어 몸값을 치를 은(銀)을 마련한다. 개경에 가서 국왕이 원나라로 가는 편에 따라가기를 요청했으나 허락받지 못한다. 그는 6년 동안 개경에 머물면서 어머니를 만나기 위해 온갖 노력을 한다. 어느 날 고향에서 알던 승려를 만났는데, 군인인 그의 형이 동경으로 간다는 얘기를 듣고 겨우 허락을 받아 어머니를 찾아간다. 군졸 요좌의 집에 이르자 한 할머니가 절을 하면서 말했다.

> 나는 명주 호장 김자릉(金子陵)의 딸입니다. 오빠인 김용문(金龍聞)은 과거에 급제했고, 나는 호장 김종연(金宗衍)에게 시집가서 아들 둘을 낳았는데 해장(海莊, 김천)과 덕린(德麟)이라고 합니다. 내가 이곳에 온 지 이미 19년이나 되었고, 둘째 아들도 이웃의 종으로 있습니다.
>
> —《고려사》권121, 김천 열전.

죽은 줄 알았던 어머니를 20년 만에야 찾은 것이다. 주인 요좌에게 애걸하여 은 55냥으로 어머니의 몸값을 치렀다. 돈이 부족해 동생은 바로 데려올 수 없었다. 홀로 남은 동생은 "만일 하늘이 복을 내리면 반드시 서로 만날 날이 있을 것입니다"라면서 어머니와 형을 전송했다. 모자는 서로 안고 울었다. 그때 고려 재상 김방경(金方慶)이 귀국길에 이 소식을 듣고 모자에게 증명서를 만들어줘 공로(公路)를 통해 귀국하게 했다. 6년 뒤 김천은 86냥의 몸값을 치르고 동생도 데려왔다.

김천의 어머니와 동생은 고종 말년 포로가 되었다고 한다. 1253년 (고종 40) 10월 몽골군이 양주(襄州, 강원도 양양)를 함락한 기록이 있다. 그 인근의 명주도 이때 공격을 받아 김천의 어머니와 동생은 몽골군의 포로가 되었던 것이다.

당시 고려는 몽골의 침입으로 엄청난 피해를 입었다. 특히 1254년 (고종 41)은 몽골과의 30년 전쟁에서 최대의 인명 피해가 난 해이다.

이해에 몽골의 군사에게 사로잡힌 남자와 여자는 무려 20만 6,800여 명 이었으며, 살육당한 사람의 수는 헤아릴 수조차 없다. 몽골군이 지나간 마을은 모두 잿더미가 되었다. 몽골의 병난이 있은 이래 금년처럼 심한 적은 없었다. ─《고려사》 권24, 고종 41년 12월조.

이해 원나라에 포로로 끌려간 인원이 약 20만 7,000명이나 된다. 사 망자는 더 많았다고 한다. 당시 고려 인구는 500만 명 안팎으로 추정되 는데, 인구의 약 10%가 한 해 동안에 피해를 입은 것이다. 원나라는 고 려인 포로들을 심양과 요양에 거주시켰는데, 이들을 통치하기 위해 안 무고려군민총관부(安撫高麗軍民總管府)를 설치한다. 그리고 이곳의 통 치자로 심양왕(瀋陽王)을 임명했는데, 고려 국왕과 같은 지위를 부여했 다. 만주의 심양 지역에는 두 나라 사이의 전쟁을 계기로 수많은 고려 인이 거주하게 되었다.

김천의 집안은 대대로 강릉의 지방행정을 맡아온 토착 향리 출신이 다. 김천의 부친과 외조부는 모두 향리의 최고위직인 호장이었고, 삼촌 은 과거에 합격한 진사였다. 호장은 세습직이다. 따라서 김천의 집안은 강릉에 오랫동안 뿌리를 내리고 살아온 유력 계층이었다. 또한 상당한 경제력이 있어 모친과 동생의 몸값을 치르고 귀국시킬 수 있었다. 하 지만 원나라로 끌려간 포로 중에는 그렇지 못한 민초들이 대부분이었 다. 그들은 포로로 이국으로 끌려가 노비로서 비참한 일생을 마칠 수

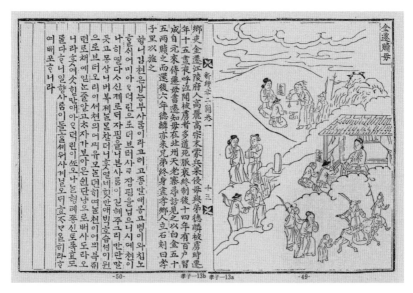

《동국신속삼강행실도》에 실린 김천의 이야기 1617년에 간행된 《동국신속삼강행실도》에 '김천이 어머니 몸값을 치르다'라는 제목으로 김천의 일화가 그림과 함께 소개되었다. 그림은 포로(오른쪽 하단), 상봉(오른쪽 중단), 몸값 치르기(맨 위), 장례(왼쪽 중단)로 되어 있다.

밖에 없었다. 비록 20년 동안 종살이를 했지만 김천의 어머니와 동생이 귀국한 것은 행운이라 할 수 있다.

부모 잃고 미망인으로 살아온 여인

고려 말 유학자 이곡(李穀)은 1341년 〈절부(節婦) 조씨전(曹氏傳)〉이란 전기를 지었다. 그는 전쟁고아이자 미망인이 된 조씨의 삶을 '곧게 살아온 여인〔節婦〕'이라고 압축적으로 표현했다. 이곡은 조씨의 집을 구입했는데, 알고 보니 조씨의 손녀사위가 자신과 같은 해 과거에 합격한 동년(同年)이었다. 그 인연으로 이후 조씨와 자주 만나 이야기를 나누면서 그녀의 기구한 삶을 기록할 수 있었다. 조씨의 삶 속에는 몽골과의 전쟁 이후 고려 사회가 겪은 전쟁의 흔적이 그대로 담겨 있다.

1270년(원종 11) 6월 고려 정부가 강화에서 개경으로 환도하기로 결정하자 이에 반발한 무신들이 반기를 든 삼별초의 난이 일어난다. 이때 6세인 조씨는 군인인 아버지 조자비(曺子조)와 함께 삼별초군에 체포되어 그들과 함께 진도로 남하한다. 남하 도중 아버지 조자비는 딸을 데리고 탈출하여 개경으로 귀환한다. 조자비는 다시 고려군에 편성되어 1271년 겨울 삼별초군을 정벌하러 탐라(제주도)에 갔다가 전사한다.

아버지를 잃은 조씨는 13세 되던 해에 대위(隊尉, 정9품) 벼슬의 군인 한보(韓甫)에게 출가했다. 조씨의 시아버지도 군인이었다. 결혼 4년 만인 1281년(충렬왕 7) 여름에 조씨의 시아버지는 몽골의 제2차 일본 원정에 고려군으로 동원되어 참전했다가 전사한다.

1290년(충렬왕 16) 12월 원나라 사람 내안(乃顔)이 만주에서 세조 쿠빌라이에 반란을 일으킨다. 내안의 휘하 장수 합단(哈丹)이 원나라 군사에 쫓겨 고려로 침입한다. 충렬왕이 강화도로 피란을 갈 정도로 상황은 위급했다. 원나라는 군사 1만 3,000명을 보내 고려군과 함께 합단을 공격하여 이듬해 이들을 소탕한다. 조씨의 남편 한보는 이때 합단의 군대와 전투를 벌이다가 전사한다. 조씨가 27세 되던 해이다. 조씨는 7세 되던 해에 삼별초의 난으로 아버지를 잃어 고아가 되었고, 출가 후 17세 때 일본 원정으로 시아버지를 잃었다. 그리고 27세 때 합단의 침입으로 남편마저 잃었다. 이후 77세까지 50년간 과부로 지낸다.

과부가 된 조씨는 언니의 집에서 기숙한다. 그러다 자신의 딸이 출가하자 딸의 집에 몸을 의탁한다. 그런데 그 딸이 1남 1녀를 낳고 또 일찍 죽자 손녀에게 의탁해서 지금까지 살고 있다. 이곡은 조씨를 이렇게 평가했다.

> 조씨는 50년을 과부로 지내면서 길쌈과 바느질 같은 부녀자의 일을 밤낮으로 열심히 했다. 그 덕에 딸과 손자·손녀를 먹이고 입히며 살아갈 터전을 잃지 않게 했다. 또한 손님을 접대하고, 혼례·상례·제례 비용을 손수 마련했다. 지금 나이가 이미 77세나 되었는데도 아직 탈 없이 건강을 유지하고 있다. 거기에다 총명하고 지혜로워 적에게 사로잡혀 있던 당시의 상황이라든가 근래 정치의 잘잘못이라든가 사대부 집안의 내력 등을 이야기할 때면 하나도 빠뜨리는 일이 없이 모두 기억하고 있다.
>
> ─《가정집》 권1, 잡저(雜著)-절부 조씨전.

50년 동안 '부절'을 지키면서 꿋꿋이 살아온 조씨를 기리려고 지은 이곡의 전기를 통해 전쟁으로 인해 고단한 삶을 살아온 민초의 삶을 읽을 수 있다. 수많은 내란과 전쟁으로 얼룩진 고려 후기 사회를 살았던 민초들의 이야기를 더 이상 찾을 수 없음은 유감이다.

■ 고려 하층민의 대몽 항쟁

세계 최강의 몽골군이 고려에 침입하자, 고려의 하층민들은 이에 맞서 전투를 벌였다. 대몽 항쟁에서 하층민들이 자발적으로 전투에 참가해 전과를 올린 대표적인 전투는 처인부곡((處仁部曲, 경기도 용인)과 충주 지역의 전투이다. 이에 관한 《고려사》 기록을 소개하고자 한다.

• 승려 김윤후와 처인부곡과 충주 전투

김윤후(金允侯)는 고종 때 사람으로, 일찍이 승려가 되어 백현원(白峴院)에 살았
다. (1232년, 고종 19) 몽골군이 쳐들어오자, 김윤후는 처인부곡의 성으로 피난
했다. 몽골 원수 살례탑(撒禮塔)이 성을 공격하자, 김윤후는 활을 쏘아 그를 죽였
다. 왕이 그의 공로를 칭찬하여 상장군의 벼슬을 주었다. 김윤후는 자신의 공을
다른 사람에게 양보하면서, "전투 때 나는 활과 화살을 갖고 있지 않았는데 어찌
함부로 큰 상을 받겠는가?"라며 벼슬을 사양했다. 국왕은 다시 낭장의 벼슬을
주었다.

뒷날 충주산성방호별감으로 있을 때, 몽골군이 쳐들어와 충주성을 70여 일이
나 포위하자 비축해둔 군량이 바닥나버렸다. 김윤후는 사졸들에게, "만약 힘을
다해 싸운다면 귀천을 가리지 않고 모두 벼슬을 줄 것이니, 나를 믿으라"고 설득
한 뒤 관노비 문서를 불사르고, 전투에서 얻은 소와 말을 나누어주었다. 그러자
모두 죽음을 무릅쓰고 적을 향해 돌진하자 몽골군은 조금씩 기세가 꺾여 더 이
상 남쪽으로 내려가지 못했다. 왕은 공을 세운 그를 상장군으로 임명했다. 공을
세운 나머지 사람들에게도 관노비와 백정에 이르기까지 모두 벼슬을 차등 지어
내렸다.[2]

• 충주 노예 군사들의 대몽 항쟁

애초 충주부사 우종주(于宗柱)는 장부를 정리하는 문제로 판관 유홍익(庾洪翼)과
사이가 벌어졌다. (1231년 12월) 몽골군이 쳐들어온다는 말을 듣고 성을 지킬
것을 의논했으나 의견이 서로 달랐다. 우종주는 양반 별초(別抄)를, 유홍익은 노
군(奴軍)·잡류(雜類) 별초를 거느리고 서로 반목하다가 막상 몽골군이 쳐들어오
자, 둘은 양반 별초와 함께 도망했다. 오직 노군과 잡류만이 힘을 합해 몽골군을
물리쳤다.

(1232년 1월) 몽골군이 물러간 뒤, 우종주 등이 돌아와 관청과 민가의 은그
릇을 조사하자, 노군들은 몽골군이 가져갔다고 말했다. 호장 광립(光立) 등이 몰
래 노군의 우두머리를 죽이려 하자, 노군들이 이를 알고, "몽골군이 쳐들어왔을

때는 모두 성을 버리고 도망가더니, 어찌하여 이제 와서 몽골군이 약탈한 것을 도리어 우리에게 죄를 뒤집어씌워 죽이려 하는가? 먼저 우리가 선수를 쳐야 한다"라고 의견을 모았다.

그들은 장례식을 가장해 나팔을 불어 무리를 모은 다음 먼저 해치려 했던 주모자의 집을 불 지르고, 호족 가운데 평소 원한 있는 사람들을 찾아내어 남김없이 죽였다. 또 온 고을에 "호족을 감추어주는 자는 그 집안을 없앨 것이다"라고 명령했다. 간혹 숨긴 자는 부인과 어린이까지 모두 피해를 입었다. [1232년 8월] 국왕은 이자성(李子晟)에게 3군을 편성해서 진압하게 했다.[3]

삼별초 항쟁을 바라보는
다양한 시선

●

삼별초 항쟁은 고려 정부의 개경 환도 방침에 반발해 1270년 6월 강화도에서 일어나 1273년 4월 삼별초군의 최후 근거지인 제주도가 함락될 때까지 3년간 이어진 항쟁이다. 왕족인 승화후(承化侯) 온(溫)을 왕으로 삼아 새로운 정부를 구성한 삼별초군은 1270년 8월 강화도에서 전라도 진도로 근거지를 옮겨 성과 궁궐을 쌓고 항전을 이어갔다. 1271년 5월 고려와 몽골 연합군에 의해 진도가 점령되자, 다시 제주도로 옮겨 진압될 때까지 그곳을 근거지로 활동했다.

3년의 짧은 활동 기간이지만 고려와 몽골 지배층에게 커다란 타격을 준 삼별초 항쟁에 대한 후대의 평가는 740여 년이 지난 지금까지도 다양하게 나타난다. 고려의 왕정체제를 부정한, 즉 왕조에 대한 반역 내지 반란이라는 평가에서부터 몽골 침입에 대한 저항운동 혹은 민중항쟁의 일부라는 평가까지 항쟁을 평가할 당시의 시대 가치와 기준에 따라 매우 다양하다. 그것은 삼별초 항쟁이 우리 역사에 끼친 영향이 그만큼 컸다는 반증이기도 하다. 그렇다면 삼별초 항쟁을 어떻게 이해하면 좋을까? 항쟁의 전개 과정을 따라가며 그 성격을 재음미해보자.

몽골과 결탁한 지배층에 대한 반발

삼별초는 1220년(고종 7) 최이가 나라에 도적이 많아 이를 막기 위해 조직한 야별초에서 기원한다. 1252년 좌·우별초로 분리되었다가, 1255년 몽골과의 전쟁 중에 포로로 잡혀갔다가 도망쳐온 고려 군사 등으로 조직된 신의군(神義軍)과 좌·우별초를 합쳐 삼별초라 했다. 이처럼 삼별초는 최씨 정권 때 몽골의 침입이 시작될 즈음 조직되어 몽골과의 전쟁이 끝날 무렵까지 존속했다. 때문에 삼별초는 무신정권과 몽골의 고려 침략과 떼려야 뗄 수 없는 밀접한 관련이 있다. 삼별초는 몽골의 침입을 계기로 기구가 확장되면서 공병(公兵)으로서 정규군의 역할을 했지만, 최씨 정권 이후에는 무신 권력자의 신변을 보호하거나 그들의 필요에 따라 움직이는 사병(私兵) 역할을 하기도 했다.

1258년 3월 최씨 정권의 마지막 권력자 최의(崔竩)가 김준(金俊), 임연(林衍) 등에 피살되고 왕정이 회복된다. 1259년 3월에는 몽골군이 고려에서 철수하고, 4월 태자 전(倎)이 몽골 진영으로 가 화의를 맺는다. 1268년 12월 임연은 자신을 키워준 양아버지 김준을 제거하고 최고 권력자가 된다. 국왕 원종(元宗, 재위 1259~1274)은 무신 권력자를 견제하고 왕권을 강화하기 위해 몽골과 밀착한다. 그러자 임연은 1269년 6월 원종을 폐하고 왕족인 안경공(安慶公) 창(淐)을 왕으로 옹립한다. 같은 해 8월 원종의 요청을 받은 몽골은 고려에 사신을 보내 원종의 복위를 명한다. 11월 몽골의 압력으로 복위한 원종은 12월에 단독으로 몽골에 입조한다. 1270년 2월 임연이 사망하고, 그 아들 임유무(林惟茂)

진도 용장산성 1270년 왕족인 승화후 온을 왕으로 세우고 강화도에서 진도로 이동한 삼별초가 대몽 항쟁의 근거지로 삼은 성이다. 성벽이 일부 남아 있으며, 성 안에는 절터와 궁궐 자리도 있다.

가 권력을 계승한다. 그해 5월 임유무가 피살되자, 원종은 몽골에서 귀국해 개경에 머물면서 개경 환도를 선언한다. 이에 삼별초가 반대하자, 원종은 삼별초의 군적(軍籍)을 압수하고 삼별초를 혁파한다.

1270년 6월 삼별초 군대는 그들의 명부가 몽골에 보고되는 것을 두려워하여 마침내 항쟁을 일으킨다. 항쟁의 주동자 배중손(裴仲孫)과 노영희(盧永禧)가 사람을 시켜 도성 안에 외치기를 "오랑캐(몽골) 군사가 대거 침략해 인민을 살육하고 있으니, 무릇 나라를 돕고자 하는 자는 모두 모이라"고 하자, 잠깐 동안에 많은 사람이 모였다.[1] 백성을 살육하는 몽골군에 저항하고 고려를 지키기 위해 항쟁을 일으킨다는 명분을 내건 삼별초군에 많은 사람이 호응한 것은 당시 몽골에 대한 반감이 상당했음을 보여준다.

삼별초군은 봉기 직후 승화후 온을 국왕으로 내세우고 관부를 설치하고 대장군 유존혁(劉存奕)과 상서좌승 이신손(李信孫)을 좌우승선으로 삼았다. 또한 난에 가담하지 않은 장군 이백기(李白起)와 고려에 온 몽골 사신을 시가지에서 목을 베어 처단했다. 당시 항쟁이 몽골에 대한 저항뿐 아니라 몽골과 결탁한 국왕과 관료집단, 즉 고려 정부에 대한 반발에서 비롯되었음을 보여준다.

삼별초 항쟁의 초기 모습은 몽골에 대한 저항을 명분으로 민심을 결집하고, 몽골과 결탁해 삼별초군을 해산하고 개경으로 환도하려는 국왕과 지배층에 반대하는 저항운동이었다. 즉 대외적으로는 점차 강해지는 몽골의 압력에 반대하고, 대내적으로는 몽골과 결탁해 무신들의 권력을 약화시키려 한 국왕과 문신 관료집단에 대한 정치적인 갈등과 대립의 연장선상에서 일어난 것이다. 이처럼 1259년 몽골과의 강화 이후 고려 왕조가 안고 있는 대내외의 모순이 삼별초 항쟁을 불러온 것이다.

대몽 항쟁과 도참설을 내세운 반왕조 정치운동

1270년 6월 삼별초 군대는 공사(公私)의 많은 재물과 강화도에 있던 사람들을 1,000여 척의 배에 싣고 남하하여, 서해 일대의 도서 지역을 점령하면서 그해 7월 진도에 도착한다. 이들은 8월 용장성과 궁궐을 쌓아 새로운 정부인 이른바 '진도 정부'를 수립한다. 삼별초군은 다시 각 군현에 격문을 보내 모든 백성이 진도에 들어올 수 있도록 이른바 '해도입보(海島立保)' 정책을 내세운다. 이 정책은 항전론을 고수한 무신 권력자들의 전형적인 대몽골 전법이었다.

삼별초 항쟁 이전에도 무신들은 국왕과 문신 관료집단이 몽골과 결

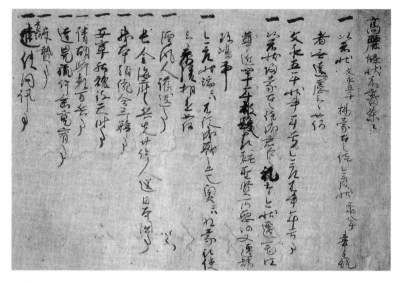

삼별초가 일본에 보낸 외교 문서(고려첩장불심조조) 1271년 진도의 삼별초 정부가 일본에 보낸 외교 문서에 대해 일본 측에서 3년 전 고려 원종에게 받은 국서와 비교해 불확실하거나 의심 가는 내용을 정리한 기록이다. 이 문서를 통해 삼별초가 외교 문서를 보내 일본에 대한 몽골의 공격 가능성에 대한 경고와 함께 긴급한 군사적 지원을 요청했음을 알 수 있다.

탁해 자신들의 권력을 약화시키려는 데 반발하여 해도(海島)에 들어가 대몽 항쟁을 벌이려 했다. 1270년 6월의 삼별초 항쟁이 일어나기 3~4개월 전에 임유무는 각 주군에 연락하여 백성들을 해도에 들어가게 하고, 스스로 삼별초 군사를 이끌고 몽골에 저항하려 했다. 그 이전에 김준 역시 그러한 계획을 갖고 실행하려 했다. 따라서 항전론이 수그러들지 않는 한 언제든 제2와 제3의 삼별초 항쟁이 일어날 가능성이 있었던 것이다.

삼별초가 내세운 대몽 항쟁은 자신들의 거사를 정당화하기 위한 명분처럼 보이나, 실제로 이들이 몽골과의 항쟁을 염두에 두고 외교 활동을 벌인 사실로 미루어보아 단순히 명분에 그친 것만은 아닌 듯하다. 그 증거는 진도 정부가 1271년 1월에서 5월 무렵에 작성해 일본 정부에 보낸 외교 문서에서 확인할 수 있다. 이 문서에 따르면 진도 정부는 고려 정부의 해산 명령을 따르지 않고 몽골에 대한 저항을 계속할 것이며, 몽골이 조만간 일본을 공격할 계획임을 알려주고, 식량과 병력의 원조와 몽골의 침입에 함께 저항할 것을 요청했다. 따라서 항쟁 초기에 '몽골군이 백성들을 살육한다'는 구호를 내세우며 대몽 항쟁을 강조한 것은 단순히 항쟁을 일으키기 위한 명분이 아니라, 삼별초 항쟁의 주요한 정책 목표 가운데 하나였던 것이다.

또한 배중손은 '용손(龍孫, 고려 왕실)은 12대에 끝나므로 남쪽으로 내려가 새로운 도읍을 세워야 한다'는 도참설을 항쟁의 명분으로 내세웠다.[2] 당시 원종은 고려 태조의 12세손이었다. 몽골과의 강화를 주도한 원종을 직접 겨냥하여 왕실의 운명이 다했다고 지적한 점은 매우 주목할 만하다. 항쟁의 명분과 정당성을 위해 도참설을 이용했지만, 삼별초의 항쟁은 몽골의 압력이 점차 강화되고 무신들의 권력 기반이 크게 약화되자 그에 대응하여 일어난 반왕조적인 정치운동이었다. 항쟁의 주모자 배중손이 임연의 휘하 장수이자 심복이라는 점 또한 당시 무신집단과 고려왕조와의 불화를 짐작할 수 있다. 이처럼 삼별초 항쟁은 대몽 항쟁을 주도한 무신들이 자신들의 권력 기반이 약화되자, 자구책의 차원에서 국왕과 문신 관료집단에 반대하여 일어난 정치운동의 성격도 지니고 있었다. 진도를 근거지로 궁궐과 성을 수축하고 새로운 국왕을 옹립하여 독자적인 진도 정부를 세운 것은 삼별초 항쟁이 반왕조 정치운동이라는 구체적인 증거다.

삼별초 항쟁에 민이 호응한 까닭

그런데 삼별초 군대는 왜 진도를 근거지로 정부를 수립했을까? 진도는 당시 서남해의 조운선이 반드시 거쳐야 하는 길목이자 서남해안 일대의 군현을 쉽게 공략할 수 있는 지정학적으로 매우 중요한 지역이었다. 1271년(원종 12) 3월 고려 정부가 몽골에 보낸 국서에 따르면 경상도와 전라도의 조세와 공물은 육지로 운반할 수 없어 반드시 강이나 바다 등 수운을 통해 개경으로 운반하는데, 지금 삼별초가 조세·공물 운송의 길목이 되는 진도를 장악하여 조운선을 운항할 수 없다고 했다. 그해 4월 몽골에 보낸 또 다른 국서에 따르면 당시 삼별초군은 30여 개의 섬을 빼앗을 정도로 그 세력이 매우 컸으며, 점차 세력을 확장해 경상도 김해·밀양·남해·창선·거제도·합포 등 당시 해안 부락은 모두 삼별초군의 공격을 받았다고 했다. 또한 국왕의 교서를 위조하여 전라도 안찰사에 명하여 백성들의 조세를 진도에 바치게 했고, 많은 군현이 삼별초 군대에 항복해 진도에 들어가 진도 정부가 세운 왕을 알현하기까지 했다고 한다.

왜 당시 수령들은 고려 국왕 대신 삼별초 군대가 옹립한 승화후 온에게 알현하려 했을까? 30년간에 걸친 장기 항전에 지친 민심의 반감이 이러한 현상을 낳았던 것이다. 삼별초군이 새로운 정부를 세울 수 있었던 것은 오랫동안 전쟁에 시달려온 민심이 삼별초의 봉기를 지지했기 때문이다. 몽골과의 전쟁 당시 무신 권력자들은 해도입보 정책을 수립하고 삼별초군을 동원해 백성들을 강제로 해도에 들어가게 한 뒤 그들을 감시했다. 이로 인해 생업을 잃어 생계가 막막해진 일반 백성들은 불만이 상당했다. 하지만 백성들의 불만은 삼별초가 아니라 지배층인 국왕과 무신 권력자, 나아가 침입자 몽골을 향해 있었다. 때문에 백성들은 몽골과 고려 정부에 저항해 일어난 삼별초 항쟁에 호응하고 지지를 보냈다. 몽골과 고려 정부에 대한 반감이 항쟁에 대한 지지로 나타난 것이다.

1271년 1월 밀성군(경남 밀양)에 살던 방보(方甫), 계년(桂年), 박평(朴平), 박공(朴公), 박경순(朴慶純), 경기(慶祺) 등이 고을 사람들을 불러 모아 진도의 삼별초군에 호응하고자 부사(副使) 이이(李頤)를 죽이고, '공국병마사(攻國兵馬使)'라 자칭하면서 각 군현에 통문을 보낸 적이 있다. 그 무렵 개경에서는 관노비 숭겸(崇謙)과 공덕(功德) 등이 무리를 모아 다루가치와 고려의 관직에 있는 몽골인을 죽이고 진도 정부로 가서 투항할 음모를 꾸민 사건이 일어났다. 당시 고려 정부는 몽골군에게 도움을 요청하여 이들을 진압했다. 그해 2월에는 몽골 병사들이 대부도 (大部島, 경기 남양)에 들어가 민가를 약탈하는 통에 대부도 주민들이 원한을 품고 있었는데, 개경에서 숭겸 등이 난을 일으킨 소식을 듣자 몽골 병사를 죽이고 난을 일으켰다. 3월에는 양주(襄州, 강원도 양양)에 살던 장세(張世), 김세(金世) 등이 수령과 아전들을 죽이려고 모의하다 발각되어 처형당하기도 했다.[3] 이 역시 삼별초 항쟁에 호응하여 일어난 반란으로 생각된다.

이러한 사례들은 삼별초 항쟁이 반몽골·반왕조적 저항운동에서 발전하여 전쟁으로 고통받던 민의 대대적인 저항운동과 결합될 여지가 있음을 잘 보여주고 있다. 삼별초군이 서남해의 30여 개 섬은 물론 경상도 지역의 김해·밀양·남해·창선·거제도·합포, 전라도 지역의 전주와 나주·장흥 등 많은 군현을 공격할 수 있었던 것은 그만큼 민의 호응이 컸기 때문이다. 삼별초 항쟁은 그 성패를 떠나 당시 몽골의 침입과 그에 대한 항전으로 크게 시달린 민들의 불만이 다시 항쟁과 봉기의 형태로 되살아난 것이라 할 수 있다.

몽골, 고려 정부와 연합해 삼별초 진압

삼별초 항쟁에 대해 가장 민감하게 반응하고 적극적으로 대처한 쪽은 몽골이었다. 몽골은 1270년 6월 삼별초 항쟁이 일어나자, 그해 7월 군사를 개경에 주둔시키고 다시 전라도와 경상도 지역에 군대를 파견하여 둔전을 설치하고 삼별초군의 동태를 감시했다. 1271년 5월 몽골과 고려 연합군은 마침내 진도를 공격하여, 삼별초군을 물리치고 진도를 점령한다. 삼별초군의 남은 무리는 김통정(金通精)의 지휘 아래 다시 제주도로 옮겨 항파두성을 쌓고 항쟁을 계속한다. 삼별초군은 제주도를 근거지로 하여 전라도 장흥·정읍·강진과 경상도 거제·합포 및 경기도 남양과 부천 지역을 공격하여 물자를 확보한다. 몽골과 고려 정부는 다시 연합군을 편성하여, 1273년 4월 제주도를 공격하여 마침내 삼별초군을 격퇴한다.

삼별초 항쟁은 일본과 송나라를 정벌하여 동아시아 패권을 노리던 몽골의 전략에 차질을 던져준 측면이 없지 않았다. 몽골이 삼별초군을 신속하게 진압한 것은 장차 일본-삼별초-송나라로 이어지는 반몽골 국제 전선이 구축되는 것을 우려했기 때문이다. 몽골 정부는 삼별초 항쟁이 반몽골 전선의 고리 역할을 하게 될지도 모른다는 판단에서 진압에 적극 나섰던 것이다.

삼별초 항쟁을 진압한 이듬해인 1274년 몽골은 고려군을 동원해 제1차 일본 정벌에 나선다. 그 뒤 1279년 몽골은 송나라를 멸망시키고, 1281년에는 제2차 일본 정벌을 단행한다. 이때는 2만 명의 몽골-고려 연합군 외에 10만 명의 송나라 군대까지 동원해 일본 정벌에 나선다. 삼별초 항쟁은 이같이 동아시아를 제패해 세계제국을 구축하려 한 몽골의 전략에 일정한 타격을 입혔을 뿐 아니라, 몽골이 송나라와 일본 정벌에 나서도록 촉발한 측면이 없지 않다. 이 점에서 삼별초 항쟁은 국제적인 성격을 지닌다. 한편 삼별초 항쟁을 진압한 뒤 몽골은 고려에 대해 정치·군사적인 개입을 본격화하게 된다.

삼별초 항쟁은 무신정권 및 몽골의 침략전쟁과 불가분의 관계를 맺고 있다. 무신정권 수립 후 무신 권력자들은 정치·군사의 실권을 장악하여 왕정체제를 무력화시켰다. 그들은 몽골군이 고려를 침입하자 강화도로 천도하여 대몽 항쟁을 벌인다. 이 과정에서 성장한 삼별초군은 몽골과의 강화로 국왕과 관료집단이 몽골과 밀착하면서 자신들의 지위가 불안해지자 기득권을 잃지 않기 위해 정치적인 반대운동으로서 항쟁을 일으켰다. 이런 점에서 삼별초 항쟁은 무신정권이 낳은 부정적인 역사 유산이자, 정치적인 성격을 지닌 운동이었다.

진도와 제주도를 근거지로 하여 약 3년에 걸쳐 독자적인 정부를 세워, 몽골과 결탁한 국왕과 문신 관료집단에 대한 정치적 반발과 몽골의 고려 지배에 저항하는 대몽 항쟁을 전개한 삼별초 항쟁에 많은 민들이 저항과 봉기로 호응했다. 삼별초 항쟁은 외세에 쉽게 굴하지 않은 고려인의 자존심을 잘 드러낸 점에서 커다란 의의를 갖는다. 또한 대몽 항쟁과 고려 지배층에 대한 정치운동이 대대적인 민의 저항으로 발전할 가능성을 보여준 점에서 삼별초 항쟁의 의미는 적지 않다. 따라서 삼별초 항쟁은 어느 한 측면을 내세워 그 의미를 일방적으로 평가할 수 없는 매우 복합적인 성격을 띠고 있다.

혼란과 기회의 시대를 산
부곡인

●

일제 식민지 시기의 조선인 역사가 안확(安廓, 1886~1946)은 《조선문명사》(1923)에서 고려의 '귀족정치시대'를 움직인 세 집단은 승려, 무신, 폐신(嬖臣)이라고 주장했다. 여기서 폐신이란 원나라 간섭기에 고려 정치를 주도한 세력을 말한다. 폐신은 국왕의 총애를 받는 신하라는 뜻이며, 폐행(嬖倖)이라고도 부른다. 이들의 행적을 따로 기록한 것이 《고려사》 권123·권124, '폐행 열전'이다.

폐행 열전에는 주로 원 간섭기에 활동한 55명의 인물이 실려 있다. 출신이 밝혀진 인물 가운데 문·무반 출신 관료는 다섯 명에 불과하다. 이들을 제외하면 평민(15명), 천민(10명), 상인(2명), 승려(3명), 외국인(7명) 등 미천한 신분이 많다. 사회 밑바닥의 민초가 국왕 측근이 되거나 지배층으로 진출하는 일은 신분제 사회에서 상상할 수 없는 일이다. 그런 까닭에 원 간섭기를 우리 역사에서 수치스러운 시기로 여기는 사람들이 아직도 많다. 그런데 90년 전 역사가 안확은 원 간섭기에 민초들이 지배층으로 진출한 사실에 처음으로 주목했다. 역사가로서 안확의 안목은 실로 신선하고 놀랍다. 억압과 규제만 받아온 민초들에게 원 간섭기는 기회와 희망의 시기였던 것이다.

민초들의 신분 상승을 주도한 계층은 부곡인(部曲人)이다. 부곡인은 향·부곡·소·장·처라는 특수행정구역에 거주하던 주민이다. 이 중 향과 부곡은 통일신라 때 처음 생겨난 행정구역이다. 인구·토지 규모가 작아 군이나 현이 되지 못한 지역을 주변의 군현에 소속시킨 소규모 행정구역이다. 소는 고려 때 처음 조직되었는데, 금·은·동·철 등의 광산물, 먹·자기·칼·종이 등의 수공업 제품, 모시·생강·소금·숯·생선 등 농수산물을 전문적으로 생산하는 곳이다. 장과 처도 고려 때 처음 조직되었는데, 사원과 왕실 등에 소속되어 해당 기관의 토지를 경작해 생산물을 세로 바쳤다. 이처럼 고려시대에는 신라 때부터 존재한 향과 부곡을 비롯해 소·장·처 같은 특수행정구역이 동시대에 모두 일정한 역할과 기능을 수행했다.

부곡, 하층민 봉기의 중심지

부곡인이 규제와 제약을 벗어나기 시작한 것은 무신정권 시기이다. 무신 권력자들이 불법으로 남의 토지를 빼앗고 공물을 지나치게 많이 수탈하자, 이를 견디지 못한 하층민이 저항하기 시작했다. 이런 저항운동을 주도한 계층이 부곡인이다. 부곡 지역은 당시 하층민 봉기의 중심지였다. 부곡인의 첫 봉기는 1176년(명종 6) 1월 공주 명학소(鳴鶴所, 대전시 탄방동 일대) 주민 망이(亡伊)와 망소이(亡所伊)의 봉기였다. 이들은 무리를 모아 산행병마사(山行兵馬使)라 자칭하고, 공주를 공격하여 함락했다. 고려 정부는 토벌에 실패하자, 그해 6월 망이의 고향 명학소를 충순현(忠順縣)으로 승격시킨다. 또한 1177년 1월 망이와 망소이가 투항하자, 그들에게 곡식을 주어 고향으로 돌려보낸다. 그런데 다음 달 2월 망이 등이 다시 반란을 일으켜 가야사(伽耶寺)를 노략질하고, 3월에는 홍경원(弘慶院)을 불태우고 승려 10여 명을 살해한 뒤 주지를 협박해 편지를 주어 개경으로 보낸다. 편지의 내용은 다음과 같다.

> 우리 고향(명학소)을 현(충순현)으로 승격하고 수령을 두어 우리를 위로하더니 이제 와서 다시 군사를 풀어 토벌하고 나의 어머니와 처를 잡아 가두니 그 뜻이 무엇인지 알 수 없다. 차라리 칼날 아래서 죽더라도 항복하지 않을 것이다. 반드시 개경까지 쳐들어가고 말 것이다.
>
> —《고려사》권19, 명종 7년 3월조.

망이·망소이의 봉기는 명학소에 대한 과중한 수탈이 원인이 되었으며, 그 규모가 확대되어 충청도 일대를 장악하고 개경을 공격하려 했다. 이 봉기는 1177년 6월 망이가 항복하면서 막을 내린다.

과중한 역에 대한 부담 때문에 부곡인들이 무신정권에 저항하여 봉기하거나 다른 지역으로 도망하는 바람에 부곡 지역은 황폐화되었다. 1197년(명종 27) 이규보가 상주 지역 영산부곡(靈山部曲)을 방문하여 남긴 시에 당시 부곡 지역의 실상이 잘 나타나 있다.

> 〔8월〕11일 일찍 원흥사(元興寺)를 출발하여 영산부곡에 이르다
> 영산은 아주 궁벽한 고을이라(靈山最僻邑)
> 사람이 다니는 길도 거칠기만 하네(客路尙荒榛)
> 흉년이 들어 도망한 호들이 있으나(歲儉有逋戶)

백성은 순박하고 노인이 많구나(民淳多老人)

누른 닭은 큰 소리로 울어대고(黃鷄啼呢喔)

푸른 쥐는 소리를 내면서 나오네(蒼鼠出嚬呻)

검은 옷을 걸친 아전 몇몇이(數箇緇衣吏)

손님 맞이하듯 놀라서 달음질치네(驚馳似迓賓)

— 《동국이상국집》 권6, 고율시(古律詩).

이 시에서 영산부곡은 도망한 호도 있고 노인이 많은 등 매우 빈궁하고 영세한 벽촌(僻村)으로 묘사되어 있다. 무신정권의 수탈과 그에 저항한 농민 봉기의 여파가 영산부곡에도 어김없이 미치고 있었던 것이다. 무신정권과 몽골의 침입을 거치면서 부곡집단은 본래의 기능이 사실상 소멸되었다고 할 수 있다.

1258년(고종 45) 최씨 정권의 마지막 권력자 최의가 피살되고, 이듬해 고려왕조는 몽골과 강화를 맺는다. 몽골의 압력으로 1270년 개경으로 환도하지만, 그에 반발한 삼별초가 난을 일으켜 1273년에야 진압되었다. 이후 고려는 원의 간섭을 받으면서 정치·경제·사회 분야에서 많은 변화를 겪는다. 이런 현실은 부곡인에게 새로운 기회가 되었다. 부곡인은 신분상 양인이지만 군현에 거주한 일반 농민에 비해 차별을 받아 사실상 노비와 비슷한 처지였다. 한마디로 신분과 현실의 처지에서 양인과 천인의 경계를 넘나든 '경계인(境界人)'이었다.

재상이 된 부곡인

부곡인 가운데 일부가 각종 사회적 규제와 통념을 극복하고 지배층으로 편입된 사실이 역사 기록으로 남아 있다. 특히 13세기 후반 원나라의 고려에 대한 간섭이 본격화되고, 두 나라 사이에 교류가 활발해지던 무렵 원과 고려에서 각각 무관·역관·환관 등으로 활약한 부곡인이 많이 등장한다. 대표적인 예가 박구(朴球, ?~1289)이다.

박구는 울주(蔚州, 울산) 소속의 부곡인이다. 조상은 부유한 상인이었으며, 그 역시 큰 부자(요재饒財)로 알려졌다. 원종 때 상장군(무반 최고직, 정3품)이 되었다. …… 원나라 세조가 일본을 정벌할 때 고려군 부사령관으로, 사령관 김방경과 함께 참전하여 공을 세웠다. 그 후 〔재상인〕 동지밀직사사(同知密直司事, 종2품)가 되어 합포(合浦, 마산)를 지켰다. 찬성사(贊成事, 정2품)를 지내다 죽었다. 박구는 별다른 재주는 없었으나 전쟁에서 공을 세워 높은 벼슬에 올랐다. ─《고려사》권104, 박구 열전.

박구는 원종(재위 1259~1274) 때 무반의 최고직에 오른다. 이로 미루어보아 그가 처음 군인이 된 것은 고종(재위 1213~1259) 때이다. 이때 고려는 몽골의 침입에 맞서 전쟁을 치렀는데, 박구는 전쟁에서 공을 세우면서 출세하기 시작했던 것이다. 박구는 1274년(충렬왕 즉위년) 원나라 출신 공주(충렬왕 비)가 고려로 올 때 공주의 호위 군사를 맡을 정도로 충렬왕의 측근이 되었다. 또한 1281년 5월 고려군 부사령관으로 제2차 일본 정벌에 참전했다. 그 뒤 재상이 되었는데, 부곡인이 재상 자리에까지 오른 것은 박구가 처음이었다.

원 간섭기라는 새로운 시대 변화에 편승해 충렬왕의 측근이자 재상이 된 박구 외에 몽골어에 능통해 역관으로 출세한 부곡인도 있었다.

고이부곡 지도의 가운데 '흥양(興陽)'이 고이부곡 지역이다. 충렬왕은 유청신의 출신지인 고이부곡을 고흥현으로 승격했다.

부곡인의 관직 진출 기록 부곡인으로 재상의 자리에까지 오른 유청신에 대한 기록이 《고려사》 열전에 남아 있다.

유청신(柳淸臣)의 처음 이름은 비(庇)다. 장흥부에 소속된 고이부곡(高伊部曲) 출신이다. …… 나라 제도상 부곡인은 공을 세워도 5품 이상 승진할 수 없었는데, 유청신은 몽골어를 잘해 여러 차례 원나라에 사신으로 가서 일을 잘 처리했기 때문에 충렬왕의 사랑을 받았다. 충렬왕은 특별히 교서를 내려, "유청신은 조인규(趙仁規)를 수행해 힘을 다해 공을 세웠다. 출신을 따지자면 으레 5품 이상으로 승진시킬 수 없으나, 그에게는 특별히 3품의 벼슬을 내린다"고 했다. 또 그의 출신지 고이부곡을 고흥현(高興縣)으로 승격했다. ─《고려사》 권125, 유청신 열전.

부곡인은 5품 이상 관직에 오를 수 없었다. 그러나 유청신(?~1329)은 일본 원정과 원나라 내안의 반란 때 통역 업무를 잘 처리한 공을 인정받아 1287년(충렬왕 13) 8월 규정에 없는 대장군(종3품)으로 승진한다.

1297년(충렬왕 23)에는 재상 자리에 오를뿐더러 뒤에는 충선왕의 측근이 되어 원에 있던 충선왕을 대신해 국내 정치를 전담한다.

부곡인의 신분 상승, 부곡집단 해체로 이어져

박구와 유청신이 재상 반열에 오른 것처럼 그동안 부곡인들을 속박했던 규제가 원 간섭기에 상당 부분 무력화되었다. 나아가 유청신의 출신지 고이부곡은 고흥현으로 승격되었다. 지배층 진입에 만족하지 않고, 출신지를 현으로 승격시킨 것이다. 박구·유청신처럼 고위직은 아니지만 원나라에서 환관·군인이 된 부곡인들도 마찬가지로 자신의 출신지를 군현으로 승격시켰다.

> 후지원(後至元) 원년(충숙왕 복위 4, 1335) 원나라에서 온 상호군(上護軍) 안자유(安子由) 등이 고려 국왕에게 〔원나라〕 황후의 명령을 전했다. "영주(永州, 경북 영천)의 이지은소(利旨銀所)는 옛날에는 현이었는데, 고을 사람들이 나라의 명령을 어겼다 하여 현을 없애고, 주민은 은을 세금으로 바치는 은소가 된 지 오래되었다. 지금 그 지역 출신인 나수(那壽)와 야선불화(也先不花)가 어려서부터 〔원나라〕 궁궐에서 환관으로 있으면서 심부름하는 노고를 많이 하였으니, 그 공에 보답하는 뜻에서 그들의 고향을 다시 현으로 승격하라"고 했다.
> ─《졸고천백(拙藁千百)》 권2, 영주이지은소승위현비(永州利旨銀所陞爲縣碑).

원나라 환관으로 활약한 나수 등의 요청에 따라 이지은소가 현으로 승격되자, 이 사실을 기념해 당대 최고 문장가 최해(崔瀣)가 지은 비문이다.

그러면 이들은 왜 부곡 지역을 군현으로 승격시키려 했을까? 이지은소의 경우, 현으로 승격되면서 주민들이 은을 채취해 국가에 바치던 고된 역 부담에서 벗어나게 되었다. 이처럼 신분 상승을 이룬 부곡 출신자들은 자신의 신분 변화에 만족하지 않고 출신지를 군현으로 승격시켜 출신지 주민들의 부담을 없애려 했다. 부곡의 해체는 국가 수취와 재정제도의 해체로 이어질 수 있는 큰 변화를 낳았다. 다음 기록도 부곡집단 해체가 하나의 대세였음을 알려준다.

> 충렬왕 때 가야향(加也鄉) 출신으로 군인이 된 김인궤(金仁軌)가 공을 세워 그의 고향이 춘양현(春陽縣)으로 승격되었다. 충선왕 때 경화옹주(敬和翁主)의 고향 덕산부곡(德山部曲)은 재산현(才山縣)이 되었다. 충혜왕(忠惠王) 때 환관인 강금강(姜金剛)이 원나라에서 수고한 공으로 그의 고향 퇴관부곡(退串部曲)이 나성현(奈城縣)으로 승격되었다.
>
> ─《고려사》 권57, 지리2 안동도호부조.

지금의 안동에 소속된 부곡인들이 고려와 원나라에서 군인·옹주·환관 등으로 출세한 뒤 자신의 출신지를 군현으로 승격시켰다는 기록이다. 부곡인의 신분 변화에서 부곡집단의 해체에 이르는 과정을 잘 보여준다.

이런 변화가 왜 고려 후기에 집중되었던 것일까? 무신정권의 수탈, 부곡인과 하층민의 봉기, 몽골과의 전쟁, 원나라와의 교류 등으로 고려 후기 사회는 정치·경제·사회 분야에서 엄청난 변화를 겪었다. 부곡인은 그런 변화에 편승하여 계층 분화를 촉진했다. 계층 분화는 군현 승격 이후 부곡 지역을 해체하는 현상으로 발전되었다. 왜 우리 역사는 이런 민초들의 역사에 무관심했을까? 원나라의 간섭과 지배층의 움직임에만 눈을 맞추어 역사를 서술했기 때문이다. 이럴 경우 아래로부터의 변화는 물론 역사의 다양한 모습을 놓치게 된다. 역사 공부의 어려움은 여기에 있다.

■ '경계인'으로 살아간 부곡인

고려왕조는 전국의 민(民)을 양인과 천인으로 구분했다. 양인에게는 조세와 역역 등 공역(公役) 부담의 의무를 부여하는 한편, 관직 진출 등 공민(公民)으로서의 권리를 부여했다. 반면에 천인은 국가에 대해 공역 부담의 의무가 없는 대신 공민으로서의 권리를 향유할 수 없었다. 향·부곡·소·장·처 등 부곡 지역에 거주한 주민(이하 부곡인)은 국가에 조세와 역역을 부담했다. 즉, 신분상 부곡인은 공역을 지지 않는 노비 같은 천민과 구별되는 공민이자 양인이었다. 그러나 부곡인은 일반 군현에 거주한 일반 양인인 농민과 마찬가지로 조·용·조의 3세를 부담하면서 특정의 역을 추가로 부담했다.

이런 점에서 부곡인은 양인과 노비 사이에 낀 전형적인 '경계인'이었다. 이러한 경계인이 사회·구조적으로 수용되고, 그들의 역할이 용인될 수 있었던 고려 사회의 역사적 조건은 무엇일까? 고려 사회는 왜 이러한 경계인을 제도화하는 정책을 취했을까?

고려는 전체 민호(民戶)를 균일하게 일률적으로 지배할 수 없을 정도로 지역별 발전 수준에서 격차가 심했다. 고려 정부는 상대적으로 개발의 필요성과 가능성이 큰 지역이나 국가 유지에 필요한 중요한 물품이 생산되는 지역을 부곡 지역으로 묶어 개발과 생산을 촉진하여 국가의 재정 능력을 극대화하고자 했다. 즉 부곡 지역은 고려왕조가 안고 있던 문제의 하나인 지역 간 발전 격차를 메워 나간 매개체이자, 일종의 사회적·국가적 분업체제로서의 기능을 수행했다. 또한 '경계인'으로서 부곡인은 미개발 지역을 개발 지역으로 확장하면서, '경계'의 테두리를 점차 넓혀가는 가운데 정치·사회·경제의 격차를 메우고 사회 통합을 이루는 등 고려의 지배질서를 확립하는 데 커다란 역할을 했다. 부곡집단이 가진 긍정적이고 발전적인 측면은 여기에서 찾을 수 있다.

당대사 연구가 성행한
원 간섭기

●

원나라 간섭기를 살았던 역사가 이제현은《김공(金公) 행군기(行軍記)》
(1325)에서 김취려(金就礪, 1172~1234)를 이렇게 평가했다.

> 나는 다음과 같이 논한다. 국가의 덕이 쇠하지 않았는데도 혹 전란이 있
> 으면 반드시 재주와 지혜가 뛰어난 신하가 나와 왕의 신임을 받으며 시
> 국의 어려움을 구하게 된다. …… 공(公, 김취려)은 멀리 있는 몽골 군사
> 와 교류하고 가까이 있는 적 거란을 공격했다. 몽골과〔형제〕맹약을 맺어
> 나라의 근본을 순식간에 안정시켰다. 우리 사직의 신령이 재주와 지혜가
> 뛰어난 신하를 뒤에서 도운 것이 아니겠는가?
> ──《익재난고》권6, 기-문하시랑 평장사 판이부사 증시 위열공 김공 행군기.

1218년(고종 5) 몽골군과 연합해 거란을 물리치고, 이듬해 몽골과 형
제맹약을 체결하는 데 큰 역할을 한 김취려를 높이 평가한 글이다. 이
제현은 형제맹약을 "(전란의 피해를 줄여) 고려 백성에게 큰 도움이 되었

고, 고려가 원나라에 세운 커다란 공적"[1]이라고 평가했다. 즉, 형제맹약은 두 나라 관계의 시작이자 당시 100년간의 역사에서 가장 의미 있는 사건이라고 보았다. 그 속에는 몽골에 대한 우호적인 시선이 담겨 있다. 나아가 몽골과의 전쟁이 한창이던 때 사망한 김취려의 가려진 행적 역시 재평가를 받았다.

그러나 형제맹약과 몽골과의 전쟁을 직접 체험한 한 세기 전의 역사가 이규보의 생각은 이제현과 달랐다.

> 몽골은 시기심과 잔인함이 막심해 비록 화친을 하더라도 믿지 못합니다. 우리나라가 그들과 좋게 지내는 것은 본의가 아닙니다. 지난 기묘년(고종 6, 1219) 강동성(江東城, 평양 부근)의 형제맹약은 형세가 어쩔 수 없어서 맺은 것입니다.
>
> —《동국이상국집》권28, 서-동진(東眞)에 답하는 별지(別紙).

이규보는 시기심이 많고 잔인한 몽골과의 형제맹약을 '어쩔 수 없이 맺은 것'이라 했다. 그는 다른 글에서 "심하도다, 달단(몽골)이 환란을 일으킴이여! 그 잔인하고 흉포한 성품은 이미 말로 다할 수 없고, 심지어 어리석고 엉큼함은 금수보다 심하다"[2]라고 표현했다. 100년 사이에 몽골에 대한 인식이 왜 이렇게 달라졌을까?

형제맹약, 몽골제국에서 고려만 왕조 유지

1259년 몽골에서는 쿠빌라이가 집권(1259~1294)하고, 고려에서는 최씨 정권의 붕괴에 이어 왕정이 복고되는 등 정세가 변하면서 양국 간

〈몽고습래회사〉 두 차례에 걸친 몽골-고려 연합군의 일본 원정을 기록한 그림이다. 두 권의 두루마리로 구성된 일본 가마쿠라 시대 후기의 그림으로, 일본 궁내청에 소장되어 있다.

의 전쟁도 종식된다. 이로써 고려와 원나라(1260년 이후 몽골에서 원으로 국호 변경) 사이에 새로운 관계가 전개된다. 1273년 두 나라는 삼별초의 반란을 함께 진압한다. 1274년에는 충렬왕이 원나라 공주와 혼인하면서 고려는 부마국(駙馬國, 사위 나라)이 된다. 두 나라가 함께 두 차례(1274년과 1281년) 일본을 정벌하면서 더욱 긴밀한 관계로 접어든다. 적대 관계를 청산하고 천자-제후국 관계로 바뀐 것이다. 이를 바탕으로 고려는 왕조의 정통성을 유지하려 했다.

두 나라 간에 새로운 관계의 전개는 역사 인식의 변화를 가져왔다. 쿠빌라이 사후 그의 뒤를 이은 원나라 성종(成宗)이 두 나라가 처음 관계를 맺은 시기에 대해 고려 측에 묻자, 고려에서는 이렇게 답했다.

> 금산(金山) 왕자(금나라 치하의 거란 출신)가 태조 황제(칭기즈칸)의 명령을 듣지 않고, 국호를 '대요(大遼)'라 칭하고 남녀 백성들과 귀한 재물을 약탈하여 동쪽으로 달아나 강동성에 진을 쳤습니다. 조정(몽골)에서 합진(哈眞)과 찰자(札刺)를 보내 토벌했는데, 눈이 쌓이고 길이 험해 군량이 공급되지 못했습니다. 고왕(高王, 고종)이 이를 듣고 조충(趙冲)과 김취려를 보내 군사와 식량을 공급하고, 그들을 함께 섬멸했습니다. 이제 76년이 되었습니다. —《고려사》권31, 충렬왕 20년 5월조.

고려는 몽골군과 연합해 거란족을 섬멸한 1219년(고종 6)을 두 나라 관계가 시작된 원년으로 보았다. 원나라에서도 성종의 뒤를 이어 즉위한 무종(武宗) 역시 같은 생각이었다.

> 지금 천하에서 백성과 사직을 가지고 왕 노릇 하는 국가는 오직 삼한(三韓, 고려)뿐이다. 〔삼한이〕 선대(태조 칭기즈칸)에 귀부한 지 거의 100년이 되었다. 아비가 땅을 일구었고, 자식이 기꺼이 다시 파종을 했다.
> —《고려사》권33, 충선왕 2년 7월조.

1219년 형제맹약 이후 몽골제국의 천하에서 유일하게 고려는 백성과 사직을 유지한 국가라고 했다. 형제맹약은 두 나라가 천자-제후 관계를 맺어 고려의 정체성을 유지할 수 있었던 100년간의 역사에서 중요한 전환점이 되었다는 것이다. 이러한 인식은 14세기 초 양국 지배층이 공유한 역사 인식이었으며, 이후 양국 관계는 실제로 어느 때보다 돈독하게 유지되었다. 이 때문에 형제맹약의 효력을 무력화시킨 1232년(고종 19) 이후 몽골과의 30년 전쟁은 고려사에서 가려지거나 혹은 지워지게 되었다.

원의 제후국으로서 새로운 역사 인식이 나타나다

충선왕은 1309년(충선왕 1) 7월 죽은 부왕(父王)의 시호를 원나라에 요청한다. 이때 부왕 외에 이미 시호를 받은 증조왕(曾祖王) 고종과 조왕(祖王) 원종의 시호까지 이례적으로 요청한다. 1310년 7월 원나라는 부왕에게 충렬왕, 고종에게 충헌왕(忠憲王), 원종에게 충경왕(忠敬王)이라는 시호를 고려에 통보한다. 원나라는 고려를 제후국으로 여겨 이렇게 '왕'이라는 호칭을 붙였다. 덧붙여 원나라에 충성을 하라는 뜻에서 칭호에 '충(忠)' 자까지 붙였다. 원나라의 고려 지배가 그만큼 철저하고 강했다는 증거다. 당시 원나라에 시호를 요청한 것은 다음과 같은 이유 때문이라 한다.

당초 우리나라에서는 송·요·금의 연호를 따르긴 했으나 역대 국왕의 시호는 모두 종(宗) 자를 붙여 스스로 정했다. 원나라를 섬긴 이후로는 [천자-제후의] 명분이 더욱 엄해졌다. 옛날 한나라 제후들은 모두 한나라로부터 시호를 받았으므로 국왕(충선왕)은 죽은 전왕(충렬왕)의 존호(尊號)를 요청하고, 고종과 원종의 시호까지 추가로 요청했다. 이에 원나라가 조서를 내린 것이다. ―《고려사》권33, 충선왕 2년 7월조.

국왕 시호를 원나라에 요청한 것은 한나라의 관례를 따른 것이라 했다. 즉, 충선왕은 천자국 원나라에 대해 제후국으로서 국왕 시호를 요청한 것이다. 시호 요청에는 고려가 원나라를 천자-제후국의 공식적인 관계로 받아들인다는 상징적인 의미가 담겨 있다. 이제현이 저술한 또 다른 역사서《충헌왕(忠憲王) 세가(世家)》(1342)에 1309년 당시 세 국왕의 시호를 요청한 공적이 실려 있다. 고종은 몽골과의 형제맹약, 원종은 1259년 세자로서 몽골 쿠빌라이에게 직접 찾아가 강화를 맺은 사실, 충렬왕은 1274년 몽골 출신 공주와의 혼인 후 두 차례에 걸친 일본 정벌을 수행한 공적이 각각 기록되어 있다.

원나라와 고려 사이에 천자-제후의 새로운 질서가 수립되면서 그에 걸맞은 새로운 역사 인식, 즉 형제맹약 이후 100년의 역사에 대한 재인식이 대두한 것은 자연스러운 일이었다. 이제현이 저술한《충헌왕 세가》와《김공 행군기》는 그러한 역사 인식의 변화를 대변한 상징적인 역사서이다. 두 책은 모두 1219년 형제맹약 이후 100년간의 관계를 중심으로 서술되어 있으며, 한편으로 이제현이 살던 당시의 역사서이다. 즉, '고려판 현대사'라 할 수 있는 당대사(當代史)인 것이다. 1145년 김부식이 삼국시대 역사인《삼국사기》를, 1451년 정인지가《고려사》를 편찬한 것처럼 전(前)근대 역사는 지난 왕조의 역사를 서술하는 것이 원칙이었다.

그런데 이제현이 현실적인 영향력이 큰 당대사를 편찬한 사실은 주

익재 이제현 1287년(충렬왕 13)에 출생하여 1367년(공민왕 16)까지 활동한 인물로 고려를 대표하는 정치가이자 학자이다. 민지의 《본조편년강목(本朝編年綱目)》을 중수하고, 충렬왕·충선왕·충숙왕의 실록 편찬에 참여하는 등 사학(史學)에도 많은 업적을 남겼다. 그의 저술 가운데 《익재난고(益齋亂藁)》 10권과 《역옹패설》 2권이 전한다. 이 초상화는 1319년 이제현이 충선왕을 시종하여 원나라에 갔을 때 그린 것이다.

목된다. 이때 당대사 연구가 새로운 역사 서술 경향으로 대두한 것이다. 형제맹약을 관계의 시작으로 볼 때 가장 큰 걸림돌은 1232년부터 1258년까지의 30년 전쟁에 관한 서술이다. 당대를 살았던 이규보의 글에서 드러나듯 몽골에 대한 적대적 서술에 대한 수정이 필요했다. 문제가 된 것은 30년 전쟁 당시 재위한 국왕의 역사 《고종실록》이었다. 1277년(충렬왕 3) 완성된 이 책은 고종의 시호를 원나라에 요청한 시점인 1309년에 다시 편찬된다. 수정의 초점은 당시 전쟁에 대한 평가 문제였을 것이다.

'고려판 현대사'인 당대사 연구의 한계

민지(閔漬)는 충렬왕 재위(1274~1308) 말년 《세대편년절요(世代編年節要)》를 편찬하는데, 태조부터 고종·원종까지의 역사가 서술되어 있다. 서술의 초점은 고종 당시 몽골과의 전쟁에 관한 새로운 서술이었을 것이다. 이제현은 민지의 저술을 토대로 《충헌왕 세가》를 저술했으며, 민지의 역사서는 충선왕이 복위한 1308년 원나라에 보내진다. 이로 미루어볼 때 이들 저서는 몽골에 대한 적대적 서술을 수정한 것이 분명하다.

원나라 역시 전쟁을 전후한 고려의 역사 서술에 관심을 가졌다. 1325년(충숙왕 12) 원나라는 칭기즈칸 이래 원나라에 공을 세운 고려 인물에 대한 역사 편찬을 고려에 요구한다. 몽골군과 함께 거란족을 물리치고 형제맹약을 체결한 김취려의 행적을 적은 이제현의 《김공 행군기》는 이때 저술된 것이다.

14세기 고려왕조는 원나라와 새로 수립한 관계를 발전시켜나갔다. 이를 위해 몽골과의 30년 전쟁에 대한 재서술 등 앞선 100년간의 역사를 새롭게 조명한 이른바 '고려판 현대사'인 당대사 연구를 활성화했다. 그러한 역사 서술이 현재 전해오는 《고려사》 가운데 원 간섭기 역사 기술에 그대로 반영되어 있다. 조선 초기에 편찬된 이 책은 이제현의 역사 서술을 상당 부분 반영한 것이다. 실제로 원 간섭기 역사는 고려와 원 관계를 중심으로 서술되어 있고 고려와 몽골의 전쟁에 관한 서술이 풍부하지 않다. 살아 있는 현재를 지나치게 강조하는 일이 과거의 다양한 역사를 오도 또는 말살하는 잘못을 범할 수 있다는 사실은 아직도 유효한 역사의 교훈이다.

원나라 황후가 된
고려인 기황후

고려인 출신 기황후(奇皇后)는 원나라 마지막 황제 순제(順帝, 재위 1333
~1370)의 제2황후(1340)를 거쳐 정후(正后, 1365)가 된다. 그리고 아들
애유식리달랍(愛猷識理達臘)은 황태자로 책봉된다(1353). 그녀의 일족
도 자연히 원나라 황실의 일원이 되었다. 즉, 기황후의 부친 기자오(奇
子敖)와 모친 이씨는 각각 제후의 지위인 영안왕(榮安王)과 영안왕대부
인(榮安王大夫人)에 봉해졌다. 기황후가 힘을 쏟은 궁중 정치의 결실이
었다. 그녀는 고려 출신 환관들과 결합해 원나라와 대(對)고려 외교에
커다란 영향력을 행사했다.

> 고려 여인(기황후)이 궁에 발을 들여놓으면서 황실 법도가 허물어지기
> 시작했다. 이로써 식자(識者)들은 천하에 난이 일어날 것을 알았다.
>
> —《경신외사(庚申外史)》.

감찰어사 이필(李泌)이 상소했다. "기씨가 황후가 된 후 재변이 자주 일

어나고, 하천이 범람하고, 지진이 일어나고, 도적이 번성했습니다. 음(陰, 기황후)이 성하고 양(陽, 순제)이 쇠미한 현상입니다. 기씨를 황후에서 비(妃)로 낮추어야 재변이 없을 것입니다." 황제가 듣지 않았다.

—《원사》본기.

기씨가 정후가 된 지 수년 만에 원나라가 망한다. 이 때문에 앞의 기록과 같이 그녀는 원나라 쇠망의 책임까지 뒤집어쓰게 되었다. 그러나 이 기록들은 오히려 기황후가 당시 정치에 깊이 관여했음을 보여주는 증거다.

고려 공녀, 원의 황후가 되다

기씨는 어떤 과정을 거쳐 황후의 자리에까지 올랐을까? 기황후는 원래 원나라에 바쳐진 공녀(貢女) 출신이다. 고려 처녀들이 강제로 징발되는 처참한 모습은《고려사》의 이곡 열전에 잘 나타나 있다.

들리는 소문에 따르면 고려 사람들은 딸을 낳으면 바로 숨기고, 드러날까 두려워 이웃에게도 알리지 않는다고 합니다. 원나라 사신이 오면 군인과 관리가 사방에서 집집마다 수색하여 만약 여자를 숨기기라도 하면 이웃을 잡아가두고 친족까지 잡아들여 나라를 소란케 합니다. …… 한 여자를 얻기 위해 수백 집을 뒤지는데, 이러기를 한 해에 한두 번 혹은 2년에 한 번씩 하며, 한 번에 많을 경우 사오십 명을 뽑습니다. 뽑힌 여자의 부모와 종족은 밤낮으로 울어 곡소리가 끊이지 아니하고, 떠날 때는 옷자락을 붙잡고 발을 구르며 쓰러지기도 하고 길을 막고 울부짖다가 슬

프고 원통하여 우물에 몸을 던져 죽는 자, 목매어 죽는 자, 근심과 걱정으로 기절하는 자와 피눈물을 쏟아 눈이 먼 자도 있습니다.

—《고려사》권109, 이곡 열전.

원나라에 처녀를 바치기 위해 처녀들의 국내 혼인을 금지한 1275년(충렬왕 1)의 기록이 공녀에 관한 첫 기록이다. 이때부터 원나라가 망할 때까지 공녀제(貢女制)는 계속되었다. 1320년(충숙왕 7)에는 동녀(童女, 처녀) 53명과 화자(火者, 거세된 환관) 23명을 보내 가장 많은 수를 기록했다. 원나라에서는 명문가의 처녀를 요구했고, 딸을 숨기거나 바치지 않은 관리들은 유배형 같은 처벌을 받았다. 기황후 역시 명문가 출신으로, 고조부는 최충헌 정권 때 재상을 지냈으며, 아버지도 음서로 관료가 되어 수령을 지냈다.

1333년(충숙왕 복위 2) 6월 즉위한 원나라 순제는 9월에 권력자 연첩목아(燕帖木兒)의 딸 답납실리(答納失里)를 정후로 맞이한다. 기황후는 그해 12월에 고려 출신 환관 독만질아(禿滿迭兒)의 추천으로 궁녀가 된다. 이후 곧 순제의 눈에 띄어 총애를 받는다. 이 때문에 정후의 질투와 미움을 받게 된다.

기씨(祁氏, 기황후, 祁는 奇와 동음)는 성품이 지혜롭고 영리해 황제(순제)의 총애를 받았다. …… 황후는 권신(權臣)의 딸이라 교만했고, 나이 어린 황제를 얕보았다. 기씨가 황제의 총애를 받는 것을 보고 불평하여 하루 저녁도 거르지 않고 매일 회초리로 그녀를 때렸다. 또 무릎을 꿇게 해 죄를 추궁하고, 그녀의 몸을 불로 지지기도 했다. —《경신외사》.

문종(文宗, 순제의 삼촌)이 죽자 연첩목아는 문종의 아들을 황제로 옹립하려 했다. 문종 비 복답실리(卜答失里) 태후의 반대로 순제의 배다른 동생 영종(寧宗)이 즉위했으나 2개월 만에 죽는다. 순제는 연첩목아의 딸과 혼인하는 조건으로 즉위한다. 그러나 순제는 원하지 않은 혼인에다 자신을 얕보는 황후 대신 기황후에게 더 마음을 쏟았다.

1335년 6월 순제 폐위 역모 사건을 주도한 연첩목아의 아들 당기세(唐其勢)와 탑자해(塔剌海) 형제가 살해되고, 답납실리 황후도 연루되어 죽임을 당한다. 기황후에게는 좋은 기회였다. 순제는 기황후를 정후로 맞이하려 했지만 그의 뜻과 달리 1338년 3월 원나라 황실과 대대로 혼인해온 홍길자(弘吉剌) 가문의 백안홀도(伯顏忽都)를 정후로 받아들인다. 대신 1340년 3월 기황후는 제2황후로 책봉된다.

기황후, 원나라 쇠망기에 정국을 주도하다

정후 백안홀도는 명목상의 제1황후에 불과했다. 기황후는 이때부터 권력을 주무르기 시작했다. 1346년(충목왕 2) 8월 문종 비 복답실리 태후(순제의 숙모)가 순제를 폐하고 아들 연첩고사(燕帖古思)를 즉위시키려고 모의했다는 이유로 모자는 축출된다. 당시 비난의 화살은 기황후와 그 세력, 즉 기당(祁黨)을 겨냥하고 있었다.

〔기당은〕 상을 주어야 할 곳에 상을 주지 않고 형벌을 주어야 할 곳에 형을 주지 않아 상벌이 균형을 잃어 기강이 이때부터 크게 무너졌다. 중원의 도적은 이때부터 일어났다. —《초목자(草木子)》 권3의 상.

기황후 공녀로 원에 보내졌다 순제의 눈에 띄어 마침내 제1황후의 자리에까지 올랐다. 원 조정의 실권을 장악하고, 고려 조정에까지 그 영향력을 행사했다. 그림은 원대의 주랑(周郎)이 그린 〈불랑국헌마도권(佛郎國獻馬圖卷)〉의 일부로 왼쪽에서 네 번째가 기황후다.

    기황후가 제2황후로서 실권을 행사한 1340년부터 중국 대륙에서 한족의 대규모 반란이 일어난다. 이 반란은 원나라의 멸망과 주원장의 명나라 건국으로 이어지는 결정적인 계기가 되었다. 당시 기록에서는 반란의 원인을 기황후 일당이 상벌의 원칙을 무너뜨린 문란한 정치 때문이라고 규정했다. 이는 1340년대 기황후가 제2황후로서 당시 원나라 궁정의 실권자임을 알려주는 기록이다.

    1353년 6월 기황후의 아들 애유식리달랍이 황태자로 책봉된다. 정후의 아들이 있는데도 기황후의 아들이 태자로 책봉된 것이다. 기황후는 마음대로 정치를 요리하는 위치에 있었지만 그녀의 정치는 자신과 황태자의 지위를 유지하는 것 외에는 다른 목적이 없었다. 1365년 7월 기황후와 황태자를 제거하고 정후 백안홀도의 아들을 태자로 앉히려는 발라첩목아(孛羅帖木兒)의 반란이 진압된다. 이어 정후 역시 의문의 죽임을 당한다. 그해 12월 기황후는 제1황후가 되어 명실상부한 최고 권력자로 군림한다. 원나라 멸망 3년 전이다. 기황후의 품성을 알려주는 《원사》의 기록이 있다.

〔기황후는〕 일이 없으면 《여효경(女孝經)》(여성의 도리를 강조한 경전)과 역사책 읽기를 좋아하고 역대 황후 가운데 어진 사람을 모범으로 삼았다. 사방에서 보낸 귀한 물건이 있으면 사신을 시켜 태묘에 보내 먼저 제사를 올린 뒤에야 그것을 먹었다. ─《원사》 열전.

이 기록에 따르면 기황후는 미모뿐 아니라 교양이 풍부하고 지적으로 세련된 여인이었다. 순제가 그녀에게 혹할 만했다. 순제는 술이나 연회 같은 것을 좋아하지 않았다. 그림 그리기와 천문 관측을 잘했으며, 장편 시를 남길 정도로 예민한 감각과 풍부한 표현력의 소유자였다. 순제는 유약한 호문(好文)의 군주로, 권력에는 그다지 관심이 없었다. 기황후는 순제의 이런 점을 이용해 궁중에서 권력을 마음껏 행사할 수 있었다.

환관에 의존한 궁중 정치의 한계

1340년 3월 기황후가 제2황후로 책봉된 이후 그해 12월 원 황실에서는 황후의 각종 비용을 전담하는 재정기구로 자정원(資政院)을 설치한다. 자정원은 3개 현(縣)과 2개 주(州)의 21만 4,538호를 소속시켜, 그곳에서 거둔 조세로 운영되었을 정도로 재정 규모가 상당히 큰 기구였

경천사 10층 석탑 고려 출신으로 원의
환관이 된 고용보가 기황후의 공덕을 기
리기 위해 1348년(충목왕 4)에 조성했다.
원래 개성의 경천사에 있었는데, 1908년
일본으로 무단 반출되었다가 반환되어 지
금은 국립중앙박물관에 있다.

다. 기황후는 자정원의 풍부한 재정을 바탕으로 정국에 깊숙이 개입할
수 있었다.

  기황후는 고려 출신 환관들을 기용해 자정원을 운영했다. 최고 책임
자인 자정원사(資政院使)에 전주 출신 환관 고용보(高龍普)를 기용했다.
기황후의 고향인 행주(幸州) 출신의 환관 박불화(朴不化)도 자정원 소
속이었다. 둘은 자정원을 관리하면서 황후의 명령을 받아 각종 정치에
도 관여했다. 또한 황제나 황후를 대신해 불공을 드리기 위해 황제의
원찰 해주 신광사(神光寺)와 기황후의 원찰 금강산 장안사(長安寺), 개

경 경천사(敬天寺)를 자주 찾았다. 그들은 고려에 머물면서 고려 정치에도 개입했다.

기황후는 자정원의 재정을 바탕으로 고려 처녀를 데려다 키워 원나라 고위층에 뇌물로 선사하며 자신과 황태자의 지위를 유지하려 했다.

> 기황후는 고려 미인을 길러 권세가에게 바쳤다. 원나라 서울에서 현달한 고위 관인과 귀족은 반드시 고려의 미인을 얻어야 명가(名家)라 했다. 고려 여인들은 예쁘고 귀여워 사람을 잘 섬겼고, 그 집안에 들면 곧 사랑을 독차지했다. 지정(至正, 1341)년 이후로 궁중의 일을 맡은 사람의 태반은 고려 여인이었다. 그런 까닭에 사방의 옷차림, 신발, 모자가 모두 고려 제품을 사용했다. ―《경신외사》.

1341년 이후의 시기는 기황후가 제2황후로 있을 때다. 고려 여인을 첩으로 두어야 명문가로 행세할 수 있고, 황실의 시중 드는 여인의 태반이 고려 여인이라는 기록은 매우 흥미롭다.

기황후는 지위상의 한계 때문에 정국의 전면에 나서지 못한 채 환관에 의존한 궁중 정치를 통해 권력을 행사했다. 이것이 훗날 부정적인 평가를 받는 원인이 되었다. 원나라 쇠망기에 정국을 주도하다 보니 그녀가 망국의 원인을 제공했다는 비난까지 받게 되었다. 또한 자신과 일족의 지위를 유지하는 데 급급한 것도 그런 비난을 증폭시켰다. 이 과정에서 그녀는 고려의 정치에도 적지 않은 영향을 끼쳤다.

■ 기황후와 이공수, 그리고 공민왕

1363년(공민왕 12) 원나라는 공민왕(恭愍王, 재위 1351~1374)을 폐하고, 덕흥군(德興君)을 즉위시키려 했다. 이 과정에서 기황후가 공민왕 폐위를 주도했다. 공민왕은 이공수(李公遂, 1308~1366)를 기황후에게 보내 덕흥군의 즉위를 막으려 했다.

이공수는 기황후의 고종사촌이다. 또한 이공수의 고모인 이씨(조부 이행검李行儉의 딸)는 기황후 부친 기자오의 부인이다. 공민왕은 이공수를 원나라에 보내 사촌인 기황후를 설득해 자신의 폐위 문제를 해결하려 했다. 다음 글은 이공수가 기황후를 설득하는 대화 내용이다. 이 대화에는 기철을 비롯한 기황후의 여러 형제를 처단한 공민왕의 반원(反元) 개혁을 변명하는 내용도 있다.

"고려는 원나라 조정에 신하로서 형제와 같은 나라가 되었다가 나중에 천자께서 부마의 나라로 정해주셨습니다. 그리하여 100여 년 동안 물고기와 물이 서로 만난 듯한 관계가 되었습니다. 하물며 전하(기황후)는 주(周)나라 태임(太任, 문왕의 어머니)과 태사(太姒, 문왕의 비)와 같으시니, 삼한은 이보다 다행함이 없습니다. 지금 고려 국왕(공민왕)은 원나라에 충성하고 [한족 반란군 진압 등의] 공훈을 세웠습니다. 마땅히 상을 내려 사방에 분명히 보여줌으로써 장수들의 사기를 격려해야 옳을 것인데, 어찌하여 사사로운 감정으로 공의(公義)를 무시하려 합니까?

병신년(공민 5, 1356)의 화란(禍亂, 기철 일당을 제거한 공민왕의 반원 개혁)은 실로 우리 집안(기씨와 이공수 일가)이 교만하여 만족함을 알지 못한 데서 빚어진 일이지, 왕의 죄는 아닙니다. 자기의 허물을 모르고 공이 많은 왕을 폐하려 했으니 조정에 사람이 없다고 말할 수 있겠습니까? 뒷날 반드시 천하의 웃음거리가 될 것입니다. 원컨대 전하는 황제께 잘 아뢰어 우리 왕을 복위시키고 간신을 쫓아내주신다면, 이보다 다행한 일이 없을 것입니다."

기황후가 이 말을 듣고 비록 느낀 점이 있긴 했으나 노여움이 아직도 풀리지 않아, 이공수에게 덕흥군을 왕으로 받들어 모시고 귀국하라고 했다. 그러나 이공수는 병이 들었다고 핑계를 대고 원나라에 머물렀다.

—《목은문고》 권18, 이공수 묘지명.

고려 왕실과 기황후의 악연

1356년(공민왕 5) 5월 공민왕은 기철·권겸(權謙)·노책(盧頙)을 반역을 꾀했다는 이유로 처단한다. 기철은 기황후의 오빠이고, 권겸은 원나라 황태자(기황후 아들)의 장인이다. 노책은 딸을 원나라 순제에게 바쳤다. 세 사람 모두 원나라 황실의 일족으로, 고려에서 최고의 권력을 누리던 인물들이다. 공민왕은 세 사람과 그 일족을 처단하는 것을 신호탄으로 유명한 반원 개혁을 단행한다. 그해 6월 공민왕은 인당(印璫)에게 군사를 주어 압록강 이동·이서 지역의 원나라 역(驛) 여덟 곳을 공격하게 한다. 7월에는 쌍성총관부(雙城摠管府)를 점령함으로써 약 100년 만에 원나라에 빼앗긴 동북 지역(함경도 일대)을 고려 영토로 편입한다. 그 직후 원나라가 일련의 사태에 대한 해명을 요구하자 공민왕은 이렇게 답했다.

적신 기철이 노책·권겸과 반역을 꾀했습니다. 그들은 원나라 황실과 혼인한 것을 계기로 황실의 위엄을 빌려 국왕을 협박하고, 백성들의 토지 등 원하는 모든 것을 빼앗았습니다. 제가 원나라를 두려워한 나머지 한 번도 감히 문책을 못했으니 백성들의 원한이야 어떠하겠습니까? 기철 등은 천하(중국 대륙)가 병란에 싸이자 하루아침에 권세를 잃을까 염려해 모든 요직에 자기 심복을 심어두고, 무기를 만들어 공공연하게 연습하고 온갖 유언비어로 선동했습니다. 드디어 금년 5월 18일에는 무뢰배를 모아 무기를 싣고 궁궐을 습격하려 했습니다. 이에 원나라에 알릴 틈도 없이 처단했으며, 살아남은 무리들이 변방으로 도망한 것을 추격하다 본의 아니게 압록강을 넘게 되었습니다. —《고려사》권39, 공민왕 5년 7월조.

고려왕조에 반역한 기철 일당을 진압하는 과정에서 도망친 잔당을 잡으려다 쌍성총관부와 압록강 건너 원나라 역을 공격했다고 변명했다. 공민왕은 이러한 정황을 뒷받침하기 위해 압록강을 건넌 장수 인당의 목을 베어 원나라의 의심에서 벗어나려 했다.

원나라 쇠망 틈 타 일어난 반원 개혁

기철 일당이 반역을 꾀했다는 구체적인 증거는 없다. 다만 '기철 일당은 천하가 병란에 싸이자 권세를 잃을까 염려해 모든 요직에 심복을 앉혔다'는 공민왕의 해명은 사실이다. 기철 일당의 세력 확장이 왕권을 위협했기 때문에 공민왕이 미리 조치를 취한 것이다. 대륙 정세의 급변도 그런 조치를 취한 또 다른 배경이다.

앞서 공민왕은 원나라의 요청에 따라 1354년(공민왕 3) 대륙의 한족 반란군을 진압하기 위해 유탁(柳濯)·염제신·최영(崔瑩) 장군 등에게 고려군 2,000명에다 현지 고려인 2만 명을 붙여 원나라에 파견했다. 이

공민왕과 노국대장공주 서울 종묘 안 공민왕 신당에 있는 공민왕과 노국대장 공주 영정. 공민왕은 원의 노국대장공 주를 왕비로 맞았으나, 기황후 일족과 측근을 제거하는 등 반원 개혁정치를 추구했다.

들은 이듬해 귀국하면서 원나라의 쇠망과 한족의 흥기를 상세하게 보고했다. 공민왕은 이러한 대륙 정세를 읽고 기철 등을 제거했다. 쇠망의 길로 접어든 원나라가 더 이상 어찌할 수 없다는 것을 공민왕은 꿰뚫어본 것이다.

기씨 일족은 1340년 3월 기황후가 제2황후가 된 이후 고려 정치에 깊이 개입하기 시작했다. 기황후 덕에 부친 기자오와 모친 이씨는 제후의 지위인 영안왕과 영안왕대부인으로 각각 책봉되었다. 이미 부친은 사망했기 때문에 모친이 극도의 환대를 받았다. 고려 국왕은 매년 이씨 집을 방문해 잔치를 열었다. 1353년(공민왕 2) 기황후 아들이 원나라 황태자로 책봉되자, 원나라는 고려에 황족을 보내 성대한 잔치를 베풀었다. 당시 잔치 모습이《고려사》에 전한다.

공주(공민왕 비)와 태자(원에서 보낸 황족)는 남쪽에 앉고, 왕(공민왕)은 서쪽에, 이씨는 동쪽에 각각 앉았다. …… 잔치가 끝날 무렵 사신의 수행원들은 서쪽 계단에, 호위 무사는 동쪽 계단에 각각 앉아 고기 많이 먹기 내기를 했다. 잔치가 끝나자 모두 뜰로 내려와 비단 한 필을 서로 이어 잡고 호가(胡歌, 몽골 노래)를 부르고 춤추면서 서너 차례 뜰을 돈 후 비단을 잘라 나누어 가졌다. 이 잔치에 베를 오려 꽃을 만들었는데, 무려 베 5,140필이 들었다. 다른 물건도 그 기준에 맞춰 준비했을 정도로 잔치는 매우 사치스러웠다. ─《고려사》 권131, 기철 열전.

고려 국왕과 이씨는 같은 제후왕으로 마주 앉았다. 기씨 일족이 공민왕에 버금가는 지위를 누렸다는 증거다. 5,000필이 넘는 베를 잘라 꽃을 만들어 장식할 정도로 호화판 잔치였다. 이 잔치에 참석한 원나라 사신들이 "묵을 공관이 부족해 무려 30여 곳의 재상들 집에 유숙"[1]할 정도였다.

기황후와 충혜왕의 불편한 관계

기황후 모녀가 각각 제2황후와 영안왕대부인으로 책봉되자 당시 고려 국왕 충혜왕(재위 1330~1332, 복위 1339~1344)은 아주 난처한 입장에 처했다.

충혜왕이 세자로 원나라에 갔을 때 승상 연첩목아는 그를 보고 크게 기뻐하여 아들처럼 대했다. 충숙왕이 왕위에서 물러나자, 연첩목아는 황제에게 상소해 충혜왕을 왕위에 오르게 했다. ─《고려사》 권109, 이조년 열전.

연첩목아는 1330년 충혜왕의 즉위를 도운 인물이다. 원 간섭기 고려 국왕은 원나라 공주가 낳은 왕자만이 왕위에 오를 수 있었다. 충혜왕은 고려 왕비가 낳은 왕자였기 때문에 왕위에 오를 수 없는 혈통상의 문제가 있었다. 그럼에도 불구하고 왕위에 오른 것은 실권자 연첩목아의 든든한 후원 덕택이었다.

연첩목아는 원나라 황제 순제의 즉위에도 관여했다. 그는 자신의 딸과 혼인하는 조건으로 순제의 즉위(1333)를 승인한 당시 원나라 최고 실권자였다. 순제의 총애를 받는다는 이유로 기황후는 연첩목아의 딸이자 순제의 정후인 답납실리로부터 큰 고통을 받았다. 연첩목아와 그 일족은 순제 역모 사건으로 1332년 정적 백안(伯顔)에게 쫓겨난다. 그의 실각으로 충혜왕도 그해 왕위에서 물러난다. 이런 연유 때문에 충혜왕과 기황후는 불편한 관계였다.

충혜왕은 1339년 11월 부왕 충숙왕이 사망하자 두 번째로 즉위한다. 그런데 4개월 후인 1340년 3월 기황후가 제2황후가 되어 원나라의 새로운 권력자로 군림한다. 연첩목아의 후원을 받았던 충혜왕은 기황후의 등장으로 커다란 정치적 부담을 안게 되었다. 충혜왕은 그해 3월 '황제의 생일을 축하한다'는 명분으로 황후의 오빠인 기철을 원나라에 파견한다. 기철은 기황후 덕에 원나라로부터 행성참지정사(行省參知政事)에 임명되었다. 고려 조정에서는 그를 정승으로 기용했으며, 고려 출신의 환관으로 기황후의 재정기관인 자정원의 책임자를 맡고 있던 고용보를 이듬해(1341) 2월 삼중대광(三重大匡) 완산군(完山君)으로 책봉한다. 기황후의 환심을 얻어 국왕의 지위를 유지하기 위한 고육책의 하나였다. 이러한 충혜왕의 정책은 결과적으로 기황후 일족을 중심으로 한 부원(附元) 세력이 고려에서 활개를 치게 되는 빌미를 제공했다. 기황후 역시 충혜왕 재위 동안 자신의 일족이 고려에서 지위를 잃지 않도록 어떤 형태로든 정국에 관여하지 않을 수 없었다.

기철은 1343년(충혜왕 복위 4) 8월 충혜왕이 음란하고 탐욕하여 나라를 다스릴 능력이 부족하다는 이유로, 고려를 없애고 원나라의 성으로 편입해야 한다는 상소를 원나라에 올린다. 왕으로 인정할 수 없다는 것이다. 고려 조정에 기용된 지 불과 3년 만에 기철은 국왕을 우습게 여길 정도로 정국의 실권자가 되었다. 결국 충혜왕은 이듬해(1344) 기황후의 측근 환관 고용보에 의해 체포되어 원나라로 압송되어 왕위를 잃는다. 충혜왕은 원나라에서 유배 도중 비참한 죽음을 맞이했다.

기황후의 편협한 정치

충혜왕의 뒤를 이어 그의 8살짜리 아들 충목왕(忠穆王, 재위 1344~1348)이 즉위했다. 환관 고용보가 그를 안고 황제에게 선을 보인 후였다. 그런데 충목왕이 재위 4년 만에 죽자, "나라 사람들이 (공민왕을) 왕으로 세우기를 원했으나 원나라는 충정왕(忠定王, 재위 1348~1351)을 내세웠다."[2] 기황후 일족이 공민왕 대신 충혜왕의 서자인 11살의 어린 충정왕을 택한 것이다. 기황후 일족이 고려 국왕 임명에 관여한 증거다.

당시 19세의 공민왕은 나라 사람의 신망을 받을 정도로 훌륭한 제왕의 자질을 지녔으나 두 번이나 국왕에 임명되지 못했다. 1351년 충정왕이 재위 3년 만에 원에 의해 폐위되자 그때서야 즉위한다. 충혜왕의 동생인 공민왕이 높은 신망을 받고도 바로 왕위에 오르지 못한 것은 역시 원나라 공주 소생이 아니라는 혈통상의 문제 때문이었다. 형인 충혜왕의 죽음을 목격했을 뿐 아니라 3수(修) 끝에 어렵게 왕위에 오른 공민왕이 기황후 일족과 관계가 원만할 수는 없었다. 즉위 5년 만에 기철 일당을 제거한 공민왕의 반원 개혁은 원나라의 쇠망과 맞물려 큰 저항 없이 단행되었다.

기황후는 일족과 측근이 제거되자 황제와 태자에게 복수를 요청한다. 고려 출신 원나라 고위 관료 최유(崔濡)는 기황후의 뜻에 따라 공민왕을 폐하고 덕흥군을 국왕으로 세우기 위해 고려를 침략하기로 결정한다. 1363년(공민왕 12) 5월 고려에 이 소식이 알려지자, 고려는 경천흥(慶千興)을 서북면 도원수로 삼아 압록강에서 개성으로 이어지는 요새에 군사를 배치한다. 최유는 원나라 군사 1만 명을 거느리고 그해 6월 고려를 침공했으나, 이듬해 1월 마침내 패배한다.

1364년 5월 원나라는 사신을 보내 덕흥군 옹립과 공민왕 폐위에 앞장선 인물들의 처단을 통보하면서, 6월에 공민왕을 다시 고려 국왕으로 책봉한다. 고려를 우군으로 삼아 고려가 신흥 한족과 연결되는 것을 막기 위해서였다. 그러나 너무 늦었다. 4년 후 1368년 원나라는 신흥국 명나라에 밀려 몽골 지역으로 쫓겨났다. 1365년 12월 기황후는 원나라 황제의 정후가 되지만 빛바랜 영화에 불과했다. 온 생애를 바쳐 얻은 권력으로 원나라에서는 자신과 황태자, 고려에서는 일족의 안녕과 지위를 유지하는 데 힘썼던 그녀의 편협한 정치는 결국 모국 고려에서조차 외면을 받아 역사의 혹평을 받게 된다.

■ 공민왕에 대한 엇갈린 평가

공민왕은 역대 고려 국왕 가운데 악평(惡評)을 받은 국왕 가운데 한 사람이다. 《고려사》를 편찬한 조선 초기 역사가는 공민왕에 대해, "즉위 초기에는 민망(民望)을 받아 태평을 기대했으나, 노국대장공주(魯國大長公主) 사망 후 신돈(辛旽)에게 국정을 맡겨 현명한 자를 내쫓거나 죽였다. 또한 토목 공사를 일으켜 백성의 원망을 샀고, 어린 아이들과 음탕한 짓을 했고, 다른 사람의 아들로 후사를 삼는 패란(悖亂)을 저질렀다"고 평가했다. 즉 공민왕에 대한 악평의 근본 원인은 신씨(辛氏)인 우왕(禑王, 재위 1374~1388)을 세자로 삼았다는 것이다.

공민왕과 노국대장공주의 능역(陵役) 사업이 완료된 1377년(우왕 3) 이색은 공민왕과 노국대장공주를 평가한 비문을 찬술한다. 비문은 윤환(尹桓)·경복흥(慶復興)·이인임(李仁任)·최영·목인길(睦仁吉)·양백연(楊伯淵)·이성계 등 49인의 당대 재신(宰臣)급 고위 정치인의 연명으로 우왕에게 공민왕과 노국대장공주를 추념하는 비문 작성을 요청한 상소문(제1단), 우왕이 상소문에 응답하는 형식으로 이색에게 비문을 찬술하라는 교서(제2단), 이색이 찬한 공민왕과 노국대장공주의 공덕을 평가(제3단)한 내용이 실려 있다. 이런 형식의 비문에 이색의 개인적인 평가가 들어갈 여지는 없다. 우왕 초기 정국을 주도한 비문에는 이색을 포함해 당시 지배층의 공민왕에 대한 인식이 담겨 있다. 그들의 평가는 어떠했을까?

> 중국을 존중하고 제후의 도를 지켰다. 선대 국왕을 섬겨 자식으로서의 도리를 다했다. 원자(元子)를 세워 나라의 근본을 바르게 한 것은 천하의 대계(大計)였다. 외적의 침입을 막았으며, 형옥(刑獄)을 심사하여 형을 완화했다. 궁하고 어려운 백성에게 진휼을 베풀고, 생살(生殺)을 신중하게 했다. 그리고 나아가서는 음악·복식·법제·의례·예속을 바로잡고 흥하게 하여 일대를 번성하게 했다.
>
> —《목은문고》 권14, 광통보제선사비명병서(廣通普濟禪寺碑銘幷序).

당시 지배층은 원자를 세워 나라의 대통을 바로잡은 점, 홍건적 등 외침의 격퇴, 형옥과 부세에서의 인정(仁政), 유교 질서에 입각한 문물제도의 정비 등을 통해 왕조의 태평과 흥성(興盛)을 이룬 것을 공민왕의 주요 치적으로 꼽았다.

특히 우왕을 일찍 원자로 세워 왕위 계승 분쟁을 사전에 막은 점을 높이 평가했다. 즉, 우왕을 신돈의 자식이 아닌 공민왕의 아들로 보고 있었던 것이다. 공민왕 사후 3년이 지난 시점의 평가는 조선 초기 역사가의 평가와 상당히 다르다. 역사서를 어떻게 읽고 평가할 것인가 하는 어려움은 바로 여기에 있다.

불화, 위로와 깨달음을 주는 '보는 경전'

고려불화는 고려청자와 함께 한국 미술을 대표할 정도로 빼어난 예술성을 지니고 있다. 불화는 흔히 말하는 탱화이다. 붙박이 벽화가 아니라 두루마리 형식으로, 실내에 봉안하거나 사찰 바깥의 야외 법회용인 괘불(掛佛)로 사용되었다. 현재 전하는 고려불화 약 160점은 대부분 원나라 간섭기인 14세기 전반 50년 동안에 제작되었다. 지금부터 700년 전이다. 그중 국내에 남아 있는 것은 10여 점에 불과하다. 원의 간섭을 받던 무렵 고려에는 새로운 지배층인 권문세족이 등장한다. 이들은 발복(發福)을 위해 불화를 제작해 특정 사찰이나 저택에 원당을 지어 이를 안치했다. 불화는 이때부터 크게 유행하기 시작했다.[1]

고려불화의 초기 모습은 '사경변상도(寫經變相圖)'에서 찾을 수 있다. '사경(寫經)'은 글자 그대로 베껴 쓴 경전이다. '변상도(變相圖)'는 불교 경전 안에 들어 있는 불교 전설이나 설화의 내용을 그림으로 옮긴 불화인데, 불교 경전을 대중들에게 쉽게 가르치기 위한 목적에서 제작되었다. 따라서 사경변상도는 '읽는 경전'이 아니라 '보는 경전'이라 할 수 있다. 불화는 변상도와 마찬가지로 불교 경전의 내용을 그린 것이

사경변상도 사경변상도는 불경의 내용을 그림으로 그린 것을 일컫는다. 부처가 설법하는 모습의 이 그림은 해인사 소장 《대방광불화엄경》 제2권 변상도 목판본으로, 《화엄경》의 내용을 그림으로 표현했다.

지만, 그 내용을 예술적으로 승화시킨 점에서 변상도와 차이가 있다. 위의 사경변상도는 부처가 연화대(蓮花臺) 위에 앉아 설법을 하는 장면인데, 그 아래에 선재동자(善財童子)가 그려져 있다. 《화엄경(華嚴經)》의 내용을 표현한 것이다. 고려불화 역시 《화엄경》을 소재로 한 그림이 많다.

붓 끝에 구도의 염원을 담다

"착한 남자여, 남방 보타락가산(寶陀洛伽山)에 관자재(觀自在)라는 보살이 있다. 그대는 그를 찾아가 어떻게 보살의 행동을 배우며, 어떻게 보살의 도리를 닦는지 여쭈어라." 그리고 다음과 같이 노래를 읊었다. "성현들이 사는 바다 위의 산, 보물들로 장식된 지극히 깨끗한 곳, 꽃과 과일나무 숲이 우거진 곳, 샘물과 연못이 넘실대는 곳, 용맹장부 관자재보살, 중생을 이롭게 하기 위해 이 산에 있다. 그대는 가서 공덕을 물어라. 그대에게 큰 방향을 알려주리라." 그때 선재동자는 이 노래를 듣고 보살의 발 앞에서 예배를 드리고 하직하고 길을 떠났다. …… 바위 골짜기 사이로 샘물이 흐르고, 울창한 숲에 보드라운 향내 나는 풀이 땅에 깔려 있는데, 관자재보살이 금강보석 위에 가부좌를 틀고 앉아 있다.

―《화엄경》, 입법계품(入法界品).

보살은 '깨달음', 즉 불교의 진리를 구하는 존재다. 위로는 깨달음을 추구하고 아래로는 중생을 제도(濟度)하는 수행자다. 깨달음을 찾아 길을 나선 선재동자가 인도 남부 보타락가산에 가서 관음보살(觀音菩薩) 앞에서 예배를 올리는 장면이 마치 그림처럼 기록되어 있다. 이런 내용을 담은 불화가 〈수월관음도(水月觀音圖)〉다. 달이 물에 비친 듯이 흰 천을 걸친 청정(淸淨)한 보살이란 뜻에서 그렇게 이름을 붙인 것이다.

고려 때 제작된 〈수월관음도〉 가운데 최고의 명품은 충선왕의 비인 숙비(淑妃)의 발원으로 제작된 것이다. 길이 419.5cm, 너비 254.2cm(원래 크기 500cm, 너비 270cm)로 제작되어 현존 불화 가운데 규모가 가장 크다. 이 불화는 크기만으로도 다른 불화를 압도할 뿐 아니라, 현존 불화 가운데 최고의 예술적 가치를 지닌 것으로 평가받는다. 이 그림 속에 고려 불화의 아름다움과 특징이 고스란히 담겨 있다.

그림의 중앙에 아미타불이 붉은색 대의(설법용 옷)를 입고서 연꽃으로 장식된 자리 위에 반가부좌로 앉아 있다. 아무타불은 꽃과 구슬로 장식된 얇은 흰 비단 천을 머리에서 두 팔을 거쳐 다시 아래로 길게 내려뜨리고, 은근한 미소를 띠면서 우측 아래쪽을 내려다보고 있다. 그 아래 선재동자가 보살을 올려다보며 서원하고 있다. 보살 뒤로 기암괴석을 뚫고 자라난 대나무가 그려져 있다.

〈수월관음도〉 1310년 충선왕의 비인 숙비의 발원으로 제작된 것으로, 당대 최고 화가 5인이 제작에 참여했다. 현존 불화 가운데 가장 규모가 크고 예술적 가치가 높은 것으로 평가받고 있다.

이 불화의 아름다움은 어디에 있는가? 왼쪽 상단의 관음보살 머리에서 하단 오른발까지 대각선 구도가 아름다울 뿐 아니라, 우아하고 부드러운 얼굴 모습과 둥근 어깨, 풍만한 가슴이 전체적으로 우아하면서 부드러운 형태미를 보여준다. 또한 옷 주름과 흰 사라 천의 뚜렷한 선과 붉고 검은 필선이 대조를 이루어 유려한 선의 아름다움을 보여준다. 보관에 금으로 그려진 정교하기 짝이 없는 연화당초문, 사라 천 끝단의 굵고 탐스런 금색 당초문, 연꽃무늬, 꽃무늬 그림은 화려함과 치밀함의 극치를 보여준다.[2]

충선왕 숙비의 발원이 담긴 〈수월관음도〉

이 불화에 기록된 화기(畵記)에 따르면, 충선왕의 비인 숙비가 발원하여 화사(畵師) 김우(金祐)와 화직(畵直) 이계(李桂)·임순(林順)·송연색(宋連色)·최승(崔承) 등 다섯 명의 화가가 1310년(충선왕 2) 5월에 완성했다. 화가가 소속된 관청은 왕명을 전달하고 왕실의 각종 물품을 관장한 액정국(掖庭局)과, 교서와 각종 문서를 작성한 예문춘추관이다. 한마디로 고려 왕실이 주도하고 당대 최고의 화가들이 제작한 것이다. 숙비 김씨는 원래 충렬왕의 비로 숙창원비(淑昌院妃)였으나, 1308년 충렬왕 사후 충선왕의 비가 되어 숙비(淑妃)로 호칭이 바뀌었다. 숙비 김씨는 몽골군과 함께 거란의 침입을 물리치고, 1219년 몽골과의 형제맹약을 이끈 명신 김취려의 손녀였다. 명문가 출신인 김씨는 진사 최문(崔文)과 결혼했다가 사별 후 충선왕의 주선으로 충렬왕의 비가 되었다. 충렬왕의 사후 충선왕은 김씨를 간통하고 다시 비로 삼았다. 이로 인해 세간의 여론이 좋지 않았다.

　충선왕이 부왕(충렬왕)의 비인 숙창원비를 간통하자 우탁(禹倬)이 흰옷에
　도끼를 메고 궁궐 앞에서 거적자리를 깔고 비난의 상소를 올렸다. 근신
　들이 놀라서 왕 앞에서 감히 상소문을 읽지 못했다. 우탁은 큰소리로 "그

대들은 근신으로서 국왕의 잘못을 바로잡지 않은 죄를 알고 있는가?"하고 꾸짖었다. 국왕 좌우의 신하들은 두려워서 벌벌 떨었고, 충선왕도 부끄러워했다. ─《고려사》권109, 우탁 열전.

우탁은 고려에 성리학을 전파하는 데 크게 기여한 인물이다. 그는 김씨를 간통한 충선왕에게 목숨을 걸고 간언했던 것이다. 숙비 김씨는 미모가 출중한 여인으로 기록되어 있다. 그 때문인지 세 번이나 결혼을 했고, 두 국왕의 사후 모두 그녀의 집에 빈소를 차릴 정도로 기구한 운명의 여인이었다. 충선왕은 1308년 아버지 충렬왕이 사망하자 고려 국왕으로 복귀했으나 고려에는 잠시 머물렀을 뿐 재위 5년간 줄곧 정비(正妃)인 원나라 출신의 계국대장공주(薊國大長公主)와 원나라에 머물렀다. 이 기간 동안 국내의 중요한 정사에 숙비 김씨가 깊숙이 관여하며 권력을 휘둘렀다. 그러나 충선왕의 비가 된 후 세간의 비난이 쏟아져 그의 마음 한 구석에는 번뇌와 우수가 깊숙이 자리 잡고 있었을 것이다.

고려불화는 어떻게 제작되었을까? 불화는 비단 바탕 위에 광물질로 만든 안료를 사용해 채색했다. 불화의 주 색깔인 붉은색과 녹색·청색은 각각 주사(朱紗)·석록(石綠)·석청(石靑)이라는 광물성 안료를 재료로 한 것이다. 해당 원석을 갈아 가루로 만든 뒤, 맑은 아교물을 부어 여러 차례 걸러서 입자를 크기별로 분류한다. 큰 입자의 안료는 짙은 색, 작은 입자의 안료는 옅은 색을 내는 데 사용한다. 아교는 동물 가죽 등에서 추출한 천연 접착제인데, 이를 물에 녹여 농도를 적당히 조절한 후 여기에 안료 가루를 개어 사용한다. 불화 채색 방법은 바탕천의 뒷면에 색을 칠하는 배채법(背彩法) 혹은 복채법(伏彩法)이다. 뒷면에

색을 칠해 안료가 앞으로 배어 나오게 한 후 앞면에서 다시 채색하여 음영을 보강하는 기법이다. 이는 빛깔을 보다 선명하게 하면서 변색을 지연시키며, 두텁게 칠해진 안료가 바탕에서 떨어지는 것을 막아준다. 채색 때는 얼룩을 방지하는 효과가 있다. 이러한 배채법이 고려불화의 아름다운 모습을 오랫동안 보존해준 중요한 기법이다.[3]

물론 고려불화가 고려 후기에 처음 제작된 것은 아니다. 고려 중기인 의종(재위 1146~1170) 때도 불화를 제작해 사용했다.

〔점복가 영의는〕 국왕(의종)에게, "만일 장수하시려면 반드시 천제석(天帝釋)과 관음보살을 섬겨야 합니다"라고 했다. 국왕은 두 부처의 그림(불화)을 많이 그려 중앙과 지방 사원에 보내 국왕의 장수를 기원하는 법회를 열게 했다. ─《고려사》 권123, 영의(榮儀) 열전.

《고려사》의 이 기록은 이미 고려 중기에 불화가 성행했다는 사실과 함께 불화의 용도를 알려준다. 불교에서 신앙의 상징은 불상과 불화다. 불화는 불상이 표현하지 못하는 신앙의 세계를 보다 구체적으로 표현해주는 기능이 있다. 또한 불상 제작에는 많은 비용과 노력이 들 뿐 아니라 서원 내용에 알맞은 불상을 안치하기 힘든 경우도 있는데, 불화는 제작이 수월하고 비용도 적게 들었다. 더욱이 고려와 원나라가 새로운 관계를 맺는 가운데 새로운 지배층으로 등장한 권문세족 사이에서 개인 원당을 세우는 게 유행하면서 불상 대신 불화가 많이 제작되었다. 고려 후기에 불화의 수요가 많아진 것은 이 때문이다.

7부

고려왕조,
500년 역사를 뒤로하다

위화도 회군,
고려는 개혁이 필요하다

1388년(우왕 14) 1월 우왕은 권세가 임견미(林堅味)·염흥방(廉興邦)·도길부(都吉敷)·이성림(李成林)·염정수(廉廷秀) 등을 체포하고, 이인임을 경산부(경북 성주)에 안치(安置)해 정치활동을 금지했다. 또한 전민변정도감(田民辨正都監)을 설치하여 임견미를 비롯한 권세가들이 불법으로 빼앗아 소유한 토지와 노비를 조사해 주인에게 돌려주었다. 그리고 불법을 자행한 권세가의 가신과 노비들의 목을 베고, 재산을 몰수했다.

사건의 발단은 한 달 전 1387년 12월로 거슬러 올라간다. 조반(趙胖)이란 고위 관리가 자기 주인의 권세를 믿고 불법을 저지른 염흥방의 노비 이광을 죽인다. 이를 전해들은 염흥방은 조반의 어머니와 아내를 잡아 순군옥에 가두었다. 이듬해 1388년 1월 염흥방은 우왕에게 조반이 반란을 꾀했다고 무고한 뒤, 그를 체포해 신문했다. 그러나 내막을 알게 된 우왕은 도리어 염흥방과 함께 당시 크게 지탄을 받고 있던 권세가 임견미·이인임·이성림·염정수 등을 체포한다. 우왕의 과감한 숙청 조치는 당시 민심의 지지를 받고 있던 최영·이성계 등 신흥 무장 세력의 동의 속에서 이루어졌다. 숙청 직후 개혁기구인 전민변정도감이 설치되고, 곧바로 단행된 인사에서 최영이 문하시중, 이성계가 수문하시중에 임명된 사실에서 알 수 있다.

1374년 공민왕 시해 후 어수선한 정국을 재빨리 수습해 권력을 장악했던 이인임 일파는 14년 만에 권력의 정상에서 쫓겨나고, 최영과 이성계 등 신흥 무장 세력이 정상에 오르는 대대적인 권력 이동 현상이 일어났다. 위화도 회군이 일어나기 4개월 전이었다. 이같이 1388년은 500년 고려왕조에서 가장 극적인 사건이 일어난 한 해였다.

이인임 일파를 비롯한 고려 권세가들의 불법적인 토지와 노비 탈점의 최대 피해자는 일반 백성들이었다. 토지를 빼앗기고 과중한 조세 수탈에 시달린 백성들은 도망을 가거나 스스로 권세가의 노비가 되었다. 이들의 이탈은 자연스럽게 국가의 재정 위기를 낳았다. 이러한 상황이 《고려사》에 기록되어 있다.

이인임이 오랫동안 권력을 잡자, 그 무리들이 그에 의지했다. 임견미는 이인임의 심복으로, 문신들을 싫어한 나머지 많은 문신들을 추방했다. …… 이들은 중앙과 지방의 요직을 독점하고 관직을 매매하고 권력을 마음대로 휘둘렀다. 다른 사람들의 토지를 빼앗은 것이 산야에 가득했으며, 노비를 빼앗은 것이 천백이나 되어 무리를 이룰 정도였다. 심지어 왕실과 관청의 토지까지 차지했다. 주인을 배반한 노비가 숲을 이룰 정도로 모여들어, 안렴사와 수령도 이들을 건드리지 못했다. 이로 인해 백성은 유랑하고 도적이 활개를 쳤다. 모든 사람이 이를 갈았다.

—《고려사》권126, 임견미 열전.

1388년 1월 이인임·임견미·염흥방 등 권세가들이 실각하면서, 고려 왕조는 정치와 경제 두 측면에서 커다란 변화가 나타났다. 정치 측면에서는 신흥 무장 세력이 정국을 주도하기 시작했으며, 경제 측면에서는 토지와 노비를 불법적으로 탈점한 권세가들의 대토지 소유 현상을 바로잡으려는 사전(私田) 개혁운동이 본격화되었다.

위화도 회군으로 권력 잡고, 우왕 폐위

신흥 무장 세력을 대표한 최영과 이성계는 공민왕 때 홍건적을 격퇴하고, 우왕 때 이후 극심해진 왜구의 침입을 물리친 주역이었다. 이들이 권력자로 등장하면서 정국은 새 국면을 맞이했다.

1388년 2월 명나라는 요동에 철령위(鐵嶺衛)를 설치하고, '철령(강원도 회양과 함경도 안변 일대) 이북 지역은 원나라 영토이기 때문에 요동 지역에 귀속한다'는 방침을 고려에 통보했다. 고려의 영토와 백성을 빼앗는 일방적인 조치였다. 고려는 사신을 보내 그 부당성을 지적했다.

철령 이북 지역은 원래 고려 영토입니다. 예종 2년(1107) 동여진이 난을 일으켜 함주(咸州) 이북 땅을 점거하자, 예종 임금께서 군사를 내어 이들을 몰아내고 함주와 공험진에 성을 쌓았습니다. 고종 45년(1258) 몽골이 여진 지역을 예속할 때 정주(定州) 사람 탁청(卓靑)과 용진현(龍津縣) 사람 조휘(趙暉)가 고려를 배반하고 함주 근처 화주(和州) 이북의 땅을 갖고 원나라에 투항한 일이 있었습니다. 원나라는 그곳에 쌍성총관부를 설치하고, 조휘를 쌍성총관, 탁청을 천호로 임명했습니다. 공민왕 5년(1356) 공민왕이 원나라에 호소해 총관과 천호를 없애고, 화주 이북을 다시 고려의 영토로 편입했습니다. 이후 지금까지 고려는 수령을 임명하여 백성들을 통치하고 있습니다. —《고려사》권137, 우왕 14년 2월.

철령 이북 지역은 조휘 등의 반란으로 한때 원나라에 편입된 적은 있으나, 원래부터 고려 영토임을 명나라에 밝힌 것이다.

그러나 그해 3월 명나라는 이를 묵살하고 철령위 설치를 고려에 일방적으로 통보했다. 4월 우왕과 최영은 명나라의 조치에 반발하여 요동 정벌을 결정한다. 그러나 이성계는 요동 정벌에 반대했다. 그는 요동 정벌은 작은 나라가 큰 나라를 거역하는 일이며, 여름에 군사를 동원하는 것은 부적당하고, 정벌로 인해 왜적이 빈틈을 타 침범할 염려가 있으며, 무덥고 비가 오는 시기라서 활에 아교가 녹아 풀어지고 대군이 전염병에 걸릴 수 있다는 사불가론(四不可論)을 들었다. 우왕이 끝내 명을 거두지 않자, 이성계는 대군의 양식을 조달할 수 있는 가을까지 기다렸다 출병할 것을 건의했다. 우왕은 이성계의 건의를 듣지 않고 최영을 최고 사령관인 팔도도통사로, 조민수(曹敏修)와 이성계를 각각 좌군도통사와 우군도통사로 임명하고, 38,830명의 군사를 내어 출병하게 한다.

1388년 5월, 요동 정벌을 위해 압록강 위화도까지 진출한 이성계는 조민수와 함께 요동 정벌 대신 군사를 돌려 개경을 점령한다. 개경을 장악한 이성계 일파는 최영을 체포하여 합포에 유배를 보낸다. 우왕은 측근 무장을 데리고 이성계·조민수·변안열(邊安烈)을 공격하려 했으나 실패한다. 우왕은 강화로 추방되고 아들이 창왕(昌王, 재위 1388~1389)으로 즉위한다. 이로써 이성계가 최고 실권자로 등장한다.

한편, 1388년 2월 철령위 설치에 반대하는 의견을 전하기 위해 파견된 사신 박의중(朴宜中)이 위화도 회군 직후인 6월에 귀국했다. 명나라

최영 장군 묘 경기도 고양시 대자산 기슭에 있으며, 아내 문화 류씨와 합장됐다. 고려 말 이성계와 함께 정국을 주도하며 요동 정벌을 단행했으나 이성계의 위화도 회군으로 뜻을 이루지 못하고 결국 처형당했다.

는 귀국하는 박의중에게 '철령 이북 지역'의 영토 귀속권 문제는 양국의 입장이 서로 다르니 좀 더 지켜보자는 답변을 보냈다. 고려가 위화도 회군으로 요동 정벌을 포기한 사실을 안 명나라는 그에 대한 화답(和答)의 형식으로 이 같은 결정을 내린 것이다. 이후 이 문제는 더 이상 거론되지 않았다.

우왕을 폐위하고 아들 창왕을 즉위시킨 것은 왕정체제의 근본을 무너뜨리는 비정상적인 권력 찬탈로서 일종의 쿠데타였다. 이는 이성계와 그를 지지한 정도전·조준(趙浚)·윤소종(尹紹宗) 등 개혁파 사대부 세력에게도 커다란 정치적 부담이 되었다. 이러한 상황에서 추진된 사전 개혁은 이성계 일파가 위화도 회군과 국왕 폐위의 명분과 정당성 확립을 위해 취한 가장 적절한 정책 가운데 하나였다.

개혁파, 토지부터 개혁

1388년 6월 새로 즉위한 창왕은 사전 개혁을 요청하는 교서를 내린다.

> 근래에 세력 있는 자들이 토지를 겸병하는 바람에 토지제도의 법이 크게
> 무너졌다. 그 폐단을 제거할 방법을 도평의사사, 사헌부, 판도사 등 여러
> 기관이 의논하여 보고하라. 요물고(料物庫)에 속한 360개의 장처전(庄處
> 田)으로 선대 임금 때 사원에 시납한 것은 모두 요물고에 돌려주도록 하
> 라. 동북면과 서북면은 본래 사전(私田)이 없으니 만약 사전이라 하면서
> 함부로 차지하는 자가 있으면 엄하게 다스리게 하고, 가지고 있는 토지
> 문서는 관에서 몰수하라.
>
> ──《고려사》 권78, 식화(食貨)1 녹과전(祿科田)조,
>
> 우왕 14년 6월 창왕 즉위 교서.

창왕은 즉위하자마자 가장 먼저 사전의 폐단을 바로잡을 방안을 마
련할 것을 주문했다. 개혁파의 추대로 9세에 즉위한 창왕이 직접 판단
해 내린 조치가 아니라 개혁파 세력의 입장을 전달한 것일 뿐이었다.
약 6개월 전 염흥방·이인임·임견미 등을 제거하고 전민변정도감을 설
치하여 불법으로 탈점한 토지와 노비를 원주인에게 돌려주어 민심의
지지를 받았던 경험도 사전 개혁을 시작한 배경 가운데 하나였다.

사전 개혁은 창왕 교서가 내려진 직후 바로 착수되었다. 시급한 사안
이기도 했지만 이성계 일파가 정국 주도권을 장악하고, 집권의 명분과
정당성을 얻는 데 더 없이 좋은 정책이었다.

1388년 7월부터 1389년 12월까지 약 1년 5개월에 걸쳐 사전 개혁을
촉구하는 개혁파의 상소가 이어졌다. 상소문에는 사전 개혁의 방향과

목표, 사전에서 나타난 폐단과 그 주체 등이 잘 나타나 있다. 사전 개혁을 시행하게 된 배경 가운데 대외적인 위기의식도 한몫했다.

> 중국(명나라)이 요동에 위(철령위)를 설치하고 우리 강토를 엿본 지 여러 해가 되었습니다. 또 바다의 도적(왜구)이 깊이 들어와 어지럽히지 않은 곳이 없으니 지금은 그야말로 모든 상황을 걱정해야 할 위급한 때입니다. 이러한 상황을 고려하지 않고서 국가의 공전(公田)을 공로가 없는 무위도식하는 자들에게 내려주는 것은 마땅한 계책이 아닙니다.
>
> ─《고려사》 권78, 식화1, 녹과전조,
>
> 창왕 즉위년(1388) 9월 허응의 전제 개혁 상소.

개혁파에 속한 허응(許應)은 명나라의 위협과 왜구의 침입에 대비해 국가 재정을 확보할 필요성을 제기했다. 한편 권세가의 토지 탈점으로 나타난 폐단을 제거하는 것이 사전 개혁의 또 다른 목적이었다.

> 근년에 이르러 겸병이 더욱 심해졌습니다. 간사하고 흉악한 무리가 주와 군의 규모를 넘어설 정도로 토지를 겸병하여, 산천으로 표시할 정도입니다. 그들은 조업전(祖業田, 조상으로부터 물려받은 토지)이라 하면서 남의 토지를 빼앗았습니다. 조그만 땅의 주인이 대여섯 명이 넘고, 1년에 조세를 여덟아홉 차례나 거두었습니다. 위로는 왕실 토지에서부터 관료전은 물론 대대로 심은 뽕나무와 집까지 모두 빼앗았습니다. 불쌍하고 죄없는 우리 백성은 사방으로 흩어져 고랑과 골짜기를 메우고 있습니다. 나라에서 토지를 나누어준 것은 신민(臣民)을 넉넉하게 하기 위한 것인데, 오히려 신민을 해치고 있습니다. 사전이 혼란의 주범이 되고 있습니다.

―《고려사》권78, 식화1 녹과전조,

창왕 즉위년(1388) 7월 조준의 제1차 전제 개혁 상소.

조준을 비롯한 개혁파는 국가 재정의 위기와 민생고의 원인으로 권세가들이 규정보다 많은 조세를 징수하고 권력으로 남의 토지를 탈점한 탓이라 여기며, 이러한 사전의 폐단을 개혁하지 않으면 국가의 존립이 위태롭다고 판단했다. 그는 훌륭한 정치는 토지제도를 바르게 하는 것이며, 그 효과는 나라의 쓰임새를 풍족하게 하고(足國用), 민생을 넉넉하게 하고(厚民生), 관료를 우대하고(優朝臣), 군사를 넉넉하게 하는 것(贍軍士)이라고 했다. 이는 당시 사전 개혁의 목표이기도 했다.[1]

마땅히 경기 지역 토지는 사대부로서 왕실을 보위하는 자의 땅으로 삼아 그 생활을 돕고 생업을 넉넉하게 해야 합니다. 나머지 지역은 사전을 모두 혁파하여 공상(供上)과 제사의 용도에 충당하고 녹봉과 군수의 비용을 충족하게 하십시오. 이렇게 겸병의 기회를 아예 막아 쟁송의 여지를 끊어버림으로써 이를 만대무강의 아름다운 법으로 정착시켜야 합니다.

―《고려사》권78, 식화1 녹과전조,

창왕 원년(1389) 8월 조준의 제2차 전제 개혁 상소.

지금 마침 양전할 때가 되었으니 액수를 정하여 토지를 지급하기에 앞서 3년을 기한으로 임시로 나라에서 조세를 거두면 주요한 국사의 비용도 충당하고 관원의 녹봉도 지급할 수 있을 것입니다.

―《고려사》권78, 식화1 녹과전조,

창왕 즉위년(1388) 7월 조준의 제1차 전제 개혁 상소.

이성계의 발원을 담은 사리갖춤 과전법을 공포하던 1391년 5월 무렵 이성계가 부인 강씨와 측근을 비롯한 1만여 명의 추종자들과 함께 발원하여 만든 사리갖춤이다. 백자와 백자발 등 사리갖춤 곳곳에 새긴 명문을 통해 이 불사가 단순한 종교행사를 넘어 역성혁명을 목전에 둔 이성계가 미륵의 하생을 기원하며 불사리를 봉안한 정치적이고 역사적인 의식(儀式)임을 알 수 있다.

이와 같은 사전 개혁을 위해 개혁파는 다음과 같은 방안을 제시했다. 첫째, 사전의 폐단을 막기 위해 경기 지역 토지는 관료들의 과전지(科田地)로 삼고, 외방에는 과전 지급을 금지하고 군전(軍田)과 국용(國用)을 위한 토지만 지급한다. 둘째, 당장의 군수 비용과 관료들의 녹봉을 위해 3년 동안 한시적으로 공전과 사전의 조세를 국가가 거두어들인다.

재정 위기 극복이라는 명분을 내세웠지만 이러한 방안은 당장에 왜구 격퇴와 요동 정벌 등 각종 전투에 동원되어 고통받는 군사들과 규정액의 토지와 녹봉을 받지 못해 경제적으로 고통받는 일반 관료들을 위로하여 이들의 지지를 받으려는 정치적인 목적도 없지 않았다. 실제로 1388년(창왕 즉위년) 8월, 창왕은 6도 관찰사들에게 명령을 내려 각각 부사(副使)와 판관 등을 뽑아서 토지를 조사하게 했다. 하지만 개혁파는 1389년 11월 전제 개혁에 소극적인 창왕을 몰아내고, 공양왕을 즉위시킨다. 1390년(공양왕 2) 9월 공전과 사전의 토지대장을 모두 불태우고, 다음 해 5월 과전법(科田法)을 제정한다.

그러나 이 과정에서 전제 개혁에 반대하는 세력의 저항도 만만치 않았다. 이로 인해 고려의 정국은 격동에 휩싸인다.

우왕 복위 사건과
개혁파의 폐가입진론

1388년(창왕 즉위년) 6월에 시작한 사전 개혁은 3년 만인 1391년(공양
왕 3) 5월 과전법이 공포되면서 일단락된다. 그렇지만 사전 개혁은 개
혁파의 뜻대로 순조롭게 진행되지만은 않았다. 개혁에 대한 반발 또한
만만치 않았던 것이다.

대대로 권세를 누린 자(巨臣世室)들은 '이미 만들어진 법을 갑자기 고칠
수는 없다'고 합니다. 만약 〔사전을〕 개혁하면 관리들이 살아가기가 어렵
게 되어, 장사치로 떨어지게 될 것이라고 거짓으로 선동하여 사람들을
현혹하고 있습니다. 그들은 사전을 복구하여 자신들의 부귀를 지키려 합
니다. 이는 자기 집안을 위한 것이지, 나라와 백성에게는 아무런 소용이
없는 것입니다.

—《고려사》 권78, 식화1 녹과전조,

창왕 원년(1389) 8월 조준의 제2차 전제 개혁 상소.

'거신세실(巨臣世室)'로 일컬어지는 권세가들은 이미 만들어진 나라의 법을 함부로 고칠 수 없을 뿐 아니라 관료들의 생계가 어려워질 거라는 이유를 들어 사전 개혁에 반대했다. 사전 개혁에 착수한 지 두 달만인 1388년 8월의 일이다. 개혁이 개혁파의 뜻대로 진행될 수 없음을 예고한 것이다. 1389년 4월 최고 회의기구인 도당(都堂, 도평의사사)에서 전제 개혁에 대한 찬반 여부를 논의했다.

> 도당에서 사전 개혁에 대해 의논했다. 시중 이색은 옛날에 제정한 법(舊法)을 경솔하게 고쳐서는 안 된다며 개혁을 주장한 조준에 반대했다. 이림(李琳)·우현보(禹玄寶)·변안열·권근(權近)·유백유(柳伯濡)는 이색에게 동조했다. 정도전·윤소종은 조준의 주장에 동조했으며, 정몽주(鄭夢周)는 양자 사이에서 결정을 내리지 못했다. 다시 관료 53명 모두에게 의견을 물었더니 10명에 8, 9명꼴로 개혁에 찬성했다. 반대한 사람은 '권세가 집안의 자제'들뿐이었다. 태조(이성계)는 마침내 조준의 주장대로 사전을 개혁하기로 결정했다. 그러나 대대로 벼슬을 한 권세가들은 유언비어를 퍼뜨려 옛 제도를 회복하려 했다. ─《고려사》권118, 조준 열전.

이색·이림·변안열·권근 등 구신 세력의 반대에도 불구하고, 이성계는 일반 관료들의 압도적 지지에 힘입어 사전을 개혁하기로 결정했다. 비록 반대한 이는 소수였지만 정계에서 그들의 영향력은 무시하지 못할 정도로 컸다. 이색은 당대 최고 학자이자 정치원로였다. 이림은 창왕의 장인이며, 변안열은 무장 세력을 대표하는 인물 가운데 한 사람이었다. 사전 개혁은 출발부터 찬반을 둘러싸고 정치 세력을 양분해, 두 세력 사이에 정치적 대립과 충돌을 낳았다.

이색 당대 최고의 학자이자 정치가로, 공민왕의 개혁정책에 따라 성균관을 다시 지어 성리학풍을 진작하고 정몽주·정도전·이숭인 등 신진사대부의 성장에 크게 기여했다. 위화도 회군 이후 실권을 잡은 이성계에 반대해 유배당하기도 했다.

정몽주 이색의 문하에서 정도전 등과 함께 수학했다. 권력을 장악한 이성계가 창왕을 폐하고 공양왕을 옹립할 때 뜻을 같이했으나 개혁파의 급진적인 정책에 반대하며 온건한 개혁을 주장했다. 결국 1392년 4월 이방원 일파에게 피습당했다.

창왕의 친조 요구와 우왕 복위 사건

위화도 회군 후 우왕이 폐위되고 창왕이 즉위한다. 조민수·이색·이림 등의 옹립으로 창왕은 즉위했지만, 이성계를 비롯한 개혁파에 포위된 것이나 다름없었다. 창왕을 옹립한 세력은 왕권을 확립하고 자신들의 정치적 입지를 강화하기 위해 창왕이 직접 명나라 황제를 만날 것을 요구했다. 참고로 우왕은 즉위한 지 10년이 지난 1385년(우왕 11) 9월에야 명나라의 책봉을 받았다. 이 때문에 국내에서 우왕의 정치적 입지는 매우 취약했다. 이런 경험 때문에 즉위 직후부터 이색·권근 등이 여러 차례 명나라에 가서 창왕의 친조를 요청한 것이다. 그런데 친조를 요청한 사람은 모두 사전 개혁에 반대한 인물들이었다.

창왕의 친조 요구는 공민왕 시해 후 우왕의 즉위와 폐위 등 일련의 잦은 국왕 교체에 따른 명나라의 의구심을 해소하려는 측면도 있었지만, 위화도 회군 후 사실상 실권을 장악한 이성계를 비롯한 개혁파의 압력을 벗어나기 위한 측면도 있었다. 이러한 노력은 개혁파를 크게 자극했고, 두 진영이 정치적으로 충돌하는 계기가 되었다. 개혁파의 입장을 대변한 대간은 창왕의 친조를 위해 명나라에 갔던 이숭인(李崇仁) 등을 탄핵한다. 개혁파는 창왕의 친조 행위를 우왕의 복위와 연결해 이색 등을 의심했던 것이다.

양측 세력이 본격적으로 충돌한 첫 사건은 우왕 복위 사건이다. 흔히 '김저(金佇)의 옥사(獄事)'로 불린다. 황려현(경기 여주)에 유배되어 있던 우왕은 1389년(창왕 1) 11월 최영의 조카인 김저와 최영의 족당인 정득후(鄭得厚)를 만나, 이성계를 제거하도록 지시한다. 물론 자신의 복위를 위해서였다. 그러나 이 계획은 실행되기도 전에 누설되어 우왕의 지시를 받은 두 사람은 체포되어 죽임을 당한다. 우왕은 강릉으로 이배되었다.

우왕 복위 사건은 여기서 그치지 않았다. 우왕과 창왕이 처형된 1389년 12월 변안열이 이 사건에 연루된 사실이 뒤늦게 밝혀진다. 변안열은 이성계와 함께 황산 전투에서 큰 공을 세웠고 위화도 회군에 가담한 인물로서, 무장 세력으로 전제 개혁에 반대한 상징적인 인물이었다. 그런데 강릉으로 이배되었던 우왕이 측근에게 변안열이 자신을 그르치게 했다고 말한 사실이 밝혀진다. 나아가 복위 사건 연루자들을 심문하는 과정에서 변안열이 전제 개혁에 불만을 품고, 우왕을 영입해 개혁을 저지하려 한 사실도 밝혀진다. 이 사건에 이림·우현보도 연루되었다.

우왕 복위 사건은 《고려사》에 우왕 복위를 명분으로 전제 개혁을 무력화하려 했던 정치 사건으로 기록되어 있다. 실제로 이 사건에 연루된 인물들은 모두 1389년 4월 도당에서 전제 개혁을 반대한 인물들이다. 조선을 개국한 개혁파가 《고려사》를 편찬했기 때문에 기록을 그대로 믿기에 곤란한 점이 없지 않지만, 분명한 것은 이 사건을 계기로 개혁파가 반대 세력에 대한 정치 공세를 본격화했다는 사실이다.

예부 자문 사건으로 정치 공세 본격화

개혁파는 명나라 예부(禮部)에서 황제의 명령을 담아 고려에 보낸 문서인 예부 자문(咨文)을 조정에 보고하기 전에 미리 열어 보았다는 이른바 '예부 자문 사탁(私拆, 개인이 열람)' 사건으로 반대파에 대한 공세를 확대한다. 1389년(창왕 1) 9월 예부 자문을 갖고 귀국한 권근이 도당에 보고하지 않고 몰래 뜯어 보았는데, '왕씨(공민왕)가 시해되어 후사가 끊어진 이후, 비록 왕씨라 가탁하여 다른 성씨(신씨의 우왕)를 왕으로 삼았으나 이는 삼한을 지키는 올바른 계책이 아니다'라는 내용이 있었다. 우왕과 창왕은 왕씨가 아닌 신씨(신돈)의 자식이라는 것이다. 권근은 이를 우왕의 장인이자 창왕의 외조부인 이림에게 먼저 보이고 다시 이색에게 보인 후 도당에 보고했다는 것이다. 문제가 된 시점은 권근이 귀국한 뒤 2개월이 지난 그해 11월이었다. 우왕 복위 사건 직후였다. 이 사건의 파장은 두 방향으로 뻗어나갔다.

먼저, 사전 개혁에 반대한 이림·변안열·우현보 등이 이 사건에 연루되어 처벌을 받았다.

대간이 연이어 다음과 같이 상소했다. "변안열은 예전부터 사전 개혁에 감정을 품고 있다가 명나라의 예부 자문을 보고, 왕씨를 없애고 신씨(우왕과 창왕)의 지위를 굳히려 했습니다. 그래서 이림·우인열(禹仁烈)·왕안덕(王安德)·우홍수(禹洪壽)·이귀생(李貴生) 등과 몰래 반역을 모의한 뒤, 이을진(李乙珍)·이경도(李庚道)를 자객으로 삼아 충성스럽고 진실한 자들을 제거하고 국가를 흔들려 했습니다." ─《고려사》권115, 이림 열전.

사전 개혁을 저지하기 위해 우왕 복위 사건을 일으킨 변안열이 예부 자문 사건에도 연루되어 이림·우인열·왕안덕·우홍수 등과 모의했다는 것이다. 개혁파는 이 사건을 통해 반대 세력에 대한 공세의 범위를 더욱 확대했다. 예부 자문 사건을 계기로 창왕이 폐위되고 공양왕이 즉위하는 엄청난 정변이 일어났다. 이를 주도한 세력 역시 이성계를 비롯한 개혁파였다. 이성계가 병으로 사직하자, 1390년(공양왕 2) 4월 사직을 취소하는 공양왕의 교서에 그간의 사정이 잘 나타나 있다.

창왕의 외조부인 이림이 수상으로 있으면서, 황제의 조서(예부 자문)를 감추고 발표하지 않으니 그 불측한 흉모로 인해 신씨(우왕과 창왕)의 변란이 임박하여, 고려 왕실은 솥 안에 든 고기와 같은 운명에 처했다. 그런데 경(이성계)이 죽음을 무릅쓰고 대의로써 우리 왕씨를 위해 큰 계책을 세웠다. 심덕부(沈德符) 등 장수와 재상 여덟 명이 경을 따라 도왔다. 그해(1389) 11월 15일 드디어 천자의 조서를 공민왕비인 정비(定妃)의 뜻에서 선포하고 나를 맞아 공민왕의 뒤를 잇게 했다.

─《고려사》권45, 공양왕 2년 4월조.

우왕과 창왕은 왕씨가 아니라는 예부 자문이 창왕 폐위의 근거이며, 이성계를 비롯한 개혁파가 폐위를 주도했다는 것이다. 이같이 개혁파는 예부 자문을 근거로 가짜인 신씨를 폐하고 진짜인 왕씨를 국왕으로 세워야 한다는 이른바 '폐가입진론(廢假立眞論)'을 제기해 창왕을 폐위하고, 공양왕을 옹립했다. 사건의 당사자인 권근은 그해 12월 영해로 유배되었다가 그 뒤 경주·흥해·김해·청주 등지로 이배되었다. 우왕과 창왕도 같은 해 12월 끝내 죽임을 당했다.

같은 시기에 연이어 벌어진 두 사건으로 피해를 입은 사람은 이색·이림·변안열·우인열 등 모두 전제 개혁에 반대한 사람들이다. 개혁에 미온적인 창왕도 여기에 연루되었다. 따라서 이 두 사건은 사전 개혁 반대 세력에 대한 개혁파의 정치 공세라는 혐의를 벗어나기 어렵다. 더욱이 예부 자문은 중요한 문서임에도 우왕과 창왕이 왕씨가 아니라는 구절만 인용될 뿐,《고려사》에 수록조차 되지 않은 점도 그러하다.

한편, 1390년 12월 개혁파는 폐가입진론을 근거로 이색을 탄핵하는 상소를 올린다. 죄목은 이색이 공민왕과 우왕의 후사로 각각 우왕과 창왕을 옹립하는 데 주도했다는 것이다. 이색에 대한 탄핵은 폐위를 주도한 개혁파의 명분을 세우고 폐위에 따른 정치적인 부담을 줄이기 위한 것이었다. 이처럼 개혁파는 폐가입진론을 통해 우왕과 창왕이 혈통상 정통성이 없음을 강조해 폐위의 정당성을 확보하고, 우왕 복위 사건으로 사전 반대 세력을 제거하여 그들의 권력을 굳히려 했다.

■ 우왕과 창왕은 신돈의 자식인가?

예부 자문 내용에 관해 의문을 제기하는 연구도 있다. 명나라 실록에 따르면, 명나라 황제가 예부상서 이원명(李原名)에게 전한 내용, 즉 예부 자문 내용이 《고려사》의 기록과 다르다는 것이다.

> 고려는 사고(事故)가 많고 신하들 가운데는 충신과 역신이 섞여 있어 모든 계책이 좋은 것은 아니다. 또한 국왕을 마음대로 폐하거나 세우기도 하니, 삼한이 대대로 지켜야 할 길은 아니다. 저들이 이미 국왕을 가두어놓고 어린 국왕의 입조를 요청한다. 이는 음모가 있으며, 믿을 것이 못 된다.
>
> —《태조고황제실록(太祖高皇帝實錄)》권286, 홍무(洪武) 22년 8월 계묘(癸卯)조[1]

이 기록은 고려 신하들이 왕의 폐립(廢立)을 마음대로 한 사실을 책망한 내용이다. 이성(異姓, 신씨)을 왕으로 삼은 사실을 책망했다는 《고려사》에 기록된 예부 자문과는 다른 내용이다. 이성이 왕이 되었다는 사실은 뒤에 이성계의 심복이 도당에 회부되기 전에 예부 자문을 고친 후 그 죄를 권근에게 뒤집어씌운 것으로 해석한 연구를 참고할 수 있다.[2]

한편, 당시 고려 왕실에서 우왕과 창왕이 신돈의 자식이 아니라 공민왕의 후계임을 분명히 밝혀놓은 기록도 존재한다. 1388년(창왕 즉위년) 7월 우인열과 설장수(偰長壽)를 명나라에 보내 창왕에게 왕위를 물려준다는 우왕의 표문에 그렇게 기록되어 있다.

> 신(우왕)은 어린 나이에 왕(공민왕)이 갑자기 세상을 떠나고 조모인 홍씨(공민왕의 모)의 가르침에 힘입어 재위했습니다. 불행히 조모가 돌아가시어 최영의 보필을 받았습니다. 그런데 최영이 문하시중으로 군국의 권세를 잡아 군사를 일으켜 여러 장수의 반대에도 불구하고 요동을 정벌했습니다. 이렇게 된 것은 신에게도 잘못이 있으므로 아들 창에게 왕위를 물려주려 합니다.
>
> —《고려사》권137, 창왕 즉위 7월조.

군사를 일으켜 요동을 정벌한 책임을 지고 왕위를 물러나게 되었다는 글이다. 이 글에서 우왕은 공민왕의 아들이라고 밝혔다. 위의 표문은 위화도 회군에 성공한 군신들의 총의에 따라 작성된 것인데, 창왕의 혈통에 대해 아무런 문제도 지적하지 않았다. 실제로 회군 직후 우왕을 폐하고 창왕을 즉위시킬 당시까지 두 국왕의 혈통은 전혀 문제시되지 않았던 것이다.

1389년(공양왕 1) 12월 이색의 아들 이종학(李鍾學)도 당시 제기된 폐가입진론에 반박한다. 즉 "우왕은 이미 공민왕 때 세자로 봉해졌고, 뒤에 명나라 천자가 우왕에 작위를 내려 책봉했다. 이성계가 어찌 공민왕의 명령을 어기고 우왕을 폐하느냐?"[3]고 했다. 우왕과 창왕의 혈통에 대해 개혁파와는 다른 견해가 정가에 존재했음을 알려주는 근거이다.

창왕을 폐위하면서 뒤늦게 그 명분으로 '폐가입진론'을 제기한 것은 두 국왕의 혈통에 대한 개혁파들의 주장이 그만큼 설득력이 부족하다는 사실을 뒷받침한다. 만약 위화도 회군 직후 우왕을 폐위할 때 혈통을 문제 삼았다면 훨씬 설득력이 있었을 것이다.

윤이·이초 사건과
저무는 고려왕조

1390년(공양왕 2) 1월 전제 개혁을 저지하기 위해 우왕을 복위하려 한 혐의로 변안열은 죽임을 당한다. 같은 달 과전법을 완성해 급전도감(給田都監)에서 관료들에게 과전 지급 문서인 전적(田籍)을 지급함으로써 사전 개혁은 일단 마무리된다. 그러나 개혁파의 공세는 여기에서 멈추지 않았다. 반대 세력의 대표 격인 이색과 조민수에 대한 탄핵을 요구한 것이다.

그해 1월 개혁파는 창왕 즉위와 우왕 복위에 관여했다는 죄목으로 이색을 심문할 것을 요청했다. 이색은 이미 예부 자문 사건으로 정계에서 물러나 장단에 칩거하고 있었다. 그해 2월 이색은 국문 과정에서 새로운 사실을 밝힌다. 즉, 이색이 명나라에서 예부 자문 작성 책임자인 예부상서 이원명과 만났는데, 이원명은 명나라가 고려에서 이성을 왕으로 세운 사실을 전혀 언급하지 않았다고 항변한 것이다.

지난 해(1389) 명나라에 갔을 때 예부상서 이원명을 만났습니다. 그는

"고려는 아비를 내쫓고 아들을 왕으로 세웠다. 천하에 이런 이치가 있는 가? 왕과 최영을 구속한 것은 무슨 까닭인가?" 하고 묻기에 저는 "최영이 왕을 사주하여 요동을 공격하려 하자, 장군 조민수와 이성계가 반대했기 때문입니다. ……"라고 답했습니다. 귀국하여 이성계에게 "이원명이 한 말을 차마 그대로 전할 수 없소. 다만 우왕이 유배된 여흥(여주)은 먼 곳 이니 가까운 곳으로 맞이하여 옮기는 것이 국왕을 추방했다는 허물은 벗을 수 있지 않겠는가?"라고 했을 뿐, 결코 우왕을 복위시킬 의논을 한 적은 없습니다. —《고려사》권115, 이색 열전.

이색이 귀국 후 권력자 이성계에게 명나라의 의심을 풀기 위해 우왕 을 여흥에서 가까운 곳으로 옮기자고 했을 뿐 복위시키려 하지 않았 다고 해명한 내용이다. 또한 명나라 예부상서 이원명은 고려가 국왕의 폐립을 마음대로 하고, 우왕과 최영을 구금한 사실만 문제 삼았다고 했다. 이성이 국왕이 되었다는《고려사》에 실린 예부 자문과는 내용이 다르다. 이는 예부 자문에 근거한 '폐가입진론'이 사실이 아님을 간접 적으로 밝힌 셈이다. 예부 자문 내용이 조작되었다는 또 다른 근거이 다. 신문 후 이색은 우왕과 창왕을 옹립했다는 죄목으로 관직을 박탈 당한다.

공양왕, 양면정책으로 개혁파를 타격하다

1390년 3월 개혁파는 또다시 상소를 올려 변안열의 역모에 참여한 우 인열·왕안덕·우홍수 등을 국문할 것을 요청한다. 반대파에 대한 정치 적 공세를 확대하기 시작한 것이다. 그러나 공양왕은 개혁파의 의견을 무시하고 우인열·왕안덕 등을 요직에 발탁한다. 또한 거듭 탄핵을 요청한 윤소종을 도리어 지방으로 추방한다. 이성계는 공양왕의 처사에 불만을 품고 병을 이유로 사직한다. 공양왕은 이성계 일파에 의해 추대되었지만 이색·조민수·이림·우인열·왕안덕 등 개혁 반대 세력을 옹호하는 등 정치적으로 개혁파와 다른 입장을 취했다. 정국은 다시 대결 국면으로 치달았다.

그해 4월에도 대간이 번갈아 소를 올려 다시 조민수·이색·권근을 탄핵하고, 그들과 연관된 우인열·왕안덕·우홍수·정지(鄭地) 등의 처벌을 요청한다. 공양왕은 이성계와 의논하여 대간이 지나치게 탄핵하지 못하게 하는 한편, 이색 등을 유배에 처하고 일부는 사면한다. 반대 세력 일부를 처벌하는 타협책으로 개혁파의 지나친 요구를 무마한 것이다. 이렇게 공양왕은 개혁 세력과 반대 세력의 균형을 통해 왕권의 위상을 높이려 했다. 우왕 복위 사건과 예부 자문 사건으로 상당한 타격을 입은 반대 세력은 공양왕의 양면정책으로 재기할 기회를 얻게 되었다. 반대로 개혁파는 정국 주도권을 빼앗길 위기에 처했다.

한편, 같은 달에 공양왕은 위화도 회군공신(回軍功臣)을 책봉한다. 공신 책봉은 두 세력을 동시에 회유·무마하는 양면정책의 전형이었다. 회군공신 가운데 이미 개혁파에 의해 제거된 구신세가(舊臣勢家) 세력이 다수 포함되었다. 사전 개혁에 반대하고, 우왕 복위운동의 주모자로 지목되었던 변안열도 포함되어 있었다. 그는 사망했지만 공신에 책봉됨으로써 명예를 회복하게 된다. 공신 책봉이 회군을 주도한 개혁파 세력의 입지를 강화한 측면이 있지만, 반대 세력에게도 마찬가지 효과가 있었다. 양면정책의 상징인 회군공신 책봉은 반대 세력이 여전히 정치적 입지를 유지하고 있었음을 역설적으로 알려준다.

개혁파의 마지막 정치 공세, 윤이·이초 사건

1390년(공양왕 2) 5월 윤이(尹彝)·이초(李初) 사건이 일어난다. 반대 세력에 대한 개혁파의 공세였다. 이 사건으로 정국은 다시 회오리에 휩싸인다. 윤이·이초 사건의 전말은 다음과 같다.

> 명나라 예부에서 고려 사신을 불렀다. "너희 나라 사람 파평군(坡平君) 윤이와 중랑장(中郎將) 이초가 와서 황제에게 이렇게 호소했다. '이시중(이성계)은 왕요를 왕(공양왕)으로 세웠는데, 왕요는 고려 종실 사람이 아니고, 이시중의 인척입니다. 공양왕과 이시중이 군사를 일으켜 명나라를 치려 하자 재상 이색 등이 반대했습니다. 이에 즉시 이시중이 이색·조민수·이림·변안열 등을 살해하고, 우현보·우인열·정지·김종연 등을 먼 곳으로 유배했습니다. 유배된 재상들이 몰래 우리를 보내 천자께 이 사실을 아뢰게 했습니다.' 이어서 그들은 친왕(명 태조의 아들)이 천하의 군대를 동원해 고려를 정벌해달라고 요청했다."
>
> ─《고려사》권45, 공양왕 2년 5월조.

이 사건은 명나라에 간 고려 사신을 통해 고려에 전해졌다. 이성계가 공양왕과 함께 군사를 일으켜 명나라를 치려 했고, 이에 반대한 이색·조민수·변안열·이림·권근 등을 살해하거나 유배를 보냈다는 것이다. 그곳에 있던 고려 사신 조반 등이 윤이·이초와 대질한 결과 그 둘의 호소가 무고임이 밝혀졌다. 그러나 명나라는 조반 등에게 귀국하여 이 사실을 보고하여 관련자들을 국문하고 그 결과를 보고하도록 했다.

윤이·이초의 무고 내용 가운데 이성계 반대 세력이 살해되거나 유배되었다는 것은 사실이 아니다. 이색·권근 등은 이때 생존해 있었고, 변

이성계를 위해 활약한 조반 부부 초상 조반은 위화도 회군 이듬해에 명나라에 가서 이성계 일파가 세운 공양왕의 즉위를 알리고, 그 이듬해에 윤이·이초의 무고 사건에 대해서도 명 황제의 의심을 풀어주는 등 이성계의 외교적 입지를 다지는 데 기여했다.

안열은 그 이전에 이미 사망했다. 이성계의 명나라 공격과 우현보 등의 군사 요청 따위는 당시 고려 국내외 정세상 있을 수 없는 일이었다. 이 사건이 고려에 알려지자 개혁파 세력은 곧바로 이색·조민수·이림 등 윤이·이초의 당을 국문할 것을 상소했다. 그러나 공양왕은 이를 문제 삼지 않았고, 그에 대한 개혁파의 반론이 없었던 것도 이 사건이 허구임을 알려준다.

그런데 이 사건의 연루자인 김종연이 도망하다 체포된다. 즉 김종연이 서경으로 도망가서 이성계를 제거하려는 음모를 꾸몄다는 사실이 알려지면서 또다시 정치 문제로 비화되었다. 이로써 윤이·이초 사건은 새로운 국면에 접어들었다. 다시 우현보·권중화(權仲和) 등을 체포하여 신문하고, 최공철(崔公哲)·최칠석(崔七夕)·조언(曹彦) 등이 연루되어 체포된다. 이색·이림·우인열·이인민(李仁敏)·정지·이숭인·권근·이종학·이귀생 등이 청주옥에 갇혀 신문을 받는다. 공양왕 옹립 공신인 심덕부도 이성계 제거에 가담했다는 혐의로 신문을 받고, 많은 연루자들이 죽임을 당한다.

이 사건은 조선 개국 1년 전까지 개혁파와 반대 세력 사이에 정치적인 대립과 갈등이 심각했음을 알려준다. 더욱이 살해 혹은 유배된 인물은 모두 개혁에 반대한 세력이었으며, 결국 윤이·이초 사건을 계기로 정치적 기반을 완전히 상실하게 된다. 변안열의 경우 사후에 위화도 회군공신으로 책봉되어 우왕 복위 사건의 주모자라는 혐의에서 벗어나 명예 회복의 기회를 얻었지만, 또다시 이 사건에 연루되는 바람에 회군공신 명단에서 삭제된다. 윤이·이초 사건은 공양왕의 양면정책에 족쇄를 채우고 개혁 반대 세력에 대해 결정적인 타격을 가한 개혁파의 마지막 정치 공세였다. 이로써 구신세가인 개혁 반대 세력은 정계에서 완전히 축출된다.

왜 개혁파가 성공했나?

1388년의 위화도 회군과 사전 개혁, 1389년의 우왕 복위 사건과 예부자문 사건, 1390년의 윤이·이초 사건은 우연히 일어난 별개의 사건이 아니라 서로 밀접하게 연결되어 있다. 이 사건들은 이성계를 비롯한 개혁파 세력이 정적을 제거하고 새로운 왕조를 건국하기 위한 치밀한 정치 프로그램의 일부로 보인다. 더욱이 사건의 희생자들은 모두 사전 개혁에 반대한 세력이라는 점에서 더욱 그렇다.

1388년(우왕 14) 6월, 위화도 회군을 단행한 이성계의 개혁파는 요동

미륵하생경변상도에 그려진 농민의 모습(부분)　고려시대 추수하는 농민의 모습이다. 하지만 고려 말 농민들은 권세가들의 불법적인 토지 탈점으로 경작지를 잃고 생계의 위협을 받고 있었다. 이러한 상황에서 개혁파의 사전 개혁은 위화도 회군, 우왕과 창왕을 폐위한 불법성을 상쇄하고 민심의 지지를 얻을 수 있는 획기적인 정책이었다.

정벌을 주도한 우왕과 최영을 제거하고 실권을 장악했다. 또한 철령위 설치 등 영토 문제로 대립한 신흥 강국 명나라와의 긴장 관계를 해소했다. 그러나 왕정체제를 무너뜨린 국왕 폐위는 개혁파에게 커다란 정치적 부담이 되었다. 집권의 명분과 정당성을 확립하기 위해 개혁파는 새로운 정책을 내세울 필요가 있었다. 사전 개혁은 더 없이 훌륭한 정책이었다.

당시 권세가들의 불법적인 토지 탈점은 하층 관료와 군인층의 생계를 위협했고, 국가 재정을 위태롭게 하는 심각한 문제였다. 사전 개혁은 토지 탈점으로 경작지를 잃은 하층 농민과 과전을 제때 지급받지 못해 생계의 위협을 받고 있던 하급 관료층과 군인들의 절대적인 지지를 받았다. 또한 위화도 회군이라는 쿠데타의 명분과 정당성을 획득하려는 정치적 목적도 이 개혁에 포함되어 있었다. 때문에 사전 개혁에 대한 논의는 단순히 사회·경제 정책에 대한 찬반 문제가 아닌 시급한 당면 과제였다. 개혁에 대한 반대는 위화도 회군을 주도한 이성계 일파에 대한 정치적 반대운동이자, 궁극적으로 조선왕조 건국에 반대하는 정치 행위로 비쳤다. 사전 개혁에 관한 한 반대 세력의 입지는 매우 제한되어 있었다.

고려 말 사회가 안고 있는 사회·경제적 모순을 분명하게 인식한 것은 개혁파가 정국의 주도권 장악과 민심의 지지를 얻을 수 있는 커다란 덕목이었다. 때문에 개혁파는 반대 세력의 정치적 일탈과 경제적 폐단을 개혁한다는 비전을 가질 수 있었다. 이러한 비전은 하층 관료와 군인, 나아가 민의 지지를 받았다. 사전 개혁은 그런 점에서 당시 정치와 사회·경제 개혁의 방향을 정확하게 읽고 제시한 효과적인 정책이었다. 개혁파 세력이 위화도 회군, 우왕과 창왕을 폐위한 불법성을 상쇄할 수 있었던 것은 사전 개혁이 관료층과 민심의 지지를 얻었기 때문이다.

반면에 개혁에 반대한 세력들은 당시 '거가세족(巨家世族)', '거신세실(巨臣世室)', '세가대족(世家大族)'으로 불린 대대로 권력과 경제력을 독점한 권세가로 호칭된 보수 세력이었다. 그들은 사회·경제적 모순의 주체로서 자기모순을 떨쳐낼 수 없는 분명한 한계를 안고 있었다. 사전 개혁은 곧 자신들의 정치·경제적 기반의 상실을 뜻했다. 그들은 고려 왕정체제를 고수하려 했으나 정치·사회·경제의 여러 부면에서 나타난 모순에 적극적으로 대처하지 못함으로써 결국 정국에서 소외되거나 제거되었다.

굴곡진 고려 역사가 반영된
국왕의 칭호

●

고려시대 왕들의 호칭은 시대마다 차이가 있다. 태조(太祖)·혜종(惠宗)·광종(光宗)과 같이 조(祖)와 종(宗)을 붙이는 경우가 있는가 하면, 원 간섭기의 경우 충렬왕(忠烈王)·충선왕(忠宣王)과 같이 특이하게 '충△왕'으로 호칭되거나 경릉(慶陵, 충렬왕)·덕릉(德陵, 충선왕)처럼 능호(陵號)가 국왕의 호칭으로 사용되기도 했다. 한편 고려 말의 경우 원 간섭기와 달리 '충' 자는 붙이지 않았지만, 여전히 공민왕(恭愍王)·공양왕(恭讓王) 등 '왕'으로 호칭되었다. 게다가 우왕(禑王)과 창왕(昌王)은 각각 14년간, 그리고 1년간 국왕으로 재위했으나 모두 이성계 일파에 의해 폐위되어, 《고려사》에는 '신우(辛禑)', '신창(辛昌)'으로 기록되었다. 또한 군주로서 재위 기간의 행적이 《고려사》 '세가'에 실리지 않고 신하의 기록을 엮은 '열전'에 실려 있다. 조선왕조를 세운 고려 말 개혁파는 우왕과 창왕을 끝내 군주로 인정하지 않았다.

국왕의 일반적인 호칭은 '조'와 '종'을 붙이는 묘호(廟號)이다. 묘호는 종묘 제사 때 신위(神位)에 붙이는 호칭으로, 다른 호칭보다 신성하면서 존귀한 뜻이 담겨 있다. 역사책에서 국왕 호칭으로 묘호를 주로 사용한 것은 이 때문이다. 시호(諡號)는 '신성대왕(神聖大王, 태조)' '의공대왕(義恭大王, 혜종)' 등 사후 생전 업적을 따져 '△△대왕' 식으로 호칭한 것이다. 국왕 사후에 일상에서 호칭할 때 주로 시호가 사용되었다. 능호는 국왕이 묻힌 능의 이름을 따서 불렸는데, 묘호나 시호만큼 널리 사용되지는 않았다. 원 간섭기 국왕은 간혹 '경릉', '덕릉' 등 능호로 호칭되는 경우가 있었다. 당시 국왕은 사후 원나라로부터 시호를 받았는데, 시호를 받기 전까지 고려 조정은 임시로 능호로 해당 국왕을 호칭했다. 시호를 받은 후에도 능호가 관행적으로 사용되기도 했다.

국왕, 죽어야 이름을 남긴다

국왕은 이같이 죽은 뒤에야 정식 호칭을 얻게 된다. 호랑이는 가죽을 남기고, 사람은 이름을 남긴다는 속담은 국왕을 두고 한 말일까? 그렇다면 살아 있는 국왕은 어떻게 불렀을까? 물론 자연인으로서의 이름은 있지만, 즉위한 순간 살아 있는 최고 권력자가 되어 함부로 이름을 부를 수 없었다. 스스로 '짐(朕)'이라 일컬었으며, 신하와 백성들은 황제(혹은 성상聖上, 폐하陛下)라 불렀다. 그러나 사망한 뒤에는 묘호나 시호를 붙여 살아 있는 권력과 구분했다.

참고로 조선 국왕의 경우 각각 학정과 폐륜으로 호칭이 격하된 연산군(燕山君)·광해군(光海君)을 제외하면 모두 '조'와 '종'의 묘호로 호칭되었다. 그런데 고려는 묘호 외에 때로는 시호와 능호도 공식 명칭으로 사용되었다. 왜 고려 국왕은 이같이 다양한 호칭을 가졌을까? 국왕의 호칭 속에 고려왕조의 굴곡 많은 역사가 담겨 있다.

왕조를 창업한 군주이거나 재위 중 내란과 외란의 위기를 극복한 군주의 경우 대개 '조'를 붙인다. 그 밖의 경우에는 '종'을 붙인다. 고려의 경우 창업 군주인 태조 왕건만 '조'로 호칭되었을 정도로, '조'라는 칭호를 붙이는 일에 매우 인색했다. '종'으로 호칭된 국왕은 23명이다. 조선의 경우 창업 군주 태조 이성계를 비롯해 단종을 몰아내고 왕위에 오른 세조, 임진왜란과 병자호란을 각각 겪은 선조와 인조, 그 외 영조·정조·순조 등 '조'로 호칭된 국왕이 7명이다.

조선과 비교한다면 고려에도 '조'로 호칭될 만한 국왕이 많았다. 내란과 전쟁은 고려 때 더 많이 일어났다. 거란 및 몽골과 각각 약 30년간 전쟁을 치렀다. 거란전은 성종과 현종 재위 중에 일어났는데, 특히 현종은 재위(1009~1031) 내내 전쟁을 겪었다. 당시 역사가들은 거란과의 전쟁을 극복하고 왕조의 안정을 이룬 현종을 중흥의 군주로 평가했는데, 임진왜란을 겪은 조선의 선조와 같이 현종도 '조'라는 호칭을 얻기에 충분하다.

46년간 재위한 고종(재위 1213~1259)은 고려의 최장수 국왕이자 내우외환을 가장 많이 겪었다. 최충헌에서 그의 증손자까지 4대 60년에 걸친 최씨 무신정권기의 고려 국왕으로서 재위 중 금나라 치하에서 반란을 일으켜 고려로 침입한 거란족 군사와 전쟁을 치렀다. 그 이후 약 30년간 세계 최강의 몽골군과 전쟁을 치렀다. 고종 역시 '조'라는 호칭이 더 적합하다.

고려왕조는 약 50년간의 후삼국 통합전쟁 끝에 독자적인 영역과 백성을 거느린 수많은 호족 세력을 아울러 천하를 통일했다. 그런 까닭에 통합에 협조한 호족 세력을 제후로 간주하고 국왕은 천자를 자처했다. 묘호로 '조'와 '종'을 사용한 것도 그 때문이었다. 국왕의 호칭 외에 관청과 관직명도 천자국에서 사용하는 명칭을 붙였다. '3성(省)·6부(部)'와 같이 관청에 붙는 '성(省)'과 '부(部)'는 천자국 관청에만 사용되었다. 제후국은 대신 '부(府)'와 '조(曹)' 혹은 '사(司)'를 사용했다. 조선은 3성 대신 '의정부', 6부 대신 '6조'를 사용했다. 명을 천자, 조선을 제후국으로 여겼기 때문이다. 지방 행정단위의 경우 '경(京)'은 천자국의 최고 지방행정단위이며, 제후국은 '부(府, 한성부나 계림부)'가 최고 지방행정단위이다. 고려의 경우 개경·서경·동경 등의 명칭을 사용했으나, 조선의 최고 지방 행정단위는 한양부·평양부·계림부였다.

묘호에 붙는 '조'와 '종'은 원래 천자국 군주에게 붙이는 호칭이다. 제후의 묘호는 '조'와 '종'이 아닌 '왕'으로만 호칭된다. 또한 천자국의 종묘는 7대까지 제사를 지내지만, 제후국은 5대까지만 제사를 지낸다. 고려왕조는 천자국을 자처했기 때문에 '조'와 '종'의 묘호를 붙였다. 조선의 경우 비록 제후국이만, 예외적으로 '조'와 '종'의 호칭을 사용했다. 이 때문에 명나라가 문제를 삼은 적도 있다. 참고로 34명의 고려 국왕 가운데 '조'는 태조 왕건뿐이며, 23명은 '종'으로 호칭되었다. 그런데 나머지 10명의 국왕은 단순히 '왕'이라는 호칭으로 불렸다.

원나라에 충성하는 국왕이 되어라

고려는 1218년 고려에 침입한 거란족을 몽골군과 연합하여 물리친 후 이듬해 몽골과 형제맹약을 맺는다. 그러나 1231년부터 1259년까지 몽골과 전쟁을 치른다. 전쟁을 끝내고 화친을 주도한 원종이 즉위했지만, 무신 권력자 임연에게 한때 왕위를 찬탈당할 정도로 왕권은 허약했다. 원종은 몽골의 도움으로 왕위를 회복했지만 그로 인해 고려는 원나라의 간섭과 지배를 받게 된다.

충선왕은 고려에서 시호를 붙이던 관례를 깨고 죽은 부왕(父王)의 시호를 원나라에 요청한다. 중국 한나라 제후들이 한나라에 시호를 요청한 관례를 따른 것이라 했다. 원나라로부터 받은 부왕의 시호가 바로 '충렬왕'이다. 이후 원나라의 간섭을 받는 동안 재위한 고려 국왕은 원나라로부터 시호를 받는다. 충렬·충선·충숙·충혜·충목·충정왕, 이렇게 모두 여섯 명의 국왕이다. 모두 앞에 '충' 자가 붙은 시호를 받았다. 여기서 '충'은 원나라에 충성하라는 뜻이 담긴 것이 분명하다. 원나라로부터 받은 시호는 국왕의 사후 부여된 시호와는 다르다. 충렬왕 등의 명칭이 태묘(太廟, 종묘) 신위의 명칭으로 사용된 것으로 보아 묘호와 동일하다. 고려를 제후국으로 간주하고, '조'와 '종' 대신에 제후국의 '왕'으로 묘호의 격을 낮추었던 것이다.

충선왕은 더 나아가 원나라 간섭 이전에 죽어 고려에서 묘호를 제정한 고종과 원종의 묘호(시호로 표현)까지 다시 원나라에 요청한다. 원나라는 몽골군과 연합해 거란족을 물리치고 형제맹약을 맺어, 두 나라의 관계를 열었던 고종에게 '충헌왕'이라는 시호(묘호)를 내린다. 또한 몽골과의 전쟁을 중단하고 쿠빌라이 진영에 나아가 화평 관계를 맺었다고 하여 원종에게 '충경왕'이라는 시호를 내린다. 이 두 국왕을 추가하면 모두 8명의 국왕이 원나라로부터 시호를 받았다. 지금의 눈으로 본다면, 매우 불명예스러운 일이었다. 충선왕이 즉위한 14세기 초 고려 지배층은 원과 고려의 관계를 천자-제후국 관계로 인식하고, 그에 맞추어 천자국 원나라에 고려 국왕의 시호를 스스로 요청해 '왕'이라는 제후국 시호를 받았다. 당시 고려 지배층은 원과의 관계를 이렇게 정립함으로써 고려왕조를 유지할 수 있었다.

한편, 원 간섭기 국왕은 재위 중 원나라의 요구에 순응하지 않았다는 이유로, 혹은 양국의 정치 상황에 따라 왕위를 빼앗기거나 회복하는 등 즉위와 복위를 반복했다. 이런 현상을 중조(重祚) 현상이라 한다. 또한 국왕은 원나라 공주와 혼인을 했으며, 그 소생자만이 국왕에 오를 수 있었다. 이같이 '충△왕'으로 표현된 호칭 속에는 세계 최강국 원나라의 정치·군사적 간섭을 받으면서 고려왕조를 유지할 수밖에 없었던 당시의 역사적 상황이 담겨 있다. 또한 고려의 관제도 제후국 체제에 걸맞게 개정되었다. 원나라는 천자국 체제의 호칭인 '성'과 '부' 중심의 고려의 관청과 관직명도 개정할 것을 요구했다. 이에 따라 중서문하성이 첨의부(僉議府)로, 6부가 통폐합되어 4사(司)로 개편되었다.

■ 왜곡된 고려 말 국왕의 호칭

공민왕을 비롯해 고려 말기의 네 국왕은 비록 호칭에 '충' 자는 붙지 않았지만, 우왕·창왕·공양왕으로 여전히 '왕'으로만 호칭되었다. 공민왕은 반원 개혁을 추진해 원의 간섭에서 벗어났다. 또한 신돈을 등용하여 개혁기구 전민변정도감을 설치해 불법적으로 빼앗긴 토지와 강제로 노비가 된 백성을 가려내어 되돌려주는 등 백성들의 지지를 크게 받았다. 이처럼 원나라의 간섭이 없었는데도 왜 공민왕은 '조'나 '종'의 호칭을 받지 못했을까?

'공민왕'이라는 칭호는 명나라가 붙여준 시호다. 1374년 공민왕이 시해된 후 즉위한 우왕은 명나라에 자신의 책봉과 공민왕의 시호를 요청한다. 이는 공민왕 시해로 인해 어수선한 정국을 조기에 수습하고 왕권을 확립하기 위한 조처였다. 또한 명나라에 시호를 요청한 것은 이미 원나라로부터 역대 국왕의 시호를 받아왔던 관례를 그대로 따른 측면도 없지 않다. 그러나 고려에 온 명나라 사신이 귀국 중 피살되는 등 우여곡절을 겪은 뒤 그로부터 10여 년이 지난 1385년(우왕

11년)에야 '공민왕'이라는 시호와 함께 책봉을 받았다.

공민왕의 시호를 받은 지 3년이 지난 1388년(우왕 14) 5월 요동 정벌에 나선 이성계 일파는 압록강 위화도에서 철군하여 도리어 개경을 점령한다. 그들은 우왕을 내쫓고 그 아들을 창왕으로 즉위시킨다. 위화도 회군과 국왕 폐위라는 명분 없는 쿠데타를 일으킨 이성계 일파는 정권을 유지하기 위해 당시 크게 문제가 되었던 불법적인 토지 소유를 바로잡는다는 명분으로 사전 개혁을 단행한다. 그러나 개혁은 보수파의 반대에 부딪혔다. 창왕 역시 개혁에 적극적이지 않았다. 이성계 일파는 이듬해 1389년 11월 우왕 복위운동을 일으킨 김저 사건을 구실로 전제 개혁에 반대한 변안열·이림·우현보 등을 제거한다. 그리고 창왕을 폐위하고 공양왕을 새 국왕으로 즉위시킨다.

이성계 일파는 창왕 폐위 명분으로 '폐가입진론'을 내세웠다. 즉, 우왕은 신돈의 첩 반야의 소생이므로 창왕은 왕실의 혈통이 아니라는 것이다. 폐가입진론이 위화도 회군 직후 우왕을 폐위할 때 제기되었다면 어느 정도 설득력을 가질 수 있었다. 그러나 이성계 일파는 우왕을 폐위할 때 장자가 대통을 이어야 한다면서 창왕을 즉위시켰다. 그 후 1년이 지난 뒤 창왕을 폐위하는 명분으로 폐가입진론을 제기했기 때문에 사전 개혁 등 일련의 개혁에 적극적이지 않은 창왕을 제거하기 위한 명분에 불과하다는 혐의를 벗어나기 어렵다. 이같이 이성계 일파는 폐가입진론을 통해 우왕과 창왕을 폐위해 왕으로 인정하지 않았다.

뒷날 개혁파들이 편찬한《고려사》에서 두 국왕은 각각 '신우', '신창'으로 기록되어, 왕으로 인정받지 못했다. 뒷날의 역사가들이 지금과 같이 우왕·창왕으로 불렀지, 당대에는 폐왕(廢王)에 지나지 않았다. 또한 두 국왕의 행적은 다른 국왕처럼 군주의 행적을 담는《고려사》'세가'에 실리지 않고, 신하들의 기록을 실은 '열전'에 실려 있다. 이성계 일파는 이들을 군주로 인정하지 않았다. 나아가 이성계 일파는 우왕의 부왕인 공민왕에 대해서도 올바른 평가를 하지 않았다. 《고려사》에 따르면 공민왕은 말년에 문란한 성생활 등 향락에 탐닉하여 정치를 그르쳤다고 비난했다. 결국 세 국왕은 이성계 일파의 집권과 조선 건국을 정당화하는 과정에서 희생된 셈이다. 왕조의 몰락을 맞이한 비운의 국왕 공양왕 역시 올바른 평가를 받을 수 없는 것은 당연한 일이었다.

고려선, 바닷길을 누빈 고려의 배

일본 정벌 당시 중국 전함보다 실전에 유용

대한민국은 세계 최고의 조선(造船) 강국이다. 조선 강국의 DNA를 고려의 조선 기술에서 찾는 일은 지나친 역사적 상상력일까? 고려는 독자적인 조선 기술을 보유하고 있었다. 그런 기술로 만든 선박을 '고려선(高麗船)'이라 한다.

> 원종 15년(1274) 〔원나라〕 황제가 일본을 정벌하기 위해 김방경과 홍다구(洪茶丘)에게 조서를 내려 전함 만드는 일을 감독하게 했다. 만약 만양식(蠻樣式, '만蠻'은 남중국, 즉 남송)으로 하면 비용이 많이 들고 제때 만들지 못할 것이므로 온 나라가 근심했다. 김방경은 동남도도독사가 되자 먼저 전라도로 가서 고려의 조선 기술(本國造船樣式)로 배 만드는 일을 감독했다. —《고려사》권104, 김방경 열전.

남송식보다는 고려식 기술로 전함을 제작하는 것이 비용도 적게 들고 시간도 단축할 수 있다는 말이다. 중국과 다른 조선 기술을 고려가

구리거울에 새겨진 고려선 '황비창천(煌조昌天, 아주 화창한 하늘)'이라는 글자와 함께 고려선이 섬세하게
조각되어 있다. 배의 이물과 고물이 높이 솟아 있고, 거친 파도를 헤치고 항해하고 있는 모습이다.

확보하고 있었다는 증거다. 실제로 김방경은 고려 기술로 전함을 제작
했다.

대장군 나유(羅裕)가 원나라에 보고하기를, "금년(1274) 정월 3일 대선(大
船) 300척을 건조하라는 황제의 명령을 받았습니다. 허공(許珙)을 전주
변산(邊山)에, 홍록주(洪祿遒)를 나주 천관산(天冠山, 장흥)에 각각 보내 건
조용 재목을 마련하도록 하고, 시중 김방경을 도독으로 임명해 …… 정
월 15일에 기술자와 일꾼 등 전 인원이 집결해 16일에 시작해 5월 그믐
에 크고 작은 배 900척을 완성했습니다. 지금 배들은 금주(金州, 김해)로
출발했습니다"라고 했다. ―《고려사》권27 원종 15년 6월조.

원나라 황제의 명령대로 1274년(원종 15) 정월에서 5월까지 모두 900척의 전함을 만들었다는《고려사》의 기록이다. 만양식, 즉 남송의 기술이 아니라 고려의 독자적인 조선 기술로 불과 다섯 달 사이에 건조했다. 이렇게 만든 900척의 전함으로 그해 10월 고려는 원나라와 함께 제1차 일본 정벌에 나섰다.

　　그 뒤 1281년(충렬왕 7) 원나라는 또다시 고려군 외에 원나라에 복속된 남송 출신의 군사까지 징발해 제2차 일본 원정에 나섰으나 역시 정벌에 실패했다. 실패한 원인을《고려사》에서는 이렇게 기록하고 있다.

　　세자(충선왕)가 황제를 뵈었을 때 …… 정우승(丁右丞)이란 자가 아뢰기를, "〔제2차 정벌 때〕 강남(江南, 남송)의 전선(戰船)은 크기는 하지만 충돌하기만 하면 부서져버리니 그 결함 때문에 정벌에 실패한 것입니다. 만약 고려에서 배를 만들게 해 다시 일본을 치면 성공할 것입니다"라고 했다. ―《고려사》권30, 충렬왕 18년 8월조.

　　선체는 크지만 쉽게 파손되는 남송 전함의 취약점을 언급하면서, 정벌에 성공하기 위해서는 고려에서 배를 만들 것을 주문한 내용이다. 즉, 고려의 전함이 작기는 하나 매우 튼튼해 실전에 유용하다는 이야기다. 당시 중국인도 일본 정벌 당시 "크고 작은 전함이 파도에 휩쓸려 많이 부셔졌으나 오직 고려의 전함은 튼튼해 온전했다"고 증언한 사실이 그를 뒷받침한다. 고려는 값싼 비용으로 단시간에 배를 만들면서도 중국 전선보다 단단하고 견고한 독특한 선체 제조 기술을 보유하고 있었던 것이다.

전함이나 조운선에 적합한 평저선 구조

그렇다면 고려선의 모습과 제작 기술의 특성은 무엇일까?

〔고려〕관선(官船)의 구조는 위에는 띠를 이었고, 아래는 문을 내었다. 주
위에는 난간을 둘렀고, 〔배의 좌우를〕가로지른 나무(횡목橫木 혹은 가목駕
木, 멍에)를 서로 꿰어 추켜올려서 포판(鋪板, 누각)을 만들었는데, 윗면이
배의 바닥보다 넓다. 선박 몸체는 판책(板簀, 판자)을 쓰지 않고, 다만 통
나무를 휘어서 굽혀 나란히 놓고 못을 박기만 했다.

—《고려도경》권33, 주즙(舟楫) 관선조.

송나라 사신 서긍이 《고려도경》에 기록해놓은 고려선의 모습과 제
조 기술이다. 고려선은 전체적으로 판자를 쓰지 않고 통나무를 그대로
가공해 제작했다. 자연히 외판(배 옆면)은 두껍고, 저판(배 밑면)은 무거
울 수밖에 없었다. 그런 탓에 둔중하고 속도가 느려 위기 상황에 빠르
게 대처하지 못하는 단점이 있지만 반대로 선체가 무거워 바람이나 파
도에 쉽게 전복되지 않는 장점 또한 있었다. 고려선은 주로 전함이나
물자와 식량을 운반하는 조운선에 적합했다. 지금까지 발굴된 고려선
은 대부분 목질이 강하고 쉽게 구할 수 있는 소나무를 재료로 제작되
었다.[2] 앞에서 말한 대로 일본 원정용 전함 제작을 위해 변산반도와 장
흥 천관산에서 목재를 구했다. 이 지역은 조선시대에도 봉산(封山, 허가
없이 함부로 벌목할 수 없던 산)으로 지정되어 선박용 소나무를 제공할 정
도로 소나무가 풍부했다.

고려선의 구조는 다음과 같다(〈그림〉참고). 소나무 같은 원목을 여러
개 결합해 평탄한 저판(배 바닥)을 만들고, 거기에다 미리 조립한 선수

고려선의 구조

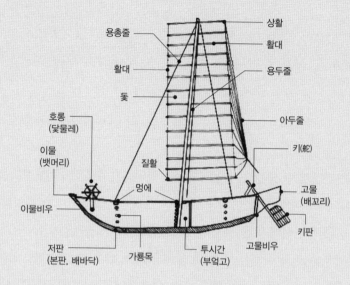

재(船首材, 이물비우)와 선미재(船尾材, 고물비우) 등을 고정했다. 굵은 가룡목(가목駕木)을 배의 외판, 즉 배의 좌우 바깥으로 뚫고 나오게 한다. 그 위에 나간을 세우거나 갑판을 깔았다. 이렇게 설치된 여러 개의 가룡목이 선체 내부의 칸막이 구실을 했다. 중국 선박처럼 칸막이를 판자나 삿자리를 이용해 만들지 않았다. 가룡목을 뱃전 밖으로 연장해 그것을 활용하는 것이 고려선의 특징이다. 이러한 구조는 배의 밑바닥이 좁은 첨저선형(尖底線型) 선박에는 적용할 수 없다. 따라서 고려선은 옆 부분이 좀 부른 장방형의 상자 모양으로, 배의 밑바닥이 넓은 평저선형(平底船型) 선박이었다.[3] 이러한 선박 제조 기술은 이미 고려 초기에 나타난다.

고려의 군선(軍船) 역시 구조가 동일하다. 궁예 정권 때 왕건은 개성

해상 세력의 후예답게 직접 군선을 제작해 커다란 공을 세웠다.

> [914년 궁예는] 왕건에게 배 100여 척을 더 만들게 했다. 큰 배 10여 척
> 은 사방이 각각 16보로, 위에 망루를 세웠고 말이 달릴 수 있을 정도였
> 다. 군사 3,000여 명과 군량을 싣고 나주로 갔다.
>
> —《고려사》권1, 태조 총서.

태조 왕건이 후백제 근거지인 나주를 공격하기 위해 16보(96자, 1보
는 6자), 즉 길이가 약 30미터나 되는 큰 선박을 제조했다는 기록이다.
당시 중국의 전선이 평균 15미터 정도였음을 감안하면 상대적으로 대
형 선박을 제조할 수 있는 기술과 능력을 보유했다. 9세기 후반 이래
장보고의 활약을 비롯해 개성의 왕건 집안 등 해상 세력이 대두했다.
이들은 대내외 해상 무역을 위해 선박을 제조하면서 고려 초기에 대형
선박을 제조할 기술을 축적하게 되었던 것이다.

활발한 해상 활동이 기술 발전 이끌어

다음은 2000년 무렵 일본에서 발굴된 자료의 일부다. 1019년(현종 10)
4월 고려는 진명선병도부서(鎭溟船兵都府署, 함경도 덕원 소재)에서 여진
의 해적선 여덟 척을 사로잡았는데, 이때 해적들에 의해 억류된 일본
인 남녀 259명을 본국에 돌려보낸 사실이 있다.[4] 귀국한 일본인이 그
당시 전투에 사용되었던 고려 병선(兵船)을 목격한 기록이다. 현종 때
고려 병선의 특징이 잘 묘사되어 있다.

고려국의 병선 수백 척이 쳐들어가 적(여진)을 치자, 적들은 힘을 다해 싸웠으나 고려군의 사나운 기세 앞에 적수가 되지 못했다. 고려의 병선은 선체가 높고 크다. 무기가 많이 있어 배를 뒤집고 사람을 죽이자, 적들이 고려군의 용맹을 감당할 수 없었다. 고려선에 들어가 보니 이같이 넓고 큰 것을 본 적이 없었다. 이층으로 만들어져 상층에는 노가 좌우에 각각 4개가 있으며 노를 다루는 자가 4~5명 정도 있었다. 병사 20여 명이 전투에 대비하고 있었다. 하층에는 좌우에 각각 7~8개의 노가 있다. 뱃머리는 적선과 충돌하여 깨부수기 위해 선체 바깥에 쇠로 만든 뿔이 있다. 선내에는 철갑옷과 크고 작은 칼과 갈퀴 등의 무기가 준비되어 있다. 적선에 던져 배를 깨부수기 위한 큰 돌들도 준비되어 있다.

—《소우기(小右記)》, 관인(寬仁) 3년-1019년 8월.

뱃사공을 제외한 약 80명의 병사가 고려 병선에 탄 모습이 실감나게 기록되어 있다. 참고로 1374년(공민왕 23) 제주도 반란을 진압하기 위해 최영 장군이 거느린 부대가 배 315척에 2만 5,605명이었다고 한다. 한 척당 약 80명이 탄 셈이다. 조선 초기에 대형 전함의 정원 역시 80명이었다. 요컨대 고려 전기부터 이런 대형 전함을 제조했던 것이다.

고려에서 조선술이 발달한 배경은 무엇일까? 고려왕조에서는 개방정책 덕에 대외무역이 활발하게 이뤄졌다. 또한 우리 역사에서 처음으로 남해와 서해 항로와 한강 등 내륙 수운을 통해 전국의 조세를 수도 개경으로 거두어들이는 조운(漕運)제도를 실시했다. 또 동해안 지역은 해로를 이용한 여진족의 침입이 잦았다. 고려는 여진족 해적을 막기 위해 연해안 거점 도시에 해상 방어관청인 도부서(都府署)를 설치했다. 이 과정에서 조운선과 전선 같은 선박 수요가 상당히 많았다. 이에 따라 독자적인 조선 기술이 발달했던 것이다.

고려선 기술은 조선왕조로 계승되어 우리나라 전통 선박 한선(韓船)의 기원이 되었다. 그 가운데 고려의 군선이 주목된다. 군선은 다른 배와 달리 뱃전에 짧은 창검(槍劍)을 빈틈없이 꽂아놓아 적이 배 안에 뛰어들지 못하도록 했다. 이를 과선(戈船)이라 부른 이유다. 이런 형태의 고려 전기 과선은 고려 말부터 조선 초 사이에 검선(劍船)이라 불렸다. 임진왜란 당시에는 귀선(龜船, 거북선)이 제작되어 그 전통이 이어졌다. 고려선 제작 기술은 이렇게 조선시대 중반까지 계승되었다.

부록

고려 왕실 세계도

고려사 연표

본문의 주

고려 왕실 세계도

( )이름, $\frac{재위년}{생몰년}$ ‖ 배우자 ― 직계 … 방계

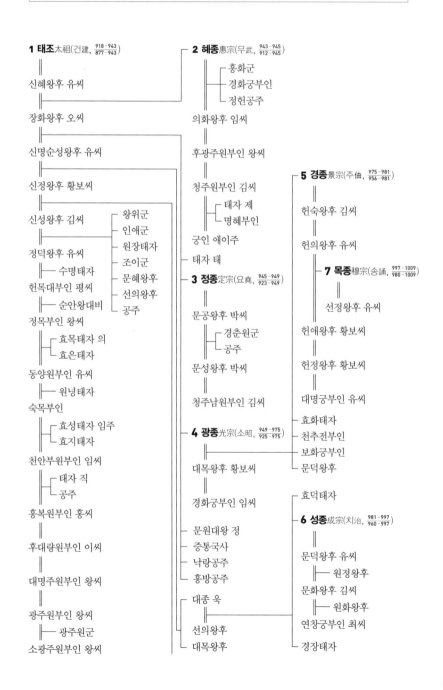

1 태조太祖(건建, $\frac{918-943}{877-943}$)
‖
신혜왕후 유씨
‖
장화왕후 오씨
‖
신명순성왕후 유씨
‖
신정왕후 황보씨
‖
신성왕후 김씨
‖
정덕왕후 유씨
├ 수명태자
헌목대부인 평씨
├ 순안왕대비
정목부인 왕씨
├ 효목태자 의
└ 효은태자
동양원부인 유씨
├ 원녕태자
숙목부인
├ 효성태자 임주
└ 효지태자
천안부원부인 임씨
├ 태자 직
└ 공주
홍복원부인 홍씨
‖
후대량원부인 이씨
‖
대명주원부인 왕씨
‖
광주원부인 왕씨
├ 광주원군
소광주원부인 왕씨

├ 왕위군
├ 인애군
├ 원장태자
├ 조이군
├ 문혜왕후
├ 선의왕후
└ 공주

2 혜종惠宗(무武, $\frac{943-945}{912-945}$)
├ 흥화군
├ 경화궁부인
└ 정헌공주
의화왕후 임씨
후광주원부인 왕씨
‖
청주원부인 김씨
├ 태자 제
└ 명혜부인
궁인 애이주
― 태자 태
3 정종定宗(요堯, $\frac{945-949}{923-949}$)
‖
문공왕후 박씨
├ 경춘원군
└ 공주
문성왕후 박씨
청주남원부인 김씨
4 광종光宗(소昭, $\frac{949-975}{925-975}$)
‖
대목왕후 황보씨
‖
경화궁부인 임씨
― 문원대왕 정
― 증통국사
― 낙랑공주
― 흥방공주
― 대종 욱
― 선의왕후
― 대목왕후

5 경종景宗(주伷, $\frac{975-981}{956-981}$)
헌숙왕후 김씨
헌의왕후 유씨
7 목종穆宗(송誦, $\frac{997-1009}{980-1009}$)
선정왕후 유씨
헌애왕후 황보씨
헌정왕후 황보씨
‖
대명궁부인 유씨
├ 효화태자
├ 천추전부인
├ 보화궁부인
└ 문덕왕후
├ 효덕태자
6 성종成宗(치治, $\frac{981-997}{960-997}$)
‖
문덕왕후 유씨
├ 원정왕후
문화왕후 김씨
├ 원화왕후
연창궁부인 최씨
└ 경장태자

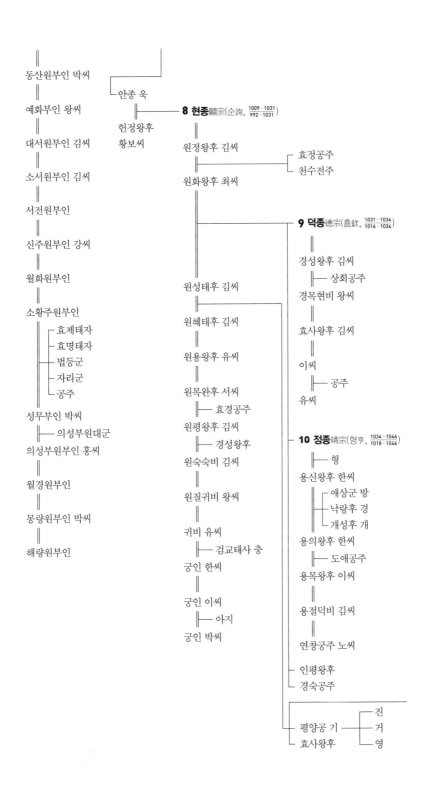

동산원부인 박씨

예화부인 왕씨

　　　　　└ 안종 욱

　　　　헌정왕후
　　　　황보씨

대서원부인 김씨

소서원부인 김씨

서전원부인

신주원부인 강씨

월화원부인

소황주원부인

　　　┌ 효제태자
　　　├ 효명태자
　　　├ 법등군
　　　├ 자리군
　　　└ 공주

성무부인 박씨

├── 의성부원대군

의성부원부인 홍씨

월경원부인

몽량원부인 박씨

해량원부인

8 현종顯宗(순詢, 1009-1031 992-1031)

원정왕후 김씨

　　　　　　　┌ 효정공주
　　　　　　　└ 천수전주

원화왕후 최씨

9 덕종德宗(흠欽, 1031-1034 1016-1034)

경성왕후 김씨

├── 상회공주

경목현비 왕씨

효사왕후 김씨

이씨

├── 공주

유씨

원성태후 김씨

원혜태후 김씨

원용왕후 유씨

원목완후 서씨

├── 효경공주

원평왕후 김씨

├── 경성왕후

원숙숙비 김씨

원질귀비 왕씨

귀비 유씨

├── 검교태사 충

궁인 한씨

궁인 이씨

├── 아지

궁인 박씨

10 정종靖宗(형亨, 1034-1046 1018-1046)

├── 형

용신왕후 한씨

　　　　┌ 애상군 방
　　　　├ 낙랑후 경
　　　　└ 개성후 개

용의왕후 한씨

├── 도애공주

용목왕후 이씨

용절덕비 김씨

연창궁주 노씨

┌ 인평왕후
└ 경숙공주

　　　　　　　　　　　　　┌ 진
┌ 평양공 기 ───── 거
└ 효사왕후　　　　　　└ 영

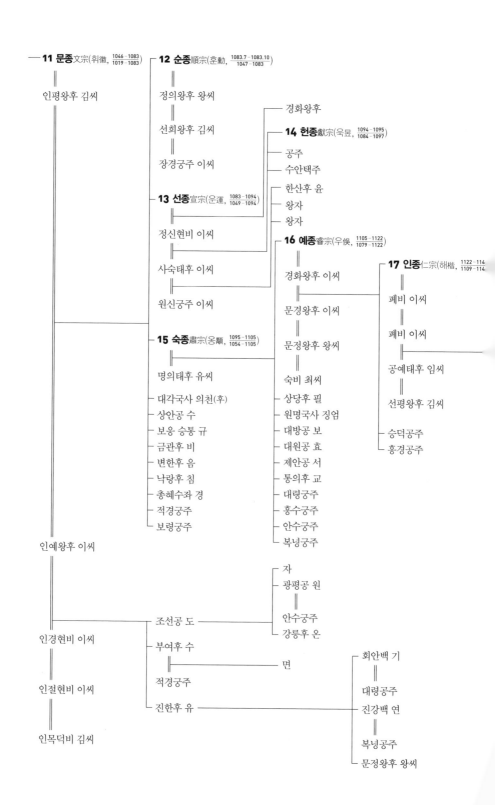

11 문종文宗(휘徽, $\frac{1046-1083}{1019-1083}$) ── **12 순종**順宗(훈勳, $\frac{1083.7-1083.10}{1047-1083}$)

인평왕후 김씨

정의왕후 왕씨

선희왕후 김씨 ┌─ 경화왕후

장경궁주 이씨 ── **14 헌종**獻宗(욱昱, $\frac{1094-1095}{1084-1097}$)

├─ 공주
├─ 수안택주

13 선종宣宗(운運, $\frac{1083-1094}{1049-1094}$) ┌─ 한산후 윤
├─ 왕자
├─ 왕자

정신현비 이씨 ── **16 예종**睿宗(우俁, $\frac{1105-1122}{1079-1122}$)

사숙태후 이씨 경화왕후 이씨 ── **17 인종**仁宗(해楷, $\frac{1122-114}{1109-114}$)

원신궁주 이씨 문경왕후 이씨 폐비 이씨

15 숙종肅宗(옹顒, $\frac{1095-1105}{1054-1105}$) 문정왕후 왕씨 폐비 이씨

명의태후 유씨 숙비 최씨 공예태후 임씨

├─ 대각국사 의천(후) ├─ 상당후 필 선평왕후 김씨
├─ 상안공 수 ├─ 원명국사 징엄
├─ 보응 승통 규 ├─ 대방공 보
├─ 금관후 비 ├─ 대원공 효 ┌─ 승덕공주
├─ 변한후 음 ├─ 제안공 서 └─ 홍경공주
├─ 낙랑후 침 ├─ 통의후 교
├─ 총혜수좌 경 ├─ 대령궁주
├─ 적경궁주 ├─ 흥수궁주
└─ 보령궁주 ├─ 안수궁주
└─ 복녕궁주

인예왕후 이씨 ┌─ 자
├─ 광평공 원
조선공 도 안수궁주
부여후 수 └─ 강릉후 온

인경현비 이씨 ┌─ 회안백 기
면
적경궁주 대령공주
인절현비 이씨 진한후 유 진강백 연

복녕공주
인목덕비 김씨 └─ 문정왕후 왕씨

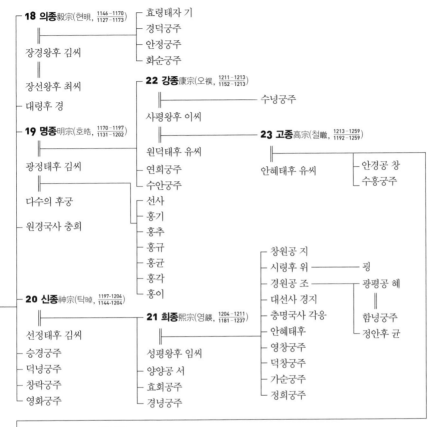

18 의종毅宗(현명, $\frac{1146-1170}{1127-1173}$)
├─ 효령태자 기
├─ 경덕궁주
├─ 안정궁주
└─ 화순궁주
장경왕후 김씨

장선왕후 최씨
대령후 경

22 강종康宗(오襖, $\frac{1211-1213}{1152-1213}$)
└─ 수녕궁주
사평왕후 이씨

19 명종明宗(호晧, $\frac{1170-1197}{1131-1202}$)
└─ **23 고종**高宗(철瞰, $\frac{1213-1259}{1192-1259}$)
원덕태후 유씨
├─ 연희궁주
└─ 수안궁주
광정태후 김씨
안혜태후 유씨
├─ 안경공 창
└─ 수흥궁주

다수의 후궁
├─ 선사
├─ 홍기
├─ 홍추
├─ 홍규
├─ 홍균
├─ 홍각
└─ 홍이
원경국사 충희

├─ 창원공 지
├─ 시령후 위 ─── 굉
├─ 경원공 조 ─── 광평공 혜
├─ 대선사 경지
├─ 충명국사 각응   함녕궁주
├─ 안혜태후   정안후 균

20 신종神宗(탁晫, $\frac{1197-1204}{1144-1204}$)
21 희종熙宗(영韺, $\frac{1204-1211}{1181-1237}$)
├─ 영창궁주
├─ 덕창궁주
├─ 가순궁주
└─ 정희궁주
선정태후 김씨
성평왕후 임씨
├─ 승경궁주
├─ 덕녕궁주   ├─ 양양공 서
├─ 창락궁주   ├─ 효회공주
└─ 영화궁주   └─ 경녕궁주

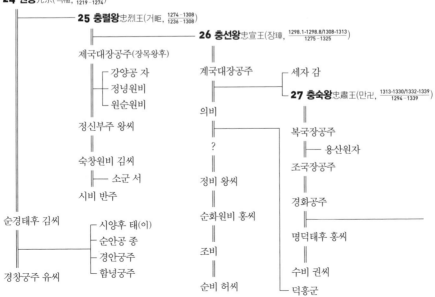

24 원종元宗(식植, $\frac{1259-1274}{1219-1274}$)
└─ **25 충렬왕**忠烈王(거昛, $\frac{1274-1308}{1236-1308}$)
└─ **26 충선왕**忠宣王(장璋, $\frac{1298.1-1298.8/1308-1313}{1275-1325}$)
제국대장공주(장목왕후)
├─ 강양공 자
├─ 정녕원비
└─ 원순원비
계국대장공주
├─ 세자 감
└─ **27 충숙왕**忠肅王(만卍, $\frac{1313-1330/1332-1339}{1294-1339}$)
정신부주 왕씨
의비
숙창원비 김씨
└─ 소군 서
시비 반주
?
복국장공주
└─ 용산원자
조국장공주
경화공주
정비 왕씨
순화원비 홍씨
순경태후 김씨
├─ 시양후 태(이)
├─ 순안공 종
├─ 경안궁주
└─ 함녕궁주
조비
명덕태후 홍씨
경창궁주 유씨
순비 허씨
수비 권씨
└─ 덕흥군

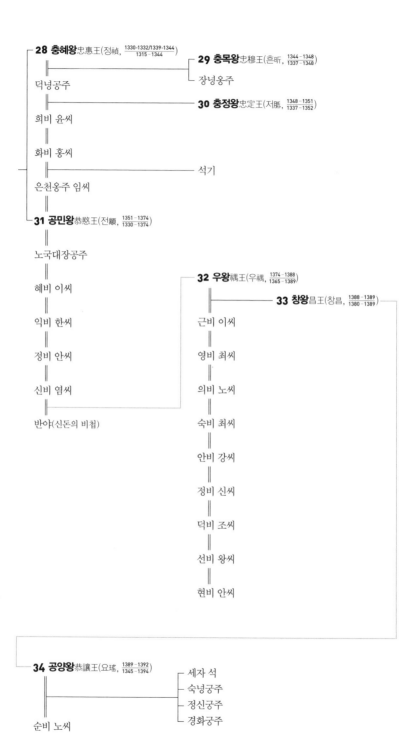

28 충혜왕忠惠王(정禎, $^{1330\text{-}1332/1339\text{-}1344}_{1315\text{-}1344}$) ─── **29 충목왕**忠穆王(흔昕, $^{1344\text{-}1348}_{1337\text{-}1348}$)

덕녕공주 ─── 장녕옹주

희비 윤씨 ─── **30 충정왕**忠定王(저胝, $^{1348\text{-}1351}_{1337\text{-}1352}$)

화비 홍씨 ─── 석기
은천옹주 임씨

31 공민왕恭愍王(전顓, $^{1351\text{-}1374}_{1330\text{-}1374}$)

노국대장공주

혜비 이씨

익비 한씨

정비 안씨

신비 염씨

반야(신돈의 비첩) ─── **32 우왕**禑王(우禑, $^{1374\text{-}1388}_{1365\text{-}1389}$) ─── **33 창왕**昌王(창昌, $^{1388\text{-}1389}_{1380\text{-}1389}$)

근비 이씨

영비 최씨

의비 노씨

숙비 최씨

안비 강씨

정비 신씨

덕비 조씨

선비 왕씨

현비 안씨

34 공양왕恭讓王(요瑤, $^{1389\text{-}1392}_{1345\text{-}1394}$) ─── 세자 석
─── 숙녕궁주
─── 정신궁주
─── 경화궁주

순비 노씨

고려사 연표

867년	신라 경문왕	견훤, 출생(~936년).
877년	헌강왕 3	왕건, 출생(~943년).
891년	진성여왕 5	궁예, 죽주 기훤에게 의탁. 견훤, 서남해 방수군 비장으로 반란을 일으킴.
892년	진성여왕 6	궁예, 원주 호족 양길에게 의탁. 주천·영월·울진 점령. 견훤, 무진주(광주) 점령.
894년	진성여왕 8	궁예, 명주를 점령하고 스스로 장군을 칭함.
895년	진성여왕 9	궁예, 철원 등 장악.
896년	진성여왕 10	왕륭(용건)·왕건 부자, 궁예에게 귀부. 궁예, 20세 왕건을 송악(개성) 성주로 삼음. 철원에 도읍.
898년	효공왕 2	궁예, 송악으로 천도. 왕건에게 양주(서울)·견주(양주) 등 30여 성 점령케 함.
900년	효공왕 4	견훤, 완산(전주)에 후백제 건국(~935년 재위).
901년	효공왕 5	궁예, 송악에서 후고구려 건국(~918년 재위). 견훤, 신라 대야성 공격. 금성(나주) 주변 부락 공격.
903년	효공왕 7	왕건, 나주 등 10여 성 공격.
904년	효공왕 8	궁예, 국호를 마진으로 개칭. 상주 등 30여 군현 점령. 공주 지역 홍기 귀부.
905년	효공왕 9	궁예, 송악에서 철원으로 천도.
909년	효공왕 13	궁예, 왕건을 해군대장군으로 삼아 나주를 경영케 함.
910년	효공왕 14	왕건, 진도와 고이도 공격 후 나주 포구에서 견훤군과 대적해 승리. 견훤, 궁예에 투항한 나주를 포위하나 탈환 실패.
911년	효공왕 15	궁예, 국호를 태봉으로 변경.
912년	효공왕 16	견훤, 덕진포 전투에서 궁예군에 패배.
913년	신덕왕 2	왕건, 시중에 임명됨.
915년	신덕왕 4	궁예, 부인 강씨와 두 아들을 죽임.

918년	고려 태조 1	왕건, 궁예를 축출하고 홍유·배현경 등에 의해 왕에 추대됨(~943년 재위). 고려 건국.
919년	태조 2	왕건, 송악에 도읍.
920년	태조 3	견훤, 대야성 함락. 신라, 왕건에게 구원 요청.
921년	태조 4	왕건, 아들 무(뒤의 혜종)를 태자로 삼음.
924년	태조 7	신라 경애왕 즉위(~927년 재위).
925년	태조 8	견훤, 조물군에서 왕건과 전투. 강화 후 서로 인질 교환.
926년	태조 9	발해, 거란에 멸망.
927년	태조 10	견훤, 신라 금성(경주) 침략해 신라 경애왕을 죽이고 김부를 경순왕(~935년 재위)으로 옹립. 왕건, 팔공산 전투에서 견훤군에 패배. 고려의 신숭겸·김락 등 전사.
930년	태조 13	왕건, 고창(안동) 전투에서 견훤군 대파.
934년	태조 17	왕건, 운주(홍성) 전투에서 견훤군에 승리. 공주 이북 30여 성 고려에 귀부. 발해 세자 대광현이 수만 명을 이끌고 고려에 귀부.
935년	태조 18	견훤, 아들 신검의 반란으로 금산사에 유폐(3월). 탈출 후 고려에 귀부(6월). 신라 경순왕, 고려에 항복(11월). 신라 멸망.
936년	태조 19	견훤 사위 박영규, 고려에 귀부(2월). 견훤, 왕건에게 아들 신검 공격 요청(6월). 왕건, 일리천 전투에서 신검군 대파하고 후삼국 통일. 견훤 사망(9월). 통일 기념으로 개태사 착공.
940년	태조 23	토성분정 시행과 군현제 개편.
943년	태조 26	왕건, 박술희에게 〈훈요십조〉 남김(4월). 왕건 사망(5월). 혜종 즉위(~945년 재위).
945년	혜종 2	왕규의 난, 왕식렴이 진압. 혜종 사망(9월). 정종(定宗) 즉위(~949년 재위).
947년	정종 2	서북 지방을 축성·개척하여 30만 군의 광군사를 두고 거란 침입에 대비.
949년	정종 4	왕식렴 사망(1월). 정종 사망(3월). 광종 즉위(~975년 재위).

955년	광종 6	고려, 후주에 사신 파견하여 후주 세종의 즉위 축하. 토산물 바침.
956년	광종 7	후주인 쌍기 귀화. 노비안검법 실시.
958년	광종 9	쌍기의 건의로 과거제 실시. 쌍기를 지공거로 삼음.
959년	광종 10	쌍기 아버지 쌍철이 고려에 옴. 광종이 쌍철을 좌승으로 임명.
960년	광종 11	백관의 공복 제정. 개경을 황도(皇都), 서경을 서도(西都)로 고침. 준풍(峻豊) 연호 사용. 송나라 건국.
962년	광종 13	처음으로 송나라에 사신 보냄.
963년	광종 14	송의 연호를 사용하기 시작.
964년	광종 15	박수경 사망.
965년	광종 16	서필 사망.
973년	광종 24	공사진전 개간과 경작에 관한 수조법 제정.
975년	광종 26	광종 사망(5월). 경종 즉위(~981년 재위).
976년	경종 1	전시과 실시.
981년	경종 6	경종 사망(7월). 성종 즉위(~997년 재위).
982년	성종 1	최승로 〈시무 28조〉 올림.
983년	성종 2	전국에 12목 설치. 3성·6부 정함.
987년	성종 6	노비환천법 실시.
992년	성종 11	국자감 설치.
993년	성종 12	거란의 제1차 고려 침입(8월). 서희, 거란 소손녕과 화약 체결(10월). 강동 6주 획득.
994년	성종 13	거란, 압록강 양안에 성을 쌓고 통로 열자고 제의. 거란 연호 사용(2월). 고려, 거란에 사신 보냄(4월). 고려, 송에 거란 협공을 제의했으나 거절당함. 송과 국교 단절(6월). 서희, 여진 축출. 장흥진·귀화진, 곽주·귀주에 축성.
995년	성종 14	서희, 여진 축출. 안의진·흥화진에 축성.
997년	성종 16	성종 사망(10월). 목종 즉위(~1009년 재위). 천추태후 섭정.

998년	목종 1	전시과 개정.
1009년	목종 12	강조의 정변. 목종 시해(2월). 현종 즉위(~1031년 재위).
1010년	현종 1	거란, 목종 시해 이유 추궁(1월). 강조, 30만 군사로 통주 주둔(10월). 거란, 강조의 정변을 빌미로 제2차 고려 침입(11월). 현종, 나주로 피난. 하공진을 보내 거란에 화친 요청.
1011년	현종 2	거란, 개경 침입(1월). 현종, 전주 도착. 양규 전사(1월). 현종, 공주 도착. 김은부 맏딸을 왕비로 삼음. 현종 환도(2월). 현종, 거란의 친조 요구 거절(4월). 초조대장경 조판 시작.
1014년	현종 5	거란, 보주성 점령(6월). 고려, 송에 관계 회복 제의(8월). 거란, 6주 반환 요구(9월). 거란, 고려 재침입. 흥화진 장군 정신용과 별장 주연이 격퇴(10월). 김훈과 최질의 난(11월).
1015년	현종 6	고려, 보주성을 공격했으나 실패(1월). 김훈과 최질의 난 진압(3월). 거란군, 선화진·정원진 함락 후 축성(11월). 곽원을 송나라에 파견해 거란 침입 알림(11월).
1018년	현종 9	고려, 거란에 사신 파견 화친 요청(10월). 고려, 송나라 천희(天禧) 연호 사용(10월). 거란 소배압, 10만 대군으로 침입(12월). 고려, 강감찬을 상원수, 강민첨을 부원수에 임명해 흥화진에서 거란군 격퇴. 강민첨, 자주(慈州)에서 거란군 격퇴(12월).
1019년	현종 10	강감찬, 귀주대첩(2월).
1029년	현종 20	발해 후손 대연림, 흥요국 건국(8월). 곽원, 압록강 이동 보주성 공격했으나 실패(9월).
1030년	현종 21	흥요국 패망(8월).

1031년	현종 22	현종 사망(5월). 덕종 즉위(~1034년 재위). 거란 성종 사망. 고려, 압록강 보주성 반환 요구(10월). 고려, 보주성 반환 요구를 거란이 거부하자 사신 파견 중단(11월).
1032년	덕종 1	고려, 거란 사신 입국 금지(1월). 삭주·영인진·파천현 등지에 축성.
1033년	덕종 2	천리장성 건립 착수.
1034년	덕종 3	《7대 실록》 완성. 덕종 사망(9월). 정종(靖宗) 즉위(~1046년 재위).
1035년	정종 1	거란, 고려에 관계 재개 요구(5월).
1037년	정종 3	거란, 고려에 통교를 요구. 고려, 거란에 통교 의사 전달(12월).
1038년	정종 4	고려와 거란 관계 정상화(8월).
1039년	정종 5	고려, 보주성 철거 요구(2월). 고려는 보주성 인정 대신, 거란은 고려 주민의 보주성 주변 경작 허용(4월).
1044년	정종 10	천리장성 완공.
1046년	정종 12	정종 사망(5월). 문종 즉위(~1083년 재위).
1054년	문종 8	거란, 보주성에 군사시설 설치(7월).
1055년	문종 9	고려, 거란의 동경유수에게 항의 문서를 보내 보주성 군사시설 설치 중단 요구(7월).
1062년	문종 16	거란, 보주성에 매매원(賣買院, 무역장) 설치 요구.
1067년	문종 21	흥왕사 준공.
1071년	문종 25	고려, 송과 50년간 중단된 외교 관계 재개(3월).
1074년	문종 28	거란, 정융성 북쪽에 군사시설 설치.
1075년	문종 29	거란, 압록강 이동 지역 국경 재조정 요구(7월).
1076년	문종 30	고려, 거란에 정융성 군사시설 철거 요구.
1078년	문종 32	고려, 압록강 이동 지역 반환 요구(4월).
1083년	문종 37	문종 사망(7월). 순종 즉위(7~10월 재위). 순종 사망(10월). 선종 즉위(~1094년 재위).

1086년	선종 3	고려, 거란에 무역장 설치 중지 요구(5월). 흥왕사에 교장도감 설치.
1088년	선종 5	고려, 거란의 압록강 연안 무역장 설치에 대비 귀주에 군사 파견(2월). 거란, 무역장 설치 취소 통보(11월).
1090년	선종 7	의천, 《속장경》 조판 시작.
1094년	선종 11	선종 사망(5월). 헌종 즉위(~1095년 재위).
1095년	헌종 1	헌종, 숙종에게 양위(~1105년 재위).
1096년	숙종 1	6촌 이내의 친족 간 혼인 금지.
1097년	숙종 2	주전도감(鑄錢都監) 설치.
1102년	숙종 7	고주법(鼓鑄法) 제정. 해동통보(海東通寶) 주조.
1104년	숙종 9	윤관, 제1차 여진 정벌 실패. 별무반 설립.
1105년	숙종 10	숙종 사망(10월). 예종 즉위(~1122년 재위).
1107년	예종 2	윤관, 제2차 여진 정벌(12월).
1108년	예종 3	윤관, 여진 정벌 지역에 9성 수축(3월).
1109년	예종 4	고려, 여진에 9성 반환(7월).
1115년	예종 10	여진족, 금나라 건국. 고려, 거란의 금나라 협공 제의 거부.
1116년	예종 11	금나라, 거란의 보주성 공격(3월). 고려, 거란 연호 사용 중지(4월). 고려, 금나라에 고려 영토인 보주성 반환 요구(8월).
1117년	예종 12	거란, 금나라의 공격으로 보주성 포기. 고려, 보주성 점령 후 의주로 개칭(3월).
1120년	예종 15	예종, 〈도이장가〉 지음.
1122년	예종 17	예종 사망(4월). 인종 즉위(~1146년 재위).
1123년	인종 1	서긍, 《선화봉사고려도경》 완성.
1126년	인종 4	이자겸의 난.
1132년	인종 10	묘청·정지상 등 서경 천도 건의.

1135년	인종 13	묘청의 난.
1145년	인종 23	김부식, 《삼국사기》 편찬.
1146년	인종 24	인종 사망(2월). 의종 즉위(~1170년 재위).
1170년	의종 24	무신정변. 의종 폐위(9월). 명종 즉위(~1197년 재위).
1173년	명종 3	김보당의 난.
1174년	명종 4	조위총의 난.
1176년	명종 6	공주 명학소 망이·망소이의 난.
1173년	명종 9	경대승, 정중부 죽이고 집권. 도방(都房) 설치.
1182년	명종 12	전주 관노의 난(전주 민란).
1183년	명종 13	경대승 사망. 이의민 집권.
1193년	명종 23	김사미와 효심의 난. 이규보 〈동명왕편〉 지음.
1196년	명종 26	최충헌 집권. 최씨 무신정권 수립.
1197년	명종 27	명종 폐위(9월). 신종 즉위(~1204년 재위).
1198년	신종 1	만적의 난.
1200년	신종 3	최충헌, 도방 재설치. 진주에서 공·사노비가 난을 일으킴.
1202년	신종 5	경주에서 신라 부흥운동 일어남.
1204년	신종 7	신종 사망(1월). 희종 즉위(~1211년 재위).
1209년	희종 5	최충헌, 교정도감(敎定都監) 설치.
1211년	희종 7	희종, 최충헌에 의해 폐위(12월). 강종 즉위(~1213년 재위).
1213년	강종 2	강종 사망(8월). 고종 즉위(~1259년 재위).
1219년	고종 6	형제 맹약, 몽골과 통교. 최충헌 사망, 최이(최우) 집권.
1225년	고종 12	최이, 정방(政房) 설치.
1231년	고종 18	몽골, 제1차 고려 침입.
1232년	고종 19	강화 천도, 몽골, 제2차 고려 침입.

1234년	고종 21	금속활자로 《상정고금예문》 간행.
1235년	고종 22	몽골, 제3차 고려 침입(~1239년).
1236년	고종 23	팔만대장경 판각 착수(~1251년 완성).
1241년	고종 28	이규보, 《동국이상국집》 편찬.
1247년	고종 34	몽골, 제4차 고려 침입.
1249년	고종 36	최이 사망. 최항 집권.
1253년	고종 40	몽골, 제5차 고려 침입.
1254년	고종 41	몽골, 제6차 고려 침입.
1257년	고종 44	최항 사망. 최의 집권. 몽골, 제7차 고려 침입(~1259년).
1258년	고종 45	김준, 최의 죽이고 집권(최씨 정권 붕괴). 몽골, 쌍성총관부 설치.
1259년	고종 46	고종 사망(6월). 원종 즉위(~1274년 재위).
1269년	원종 10	임연, 원종을 폐하고 안경공을 옹립(6월). 몽골의 압박으로 원종 복위(11월).
1270년	원종 11	개경 환도. 원나라, 서경에 동녕부 설치. 삼별초 항쟁(~1273년).
1273년	원종 14	삼별초군 탐라에서 진압됨.
1274년	원종 15	원종 사망(6월). 충렬왕 즉위(~1298년 재위). 원나라, 고려군 동원 제1차 일본 정벌(실패).
1277년	충렬왕 3	《고종실록》 편찬.
1278년	충렬왕 4	원나라, 고려 역대 역사 및 원에 간 사신 명단과 고려 국왕 친조 연월 보고 요구.
1281년	충렬왕 7	원나라, 고려군 동원 제2차 일본 정벌(실패). 일연, 《삼국유사》 편찬.
1287년	충렬왕 13	이승휴, 《제왕운기》 편찬.
1290년	충렬왕 16	동녕부 폐지.

1298년	충렬왕 24	충렬왕, 충선왕에게 양위(1월). 8월 충렬왕 복위(~1308년 재위). 정방 폐지, 관제 복구.
1308년	충렬왕 34	충렬왕 사망(7월). 충선왕 복위(~1313년 재위).
1309년	충선왕 1	《충헌왕실록》(고종의 수정실록) 편찬.
1311년	충선왕 3	《충경왕실록》(원종의 실록) 편찬.
1313년	충선왕 5	충선왕, 충숙왕에게 양위(~1330년 재위).
1314년	충숙왕 1	태조 이래 역대 왕 실록 편찬.
1317년	충숙왕 4	민지, 《본조편년강목》 편찬.
1325년	충숙왕 12	원나라, 칭기즈칸 이후 원에 공을 세운 고려인의 역사 정리 요구. 이제현, 《김공 행군기》 지음.
1330년	충숙왕 17	충숙왕, 충혜왕에게 양위(~1332년 재위).
1331년	충혜왕 1	《충경왕실록》(원종의 수정실록) 편찬을 명함.
1332년	충혜왕 2	충숙왕 복위(~1339년).
1339년	충숙왕 복위 8	충숙왕 사망(3월). 충혜왕 복위(~1344년 재위).
1340년	충혜왕 복위 1	고려인 기씨, 원의 제2황후에 책봉됨.
1342년	충혜왕 복위 3	이제현, 《역옹패설》·《충헌왕 세가》 지음.
1343년	충혜왕 복위 4	원, 고려에 사신을 파견해 송·요·금 3국의 사적(事跡) 구함.
1344년	충혜왕 복위 5	충혜왕 악양에서 사망(1월). 충목왕 원에서 즉위(~1348년 재위).
1346년	충목왕 2	충렬왕·충선왕·충숙왕의 실록 편찬.
1348년	충목왕 4	충목왕 사망(12월). 충정왕 즉위(~1351년 재위).
1350년	충정왕 2	왜구 침입 시작.
1351년	충정왕 3	충정왕 폐위(10월). 공민왕 즉위(~1374년 재위).
1356년	공민왕 5	공민왕, 기철 등 제거. 정동행성 폐지, 쌍성총관부 수복.
1357년	공민왕 6	이인복, 《고금록》 편수.
1359년	공민왕 8	홍건적 침입, 서경 함락.
1365년	공민왕 14	기황후, 원의 제1황후에 책봉됨.

1366년	공민왕 15	공민왕, 전민변정도감 설치하고 신돈을 판사로 임명.
1374년	공민왕 23	공민왕 시해(9월). 우왕 즉위(~1388년 재위).
1376년	우왕 2	최영, 홍산에서 왜구 토벌(홍산대첩).
1377년	우왕 3	금속활자로 《백운화상초록불조직지심체요절》 인쇄(청주 흥덕사).
1380년	우왕 6	이성계, 황산(남원)에서 왜구 격파(황산대첩).
1388년	우왕 14	최영, 요동 정벌. 이성계, 위화도 회군으로 정권 장악(5월). 우왕 폐위(6월). 창왕 옹립(~1389년 재위). 최영, 참형에 처해짐(12월).
1389년	창왕 1, 공양왕 1	우왕 복위 사건으로 창왕 폐위(11월), 공양왕 옹립(~1392년 재위).
1390년	공양왕 2	윤이·이초 사건(5월). 사전 정리를 위해 공사전록 소각(9월).
1391년	공양왕 3	과전법 제정(5월).
1392년	공양왕 4, 조선 태조 1	정몽주 피살(4월). 공양왕 퇴위(7월), 고려 멸망. 이성계 즉위, 조선 건국.

본문의 주

1부 천하통일, 새로운 시대를 꿈꾸다

궁예, 현실주의자의 반격에 무너진 이상주의자

1   이재범, 《슬픈 궁예》, 푸른역사, 2000.

2   이병도, 〈진단변(震檀辨)〉, 《한국 고대사회와 그 문화》, 서문당, 1984.

3   이병도, 《역주 삼국사기》, 을유문화사, 1977.

왕건, 변방의 장수에서 전쟁 영웅으로

1   《삼국사기》 권50, 견훤 열전.

외침보다 무서운 내분, 후백제를 무너뜨리다

1   《고려사》 권1, 태조 10년 12월조.

2   《삼국유사》 권2, 견훤 열전.

3   《고려사》 권2, 태조 18년 6월조.

4   《고려사》 권2, 태조 18년 12월조.

5   《맹자》, 공손추하.

고려 왕실의 기원을 찾아서

1   《고려사》 권1, 태조 2년 3월조.

2   《고려도경》 권1, 건국(建國) 시봉(始封)조.

3   《고려사》 권94, 서희 열전.

4   《자치통감》 권285, 후진기(後晉紀) 개운(開運) 2년(945)조.

5   《고려사》 권2, 태조 16년 3월조 참고.

6   스창러(史長樂), 〈당(후당)나라 명종이 밝힌 고려 태조 왕건의 족적(族籍)〉, 《동북사지(東北史地)》, 2007년 3호(5~6월호).

7   김상기, 《역주 고려사》, 동아대.

8   김상기, 〈동이와 회이, 서융에 대하여〉, 《진단학보》, 1954.

특집 석관, 고려 장례문화의 상징

1 《조선고적도보》 7집, 조선총독부, 1920.

2 《고려사》 권85, 형법지 금령-충숙왕 복위 8년 5월조.

2부 개혁과 개방, 고려왕조의 기틀을 마련하다

고려판 '왕자의 난', 정치질서를 흔들다

1 《고려사》 권88, 장화왕후 열전.

2 《고려사》 권2, 태조 26년 5월조.

3 《고려사》 권92, 왕식렴 열전.

4 《고려사절요》 권2, 혜종 2년(945).

5 《고려사》 권88, 태조 후비 열전.

6 《고려사》 권88, 혜종 후비 열전.

7 《고려사》 권90, 종실 열전-태조 왕자.

8 《고려사》 권127, 왕규 열전.

9 《고려사》 권92, 최지몽 열전.

광종, 개방정책의 물길을 열다

1 박옥걸, 《고려시대의 귀화인 연구》, 국학자료원, 1996.

2 《고려사》 권7, 문종 6년 6월조.

3 《고려사》 권97, 유재 열전.

4 《고려사》 권97, 신안지 열전.

5 《고려사》 권97, 신안지 열전.

성종, 조화와 균형을 추구하다

1 《고려사》 권14, 예종 10년 7월조.

2 《고려사》 권94, 서희 열전.

귀화인, 단일민족론을 넘어서다

1 박옥걸, 《고려시대의 귀화인 연구》, 국학자료원, 1996.

2 《고려사》, 세가 태조 19년 9월조.

3 손진태, 《조선민족사개론》, 을유문화사, 1948, 44~45쪽.

3부 다양한 사상과 문화, 다원사회를 이루다

고려판 사회 통합정책, 본관제

1 《고려사》권56, 지리1 광주목-이천군조.

2 《서경》, 우공조.

3 이수건, 《한국의 성씨와 족보》, 서울대학교출판부, 2003.

4 《삼국유사》권2, 제2 기이편(상) 시조 혁거세조.

5 《고려사》권73, 선거 과거.

〈훈요십조〉를 둘러싼 진실 혹은 거짓

1 《성호사설》권3, 천지문(天地門) 한도(漢都)조.

2 《고려사》, 지리지 양주(梁州)조 참고.

3 《고려사》권93, 최제안 열전.

4 《익재집》권9, 충헌왕세가.

5 이병도, 《고려시대의 연구》, 을유문화사, 1948.

고려의 불교 국교론을 해부하다

1 《보한집(補閑集)》권상(上).

2 《보한집》권상.

특집 묘지명, 돌에 새긴 고려인의 역사

1 왕행(王行), 《묘명거례(墓銘擧例)》.

특집 나전칠기, 오색찬란한 빛의 조각

1 《고려사》권27, 원종 13년 2월조.

2 유홍준, 《유홍준의 한국미술사 강의2》, 눌와, 2012.

3 《고려사》권80, 식화지(食貨志).

4 《고려도경》권33, 주즙(舟楫) 궤식(饋食)조.

5 《고려도경》권28, 공장(供張)1 단칠조(丹漆俎)조.

6 《삼국사기》권39, 잡지.

7 《고려사》권79, 식화지-농상(農桑) 명종 18년 3월조.

8 《고려도경》권23, 잡속2 토산조.

9 《지봉유설》권19.

10 박상진, 《역사가 새겨진 나무 이야기》, 김영사, 2004.

11 《고려도경》 권15, 거마(車馬) 기병마(騎兵馬)조.

12 《고려사》 권9, 문종 34년 7월조.

13 《고려사》 권129, 최이 열전.

14 《고려사》 권125, 문공인 열전.

4부 고려의 실리외교, 영토분쟁의 위기를 극복하다

서경으로 천도하려다 의문사한 정종

1 《고려사》 권93, 최승로 열전.

2 《고려사》 권2, 태조 15년 5월조.

3 《고려사절요》 권1, 태조 1년 9월조.

4 조이옥, 〈통일신라 북방 개척과 패강진〉 참고.

5 이기백, 〈고려 광군고〉, 《고려 병제사 연구》, 1968.

영토분쟁과 18세 덕종의 수상한 죽음

1 《고려사》 권5, 현종 20년 12월조.

2 《고려사》 권5, 현종 21년 1월조.

3 《고려사》 권5, 현종 21년 7월조.

4 《고려사》 권5, 현종 21년 9월조.

5 《고려사》 권94, 최사위 열전.

책봉-조공 관계에 가려진 고려의 실리외교

1 《소식문집》 제3책 권35 주의, 〈논고려매서이해차자삼수(論高麗買書利害箚子三首)〉, 중화서국(中華書局), 베이징(北京), 1986.

특집 상감청자, 아시아를 사로잡은 빼어난 아름다움

1 《고려도경》 권26, 연례(燕禮) 연의(燕儀)조.

2 장남원, 《고려 중기 청자 연구》, 혜안, 2006.

5부 무신 집권기의 고려를 다시 읽다

불가피한 선택, 외척 이자겸

1   《고려사》 권97, 고영신 열전.

2   최사추 묘지명.

3   《고려사》 권97, 곽상 열전.

4   《고려사》 권97, 김부의 열전.

승자의 기록 너머로 읽는 무신정변의 실체

1   《고려사》 세가, 의종 12년 8월조.

새로운 왕조를 꿈꾼 경주 천민 이의민

1   《고려사》 권78, 식화지 서문.

2   《고려사》 권128, 이의민 열전.

무신정권의 역설적 인물 이규보, 그리고 강화 천도

1   허흥식, 《고려 과거제도사 연구》, 일조각, 1981.

2   《동국이상국집》 연보.

특집 대장경, 고려인의 염원을 판에 새기다

1   최연주, 《고려대장경 연구》, 경인문화사, 2006.

2   박상진, 《나무에 새겨진 팔만대장경의 비밀》, 김영사, 2007.

특집 금속활자, 당대 최고 수준의 기술 문명

1   천혜봉, 〈세계 초유의 창안인 고려 주자(鑄字) 인쇄〉, 1984.

2   《고려사》 권20, 명종 22년 4월조.

3   《고려사》 권10, 선종 8년 6월조.

6부 원 간섭기, 기회와 희망의 시대를 열다

원치 않은 전쟁을 겪은 사람들

1   《고려사》 권103, 박서 열전.

2 《고려사》권103, 김윤후 열전.

3 《고려사》권103, 이자성 열전.

삼별초 항쟁을 바라보는 다양한 시선

1 《고려사》권130, 배중손 열전.

2 《고려사》권130, 배중손 열전.

3 《고려사》권27, 원종 12년 1∼3월조.

당대사 연구가 성행한 원 간섭기

1 《고려사절요》권24, 충숙왕 10년 1월조.

2 《동국이상국집》권25, 대장경 판각 군신 기고문.

고려 왕실과 기황후의 악연

1 《고려사절요》권26, 공민왕 2년 8월조.

2 《고려사》권38, 공민왕 총서.

특집 불화, 위로와 깨달음을 주는 '보는 경전'

1 유홍준, 《유홍준의 한국미술사 강의2》, 눌와, 2012.

2 문명대, 〈한국 괘불화의 기원문제와 경신사장 김우문필(鏡神社藏 金祐文筆) 수월관음도〉, 2009.

3 국립중앙박물관, 〈고려 불화의 제작 기법〉, 《고려 불화》, 도록, 2010.

7부 고려왕조, 500년 역사를 뒤로하다

위화도 회군, 고려는 개혁이 필요하다

1 《고려사》권78, 식화1 녹과전조, 창왕 즉위년(1388) 7월 조준의 제1차 전제 개혁 상소.

우왕 복위 사건과 개혁파의 폐가입진론

1 김상기, 《신편 고려시대사》, 서울대 출판부, 1986, 661쪽 재인용.

2 김상기, 《신편 고려시대사》, 서울대 출판부, 1986, 660∼665쪽.

3 《고려사절요》권34, 공양왕 1년 12월조.

특집 고려선, 바닷길을 누빈 고려의 배

1 《추간선생대전문집(秋澗先生大全文集)》 권40, 〈범해소록(汎海小錄)〉.

2 문경호, 《고려시대 조운제도의 연구와 교재화》, 2012.

3 김재근, 《한국 선박사연구》, 1984.

4 《고려사》 권4, 현종 10년 4월조.

고려사의 재발견

한반도 역사상 가장 개방적이고 역동적인 500년 고려 역사를 만나다

1판 1쇄 발행일 2015년 5월 11일
1판 9쇄 발행일 2023년 5월 29일

지은이 박종기

발행인 김학원
발행처 (주)휴머니스트출판그룹
출판등록 제313-2007-000007호(2007년 1월 5일)
주소 (03991) 서울시 마포구 동교로23길 76(연남동)
전화 02-335-4422 **팩스** 02-334-3427
저자·독자 서비스 humanist@humanistbooks.com
홈페이지 www.humanistbooks.com
유튜브 youtube.com/user/humanistma **포스트** post.naver.com/hmcv
페이스북 facebook.com/hmcv2001 **인스타그램** @humanist_insta

편집주간 황서현 **편집** 최세정 엄귀영 **디자인** 유주현
조판 홍영사 **용지** 화인페이퍼 **인쇄** 청아디앤피 **제본** 민성사

ⓒ 박종기, 2015

ISBN 978-89-5862-800-2 03910